민중신학의 여정

국립중앙도서관 출판예정도서목록(CIP)

민중신학의 여정 = Minjung theology : a journey together
: 권진관 교수 정년퇴임 기념논문집 / 지은이: 강원돈, 김기
석, 김진호, 김희헌, 박일준, 박재형, 신익상, 이숙진, 이인
미, 장윤재, 정경일, 최순양, 최형묵, 허주미, Philip Wicke
ri, Volker Küster, Wati Longchar. -- 서울 : 동연, 2017
    p. ;   cm. -- (권진관 교수 정년퇴임 기념 도서 ; 2)

영어, 독일어 부분을 한국어로 번역
ISBN 978-89-6447-371-9 93200 : ₩18000

민중 신학[民衆神學]

231.015-KDO6
230.046-DDC23   CIP2017021100

권진관 교수 정년퇴임 기념논문집

민중신학의 여정

2017년 8월 21일 인쇄
2017년 8월 25일 발행

엮은이 | 한국민중신학회
지은이 | 강원돈 김기석 김진호 김희헌 박일준 박재형 신익상 이숙진 이인미 장윤재
        정경일 최순양 최형묵 허주미 Philip Wickeri, Volker Küster, Wati Longchar
펴낸이 | 김영호
펴낸곳 | 도서출판 동연
등 록 | 제1-1383호(1992년 6월 12일)
주 소 | 서울시 마포구 월드컵로 163-3
전 화 | (02) 335-2630
팩 스 | (02) 335-2640
이메일 | yh4321@gmail.com

Copyright ⓒ 한국민중신학회, 2017

이 책은 저작권법에 따라 보호받는 저작물이므로, 무단 전재와 복제를 금합니다.
잘못된 책은 바꾸어 드립니다.
책값은 뒤표지에 있습니다.

ISBN 978-89-6447-371-9 93200

권 진 관 교 수 정 년 퇴 임 기 념 도 서 2

민중신학의 여정

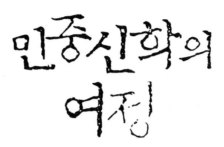

한국민중신학회 엮음
강원돈 김기석 김진호 김희헌 박일준 박재형
신익상 이숙진 이인미 장윤재 정경일 최순양 최형묵 허주미
Philip Wickeri, Volker Küster, Wati Longchar 함께 씀

동연

책을 펴내며

민중과 지식인
― 권진관 교수의 퇴임 기념 문집을 상재하며

　권진관 교수는 자전거를 타고 전국 곳곳을 누비며 여행을 하는 건장한 사나이인지라 나는 그분을 볼 때마다 내 앞에 늠름한 청년이 서 있다는 느낌을 받았다. 그런 그분이 어느새 정년을 맞이하여 현역 교수의 생활을 접고 재야로 돌아오게 되었다. 은퇴 교수의 삶을 산다고 하면 뭔가 쓸쓸한 퇴장일 것 같은데, 그분의 열정을 놓고 보면 사실 재야는 뭔가 큰 물건을 거저 얻은 것 같다는 생각이 들기도 한다. 정년퇴임 이후에 권 교수는 우리 사회에서 더 많은 민주주의와 더 큰 정의를 구현하기 위해 많은 일을 할 것이다.

　권 교수는 여러 가지 모습을 갖고 있는 지식인이다. 그는 민중의 해방을 지향하는 운동가의 면모를 보여 왔고, 우리 시대의 문제를 분석하고 설명하기 위해 열정적으로 공부하는 연구자의 모범을 보였으며, 민중사건 속에서 체험하는 신앙의 신비를 놓치지 않고 하느님과 세계와 민중의 통전적인 관계를 해방의 프락시스 안에서 파악하고자 하는 신학자의 모습을 보여 왔다. 운동가와 연구자와 신학자를 통합하고 있는 권 교수는 민중과 지식인의 관계를 연구하는 사람들에게는 아마도 좋

---

* 한국민중신학회 회장, 한신대학교 신학부 교수 / 민중신학과 사회윤리

은 연구의 소재가 될 것이다.

청년 권진관은 1970년대에 청년, 학생, 지식인, 종교인들이 민중과
더불어 유신체제에 저항하며 민주화 인권 운동을 벌이던 시절에 민청
학련 사건과 YWCA 위장결혼식 사건으로 인해 두 차례나 옥고를 치렀
다. 그는 1972년부터 KSCF에서 활동하다가 민청학련 사건에 휩쓸려
들어갔고, 석방 이후에 EYC 총무로 일하다가 YWCA 위장결혼식 사건
에 가담하였던 것이다. 그는 서울대학교 사회복지학과에서 제적된 뒤
에 한국기독교장로회 총회 선교원에서 안병무 선생과 서남동 선생의
지도 아래 신학을 공부하였고, 1980년대 서울의 봄을 경험한 뒤에는
미국으로 건너가 피츠버그대학교와 드류대학교에서 조직신학과 기독
교윤리학을 집중적으로 연구하고 철학박사 학위를 받고 귀국하였다.
그의 학업은 운동가적 경험의 연장선상에서 이루어졌기에 치열하였
고, 귀국 이후에 성공회대학교 신학과에서 조직신학 교수로 임용되어
연구자와 신학자로 벌인 활동도 운동가적 경험의 확장과 심화 과정이었
다고 말할 수 있다.

이러한 운동가적 경험이 있었기에 그는 조직신학자나 기독교윤리
학자로서는 드물게 우리의 역사에서 민중이 벌인 운동에 각별한 관심
을 갖고 연구하였다. 1920년대의 민중운동과 기독교의 관계에 관한
논문이나 1970년대의 도시산업선교에서 제2세대 실무자들의 활동을
구술사 분석에 바탕을 두고 꼼꼼하게 재구성한 논문이 그 좋은 예일
것이다. 권 교수는 1980년대와 90년대의 민중교회 운동과 1990년대
에 활발하게 전개된 시민사회 운동에 참여하여 이론적인 활동과 실천
적인 활동을 전개하였고, 2000년대에 들어와서는 정의·평화·피조물

의 보전(JPIC) 정신에 근거한 에큐메니컬 시민사회운동체를 구축하기 위해 헌신하였다. 그는 2000년대 초 이래로 여러 해 동안 민주화 이후의 민주주의를 실질적으로 구현하기 위해 지식인들을 아우르는 포럼을 구성하여 우리 사회에서 정치와 사회혁신에 관련된 어젠더를 발굴하고 담론을 생산하기 위해 지칠 줄 모르게 노력하였다. 2013년 부산에서 개최된 제10차 WCC 총회를 준비하는 과정에서는 생명과 정의와 평화를 아우르는 에큐메니컬 신앙고백을 마련하고 에큐메니컬 어젠더들을 중심으로 우리 사회의 변혁을 위한 담론을 마련하기 위해 애썼다. 권 교수가 미국에서 공부하던 시기를 제외한다면, 1970년대 초부터 오늘에 이르기까지 그는 우리 사회의 민중운동, 민주화 운동, 시민운동의 현장에 늘 현존하며 연구하고 성찰해 온 것이다.

권 교수는 우리 사회의 현안 문제들을 분석하고 그 해법을 찾기 위해 연구자로서 부지런히 활동하였다. 그는 1980년대에 민중운동권을 지배했던 교조적인 맑스주의에 대해서는 비판적인 거리를 취했다. 오히려 맑스주의자이기는 했지만 매우 유연하고 창의적인 사유를 전개한 안토니오 그람시에 그는 더 큰 관심을 가졌다. 그람시의 '유기적 지식인' 개념은 민중과 지식인의 관계를 고찰하는 권 교수에게 많은 점을 시사하였음이 분명하다. '진지전'과 '헤게모니 전략' 등의 그람시적 개념들도 권 교수로 하여금 고도의 전략적이고 신중한 정치적 사유를 강조하도록 만들었던 것이 분명하다. 권 교수가 멀리는 아리스토텔레스에게까지 소급되는 실천철학 전통의 '신중한 판단력'(phronesis)을 중시하고, 한나 아렌트와 위르겐 하버마스로 이어지는 현대 정치철학을 중시하는 까닭도 여기에 있을 것이다. 그런데 우리 사회의 문제들을 분석하고자 하는 권 교수의 연구자적 열정은 여기에 그치지 않았다. 1990년대에 들어와 포스트모던 사상이 빠르게 도입되어 한국 지식인 사회의 담론을 지배하다시피 하던 시기에 그는 미셸 푸코, 질 들뢰즈, 자크 라캉, 슬라보예 지젝, 알랭 바디우 등을 치밀하게 읽으며 사회과학적 분석과 인문학적 성찰의 지평을 확장하였다.

그러나 무어니 무어니 해도 권 교수는 민중신학자이다. 민중신학자들에게는 여러 가지 특색이 나타나는데, 권 교수는 조직신학과 기독교 윤리학을 전공한 신학자답게 조직신학적이고 구성주의적인 사유의 특징을 잘 보여주었다. 그는 안병무 선생과 서남동 선생의 민중신학을 계승하면서도 선배 민중신학자들에 대해 매우 비판적이었다. 특히 안병무 선생이 역사적-비평적 방법에 사로잡혀 있었기에 역사적-실증적 사유에서 벗어나지 못하고 신학적 성찰에 이르지 못했다는 것을 신랄하게 비판하였고, 그 예로서 안병무 선생에게서 부활이 '민중의 일어섬'으로 설명될 뿐 부활의 역사성과 종말성에 대한 해석이 결여되어 있다는 것을 지적하였다. 또한 안병무 선생은 사건을 증언하는 신학에 머물러 있었고, 민중을 해방시키는 프락시스에 전략적으로 참여하는 것에 대해 거리를 두고자 하였기에 민중에게 필요한 것을 마련하기 위한 전략적인 행동을 가볍게 여기게 하는 문제가 있었다는 것이다.[1]

어떻게 보면, 권 교수는 선교교육원 시절에 가까이 접했던 서남동 선생의 '성령론적-공시적 해석'에 더 큰 공감을 느끼며 민중신학을 발전시켜 온 것 같다. 서남동 선생은 오늘 여기서 벌어지는 민중의 사건에서 하느님의 직접적인 개입이 이루어진다는 것을 증언하는 것을 신학

---

1 권진관, "민중의 존재양식과 역사의 구원", 「기독교사상」 37/7(1993), 102f. 107.

의 과제라고 말하곤 했지만, 그분은 안병무 선생보다는 민중 사건의 운동적 성격과 그 운동을 이끌어가는 전략적 사유의 중요성을 더 많이 강조하였다. 신학적 성찰에서 민중해방의 프락시스를 강조하고 그 프락시스에 참여하는 지식인의 신중한 전략적 판단을 중시하는 권 교수에게는 서남동 선생의 '성령론적-공시적 해석'이 많은 것을 시사했을 것이다. 그럼에도 불구하고, 권 교수가 서남동 선생에게서 나타나는 신학적 성찰의 빈곤에 대해 매우 예리한 비판을 가하고 있다는 것도 유념할 필요가 있다. 특히 서남동 선생이 말년에 남긴 "빈곤의 사회학과 빈민의 신학"이라는 논문에 대해서는 빈곤에 대한 사회과학적 현실 분석과 빈민에 대한 신학적 성찰이 서로 따로 놀고, 둘이 제대로 매개되지 않고 있다고 지적하기까지 했는데, 아마도 그것은 민중신학이 민중 현실에 대한 사회과학적 분석에 머물러서는 안 되고 민중 현실에 대한 '신학적 해석'에까지 나아가야 한다는 권 교수 특유의 주장에서 비롯된 비판일 것이다. 권 교수에 따르면, 민중 현실에 대한 '신학적 해석'은 민중 사건에 참여하도록 이끄는 신앙의 신비를 놓치지 않고서 민중 해방의 프락시스에 이바지하도록 매우 신중한 전략적 판단을 내릴 수 있게 하는 방법이다. 그 방법을 정교하게 가다듬어 제시하는 것은 권진관 교수의 학문적 과제가 아닐 수 없고, 많은 독자들은 그 방법론을 여전히 기대하고 있다.

조직신학자 권진관 교수에게 가장 중요한 주제는 성령론일 것이다. 그는 서남동 선생의 '성령론적-공시적 해석'에서 한 걸음 더 나아가 성령과 민중운동을 연결시키는 발상을 더 예리하게 가다듬었다. 성령론은 권 교수로 하여금 민중의 주체성을 더 날카롭게 벼리게 만들었고,

관계론적 사유를 풍요하게 발전시키도록 하였다. 성령의 내주와 초월에 관한 고찰은 과정철학적 사유와 생태학적 사유를 아우르는 범재신론적 사유를 거쳐서 동양의 기(氣)철학을 신학적으로 사유할 수 있도록 하였다. 그는 기독교 신학자이면서도 기독교 신학의 프레임에 갇히지 않고 다원주의적인 세계관을 갖고서 종교와 철학을 섭렵하고 나름대로 소화하는 능력을 보였는데, 어쩌면 그것은 성령이 어느 한 곳에 묶여 있지 않고 스스로 움직이고 싶은 대로 자유롭게 운동하는 것과 비슷한 이치가 아닌가 한다.

권진관 교수는 2009년에 『예수, 민중의 상징; 민중, 예수의 상징: 민중신학의 조직신학적 체계』라는 책을 펴냈다.[2] 이 책을 읽는 독자들은 권 교수의 민중신학이 어떤 조직신학적 얼개를 갖고 있는가를 잘 알 수 있다. 이 책에서 권 교수는 민중이 메시아라는 강력한 신학적 주장을 앞세우면서 민중신학의 새로운 문제의식을 소개하고, 상징과 계시, 삼위일체, 창조, 죄, 구원, 속죄, 성령의 역사 등 전통적인 신학 주제들을 민중신학적 관점에서 재구성하고, 정치윤리, 근본주의 비판, 제국과 민중, 종교다원주의, 교회론과 종말론 등 민중신학의 현재적 주제들을 깊이 있게 다루었다. 이 책은 민중신학의 조직신학적 체계를 포괄적으로 다루었기 때문에 일종의 개론서의 성격을 띤다. 아마도 권 교수는 은퇴 생활에 접어든 뒤에 이 책에서 다룬 각각의 주제를 한 권의 책으로 쓸 요량으로 있는지도 모른다. 이 책이 모두 17장으로 되어 있으니 권 교수는 아마도 1년에 한 권씩 모두 17권을 쓰는 필생의 과제

---

2 권진관, 『예수, 민중의 상징; 민중, 예수의 상징: 민중신학의 조직신학적 체계』 (서울: 동연, 2009).

를 스스로에게 부과하고 있는지도 모르겠다.

나는 권진관 교수가 그런 작업을 잘 할 것이라고 믿고 있다. 그러나 그런 고된 작업을 하면서도 자전거를 열심히 타면서 건강한 몸과 마음을 유지하기 바라고, 육체적인 운동만 열심히 하는 것이 아니라, 정치적이고 시민사회적인 운동을 이제까지와 마찬가지로 앞으로도 열심히 이끌어가면서 연구자로서 열정을 더욱더 불태우고 이론적 성찰의 영감을 풍부하게 얻기를 바란다. 민중해방의 프락시스에 동참하는 지식인의 고도의 전략적이고 신중한 판단을 중시하는 권 교수는 운동 속에서 민중과 지식인의 연대를 모범적으로 보여 왔고 앞으로도 그럴 것이다.

끝으로, 우리 한국민중신학회 회원들은 권진관 교수가 학회 창립 이래로 임원으로 활동해 왔고, 특히 2010-2011년과 2014-2015년에 학회 회장직을 두 번씩이나 역임하며 학회의 발전을 위해 물심양면으로 헌신한 것에 대해 깊은 감사의 마음을 전한다. 그는 지금도 학회 국제위원장으로서 민중-달릿신학자협의회를 이끌고 있고, 아시아, 라틴아메리카, 독일 등지의 신학자들과 민중신학자들의 연대와 협력을 구축하기 위해 노력하고 있다.

우리 민중신학회 회원들은 권진관 교수의 정년퇴임을 기리면서 각자 한 편의 논문을 내어 이 문집을 만들어 권 교수에게 상재하는 것을 무한한 기쁨으로 여긴다. 문집을 위해 원고를 모으고 편집을 하는 데 아낌없이 시간을 내어 수고한 김희헌 박사와 정경일 박사에게 감사의 뜻을 표한다.

강 원 돈
(한신대학교 교수, 한국민중신학회 회장)

차 례

| 제1부 |

민중신학,
사상의 확장

민중-메시아론의 상징적 해석
: 민중신학자 권진관의 이야기 신학에 대한 성찰

박 일 준 *

권진관은 자신의 신학을 이렇게 요약한다: "민중의 역사의 주인이
며, 민중만이 역사를 해방할 수 있다."[1] 안병무와 서남동을 필두로 시
작된 민중신학의 민중 메시아론을 자신의 신학적 초석으로 삼은 것이
다. 권진관의 민중메시아론은 '이야기' 개념을 매개로 사건과 상징을
통해 재구성하는 작업이었다. '사건'은 언제나 지나간 다음에 성찰된
다. 그래서 일찍이 헤겔도 '미네르바의 부엉이는 황혼이 지면 날아오른
다'고 했고, 바디우의 주체가 '충실성'(fidelity)을 주장하는 이유도 주
체의 사건에 대한 성찰은 언제나 사건이 지나간 다음에 이루어지기 때
문이다. 그것이 지나간 시간의 '회고'나 '추억'이 아니라, 바로 지금 여

---

* 감리교신학대학
1 권진관, 『예수, 민중의 상징; 민중, 예수의 상징: 민중신학의 조직신학적 체계』 (서울: 동연, 2009), 14.

기에서 아직도 시대를 변혁하는 사건의 동력으로 남을 수 있는 것은 바로 '이야기'와 '상징'의 힘 때문이다. 기독교를 가능케한 것은 예수의 제자들이 아니라, 예수를 직접 만난 적도 없고 들은 적도 없는 바울의 공동체를 통해서였다. 직접 본 적도 만난 적도 없었기 때문에 바울은 예수 사건을 이야기와 상징을 통해 재구성할 수밖에 없었기 때문이다. 그리고 바로 그 새로운 상징을 통해 이야기를 다시 이야기함으로써 기독교는 유대교를 넘어설 수 있었다. 권진관은 이 '이야기'의 힘을 통해 민중 메시아론을 전하고자 했다. 유발 하라리는 자신의 책 *Homo Deus*(2015)에서 이야기를 통해 간주관적 가상 실재들을 창출해 내는 힘이 인간의 고유한 능력이었고, 이를 통해 인류 문명이 지금까지 번성해 올 수 있었다고 평가한다.

우리 시대 민중신학이 처한 문제는 바로 이 이야기의 힘을 상실했다는 것이다. 오늘날 민중신학의 상황을 김희헌은 이렇게 표현한다: "아버지는 늙어가고, 자식들은 집을 나가버렸다."[2] 21세기 대한민국의 국민소득이 지구촌의 경제수준에서 중상위권으로 올라가면서, 사람들은 그리고 학자들은 더 이상 '가난'이나 '민중' 같은 주제에 관심을 두려하지 않았고, 후학들은 그래서 사람들의 관심을 끌 주제를 찾아, 민중신학이 아닌 다른 주제들을 찾아 나선 현실을 그리 표현한 것이다. 민중-메시아의 이야기를 상실한 시대의 당연한 운명이었는지도 모른다.

이제 우리 시대의 과제는 전대의 민중 메시아론을 '민중-메시아' 이야기로 재창출할 수 있는가에 달려 있다고 필자는 생각한다. 트랜스휴

---

2 김희헌, "[이책이라면] 권진관의 『예수, 민중의 상징; 민중, 예수의 상징』", 「기독교사상」, vol.53, no. 6(2009), 117.

먼 혹은 포스트휴먼 혹은 호모 데우스의 시대에 우리는 시대에 적합한 민중-메시아의 이야기를 다시 창출해 갈 수 있을 것인가? 권진관의 신학적 과제는 바로 21세기적 상황에 맞는 민중신학의 패러다임을 창출하는 것이었다. 이를 김희헌은 "연대 다원주의"(pluralism of solidarity) 혹은 "다원적 연대성"이라고 보았다.3 우리 시대의 다양해진 시선들과 관계들의 복잡성을 풀어나갈 나름의 모델로서 "심사숙고하는 해석학적 공동체"를 꿈꾸고 있었고, 이 공동체를 구성하는 방식이 바로 "연대 다원주의"였다. 해석 공동체 개념의 도입은 곧 해석의 대상 즉 상징의 도입을 의미한다. 그래서 권진관은 "민중의 상징"으로서 예수를, 그리고 "예수의 상징"으로서 민중을 제창한다.4 이 이중적 상징들을 통한 해석은 "민중의 운동을 예수의 운동과 직결"5시키고자 하는 목적을 갖는다. 권진관의 이 주제들은 그 나름대로 전대의 민중신학을 객관적으로 불멸케하는 주체적 선택과 결단이었다.

이제 그의 선택과 결단의 몫이 후학들인 우리 세대로 넘어온다. 한국적 신학들, 특별히 민중신학과 토착화 신학 전통들의 절맥을 불운하게 예감하는 시대이지만, 밤이 깊어 새벽이 오듯, 민중신학의 길고 어두운 밤을 독야청청 지켜온 선배의 '정신'은 후대 계기들에게 '초기 목적'(initial aim)으로 이어질 것이라 믿어 의심치 않는다. 본고는 민중신학자 권진관의 텍스트를 필자 나름의 주체적인 시각에서 재구성하고, 이를 비판적으로 성찰하는 순서로 진행될 것이다.

---

3 앞의 글, 117.
4 앞의 글, 118.
5 앞의 글, 118.

I. 21세기 민중메시아론
: '예수의 상징'으로서 민중, '민중의 상징으로서' 예수

권진관은 민중메시아론을 '예수의 상징으로서 민중'과 '민중의 상징으로서 예수'라는 변증법적 관계 속에서 새롭게 재해석하고자 한다. 이는 예수와 민중의 관계를 "역동적인 상호 침투와 영향의 관계"[6] 안에서 풀어내고자 한 것이다. 즉 민중이 메시아라는 민중 메시아론을 '예수는 민중이다'라는 말과 '민중이 예수다'라는 말로 풀어낸 것이다. 그리하여 권진관은 '예수는 민중이다'라는 측면을 "예수의 상징"으로서 민중으로 해석했고, '민중이 예수다'라는 측면을 "민중의 상징"으로서 예수로 해석하였다. 소위 민중-메시아론은 신학계 내에서 논란이 많았다. 서구 신학자 몰트만은 안병무의 이 선언을 예수 = 민중 = 메시아의 "존재적 일치의 등식"으로 이해하고, 격렬히 반대하였다. 하지만 권진관은 본래 안병무의 민중메시아론에서 예수는 '사건'이었으며, 따라서 민중메시아론이란 민중 사건 속에서 계속적으로 재현되는 것이 바로 예수라는 신학적 주장이라고 권진관은 해석한다. 권진관은 민중을 "예수의 상징"으로, 즉 "예수를 역사 속에 대신하는 존재"로 간주한다.[7] 세상 죄를 지고가는 하나님의 어린 양으로서 예수의 모습과 아무런 죄 없이 세계의 구조로 인해 고난을 겪어야 하는 민중의 모습은 의미적으로 등가라는 것이다.

본래 민중-메시아론은 억압받는 민중을 함께 연대하도록 하는 수

---

6 권진관, 『예수, 민중의 상징; 민중, 예수의 상징』, 67.
7 앞의 책, 49.

준을 넘어서서, 더 나아가 민중이 수동적인 피지배계층이 아니라, 역사의 결정적인 순간마다 역사를 변혁하는 주체로 일어선다는 것을 강조한다. 권진관에 따르면,

> 우리가 민중을 계시적 · 신앙적으로 보게 되면 민중은 우리를 변혁시키는 주체가 된다. 우리는 민중에 의해 회개되고 변혁되어야 하는 존재이다. 그것은 민중의 눈을 통하여 우리를 볼 때 가능해진다. 나아가서, 민중의 신앙을 통하여 우리의 신앙을 비판적으로 분석해 보는 것이 필요하다. 민중의 눈과 민중의 가슴으로 하나님을 다시 생각해 보고, 세상을 다시 느끼고 경험하면서 회개가 일어난다. 이는 민중에 기대어 세상을 본다는 것을 의미한다. 민중신학은 민중의 가슴으로 하나님을 생각하며, 세상을 보고 신학적 개념들을 해석한다.[8]

하지만 민중적 주체는 일자(the One)가 아니다. '민중'은 집단적 단위를 지칭하기 때문이다. 즉 주체들의 주체를 의미하게 된다. 즉 하나의 유기적이고 일치된 의지의 주체가 아니라, 내적으로 수많은 갈등과 차이와 긴장을 내포한 주체인 것이다. 이 다수(the multiple)를 유기적인 하나의 주체로 엮어내는 힘이 바로 '민중-메시아론'이다.

한편으로, 민중은 "예수를 가리키는 살아있는 상징"[9]이다. 왜냐하면 민중의 삶이 예수의 삶을 상징하기 때문이다. 말하자면, 민중은 "우리 주위에 예수를 알리는 살아있는 존재들," 즉 "고난당하고 있는 이웃

---

8 앞의 책, 50.
9 앞의 책, 65.

들"로서, 그들이 바로 예수의 상징이다[10]: "가난하고 고난당하는 사람들이 있으면 그들과 더불어 예수가 있음을 알아야 한다. 고난이 있는 곳에 예수가 있다."[11] 예수는 역사적 인물이었지만, 그의 삶을 살아가는 모습은 오늘을 살아가는 민중들의 삶 속에 여전히 살아있다. 그래서 우리는 민중을 통해 예수의 삶을 본다. 즉 민중은 "예수의 상징"으로 우리에게 다가오는 것이다.

> 우리 주위에 예수는 없다. 다만 다양한 모습의 민중이 있을 뿐이다. 그리고 우리는 그들 속에 있는 예수를 만난다. 그들의 고난의 절규에서, 그들의 해방의 몸짓에서, 그들이 품고 있는 희망에서 우리는 예수를 만난다. … 성찬식의 떡과 포도주가 예수의 몸과 피를 가리키는 상징이듯이, 민중은 역사 속에서 예수를 가리키는 상징이다.[12]

그렇게 "고난받고 죽어가는 민중은 십자가의 예수를 오늘의 현장에서 증언한다."[13] 그래서 전태일의 죽음에서 우리는 예수를 본다. "생활고로 자식들 둘을 아파트 아래로 떨어뜨려 죽이고 자신도 투신한 젊은 엄마"의 죽음 속에 그리고 "공장 화재로 유독가스와 화열에 의해서 죽은" 가난한 일용직 노동자들의 죽음 속에 예수가 참여하고 있음을 우리는 본다. 고난받는 민중은 "다른 상징들이 보여주지 못하는 방식으로"[14] 예수의 신비를 보여준다.

---

10 앞의 책, 65.
11 앞의 책, 65-66.
12 앞의 책, 69.
13 앞의 책, 69.

다른 한편으로, 예수는 민중을 가리키는 상징이다. 하나님 나라를 선포하고, 병들리고 귀신들린 자들을 치유하고 해방시키던 예수의 모습 속에서 민중의 주체적인 측면을 가리키는 상징을 볼 수 있다는 말이다. 민중은 그저 억눌린 계층이 아니다. 민중은 그 안에 스스로를 해방할 역동적인 힘을 담지한 주체이다. 2008년 봄과 2016년 겨울의 촛불집회들에서 우리는 민중의 그러한 주체적 해방의 역량을 보게 된다. 아울러 19세기 이래의 시민운동들 속에서 우리는 민중의 해방적 역량을 보게 된다. 여기서 예수는 "민중을 알게 하는 역동적인 상징이며 참고자료(reference)이며 범례(paradigm)"이다.[15] 예수는 "민중의 궁극적 이상이요, 가난하고 억압받는 민중의 대표이며, 민중을 이끄는 무한한 동기"[16]이다. 예수는 비록 십자가에서 무기력하게 죽어갔을지라도, 그의 죽음은 세상에 패배를 의미하는 것이 아니라, 고난을 부활의 승리로 이끌어가는 주체의 혁명적 역동성을 담지하고 있었다. 이런 의미에서 예수는 민중의 주체적인 역량을 가리키는 상징이 된다.

권진관의 민중-메시아론은 예수와 민중을 '상징'(symbol)으로 이야기한다. 상징은 그것이 가리키는 대상과 동일하지 않다. 상징(symbol)은 그 자신과는 다른 대상을 가리키는 기호(sign)로서, 그 대상에 대한 의미를 해석하여 전달한다. 그럼에도 불구하고, 상징은 대상(the object) 자체가 아니다. 따라서 상징과 대상 사이에는 건널 수 없는 심연이 놓여있다. 이런 맥락에서 네빌은 "부서진 상징"(broken symbol)이라는 표현을 사용하였다.[17] 상징과 지시대상 간의 건널 수

---

14 앞의 책, 70.
15 앞의 책, 66.
16 앞의 책, 66.

없는 심연은 곧 그 어떤 상징도 그것이 가리키는 대상을 완전하게 혹은 완벽하게 의미적으로 전달할 수는 없다는 것이다. 그렇기 때문에 모든 상징은 근원적 의미로 부수어져 있다(broken). 그런데 우리는 이 부서진 상징을 통하지 않고는 그 대상의 의미에 접근하지 못한다. 따라서 민중이 예수의 상징이라고 했을 때, 민중은 예수를 가리키는 상징이지 결코 예수 자체라는 이야기가 아니다.

이미 몰트만이 비판한바 있듯이, 민중과 메시아가 존재론적으로 등가시키는 것은 여러 가지 문제를 야기한다. 우선 민중메시아론은 민중과 예수의 등가성을 전제한다. 하지만 구조나 형식의 면에서 예수와 민중 간의 연속성을 인정한다해도, 모든 주체는 그 형식만으로 구성되는 것이 아니다. 즉 주체의 구체적인 모습은 그 주체가 처한 시대적인 상황과 맥락 속에서 형성되는 것이다. 그렇다면 이천여 년 전 로마제국 시절 팔레스타인 땅을 살아갔던 예수의 주체와 민중의 주체는 결코 동일할 수 없는 것이다. '주체'(the subject)는 형식이지 문제를 푸는 열쇠가 아니다. 오늘 우리가 처한 문제는 민중과 예수의 주체가 존재론적으로 동일하다고 해서 해소되거나 해결되지 않는다. 권진관이 예수와 민중 그리고 메시아의 관계를 서술하는데 '상징'을 사용하는 것은 바로 민중-메시아론에 쏟아졌던 신학적 비판, 즉 민중과 메시아(예수)를 등가시키는 것이 신학적으로 정당하냐는 비판에 대한 민중신학자로서의 대안인 것이다. 상징론을 통해 민중-메시아론을 재해석해 내는 것은 또한 민중과 메시아 그리고 예수 간에 존재론적으로 건널 수 없는 심연

---

17 참조 - Robert Cummings Neville, *Truth of Broken Symbols* (Albany, NY: State University of New York Press, 1995).

의 문제를 우회하는 지혜이기도 하다. 상징론은 민중과 메시아 그리고 예수를 동일시하는 것보다 나약한 주장이 아니다. 왜냐하면 혁명이란 결국 재해석을 통한 상징의 발명에 다름 아니기 때문이다. 비록 김희헌은 권진관의 민중 메시아론이 사건 개념과 상징론을 통해 "예수 사건과 민중사건 사이에 존재론적 연속성은 없다"고 보면서, 안병무의 사건론과 서남동의 합류론이 담지한 "존재/우주론적 측면"을 약화시켰다고 평가하지만, 인간을 이제 '스토리-텔링 애니멀'(story-telling animal)로 정의하는 이야기적 관점에서 보면, 상징의 재구성을 통한 이야기는 존재/우주론적 측면보다 훨씬 더 급진적일 수 있다.[18]

예수가 민중의 상징이라는 이해는 19세기부터 이어진 시민운동의 위대한 성과이기도 하다. 즉 민중의 주체적 역량이 특정 영웅이나 호걸 혹은 천재에 의해 주도되는 것이 아니라, 시민들이 모여 결집한 힘으로 나타날 수 있다는 것 자체가 근대 이전에는 없었다. 특정 고위급 권력자가 권력을 찬탈하는 쿠데타는 있었어도, 민중들이 결집하여 정치의 주체로 전면에 등장하는 일은 근대 들어서 일어난 일이고, 여기서 예수는 그 운동 혹은 혁명을 주도하는 영웅적 지도자를 가리키는 것이 아니라, 민중의 주체적 역량에 대한 상징이라는 것은 예수 혁명이 민중의 혁명이라는 것을 의미하는 해석인 것이다.

---

18 김희헌, 『민중신학과 범재신론: 민중신학과 과정신학의 대화』 (서울: 너의오월, 2014), 80.

II. 민중이 역사의 주체이며 해방자가 될 수 있는가?

그런데 민중이 역사의 주체이며 해방자가 될 수 있는가라고 권진관은 묻는다.[19] 민중신학의 민중에 대한 전통적인 정의는 "소수의 영웅이나 지도자 혹은 엘리트 계층과 반대되는 계층, 즉 억압당하고 고난당하는 사람들"을 가리키며, 간략히 말해서 민중은 "피지배계층들"을 의미한다.[20] 하지만 민중신학의 민중은 단지 수동적인 피지배계층인 것만이 아니라 더 나아가 그 지배의 구조에 대항하고 저항하던 주체들을 가리키는 말이기도 하다. 따라서 민중이 역사의 주체이며 해방자가 될 수 있는가의 물음은 전통적인 의미의 민중이 주체적 역량을 갖고 있었는가를 묻는 것이 아니다. 오히려 오늘날 전통적으로 민중을 규정하던 계층구조가 더 이상 획일적이고 단순하지 않다는 사실을 부각시키는 데 본래 의도가 담겨있다. 즉 노동자나 프롤레타리아와 같은 단어로 오늘날의 민중을 가리키는 데에는 심각한 한계가 있다는 인식이 전제되고 있는 것이다. 오늘날 '노동자'라는 말은 더 이상 단일한 대상을 가리키지 않는다. 노동자 자체가 '정규직'과 '비정규직'으로 갈라지지만, 그 사이에 무수히 다양한 변칙적 고용의 방식들이 존재하고, 아울러 '비정규직'도 그 모양과 형식에 있어서 헤아릴 수 없는 차이들을 담지하고 있다. 더구나 화이트칼라와 블루칼라 사이의 구별도 그다지 뚜렷하지 않은 시대가 되었다. 대기업 정규직 사무직 노동자라고 하더라도, 경영합리화 추세에 따라 일정 연령 이상이 되면 임원으로 승진하지 않

---

19 권진관, 『예수, 민중의 상징; 민중, 예수의 상징』(서울: 동연, 2009), 40.
20 앞의 책, 41.

는 한 명예퇴직의 절차들을 강요받는다. 그리하여 남들이 부러워하는 대기업에 취직해도 결국 만50세 이전에 명퇴로 내몰려 제2의 직장을 찾아야 하는 것이 현실이고 보면, 우리 시대는 더 이상 부르조아/프롤레타리아 식의 단순한 이분법으로 민중의 억압된 현실을 조명하기 불가능하다.

더 나아가, '동성애' 논쟁이 사회적으로 부각되고 있는 요즘, 이 동성애 논쟁이 진정으로 가리키고 있는 것은 우리가 너무 당연히 받아들이고 있는 여/남 이분법이 실재에 정확하게 들어맞는 것은 아닐 수도 있다는 사실이다. 플라톤의 『향연』에는 인간의 기원이 "여-여(la terre, 土), 남-남(le soleil, 日), 그리고 서로 다른 두성으로 합성된 제3의 성, 여-남(la lune, 月)"로부터 즉 "인간의 처음 상태는 여자+여자, 남자+남자, 여자+남자"로부터 기원한다는 이야기가 있다.[21] 즉 인간의 '성'(性)이 오로지 여/남의 이분법적 방식으로 구성되어 있고, 가부장제는 언제나 '남성중심적 위계질서'라는 통념이 널리 퍼져있다. 하지만 성(性)은 본래적으로 주어지는 것이 아니라, 가족의 구조를 통해서 발현되어 나오는 것이라고 한다면, 그리고 그 과정에서 이미 프로이트가 언급했듯이 정신분석의 목적이 "동성애적 성향을 가진 환자가 이성애적 성향이 되도록 하기 보다는 양성애적 성향이 되도록 도와주는 것"이라고 한다면, 여/남의 이분법에만 오로지 의존한 '가부장적 위계질서'에 대한 우리의 이해는 수정되어야 할 여지가 있다. 즉 단지 가부장적 자본주의 질서 하에서 여성의 억압을 말하는 것은 지나친 단순화가 될

---

21 강응섭, 『첫사랑은 다시 돌아온다: 프로이트와 라캉의 사랑론』, 철학 속의 사랑 하나 (서울: 세창출판사, 2016), 58.

수 있다. 즉 남자에도 여자에도 속하지 않는 '성'(性)이 엄연히 존재한다면, 여/남 이분법으로 성적 억압의 구조를 단순화시켜서는 안된다는 것이다. 말하자면 우리 시대의 민중은 계층적으로 그리고 성적으로 다중화 혹은 다수화되어 있어서, 안토니오 네그리와 마이클 하트는 "다중"(the multitude)라는 용어를 사용하였다.[22] '민중'은 people이나 multitude로 번역될 수 있는데, 초기에 민중은 people에 한정된 개념이었다. 그러나 이제 이 민중 개념은 multitude로 번역되는게 더 적합한 시대에 접어들었다.[23]

다중의 시대는 대한민국에서도 현실이다. 대한민국에서 민중은 그동안 지배계층에게 억눌린 가난한 계층을 포괄하는 용어로서의 역할을 잘 감당해 왔지만, 이제 대한민국이 지구촌 중상위권의 경제적 능력을 갖는 나라로 발돋움한 21세기, 더 이상 대한민국은 소위 '단일민족국가'가 아니다. 따라서 21세기 지구촌 자본주의 상황에서 '민중'은 더 이상 대한민국이라는 민족성(ethnicity)을 공유하는 사람들 중 특정 계층이나 부류를 지시하는 말로 사용될 수 없게 되었다. 예를 들어,

오늘날 한국인들은 중국인들의 저임금으로 생산된 값싼 물건들을 소비하고 있고, 남미와 아프리카인들의 노동 착취로 생산된 커피를 마시며 원자재들을 사용하고 있다. 이러한 상황에서 민중신학은 더 이상 한국의 민중의 경험에 기반한 신학이 될 수 없에 되어 있다. 이렇게 볼 때 민중신학은 더 이상 민족적 신학이 되기가 어렵다. 지구화된 상

---

22 참조 – Michael Hardt and Antonio Negri, *Multitude: War and Democracy in the Age of Empire* (London: Penguin Books, 2004).

23 권진관, 『예수, 민중의 상징; 민중, 예수의 상징』, 54.

황 속에서 민중신학은 더욱 민중적인 신학이 되어야 할 소지가 높아졌다. 그렇다면 민중은 외국인들을 포함한 다양한 약자들과 소수자들의 연대라고 불러야 할 것이다.[24]

그렇다. 더 이상 민중신학은 한국 사람들 중 가난하고 헐벗은 계층만을 가리키는 말이 아니다. 그렇다면 이 '한국 사람'이라는 에트니시티를 넘어 어떻게 다른 인종과 민족과 종교 및 문화를 '민중'이라는 이름으로 포괄할 수 있을 것이냐의 문제가 대두된다.

　이렇게 민중이 다양화되고 다변화된 시대에도 여전히 민중은 역사의 주체이자 해방자로 일어날 수 있는가? 이것이 권진관의 물음이다. 권진관은 다중의 시대를 위한 주체 이론의 단초를 우선 화이트헤드의 과정철학으로부터 얻는다. 즉 민중이 역사의 주체이며 해방자가 되는 방식은 화이트헤드의 "주체-초월체"(subject-superject)[25] 방식이라고 권진관은 주장한다. 역사의 각 시기마다 '민중'의 모습은 동일하게 나타나지 않는다. 매 시대 민중은 주체로 일어나, 다음 계기에게 사건을 위한 자료로서 자기 스스로를 넘겨주고 사라진다. 바로 이 측면을 화이트헤드는 초월체(superject)라 표현하였고, 이런 초월체적 측면이 제국의 '다중'(the multitude) 시대에 일어나고 있다고 본 것이다. 따라서, 권진관은 "민중이라는 개념을 굳이 가난한 계층으로 한정시킬 필요가 없다. 민중은 지배 질서에 배제된(혹은, 스스로 자신을 배제한) 다양한 집단들을 가리키며 이들이 역사변혁을 위해 참여할 때 이들이 바

---

24 권진관, "제국의 시대에서의 민족과 민중: 민중신학의 관점에서", 「한국조직신학 논총」, 제18집 (2007), 14.
25 권진관, 『예수, 민중의 상징; 민중, 예수의 상징』, 44.

로 진정한 민중"26이라고 설명한다. 그렇다면 다중(the multitude)과 제국의 시대에 민중신학은 바로 정의의 신학이자, 정의의 주체를 일으키는 신학이 될 것이다. 그것은 이상적인 주체의 모습을 반복하는 것이 아니라, 매 시대와 상황 속에서 정의의 사건을 일으키는 주체가 될 것이다. 그리고 정의의 사건을 일으키는 주체는 사건 이후 이제 다음 사건을 위한 자료로서 자신의 역할을 다할 것이다.

III. 21세기 민중신학에서 정의 개념의 재정의

민중신학을 21세기 네트워크 자본주의 상황에 '적응'시키는 과제의 하나로 권진관은 정의 개념의 재정의를 도모하였다. 존 롤스의 분배적 정의론은 우리가 살아가는 네트워크 자본주의 시대의 상황과 잘 맞지 않는다. '정의'(justice) 개념은 시대의 상황들을 아우르는 "관련성의 지형(a matrix of relevance)에 의존"27한다. 즉 정의란 관계적인 개념이다. 그것은 어떤 절대적인 판단의 척도의 문제가 아니라, 관계의 복잡성 속에서 고찰되어질 수 밖에 없는 것이다. 특별히 롤스는 정의의 척도를 구하기 위해 "절차적인 정의 개념"(the procedural notion of justice)을 도입하지만, 모든 상황과 조건들 속에서 동일하게 적용될 수 있는 기준이나 개념은 존재할 수 없다. 오히려 정의는 언제나 "기존의 정의 질서를 무너뜨리는 반정의(질서적 정의의 반대)의 감행"28으로

---

26 앞의 책, 47.
27 권진관, "제국의 시대에서의 정의 사상의 모색", 「신학과 선교」, 제46집(2015), 162.
28 앞의 글, 165.

써 균형을 찾아야 한다. 이런 대립적 운동의 균형을 추구하는 가운데, 정의는 다른 말로 "개인들, 집단들 간의 바른 관계를 가져오는 힘"[29]으로 규정할 수도 있다.

오늘날 정의를 말하려는 이들이 당면한 난점은 '정의'(justice) 담론이 다양해졌다는 것이다. 예를 들어, 우리는 이제 분배 정의, 정치적 정의, 생태적 정의, 성 정의 등을 말한다. 문제는 정치적 정의와 경제적 정의(혹은 분배 정의) 그리고 생태 정의와 성 정의 각각이 다른 정치 담론과 모순되거나 충돌하는 상황이 존재한다는 것이다.[30] 따라서 이 다양한 정의 담론의 상황들을 통전적으로 해결할 지평을 필요로 한다. 권진관은 이를 "존재론적 접근"[31] 속에서 찾고 있다. 존재론은 "세계 속의 사물들의 존재 원리, 특히 사물들 간의 근원적 관계를 심층적으로 분석하는 것을 목표"[32]하기 때문에 윤리학적 사고의 토대가 된다고 그는 주장한다. 비록 정의는 "예기적으로(proleptically) 접근"[33]해야 하는 주제라 할지라도, 그 예기적 지평은 결국 존재하는 것의 지평일 수밖에 없으며, 따라서 "존재의 지평 안에서 사물과 개념과 관계를 이해하며, 이러한 각각의 존재적(ontic) 이해에 기반하여 다시 존재 자체(존재 지평)을 예기해 나가는 사유방식"[34] 즉 존재론이 필요할 수 밖에 없다.

정치적 정의와 경제적 정의 그리고 생태적 정의 개념을 통전적으로

---

29 앞의 글, 166.

30 권진관, "사회생태적 정의론을 위한 존재론적 모색: 알랭 바디우의 존재론을 활용하여", 「한국조직신학 논총」, 제33집 (2012), 178.

31 앞의 글, 178.

32 앞의 글, 179.

33 앞의 글, 179.

34 앞의 글, 180.

구성할 목적으로 권진관은 알랭 바디우의 존재론을 참고한다. 존재는 '다수'(the multiple)이고, 이 다수를 셈하는 연산을 통해 일자가 탄생한다. 그래서 일자는 언제나 체재의 산물이자 체재의 구조이다. 진리라는 실재는 이 체재의 구조 속에서 파악되지 않는다. 왜냐하면 체재가 '실재를 가리킨다고 구성한 일자'는 체재의 연산방식이지, 결코 실재가 아니기 때문이다. 따라서 진리는 체재 밖에 혹은 일자 너머에 존재한다. 왜냐하면 체재의 연산, 즉 다수의 존재를 하나의 묶음으로 셈하는 과정 속에서 이 '하나로 셈하기'(count-as-one)에 셈하여지지 않은 다수(the multiple)가 바로 이 '셈하기'의 실상을 고발하는 실재(the Real)의 역할을 하며, 이 셈하여지지 않는 다수의 존재들이 바로 이 체재의 '진리'를 담지하고 있는 셈이다. 이 언표되지 않은 진리를 만나는 사건이 바로 진리 사건이고, 주체는 바로 이 사건에 대한 '사건-이후 과정'을 구성하는 것이다.

정치적 정의, 경제적 정의 그리고 생태 정의를 통전적으로 포괄하는 정의 담론을 위한 존재론의 토대는 과정철학적 존재론을 통해 보완을 받는다. 과정철학의 현실적 존재(actual entity)는 우리가 알고 있는 살아있는 존재보다 훨씬 아래의 차원으로 내려가 원자 이하 입자 혹은 쿼크같은 존재들도 '유기체적' 특성들을 담지한 현실적 존재로 인정한다. 유기적 존재라는 것은 곧 다른 존재들을 자신 안에 엮어 나가는 존재를 의미하며, 이 관계론적 관점에서 보면, 근대의 단순정위 이론(simple location theory)은 존재를 관계와 과정이 아니라 '실체론적'으로 오도하게 만든 근원적 오류이다. 말하자면 일자로 셈하기의 무자비함과 폭력을 그대로 담지하고 있는 것이다. 모든 존재는 다중적 위치성을 점유하며 살아간다. 따라서 어떤 존재도 이것 혹은 저것으로 단순화시킬 수 없는 복잡성을 갖고 있는 셈이다. 진리 사건이란 바로 이 셈하여지지 않는 다수성의 진실이 드러나는 사건이고, 이를 통해 우리는 기존의 진리의 경계들을 파기해야하는 계기를 보게 된다.

　문제는 다수성의 진리를 본다는 것 자체가 매우 간단치 않은 과정이라는데 있다. 그래서 캐서린 켈러는 정의를 "끈끈하다" 혹은 "성가시다"(sticky)고 표현했다.[35] 정의가 '성가'셔지는 이유는 정의가 "불확실하고 갈등어린 관계들의 흐름 한 복판에서 이루어지는 협동"(coordination amidst the flux of uncertain and conflctualrelations)[36]이기 때문이다. 정의는 언제나 '불확실하고 갈등어린 관계들'의 한 복판에서 이루어질 수밖에 없고, 그렇다면 '정의'란 우리가 생각하는 정의와 다를 수밖에 없다. 정의가 실현된 이후, 누군가는 만족스럽고 누군가는 불만족스러울 가능성이 높다. 따라서 정의란 객관적으로 실현되는 어떤 구조나 실체가 전혀 아니다. 오히려 정의란 '과정'이고 그리고 복잡하고 중층적인 관계 그 자체인지도 모른다. 만일 그 관계가 자기-조직적인 복잡성의 구조를 갖추고 있다면 말이다. 이 다수로 구성된 복잡성이 자기-조직화하는 구조를 갖추고 있다면, 정의란 "집단적 복리의 척도"(gauge of collective well-being)[37]일 것이다. 말하자면 권진관의 표현대로 정의란 "관련성의 지형(a matrix of relevance)에 의존"[38]하는 것이다.

---

35 Catherine Keller, *On the Mystery: Discerning Divinity in Process* (Minneapolis: Fortress Press, 2008), 111.

36 Ibid., 117.

37 Ibid., 117.

38 권진관, "제국의 시대에서의 정의 사상의 모색", 「신학과 선교」, 제46집(2015), 162.

IV. 호모데우스 시대의 민중신학의 과제
  : 대안적 민중 이야기의 창조

이 복잡하고 중층적인 관계성들의 흐름 속에서 우리는 정의를 어떻게 말할 수 있을 것인가? 관련성의 지형이란 매순간 매상황 변하는 것일터인데, 어떻게 우리는 모든 주체를 위한 정의와 그 척도를 제안할수 있을 것인가? 그래서 정의는 "성가시다"(sticky). 이 성가신 정의는낙관주의가 전혀 아니다. 같은 맥락에서, 민중신학도 "진보 신학"이 아니다. 아니, 민중신학은 결코 진보 신학이 될 수 없다. 진보 신학이란이름 속에 함의된 "진보라는 낙관주의" 때문이다.[39] 무엇보다도 민중신학은 진보라는 흐름이 터하고 있는 "역사가 잘못 흘러가고 있다는경각심"으로 출발한다는 점에서 진보의 낙관주의와 다르다.[40] 오히려민중신학은 '역사의 모순이 낳은 질곡'을 철저히 의식하는 신앙이다.그래서 민중신학의 신앙은 예수를 나의 죄를 구원하기 위해 돌아가셨다고 믿는 대신 예수 당대의 로마 제국과 유대종교권력의 모순에 맞서하나님의 나라를 이 땅에 실현하고자 했던 분으로 인식한다. 이는 민중신학의 과제가 결코 기존의 교회를 위한 봉사나 신학적 기여가 아니라,오히려 기존의 질서가 민중들에게 전달하는 권력담론의 이야기와는다른 대안적인 이야기를 전하는데 있다는 것을 의미한다. 그래서 민중신학의 그리스도론은 속죄론에 근거하는 것이 아니라 "그리스도를 본받아" 그의 삶을 이 땅에 실현해 내는데 중점을 둔다.[41] 그래서 민중신

---

39 권진관, "[특집: 신앙은 나름의 빛깔을 지니고 있는가] 현실 참여와 문화에 얽힌 진보주
    의", 「기독교사상」, vol.48, no.6 (2004), 64.
40 앞의 글, 64.

학의 관점에서 교회란 "예수의 역사적인 삶, 즉 예수의 '위험한' 이야기가 들려지는 곳"[42]이다. 다시 말해, 민중신학이란 기존 세계에 대안적인 이야기를 들려주는 신학이며, 이는 곧 신학이란 "어떠한 신학일지라도 특정한 사도적 활동"을 기반으로 수행되는 "사회적 운동"임을 의미한다.[43]

권진관은 우리가 살아가는 삶의 구조가 "이야기"라고 본다. 예를 들어, 자본주의, '세계화,' 무한경쟁, 약육강식 등의 모든 것들이 이야기적 구조에 근거해 있다. 더 나아가, 유발 하라리는 우리의 시대가 "호모 데우스"(Homo Deus)의 시대라고 까지 표현한다.[44] 우리가 알고 있는 우주와 지구의 역사는 철저히 '인간중심적인 시각에서' 즉 "인류세"(anthropocene)[45]의 관점에서 기술된 이야기이다. 늑대의 나라 독일에는 이제 백 마리 미만의 늑대들만이 생존해 있고, 대신 5백만의 개들이 인간과 더불어 살고 있다.[46] 인간이 지구 생태계의 운명을 쥐고 흔들 수 있는 시대, 즉 인류세이기 때문이다. 우리는 지구의 생명사가 이렇게 흘러온 것을 '목적'이나 '의미'를 더해 인식하고자 하지만, 정말 인간 중심적으로 이해한 생명사가 본래 실재의 역사인지는 아무도 모른다. 인간의 문명이 잘 못을 저질러 핵전쟁이 일어나 멸종하더라도, 모든 생명들이 사라지는 것은 아니다. 오히려 그런 위험은 인간에게

---

41 앞의 글, 66.

42 앞의 글, 66.

43 권진관, "제국의 시대에서의 민족과 민중: 민중신학의 관점에서", 13-14.

44 Yuval Noah Harari, *Homo Deus: A Brief History of Tomorrow* (London: Harvill Secker, 2015).

45 Ibid., 72.

46 Ibid., 71.

더 심각한 문제가 될 뿐이다. 하지만 우리는 그런 문제들을 생명 전체의 문제라고 주장한다. 왜냐하면 인간은 그렇게 자신의 이야기 속에서 우주와 세계를 이해하는 동물이기 때문이다. 유발 하라리는 인간의 고유성이 이성이나 지능 혹은 도구를 사용하는 능력 등이 아니라고 한다. 사실 제인 구달의 증언에 따르면 이미 침팬지들도 초보적이지만 도구를 사용한다. 하라리에 따르면, 인간의 고유성은 바로 '거대한 수의 사람들을 유연하게 협동할 수 있도록 조직화해내는 능력'에 있는데, 이 능력의 핵심이 바로 '이야기의 창출'이다.47 이야기를 통해 인간은 다수의 사람들이 함께 모여 협동하고 조직할 '동기'를 제공한다. 왜냐하면 이야기를 통해 사람들은 의미를 부여받기 때문이다. 왜 이 일에 함께 해야 하는지를 말이다.

우리가 살아가는 세계는 이야기가 창출하는 가상(the virtual)으로 구성되어 있다. 돈이나 주식이 왜 이 세상에서 작동하겠는가? 어느 날 누군가 종이 한 장에 불과한 돈이 왜 가치를 지니고 있는지를 불신하기 시작한다면, 그리고 충분히 많은 사람들이 그 불신에 동참한다면, 세상의 질서는 달라진다. 우리는 세상이 사람들의 결집에 의해서 달라질 수 있음을 2016년 겨울 촛불집회를 통해 경험하였다. 하지만 우리의 세계를 구성하는 이야기들이 늘 해방적이거나 진실한 것은 결코 아니다. 이미 언급한바, 무한경쟁하고, 약육강식이 정당화되는 것은 바로 그러한 행위를 정당화시켜주는 이야기의 가상 구조가 사람들의 마음속에 전제되고 있기 때문이다. 이렇게 다수의 사람들의 삶의 세계에 무의식적으로 각인된 가상 세계의 이야기는 당연시된다. 그리고 모두

---

47 Ibid., 131.

가 당연시 여기는 가상 질서는 함부로 의심하거나 불신할 수 없다. 그럼 바보가 된다.

문제는 이런 신성한 이야기들을 통해 민중을 억압하는 질서가 정당화되고 공고해 진다는데 있다. 예를 들어, 공정한 경쟁이라는 담론은 우리의 세계가 부득불 서로 경쟁하지 않으면 안 되는 구조로 구성되어 있다는 사실을 정당화시키고 각인시킨다. 그래서 경쟁은 불가피하다. 그래서 문제의 핵심은 경쟁의 공정성을 어떻게 확보하느냐의 문제라고 추동한다. 그리고 경쟁의 공정성은 '무한경쟁'과 약육강식의 규칙으로 뒷받침된다고 주장한다. 이 모든 것들 즉 경쟁, 공정성, 무한경쟁과 약육강식 등과 같은 것들은 증명된 사실이 아니라, 인간 인식의 이야기적 구조로부터 창출되는 것이다. 말하자면 인간의 정신의 모태인 가상(the virtual)에서 창출된 이야기인 것이다. 그런데, 알다시피, 우리 시대 무한경쟁과 약육강식의 담론은 생물학으로부터 정당성을 획득해 왔다. 이런 맥락에서 도나 해러웨이는 생물학을 포함하여 과학도 "이야기"(fiction)로 보아야 한다고 주장하기도 했다.[48] 심지어 뉴턴의 '만유인력'도 그 이론 전개에서 이야기적 형식을 담지하고 있다. 말하자면 우리가 소위 '객관적'이라고 가정하는 과학 이론들 속에도 언제나 이야기적 담론 구조가 포함된다는 것이다. 고대로부터 근대에 이르기까지, 우리들에게는 '실재'(reality)가 주관적(subjective)이거나 객관적(objective)인 영역에서만 조명되었다. 하지만 신, 돈, 증권, 민족, 문화 등과 같은 것들은 주관적인 것만도 그렇다고 객관적인 것만도 아니다.

---

48 Joseph Schneider, *Donna Haraway: Live Theory* (New York: Continuum, 2005), 36.

그들은 "간주관적"(intersubjective)[49] 실재이다. 우리는 간주관적 실재들을 수동적으로 받아들이고 당연시하며 살아갈수도 있다. 대부분의 사람들이 그렇게 산다. 하지만 다른 한편으로 우리는 그 간주관적 실재들의 기존 구조와 질서를 의문시하면서, 새로운 대안적인 이야기들을 통해 간주관적 실재들의 구조와 질서를 새롭게 창출해 나갈 수도 있다. 바로 이것이 권진관이 이야기 신학을 통해 시도하고자 하는 것이다.

　이런 맥락에서 권진관은 "세계화와 성장"이 "신성한 이야기"가 되어버린 시대를 고발하고, 의문시하면서[50], 이 지배 담론들 너머를 꿈꾼다. 즉 그런 지배담론의 이야기(들)에 맞서 권진관은 민중 이야기들을 통해 대안적 담론을 모색하였다. 예를 들어, 양귀자의 단편 "불씨"를 인용하면서, 권진관은 그런 이야기들 속에 담긴 민중의 이야기들이 들려지고 해석되기를 바랐다. IMF 직후 많은 사람들이 '경영합리화'라는 명분하에 해고나 명예퇴직을 당하게 되면서, 경제 불황의 직격탄을 맞고 살아가는 서민들의 이야기 속에 우리가 어떻게 대안을 모색해야 하는지가 담겨있다는 것이다. 즉 "불씨"의 이야기는 거대한 사회구조의 불안 하에서 고통과 고난이 개인적으로 체험되는 모습 즉 "오로지 혼자서만 외롭게 당하는 고난"[51]의 모습을 적나라하게 그려주고 있다. 이 민중의 외롭고 고독한 모습 속에서 우리는 신학이 시대에 어떻게 기여할 것인지 혹은 시대에 어떻게 대안을 살려낼 것인지를 알게 된다고 권진관은 예감하는 것이다. 즉 외롭고 고독한 민중, 그래서 시대의 아

---

49 Harari, *Homo Deus*, 144.
50 권진관, 『우리 구원을 이야기하자: 공동체 이야기 신학을 위한 시론』(서울: 대한기독교
　서회, 1998), 11.
51 앞의 책, 21.

품을 맨몸으로 홀로 감당하고 있는 각 민중에게 '연대의 터가 되어줄' 무언가가 필요하다는 것이고, 그 소설 이야기는 그러한 연대를 통해 민중의 상생 공동체로 나아갈 것을 암시한다.[52] 고난과의 연대라는 것은 곧 기독교의 '성령' 개념 아니겠는가? 우리 각자의 아픔이 있기에 우리는 같은 아픔을 지닌 이들을 알아볼 수 있고 그렇기에 다가가 그 상처를 싸매고 치유하는 상생의 공동체로 연대할 수 있지 않겠는가.

민중신학이 이야기적 구조를 가져야 한다는 것은 곧 "인간의 모든 삶과 경험"이 "이야기적 성격"을 갖고 있을 뿐만 아니라, 오직 인간만이 세계와 실재를 이야기적으로 경험하고 표현한다는 사실 때문이다.[53] 더 나아가 민중은 이야기를 통해서 '연대'한다. 즉 서로 다른 사람들이 함께 모여 이야기를 통해 공동의 세계를 공유하게 되는 것이다. 기독교의 진리가 이야기들로 구성되어 있는 것은 결코 우연이 아닌 것이다.

그렇다면 민중신학은 이제 기독교의 이야기와 한국문화 속 민중의 이야기를 합류시켜 낼 수 있는 방식을 모색해야 할 것이다. 이는 이미 '두 이야기의 합류'를 언급한 서남동의 이야기 속에 담겨있는 내용이다.

민중신학은 우리 민 民의 의식 속에 자리잡고, 민 民의 의식을 형성시켜주는 이야기, 시, 노래들을 수집하고 재해석해야 한다. 왜냐하면, 민 民은 이러한 이야기와 노래의 의미 세계 속으로 태어났고, 그것의 관점에서 세계를 보기 때문이다. 우리 문화와 전통, 그리고 땅은 민족의

---

52 앞의 책, 25.
53 앞의 책, 33-34.

역사와 삶의 이야기를 '기록'하고 '보존'하고 있다. 이것들이 우리의 정
체성을 형성해 준다. 그런데 우리 국토와 문화전통 속에 깊숙이 스며
들어 있는 이야기들은 맘몬이 지배하는 현대의 물질문명의 그늘 밑에
서 왜곡되어지거나 소멸되어가고 있다. 한국의 민 民의 자기 정체성도
함께 상실되어 가고 있다.[54]

   권진관은 민중신학의 이야기를 세 가지로 구별한다: 1) "그리스도
인 이야기," 2) "한국문화 속의 이야기," 그리고 3) "우리들의 이야기."
민중신학의 주요 작업은 바로 이 이야기들의 합류이다. 이 합류를 통해
"각각의 이야기를 상승시켜 새로운 이야기를 창조"[55]할 수 있다고 권
진관은 주장한다. 즉 "민중의 신앙과 희망이 담긴 삶의 이야기와 '그리
스도인 이야기'가 합류하여 오늘의 상황을 위한 '계시적'이고 '진실한'
이야기로 승화하도록 두 이야기를 대화시"[56]키는 작업이 필요하다고
본 것이다. 각각의 이야기 형식은 각자의 세계 이해와 구조를 담지하고
있다. 따라서 다른 문화와 민족으로부터 시작된 구원이야기는 우리 문
화의 이야기와 다른 세계와 구조를 갖고 있으며, 또한 같은 민족의 이
야기라도 시대와 상황에 따라 세계와 의미를 해석해 나아가는 구조가
다르다. 따라서 이야기는 그 자체로 '사실'을 전달하는 매개가 되어서
는 안 된다. 따라서 "오늘의 구원을 열어주는 지혜와 희망의 이야기는
오늘의 민중의 이야기 속에 존재하는 것도 아니요, 또 성서의 이야기
혹은 문화와 전통의 이야기 그 자체 안에 존재하는 것이라기보다 이들

---

54 앞의 책, 39.
55 앞의 책, 43.
56 앞의 책, 43.

이야기의 합류를 통하여 새롭게 들려지는 이야기 속에 존재한다."[57]

이야기는 "기성의 established 세계"로부터 출발하지만, 언제나 "상상과 새로운 가능성의 세계"로 나아간다.[58] 이 '상상과 새로운 가능성의 세계'를 권진관은 역사적 지식이라고 명하였다. 역사적 지식이란 "역사적 사건들을 뛰어넘어 가능성의 영역, 본질적인 면을 보여주는 지식"[59]이다. 이 '역사적 지식'이 생산되는 지평은 주관의 영역도 객관의 영역도 아니다. 이 가상의 영역을 권진관은 '성령'이라는 단어로 가리키고자 노력하였다. 서남동의 두 이야기의 합류 개념을 인용하면서, "두 이야기가 합류한다는 것은 … 두 이야기가 합하여 새로운 이야기들을 잉태한다는 것을 의미하는 것이며, 그 이야기는 오늘날의 민중의 운동과 삶 속에서 성령에 의하여 창조된다"[60]라고 권진관은 주장한다. 바로 여기에 권진관의 이야기 신학이 담지한 독창성이 놓여 있다. 오늘 우리의 이야기는 "우리(민중)가 단독으로 창조하는 것이 아니라 성령과 함께 성령에 의해서 창조된다"[61]라는 것은 우리 인간이 수동적으로 이야기를 받아들인다는 이야기가 아니라, 이제 기존의 것을 넘어선 새로운 이야기의 창출을 성령과 더불어 '함께-창조해'(co-create) 나간다는 것을 의미한다.

---

57 앞의 책, 45.
58 앞의 책, 50.
59 앞의 책, 51.
60 앞의 책, 60.
61 앞의 책, 60.

V. 민중신학의 영성

권진관은 영성을 1) "성령 안에 있는 인간과 그의 삶"과 관련된 것으로 그리고 2) "현재의 자신을 넘어서서 초월"하는 성격으로 규정한다.[62] 영성에 대한 자신의 이러한 정의들에 기초하여, 권진관은 민중적 영성론을 "민중이라고 하는 특정한 집단적 인간군의 내면적 인간됨을 성찰"[63]하는 작업으로 규정한다. 민중적 영성이 집단적 영성인 것은 바로 민중이 "고난받는 인간집단으로서 역사와 함께 숨 쉬며 살"[64]아가기 때문이다. 이는 민중이 개인의 차원을 결여하고 있음을 의미하는 것이 아니라, 오히려 민중은 언제나 "사회적 관계 속에 있으며, 사회에서 비롯된 모순을 안고 있고, 모순에서 비롯된 고난 속에서 살고"[65] 있음을 인식하는 것이다. 민중이 언제나 사회적 관계 속에 있는 개인들과 그들의 고난을 가리키는 것이라면, 이는 민중이 언제나 "특정 역사와 문화와 민족 속에 존재"[66]하는 것을 의미한다. 즉 민중은 구체적으로 그리고 현실적으로 존재하는 것이지, 보편적으로 일반적으로 그리고/또는 추상적으로 존재하는 것이 아니다. 그렇다면 민중은 "고난 속에" 존재할 수밖에 없다. 말하자면, 민중은 사회적 관계 속에 존재하고, 그 사회적 관계라는 것은 단지 타자들을 '안다'는 정도의 관계성이나 '우호적인' 혹은 '친밀한' 관계만을 가리키는 것이 아니다. 그 사회적 관계란

---

62 권진관, "민중적 영성 시론", 「한국조직신학논총」, 제7권(2002), 257.

63 앞의 글, 257.

64 앞의 글, 257.

65 앞의 글, 257-258.

66 앞의 글, 258.

때론 질투와 증오와 분노와 적개심의 관계들을 포함한다. 때로는 서로 대립하는 관계들 사이에 끼인 관계로도 존재한다. 사회적 관계 속에 존재한다는 것은 바로 이 관계의 복잡성과 중층성을 의미하는 것이며, 이 관계 속에서 '모두의 행복과 기쁨'이란 존재하지 않는다. 왜냐하면 언제나 누군가의 기쁨은 누군가의 슬픔과 좌절을 동반할 것이기 때문이다. 그러니 누군가 기쁘고 행복한 현실도 전체적으로 보면, 안타깝고 슬픈 현실일 수밖에 없다. 이렇게 복잡하고 중층적인 사회적 관계란 결국 전체적으로 '모순과 갈등'이 내재된 관계일 수밖에 없을 것이다.

민중이 바로 이 모순과 갈등의 사회적 관계이기 때문에 영성이 필요한 것이다. 민중적 영성은 "민중의 고난의 자리에 계신 하나님의 영 안에서의 삶"[67]이라고 권진관은 정의한다. 더 나아가 민중적 영성이란, 권진관에 따르면, "민중이 스스로 역사와 사회의 주인으로 일어서고 참여하게 하는 역동적인 영적 힘"[68]이다. 민중적 영성에 대한 이 두 정의들은, 문자 그대로만 받아들이면, 잘 들어맞지 않는다. 왜냐하면 첫 번째 정의는 민중적 영성을 "하나님의 영 안에서" 살아가는 삶이라고 말하면서, '하나님의 영'에 방점을 찍고 있는 반면, 민중적 영성의 두 번째 정의는 민중 스스로의 주체적이고 역동적인 힘에 방점을 찍고 있기 때문이다. 얼핏 모순되는 것으로까지 비쳐지는 이 두 정의들을 일관성있게 이해하는 길은 곧 '민중'의 주체성을 그의 "자기-중심성" 속에서가 아니라 "민중 속에 계신 하나님"의 마음으로 이해하는 것이다.[69] 즉 민중의 마음과 하나님의 마음 사이에 틈이 없도록, 민중이 자

---

67 앞의 글, 258.
68 앞의 글, 258.
69 앞의 글, 259.

기-중심적인 마음을 버리고 하나님의 마음을 입는 것이다. 하지만 민중이라는 집단이 바로 하나님의 마음과 하나가 되는 것은 아니다. 우선 민중들 각자가 자신의 자기-중심성을 버리고, 다른 민중들의 현실과 고난에 마음을 열고, 그 고난 앞에서 어떻게 행위할지를 하나님의 마음을 기준으로 결단할 때, 민중은 하나가 되고 그리고 더 나아가 하나님과 하나됨에 이르게 된다. 즉 민중적 영성은 우선 "민중과 하나됨"을 의미하며, 이를 위해서는 "민중의 삶에 동참"하는 것이 필수적이다.[70] 내 자신의 이기심과 자기중심적인 태도를 버리고, 민중 타자들로 "감정이입"(empathy)을 통해 마음을 열어 그들의 삶에 동참함으로써, "내 안에 타자(민중)가 임해 있음(the presence of the other within my-self)"을 체험함 속에 하나님과 하나됨이 있다.[71]

민중이 역사의 주인 혹은 주체가 되기 위해서는 바로 이 '자기-중심성의 포기' 즉 "자신을 사로잡고 속박하고 있는 것들로부터 자유"[72]로 워져야 한다. 따라서 포기는 곧 진정한 자유를 획득하는 길이 된다. 말하자면 소비 자본주의 세계 속에서 소비할 수 있는 자유란 곧 소비를 통해 자신의 존재감을 증명한다는 '착각'에 사로잡혀 있는 것이다. 진정한 자유란 그렇다면 이 착각 즉 내가 내 소유의 돈을 가지고 자유롭게 소비하면서 자유를 만끽한다는 착각으로부터의 자유를 얻는 것을 의미한다. 이는 곧 자기-의 혹은 자기-이익을 포기하고, 하나님의 뜻을 따르는 것을 의미한다. 오히려 내가 마음껏 소비할 수 있는 재원을 갖고 있는 상황에서 아직 헐벗고 굶주린 이웃들이 우리 사회의 민중으

---

70 앞의 글, 260.
71 앞의 글, 260.
72 앞의 글, 261.

로 존재한다는 것을 인식하고, 그들에게 (하나님이라면) 어떻게 할 것인지를 책임 있게 선택하고 결단하는 행위가 바로 영성인 것이다.

하지만 민중을 향한 나의 선택과 결단은 결코 그들을 불쌍히 여겨 돕는 차원의 일을 의미하는 것이 전혀 아니다. 오늘날 선진국의 복지 시스템은 그들을 그렇게 규정하고, 그러한 전제에서 시행된다. 그들은 도움을 필요로 하는 사람들이다. 하지만 이런 태도는 '민중이 주체 혹은 주인'이라는 민중신학적 영성의 태도가 아니다. 그래서 권진관은 기술하기를,

> 민중에게 밥을 퍼주고 시혜를 베풀지만 민중은 주인으로 떠오르지 않고 밥을 퍼주는 사람(非 민중)만 주체로 서는 것을 우리는 본다. 민중이 스스로의 운명과 역사의 주인이 되게 돕고, 민중이 사회의 주인으로 성장하도록 돕는 일이 더 중요하다.[73]

민중이 우리 삶의, 우리 사회의, 우리 정치의 주인이 되도록 하는 것, 바로 그것이 민중신학적 영성이다. 이는 곧 민중을 나의 '동반자'(companion)이자 친구(friend)로 삼는 것을 의미한다. 그래서 권진관은 "사람이 친구를 위하여 목숨을 버리면 이보다 더 큰 사랑은 없다"(요 15: 12)를 인용한다. 민중을 불쌍히 여겨 돕는 것은 민중적 영성과는 거리가 멀다. 내가 그들과 함께하고 그들을 돕는 것은 그들이 나의 (나와 동등한) 친구이자 동반자이기 때문이다. 동반자란 같은 길을 어깨동무하고 나아가는 사이를 말한다. 어깨동무를 하고 있어서, 이 친구가

---

73 앞의 글, 262.

다른 길로 가려거나 주저앉거나 되돌아가려하면, 반드시 나와 갈등을 일으킨다. 진정한 친구 사이란 바로 이런 것이다. 무조건 모든 것을 받아주고 묵인하는 것이 아니라, 우리가 어디를 향해 나아가느냐를 두고, 때론 갈등하고 때론 토론하고 때론 위로하고 나아가는 사이. 바로 이것이 민중신학적 영성의 핵심이다.

친구-동반자로서 민중의 관계성은 곧 민중의 고난에 연루되는 것을 의미한다. 물론 어떤 방식으로 연루되느냐가 핵심이다. 예수는 민중들과 "재물을 나누고 가난함을 실천"[74]하는 삶을 살았다. 바로 이 예수의 방식이 우리가 민중과 관계하는 방식이(되어야 한)다. 민중이 사회적 관계일 때, 우리의 민중적 관계성은 '모순과 갈등의 관계일 수밖에 없음'을 이미 언급한 바 있다. 즉 민중(들)은 언제나 고난 속에 있을 수밖에 없다. 바로 그 민중의 고난에 함께 한다는 것은 결코 획일적이거나 일반적일 수 없다. 왜냐하면 언제나 민중은 구체적인 시대의 현실 속에 존재하는 것이고, 각 시대는 다른 상황과 조건들을 담지하면서 다른 형태의 고난들을 양산해 내기 때문이다.

그들의 고난에 함께 한다는 것은 곧 사랑을 요구한다.[75] 사랑과 열정이 없이는 이는 불가능한 것이다. 단지 불쌍한 사람 돕는다는 마음 가지고는 민중의 고난에 함께 할 수 없다. 우리의 사랑은 민중의 고난

---

74 앞의 글, 266.

75 이런 맥락에서 켈러는 "성가신 정의"(sticky justice)를 "com/passion in process"로 표현하였는데, 'com/passion'은 'compassion'의 라틴어 어원의 의미 즉 'suffering-together'의 의미를 강조하기 위해 백슬래쉬를 집어넣은 것이다. 중층적이고 복잡다단의 관계들 속에서 정의를 실현하는 것은 곧 '고통을 함께 나누는 과정'에 함께 한다는 것을 의미하며, 이것이 바로 '아가페적 정의'(agapic justice)를 의미하는 것이다(cf. Keller, *On the Mystery: Discerning Divinity in Process*, 111-131).

을 야기하는 세상의 구조에 저항하는 행위일 수밖에 없다. 이는 곧 진정한 자유를 얻는 혹은 진정한 주체로 거듭나는 삶과 맞물려 있다. 그들이 소비하는 자유를 만끽하라고 말하는 것은 곧 나의 존재의 본질이 마치 물질적 소비를 통해 실현되는 것처럼 미혹하는 일이다. 이에 대해서 단연코 '아니다'(No)라고 말하고, 그러한 자본주의적 소비구조로부터 탈피하는 것, 그것은 곧 저항이자, 나의 거짓된 자아를 내려놓는 일이 될 것이다. 그것은 곧 나 자신의 홀로만의 고독한 작업이 될 수 없다. 왜냐하면 '우리들 각자'는 이미 복잡하고 중층적인 관계의 망 속에 존재하기 때문이다. 따라서 내가 자본주의적 소비질서의 구조를 거절한다는 것은 결코 나 자신의 혼자만의 행위가 되지 않는다. 나와 연관된 다른 사람들에게 영향을 미치는 복잡한 행위인 것이다. 그중에는 이 소비구조를 통해 자신의 삶의 이익을 도모하는 사람들이 많이 있을 가능성이 높다. 그러한 복잡한 관계 구조의 한 복판에서 '아니다'를 말하는 것은 곧 '사회 안에서 우리가 우리라는 이름으로 함께 더불어 살아가는 것이 무엇을 의미하는지'에 대한 깊은 성찰을 요구한다.

VI. 포스트휴먼 시대 다중(the multitude)의 연대를 위한 신학

권진관의 민중신학에 특별한 요소는 바로 신학이란 "가장 평범한 것(the ordinary)을 비범하고 특별한 것(the extraordinary)으로 만드는 작업"[76]으로 주장한다는 점이다. 즉 민중신학은 "민중의 일상적이고 평범한 사건과 말, 이야기를 '신성하고' 비범한 것으로 재창조"[77]하는 작업이라는 말이다. 권진관은 민중의 소소한 이야기를 신학적으로 성찰하는 작업이 신학의 핵심 과제라고 보았다. 바로 그 평범하고 소소한 이야기, 그러나 그 사회의 작은 자로서 억눌리고 고통당하는 삶의 이야기들을 통해 해방의 계기들을 찾아나가는 신학적 상상력을 강조하였다.

그러나 권진관은 '민중' 개념이 우리 시대에 다의성과 다중성을 갖고 있음을 하트와 네그리의 제안을 통해 수용하면서, 민중과 '다중'(the multitude) 개념을 등가시한다. 이는 기존의 민중 개념의 경계를 재정의하는 작업을 요한다. 여기서 권진관은 인간이라는 생물학적 경계를 넘어 민중 개념을 비인간(nonhuman) 존재들에게로까지 확장해야 할 시대적 필요성을 인식한다. 즉 권진관은 기후변화와 생태위기의 시대에 '민중'의 개념을 "말 못하는 민중"으로서 "생태환경"까지 포괄할 수 있어야 한다고 주장한다.[78] '말 못하는 민중'으로서 생태환경은 "서발턴"(subaltern, 하위주체)[79]에 가깝다고 묘사한다. 말 없는 존재들(unspeakable beings)은 말하자면 자신의 힘으로 주체의 자리에 서지 못하는 존재들을 가리킨다. 바로 이런 존재들이 바로 스피박이 '서발턴'(the subaltern)으로 가리키는 대상들이었다. 그녀는 도발적으로 물음을 던진다: "서발턴은 말할 수 있는가?"[80] 사실 스피박의 서발턴은

---

76 권진관, "현실 참여와 문화에 얽힌 진보주의", 69.

77 앞의 글, 69.

78 권진관, "민중과 생태환경의 주체화를 위한 신학", 「신학연구」, 통권60호 (2012), 31.

79 앞의 글, 31.

80 가야트리 차크라보르티 스피박 외, 『서발턴은 말할 수 있는가?: 서발턴 개념의 역사에 관한 성찰들』, 로절린드 C. 모리스 편, 초판2쇄 (서울: 그린비, 2016), 특별히 97.

말을 할 수 없는 존재들이 아니다. 오히려 "그녀는 '말했지만' 여자들은 그녀의 말을 '듣지' 않았고 지금도 듣지 않는다"[81]는 현실을 스피박은 고발한다. 여기서 스피박은 현재 세계 구조의 남성들 뿐만 아니라 서구의 페미니스트들도 이 서발턴 여성(들)의 소리를 듣지 않고 있다고 고발하는 것이다. 주체-중심의 인간 이해가 결국 주체의 자리에 구조적으로 설 수 없는 사람들의 목소리를 체계적으로 배제하고 있는 현실을 그녀는 고발한다. 그런데 여기서 더 나아가서, 부르노 라뚜르는 우리가 인공/자연으로 나누어온 인식적 관행 속에 자연과 인공의 혼종적(그러나 비인간적) 존재들에 대한 체계적인 배제가 이루어져 왔음을 고발한다.[82]

그렇다면 이렇게 (인간) 언어로부터 구조적으로 그리고 체계적으로 배제된 존재들을 위해 민중신학은 무엇을 할 것인가? 그는 "민중의 한에 동참하고 그 한의 소리를 들려주는 소리의 매체, 즉 한의 사제"[83]가 되어야 한다는 서남동의 신학을 인용하면서, 이제 신학자는 말 못하는 민중으로서 생태환경의 소리를 매개하는 한의 사제가 되어야 함을 시사한다. 민중신학의 형식적 주체는 물론 신학자이다. 하지만 그 내용적 주체는 언제나 "신학자 자신이 아니라 민중이라고 하는 특정한 인간집단"[84]이다. 여기서 우리는 형식적 주체와 내용적 주체 간의 간격이 발생하는 것을 보게 된다. 이 간극을 해속하기 위해 권진관은 "민

---

81 앞의 책, 46.

82 Bruno Latour, *We Have Never Been Modern*, trans. Catherine Porter (Cambridge, MA: Harvard University Press, 1993), 10-12.

83 권진관, "민중과 생태환경의 주체화를 위한 신학", 32.

84 권진관, 『우리 구원을 이야기하자: 공동체 이야기 신학을 위한 시론』, 63.

중신학에 있어서 신학의 실질적인 주체는 민중이며, 신학자는 주체인 민중의 매개자일 뿐"[85]이라고 설명한다.

이 관계를 권진관은 "동일화"(identification) 과정이라고 설명하는데, "나와 민중은 결코 같을 수 없지만, 나의 노력에 의해서 끊임없이 민중과 같아지려고 해야"[86] 하는 관계를 말한다. 이 동일화 과정을 통해 "신학자인 나는 자신을 뛰어넘어 민중의 소리의 매개자의 역할을 감당"[87]해야 한다는 것이다. 이런 의미에서 신학자로서 '나'의 자아는 "한국 민중의 정서와 의식에 끊임없이 동일화함으로써 그들의 주관이 내 속에 들어와 나를 움직여 주기를 바라고 실제로 그렇게 되도록 노력하는 자아"[88]이다.

하지만 자아란 고정된 실체가 아니라 항상 변화에 노출되어 있는 운동이다. 민중신학자는 자신의 자아가 올바른 방향 즉 민중을 매개하는 방향으로 언제나 지향될 수 있도록, 자신을 내적으로 "끊임없이 회심"하고, 그를 통해 "나의 자기중심성으로부터 끊임없이 탈출"해야 한다고 권진관은 주장한다.[89] 여기서 자아는 "항상 변화와 회개의 도상에 있다."[90] 자아의 고정된 이상적인 하나의 모델에 집착하지 않고, 끊임없이 보다 민중의 삶을 구체적으로 반영하는 이야기들을 찾아가는 민중신학자는 그래서 "민중성을 체득하려고 길을 떠나는 나그네와 같은 존재"[91]라고 권진관은 말한다.

---

85 앞의 책, 63.
86 앞의 책, 64.
87 앞의 책, 64.
88 앞의 책, 65.
89 앞의 책, 65.
90 앞의 책, 66.

이 이중의 주체성이라는 간격 속에서 민중의 소리의 매개자로서 신학자의 정체성은 자아를 언제는 "공동체 안에 있는 자아"로 이해할 때 의미맥락을 획득한다. 언제나 다른 자아들과 연결된 자아로서 서로가 서로를 반영하는 구조 속에서 모든 자아는 언제나 "연대 속에 있는 주체이며, 공동체의 경험 속에 참여하는 주체"[92]이다. 여기서 신학자는 자신이 누구 혹은 어떤 공동체를 "연대하고 대변"하고 있는지를 '의식' 해야만 한다. 모든 자아가 연대 속에 있다면, 모든 자아는 결국 누군가를 혹은 어떤 공동체를 매개하고 대변하는 역할을 감당할 수밖에 없기 때문에, 문제는 내가 연대하고 대변하고 있는가가 아니라, 누구 혹은 어떤 공동체를 '어떻게' 대변하고 있는가가 문제일 것이다. 즉 올바른 매개자가 되고 있는지를 판단하고 분별하는 궁극적인 책임은 결국 신학자 자신에 달려 있을 것이기 때문이다.

올바른 연대와 대변의 기준으로서 권진관은 우선 "나와 민중과의 연대의 모습은 대등한 연대가 아니라 불평등한 연대"라는 점을 인식하고, 바로 그렇기 때문에 그 연대 속에서 '나'는 "작아지고 민중이 주인이 되는 연대"[93]가 되도록 끊임없는 회개와 변혁을 시도해야 한다는 것을 역설한다.

이 불평등한 연대 속에서 '타자란 누구 혹은 무엇인가'의 물음이 제기된다. 민중신학자에게는 "민중이 가장 중요한 타자"이고, 민중이라는 타자는 "자신의 문제를 가지고 직접 혹은 간접으로 민중신학자를 대면"하는데, 그 주요 매체가 바로 "민중의 이야기"가 된다.[94] 이 타자

---

91 앞의 책, 66.
92 앞의 책, 67.
93 앞의 책, 69.

와의 만남 즉 민중과의 만남을 통하여 민중신학자는 "새로운 자아로 회심하며, 이 회심은 민중을 올바르게 이해하고 그들과 연대하기 위한 초석"[95]이 된다. 왜냐하면 타자와의 만남은 "나의 좁은 테두리를 깨고 보다 변혁된 자아를 형성해주는 기능"[96]을 갖고 있기 때문이다.

부루노 라뚜어는 근대의 자연/문화의 이분법에 의해 배제된 혼종적 존재들과 생태적 존재들의 '소리 없는 음성'(unspeakable voice)을 매개하는 "대변인"(spokesperson)[97]의 역할을 철학자들이 떠맡아야 한다고 주장했다. 물론 이 관계는 권진관이 언급했듯이 이미 '불평등한 연대'이다. 그런데 여기서 우리는 서구 페미니스트들이 제3세계 여성들을 위해 인권이나 페미니즘의 기치 아래 대변하는 오류를 그대로 반복할 위험성은 없는 것일까? 서구페미니스트들은 제3세계 여성들을 "유다른 희생자로 바라보고 그녀들의 사회를 억압적이고 야만적인 것으로서 표출하는 이미지"로 전형화하는데, 이 전형화 자체가 "차별적 의식의 반영임과 동시에 사람들의 인식 속에서 차별적인 타자상을 재생산하고 그것을 실체화시켜 버린다"라고 오카 마리는 지적한다.[98] 그래서 오카 마리는 묻는다:

말을 빼앗긴 사람들의 소리없는 목소리를 전달하는 것은 말을 가진 사

---

94 앞의 책, 87.

95 앞의 책, 88.

96 앞의 책, 88.

97 Bruno Latour, *Politics of Nature: How to Bring the Sciences into Democracy*, trans. Catherine Porter (Cambridge, MA: Harvard University Press, 2004), 64.

98 오카 마리/이재봉 · 사이키 가쓰히로 옮김, 『그녀의 진정한 이름은 무엇인가』(서울: 현암사, 2016), 40.

람들의 사명인지도 모른다. 그렇지만 그것을 스스로 허용하기 전에 우리는 다시 한번 스스로에게 물어야 한다. '소리없는 목소리'라는 수사 修辭는 처음부터 궤변이 아니었던가? 우리는 우리가 알고 있는 범위 내에서, 자기가 알아듣고 싶은 것만을 '알아듣고' 있을 뿐이지 않은가?99

누군가의 메시지를 전달하거나 매개하는 사람들은 중성적이지 않다. 모든 주체와 행위자들은 자신들만의 권력의 위치가 있다는 지금은 너무나 상식인 사실을 새삼 강조하고자 하는 것이 아니다. 예를 들어, 사건의 실상을 알리는 사진들은 사실 그대로 전달되지 않는다. 심지어 타인의 고통을 전하기 위한 사진들, 그것들조차도 실상 그대로 전달되지 않는다. 오히려 작가가 자신이 전달하는 메시지를 위해 '연출'이라는 과정을 거친다는 것을 우리는 너무나 쉽사리 망각한다. 그래서 손탁은 말하기를,

그렇지만 정작 이상한 일은 제2차 세계대전 이후에 발표된 가장 기억할만한 사진들을 비롯해, 과거의 그토록 많은 상징적 보도 사진들이 연출된 듯하다는 사실 자체가 아니다. 그 사진들이 연출됐다는 것을 알고 나서 깜짝 놀라고 실망하는 사람들이 더 이상한 것이다.100

사진은 우리에게 일러준다. "이것은 중요한 일이며 이것이야말로 어떤

---

99 앞의 책, 205.
100 수전 손택(Susan Sontag)/이재원 옮김. 『타인의 고통』(*Regarding the Pain of Others*) 초판7쇄 (서울: 도서출판 이후, 2011), 85.

일이 어떻게 일어났는지를 알려주는 이야기"[101]라고 말이다. 그리고 "뭔가를 영원히 기억하려고 한다는 것은 그 누군가가 그 기억을 끊임없이 갱신하고 창조할 임무를 수행해야 한다는 점을 의미할 수 밖에 없다."[102] 그래서 우리에게는 "끊임없는 회심"이 요구된다. 즉 민중으로의 부단한 전회(ceaseless turn to Minjung) 말이다. 민중의 소리를 전해야 할 내가 나의 목소리를 높이지 않도록 말이다. 민중의 입을 대신하는 '우리'가 민중을 대신하지 않도록. 민중을 대변한다고 하면서, 대변하는 특권을 나의 권력으로 남용하지 않도록.

VII. 떠나가는 동무에게 바침

김희헌은 권진관 교수의 신학을 "민중적 예수에 대한 희망"과 "예수적 민중에 대한 신뢰"라고 요약한다.[103] '민중적 예수'와 '예수적 민중'은 권진관의 민중신학을 핵심하는 이중의 축이라 할 수 있을 것이다. 이는 곧 민중신학의 고전적 물음 즉 예수와 민중의 관계에 대한 권진관의 대안적 틀인 셈이다. 과거 민중신학은 "민중사건을 증언하는 신학," "민중운동에 참여하는 신학," 혹은 "민중교회를 지원하는 신학"을 표방함으로써, 당대에 나름의 대안 신학으로서의 위치를 점유하고 있었다면, 이제 그러한 입장이 시대의 대안으로 자리할 여지가 많지 않다.[104]

---

101 앞의 책, 131.
102 앞의 책, 133.
103 김희헌, "권진관의 『예수, 민중의 상징; 민중, 예수의 상징』 동연", 116.
104 앞의 글, 123.

이제 민중신학은 주류 신학에 대한 대안 신학으로서 소수자 신학의 위치로 자신의 정체성을 삼아서는 안 된다는 것이다. 그래서 이제는 민중신학이 한국신학의 당당한 주류로서 자리매김하려면, 한국의 민중 뿐만 아니라 전 세계의 다양한 인종과 계층과 민족의 사람들을 위한 보편 담론을 제시할 수 있어야 하며, 이는 곧 민중신학이 이제 "그리스도의 보편적 교회의 신학"의 하나로 스스로를 제시할 수 있어야할 때임을 인식하는 권진관의 신학적 방법인 것이다.[105]

　권진관의 작업은 미완이었다. 그의 작업이 부족하거나 불충분하다고 말하는 것이 아니다. 우리 각자의 작업은 언제나 '미완'(incomplete)일 수밖에 없다. 우리는 홀로 원자적으로 존재하는 것이 아니라, 모두가 모두와 상호 연관되어 연결된 존재이기 때문이다. 나의 작업은 언제나 누군가 다른 사람의 작업을 위한 자료로 넘어갈 때, 객관적으로 불멸한다. 그 객관적 불멸성이 살아 다음 세대로 이어질 때, 민중신학은 더 나아가서 한국 신학은 명맥을 이어갈 것이다. 그래서 우리의 작업은 언제나 그 과정 중에 있다. 그 과정의 과제 즉 민중신학 더 나아가 한국적 신학의 형성이라는 과제는 이제 필자를 포함한 남은 자들의 몫이 될 것이다. 선배와 후배는 그 과정을 이어가는 길에서 엇갈린 만남의 동무 관계이다. 늘 우리는 너무 늦게 만나며, 그를 알게 될 즈음이면, 이미 떠나갈 시간이 되어버린다. 그러나 오랫동안 만남을 지속하면서 친숙하고 익숙한 얼굴이 되면, 우리는 그를 주체적으로 소멸시켜 버릴 때가 너무도 많은 것을 안다. 진정으로 동무관계에 필요한 것은 모든 것을 좋다고 넘어가는 익숙한 구면의 관계가 아니라, 우리가 나아갈

---

105 앞의 글, 123.

길을 어깨동무하고 함께 나아가며, 때로 다른 길로 이탈하려 할 때, 함께 어깨동무 걸은 팔이 서로에게 불편한 긴장을 야기하면서, 다시금 함께 나아갈 길을 성찰하도록 하는 관계일 것이다. 그래서 친구는 주체적 소멸을 재촉하지만, 동무는 객관적 불멸의 가능성을 갖는다. 그렇게 권진관 교수와 필자는 동무관계를 계속 이어갈 것이다.

유영모와 민중신학
: 한국적 범재신론과 실천적 수행종교

김 희 헌 *

I. 들어가는 말

본 연구는 다석 유영모의 종교사상과 1970년대 한국의 정치신학으로 태동한 민중신학을 '한국적 범재신론'이라는 매개를 통하여 연결시키고자 한다. 다석은 한국 종교사상가 가운데 기독교를 가장 한국적인 방식으로 동화시켜낸 사상가로 알려져 있다. 다석을 민중신학에서 소환하여 '범재신론'이라는 지점에서 만나게 하는 이유는 민중신학이 지닌 '한국' 신학으로서의 사상적 갈망 때문이라고 할 수 있다. 민중신학이 한국적 '상황'에 대한 대처(praxis)만이 아니라, 한국적 '사유'와 그 사유를 통한 행위의 총체성을 포괄할 수 있는 사상체계를 갖추는 것에

유영모와 민중신학_ 김희헌 | 57

관한 갈망 말이다. 그것은 '한국적'이어야만 한다는 당위의 만족이 아니라, 역사담론을 생명담론 안에 담고, 정치담론을 영성담론으로 뒷받침함으로써 사상적 확대와 심화를 꾀하는 것이다.

우리 시대가 맞고 있는 문명의 위기는 '역사'에 관한 '정치적' 관심사를 넘어서 삶의 방식 자체의 전환을 요청한다. 이러한 요청 앞에서 민중신학은 자신의 종교 영성 안에 담겨 있는 포괄적인 사상 지평을 분명히 펼쳐냄으로써, 그동안 내외적으로 당해온 여러 시련과 난관을 뚫어낼 필요가 있다. 내부적으로는 한국교회의 종교적 실패에 대한 책임 있는 대처를 하며 신앙공동체의 활로를 열어가는 소임을 맡고, 외부적으로는 종교영성이 지닌 원대한 꿈과 비전을 제시함으로써 담보를 거듭하는 문명의 정신적 지체를 타개해가야 한다. 이 글은 그 출발점을 다석의 '한국적 범재신론'에서 찾는다.

다석의 종교사상은 '수행적 범재신론' 즉, 동서양의 정신을 융합한 창의적인 세계관 위에서 '예언과 신비'를 수행적 차원에서 통합하는 지행합일의 삶을 제시한다. 한국의 근·현대 사상은 학문적 주체성을 확립하지 못한 채 흘러왔지만, 그 외중에 서구의 근대사상과 기독교 신앙을 한국적/동양적 전통 속에서 종합해 낸 걸출한 사상가들이 소수 존재했다. 다석 유영모 선생이 그 가운데 한 명이다. 민중신학이 다석 사상과 이어질 때, 그 정신적 계보를 한국의 종교사상사에 뿌리내릴 뿐만 아니라, '정치신학'으로서의 역할을 맡는 동안 신학담론의 밑에 잠겨왔던 종교사상적 자산을 발굴하여 키우는 기회를 얻게 될 것이라고 생각한다.

이 연구의 핵심 자료는 1955년부터 1974년까지 쓴 다석의 육필일

기인 『다석일지』이다. 하지만 그 글은 잦은 한문 표현뿐만 아니라 한글의 독특한 자모 운영으로 인해 판독이 어려우므로, 제자인 김흥호 선생이 해설해놓은 『다석일지 공부』를 해석의 매개로 삼는다. 아울러 다석의 YMCA 연경반 강의(1956년 10월 17일~1957년 9월 13일) 속기록을 풀어놓은 『다석강의』와 1981년도에 광주 동광원을 방문하여 1주일간 강의한 녹음을 풀어놓은 『다석 마지막 강의』를 참고한다. 이 글은 먼저 민중신학이 오늘날 맞고 있는 도전과 과제를 정리한 다음, 다석의 '수행적 범재신론'을 몇 가지 주제로 나눠 분석하면서, 한국신학의 활로를 '범재신론'을 통한 기독교 세계관의 재구성에 있음을 논하고자 한다.

II. 민중신학이 맞은 도전과 과제

1. '한국' 신학으로서 민중신학의 과제

민중신학은 한국의 신학이다. 무엇을 '한국적'이라고 할 수 있는가? 한국이라는 '지역'에서 태동한 신학이기 때문인가, 한국 '사람'이 하는 신학이기 때문인가, 한국의 정치 사회적 '상황'에 대응한 신학이기 때문인가? 그 모든 것이 한국 신학의 구성요소일 수는 있겠지만, 핵심 사항은 아니다. 이 글이 관심하는 것은 한국적 '사유'로써 한국적 '현실'에 대응할 수 있는 사상 체계를 의미한다. 역사적으로 보면, 민중신학이 한국의 신학으로 주목받게 된 것은 1970년대의 억압적인 사회 상황 속에서 정치적 실천을 주도하는 신학 사상이었기 때문이었다. 그러나 신학 '사상'으로서 민중신학의 고유성은 서구 기독교 전통의 사유체계와는 다른 해석학적 지평을 연 사실에 있다고 볼 수 있다. 그 대표적인 사례가 안병무의 '사건론'과 서남동의 '합류론'이다.

안병무의 '사건'의 신학은 서구 신학방법론에 대한 비판적 성찰과 한국 민중의 고난에 참여한 실천적 경험이 가져다 준 각성을 바탕으로 얻은 것이다. 그가 "태초에 사건이 있었다!"[1]고 선언한 것은, 민중사건과 결합된 하나님 사건 즉, 민중사건을 통해 드러나는 그리스도의 현존을 증언하려는 것으로서, "동양적인 사고를 엄숙히 재검토하여 받아들"이는 것이었다.[2] 안병무는 그것을 가리켜서 "신학에서의 엑소더스 과정에서 [얻은] 해석학적 혁명"이라고 표현했다. 그 해석학적 혁명이란 서양의 로고스 중심적 '질서'의 신학과는 대비되는 '운동/생성'의 신학 즉, 만물의 역동적 운동/생성에서 존재의 토대를 찾는 '사건적' 존재론을 구축하고, 그것을 통해서 사유와 실천의 통전성을 회복함으로써 "주객도식"과 "이원론"에 묶인 신학적 사유를 극복하는 것이었다.[3] 안병무의 출발은 성서해석학이었지만, 결국 사유체계 전반의 "시각의 전도(顚倒)"를 지향하는 작업이 되었다.

서남동의 '합류론'은 보다 긴 발전사를 가진 것으로서, 근대 기독교 사상사에서 소멸되어 간 '자연신학'을 복원하는 과정을 통해 얻은 지혜를 한국 민중의 현실에 적용하여 정립한 것이다. 서남동이 '두 이야기

---

1 안병무, 『민중신학 이야기』 (서울: 한국신학연구소, 1988), 31, 54; 『민중과 성서』 (서울: 한길사, 1993), 222.

2 안병무, 『민중과 성서』, 235.

3 Ibid., 220-228.

의 합류'라는 신학적 드라마를 그린 것이 1979년에 이르러서야 가능했다고 말하는 것은 오판이다. 이미 1963년의 논문 "신을 아는 길"에서부터 1966년의 "영혼의 편력"에 이르는 기간 동안, 서남동은 근대과학이 형이상학적 존재론으로 전제하고 있는 실체론과 개체론과는 다른 '사건적' 존재론에 주목한다. 그리고 1968년도의 "탈출의 공동체"라는 글에서는 "금일의 철학이 도달한 것은 종래의 존재론과 인식론을 폐기해야 하겠다는 결론[을 짓고], 진정한 존재론은… 과정, 관계, 기능의 존재론으로 옮겨갔다"고 판단한다.4 이를 통해서 그는 기독교의 성육신 신앙을 인간과 역사에 한정시키지 않고 전 우주적 차원으로 그 지평을 넓혀서, 신과 인간과 자연이 "하나의 생태계"를 이루며, "신은 우주의 마음이고, 우주는 신의 몸"이라는 주장을 한다.5 서남동은 이렇게 "인간과 자연의 화해와 공동생활(symbiosis)"에 착안한 신학적 세계관을 가리켜 "범재신론"(panentheism)이라고 부른다.6

서남동이 1970년대 민중신학적 도약을 하게 된 발판은 긴 사상 활동을 통해 구축해 온 범재신론적 세계관이다. 서남동에게 한국 상황에 착안한 상황신학과 해방적 실천을 촉구하는 정치신학이란, 민중 현실에 대한 즉자적 응답이라기보다는 보다 포괄적이고 문명 비판적인 세계관 위에서 전개된 작업이다. 범재신론이라는 세계관에서 신과 세계는 역동적인 유기체적 관계로 이해되듯이, 서남동의 사상에서 민중의 이야기와 신의 이야기는 범재신론의 지평 위에서 합류한다. 김지하의

---

4 서남동, "탈출의 공동체", 『서남동 신학의 이삭줍기』, 죽재 서남동 목사 유고집 편집위원회 엮음 (서울: 대한기독교서회, 1999), 262-263.
5 서남동, "자연에 관한 신학", 『전환시대의 신학』 (서울: 한국신학연구소, 1976), 294.
6 서남동, "생태학적 윤리를 지향하여", 『전환시대의 신학』, 280-282.

유영모와 민중신학_김희헌 | 61

'신과 혁명의 통일'이라는 개념을 그가 즉각 수용할 수 있었던 것도 같은 이유에서이다. 그의 사유체계에서 두 이야기는 반드시 합류한다. 그것이 이 세계에 주는 신의 복음이다.

억압적 사회 상황이라는 민중신학의 출현 지점이 낳은 강렬한 효과로 인해, 그동안 민중신학은 신학(종교)을 매개로 하여 사회와 '정치적 커뮤니케이션'을 하는 사상으로 오해되어 왔다. 하지만 그것은 시기적 역할이었지, 한국 신학으로서 민중신학이 지닌 사상적 본성은 아니라고 할 수 있다. 안병무의 사건론과 서남동의 합류론은 정치 윤리적 비판사상만으로는 모두 환원될 수 없는 거대한 사유체계를 암시한다. 그것은 기독교 사상을 한국적 전통과 사유 속에 담아내려는 시도였다. 이러한 융합적인 사유의 지평을 확장시키는 신학운동이 후대의 민중신학 안에서 활발하지 못했다. 이 답보는 1980년대 중·후반, 소위 사회과학적 운동의 시대를 거치는 동안은 양해되었지만, 그것이 지체될수록 민중신학은 종교사상으로서 내외부적 영향력을 잃어갈 수밖에 없었다.

21세기를 살아가는 오늘의 민중신학은 '한국' 신학으로서 어떠한 고유성을 갖고 있다고 말할 수 있을까? 정치신학적 담론은 대부분의 진보적인 신학사상에서 평균화되었고, 민중신학을 부각시켰던 한국 민중의 사회적 현실은 크게 변화되었다. 하지만 여전히 '민중'이라는 기호가 유효한 것도 사실이다. 이 세계가 존재하는 한 사회적 억압기제는 사라지지 않을 것이기 때문이다. 최근의 탈근대주의 담론 속에서 민중신학이 제시한 '민중'이라는 아이템은 로열티를 청구할 수 있는 브랜드로 작동하기도 한다. 그러나 그것이 탈근대적 문화상대주의 흐름에 순응하는 장면은 아닐까 염려된다. "억압받는 부분집합들의 문화적 미덕을 활성화"하는 사상은 자기검열을 소홀히 하면서 "폐쇄된 정체성"을 찬양하고, 결국 세계화된 자본의 논리와 "혐오스런 공모"를 하기 쉽다.[7] 민중신학의 사상적 정체성을 다시 물어야 할 때이다. 민중신학은 오늘날 '한국' 신학으로서 어떠한 고유성을 갖고 있는가?

엄밀하게 들여다보면, '고난'의 문제는 우주생성의 차원과 근원적으로 결부되어 있다. 민중의 고난 역시 구조악에 대한 정치신학적 대처만으로 미흡하다는 사실을 깨닫기에 더 많은 시간이 필요할까? 민중신학이 종교사상인 한, 이 시대의 야만적 관성에 맞설 인간을 길러내는 총체적 사유체계를 구축해가야 할 과제를 갖는다. 여기서 한국적 범재신론이라는 민중신학 초기의 사상적 유산과 실천적 수행 종교로서의 길을 확보한 민중신학 자체의 가능성을 더욱 키워가야 할 신학적 의무가 형성된다. 그것은 '기독교' 신학으로서 민중신학이 지닌 '상황적' 의무이기도 하다.

2. '기독교' 신학으로서 민중신학이 맞은 도전

최근의 민중신학은 두 가지 부정적 경험을 하고 있다. 하나는 기독교회의 현실에서 점점 멀어진 민중신학의 실정이고, 다른 하나는 민중신학의 장점인 정치신학적 실천이 공회전을 하고 있는 것은 아닌가 하는 의혹이다. 이 경험은 두 차원에서의 대응을 요청한다. 한편으로는

---

7 Alain Badiou, *Saint Paul: la fondation de l'universalisme*, 현성환 옮김, 『사도바울』 (서울: 새물결, 2008), 19-25.

기존의 방식과는 다른 창조적 영성으로써 신앙인을 육성해야 할 기독교 '신학'으로서의 책임에 관한 것이며, 다른 한편으로는 이 시대의 고난에 대처하기 위한 종교적 '운동'을 재가동시킬 수 있는 사명과 관계된 것이다. 이것은 민중신학에게만 해당되는 문제는 아닐 것이다.

현재의 한국 개신교는 지속 가능한 종교인가? 이 물음은 여기서 근본주의적 개신교의 몰락에 관한 예측의 문제로서가 아니라, 기독교 신학으로서 민중신학이 가져야 할 책임에 관한 문제로서 제기된다. 알다시피, 현재의 한국 사회는 편견과 배타성에 기초한 증오의 정치가 미래의 희망을 잠식하고 있으며, 그 소용돌이의 중심에 한국 개신교가 있다. 한국 교회가 전파한 메시아는 기득권 세력의 욕망의 화신이 되어, 극단적 이념 갈등과 번영의 논리를 타고 한국 개신교의 몸뚱이로 화육하였다. 반공주의와 경제지상주의는 사회의 기본 문법처럼 작동하며, 한국 개신교는 그 문법의 수호자가 되었다. 세월호 참사 발생 이후, 혐오세력들이 우리 사회를 난장판으로 만드는 작태가 허용되었던 이유 가운데 개신교의 동조와 침묵이 있었다고 말하면 과장인가?

지난 한 세대 가까이 신자유주의 질서가 사회의 제도와 정신에 뿌리 내리는 동안 개신 교회는 교단을 불문하고 부르주아적 특징을 완성시켜갔다. 가난과 청빈의 영성, 위로와 용서의 영성, 변혁과 저항의 영성으로부터 아득히 멀어지면서 교회 안에 '종교적 문맹'이 내재화되었다. 뉴라이트의 등장에 맞춰 득세한 한기총이 권력을 추구하며 죽어가는 개신교회의 단말마적인 비명소리를 질러댔다면, 이 비명소리를 자장가 삼아 죽은 듯이 숨죽이고 있는 대부분의 교회는 종교의 무덤처럼 보인다. 민중신학의 직·간접적인 영향을 받으며 각 지역에 포스트를 박고 존립했던 상식적인 개신 교회는 이제 거의 자취를 감추었고, 종교적 정체성을 유지해나갈 건강한 리더십과 연대는 실종되었으며, 교회 생태계는 잡풀이 무성한 쑥대밭이 되었다. 현실이 이렇다 보니, 앓고 있는 영혼이 묻는다. 민중신학은 무엇을 목표로 달려왔으며, 그동안 이룬 성취는 무엇인가? 또한 앞으로 하기를 원하는 운동은 과연 무엇인가?

신자유주의의 물결을 타고 번영의 메시아가 가장 익숙한 얼굴로 한국교회와 사회를 지배하는 동안 민중신학은 어디에 있었는가 하는 물음은 민중신학을 비탄에 빠뜨리는 질문만은 아닐 것이다. 민중신학은 늘 그래왔듯이 '민중의 고난'에 주목하였다. 사실, '민중의 고난'에 대처하는 마음은 종교 정신의 꽃봉오리이다. 하지만 그 구호는 자기 영토의 배타성에 갇힌 위안적 종교를 매혹시키는 타락의 시발점이기도 하다. 만일 민중신학이 정치신학에 자신의 담론을 국한시키며 '기독교' 신학으로서의 총체적 면모를 결여한다면 사상의 건전성을 잃고 말 것이다. 여기서 총체적 면모란 '방향의 제시'만이 아니라, '인간의 육성'을 목표로 하는 정신의 자격이다.

오늘 우리 사회는 새로운 시대를 향한 '확신의 탄생'을 갈구한다. 새로운 문명은 민중이 깨어나 스스로 서지 않고서는 열리지 않는다. 민중신학의 계보를 유영모의 씨알사상으로 소급해 올라가는 까닭은 다른 무엇보다도 바로 이 문제와 깊이 연루되어 있다고 하겠다. 다석은 민중이 자신의 힘으로 일어서도록 몸과 맘과 혼을 밝히고 닦는 일에 관심했고, 자기 몸으로 그 정신을 실행했다.8

---

8 김흥호, 『다석일지 공부』 6권 (서울: 솔출판사, 2001), 491. 다석은 1971년 9월 20일 일

민중신학과 다석 사상을 잇는 작업은 최근 박재순에 의해서 활발히 진행되고 있다. 이정배와 김흡영은 다른 방식으로 다석의 사상을 잇고 있다. 아마도 그 길은 씨알사상을 대중화시킨 함석헌에 의해서 최초에 열렸다고 할 수 있다. 민중신학자 가운데 안병무 역시 유영모로부터 일정한 영향을 받았다. 안병무는 1989년의 「삶에서 형성된 학문과정」 이라는 글에서 "사고에 변화를 일으킨 만남"으로서 유영모를 소개한다.9 그가 1952년에 선생의 댁으로 직접 찾아가서 만난 이후, YMCA 연경반의 학생이 되어 배운 내용, 거기에서 함석헌을 만나게 된 것 등을 길게 언급한다. 독일 유학 중에 오고간 편지의 내용을 보아도 둘 사이의 깊은 교분을 느끼게 된다.10 민중신학의 사상사적 맥락 안에 유영모의 정신이 담겨 있다고 평가하는 것은 과장이 아니다. 이 글은 거의 잊힌 그 전통을 복원하는 작업의 일환일 수 있겠다.

기에서 "씨알의 소리 듣잡고려"라는 제목을 달고 비교적 긴 글을 기록한다. 그 시작은 이렇다. "속알이 붉는대로 씨알도 힘츠오리다. 속을ᄆ리가 업슬 적에 씨알ᄆ린들 늠ᄋ느릿가? 우리는 이 ㅣ 들이룹니다." [김흥호 풀이] "민중의 소리를 듣고 그 뜻을 잡고자 노력해야 한다. 정신이 깨어야 민중이 힘차게 오를 것이다. 얼이 빠지면 민중의 정신이 보존되겠는가. 우리들은 하늘과 땅이 통하는 길이요, 곧게 스스로 일어설 존재랍니다."

9 안병무, "삶에서 형성된 학문과정: 민중신학에 이르기까지", 「철학과 현실」 통권 제3호 (1989년 여름), 227-246.

10 유영모, 『다석일지』(1956년 12월 17일). 유영모는 자신의 일기에 안병무의 독일 주소와 다음과 느낌을 적어놓았다. "고디(貞)와 깨끝(깰 때 깨고 끈을 때 끝는 것)을 돌려 부 텨 온 글월 고ᄆᆸ."

III. 유영모의 수행적 범재신론

1. 범재신론적 하나님 이해: '없이 계시는 아버지'

이 글은 민중신학과 유영모의 연결점을 범재신론적 사유에서 찾는다.[11] 범재신론은 서구의 전통적 세계관인 '초월적 이신론'(tran-scendental deism)과는 다른 동양적인 세계관이다. 서남동의 경우, 서구에서 발현한 유기체사상(과정신학)으로부터 배움을 얻어 범재신론으로 돌입했지만, 그 사상의 '성격'은 동양의 관계론적 사유방식에 가깝다. 그 대표적인 사례가 유영모이다. 유영모의 사상은 전통적 기독교 교리와 대비되는 독창적 요소를 갖고 있기 때문에, 민중신학을 비롯한 여타 기독교 신학의 주장과 어울리기 힘든 요소가 있다. 하지만, 그 긴장관계로 인해 발생하는 효과가 민중신학을 위한 배움과 도전의 기회가 될 것이다. 유영모는 자신의 사상을 가리켜 "서양 문화의 골수를 동양 문화의 뼈대에 담은(可西文髓東文骨)" 것이라고 말했다.[12] 단지 동서양의 접합이 아니라, 한국적 사유 속에서 녹여냈다는 말이다. 특히 그는 한글 자모(子母)의 형태와 발음과 뜻을 활용하여 자신의 종교사상을 표현한다. 이점 역시 '한국적' 신학을 꿈꾸는 민중신학에게 시사하는 바가 크다.

---

11 필자는 안병무와 서남동의 종교적 세계관을 '범재신론'으로 이해하고 있다. 다음의 글에서 필자의 입장을 피력하였다. "범재신론과 사건의 신학: 안병무의 사건의 신학에 대한 과정신학적 해석", 「한국기독교신학논총」 83집 (2012년 9월), 201-227; 『서남동의 철학: 민중신학에 이르다』 (서울: 이화여자대학교출판부, 2013), 46-103.

12 유영모, 『다석강의』, 다석학회 엮음 (서울: 현암사, 2006), 310. 다석은 1956년 12월 4일 일지에 기록한 내용을 YMCA 연경반 강의에서 풀어 해설한다.

다석이 자신의 신(神)에 대한 묵상을 '없이 계신 아버지'라는 개념으로 일지에 표현한 것은 1959년(70세) 경이다. 그는 "없이 계신 아부"라는 제목을 달고 며칠간 이어서 자기 생각을 다음과 같이 일지에 기록한다.

있이 없을 없앨 수는 도모지들 없을거니, 부스러진 것으로서 왼통을랑 없앨 수 없. 이저게 없흔ᄋ람은 아니랄 수 없어라(『다석일지』, 1959년 7월 9일).

[김흥호 풀이] 없이 계신 아버지가 진짜 존재다. '있'이 '없'을 없이할 수는 없다. 없을 없이해 보아야 영원히 없이지, '없'이 없어졌다고 해서 '있'이 될 수는 없다. 부스러진 것들이 전체를 없이할 수도 없다. 아무리 없이해도 전체는 전체고, 허공은 허공이지 허공이 없어질 수는 없다. 이것저것이 모두 '없'이라는 허공 속에 포용되어 있는 것은 아니라고 할 수가 없다.[13]

하나님을 '없이 계신' 분으로 보았던 다석의 독특한 사유는 오래전부터 무르익고 있었던 것 같다. 1956년(67세)에 기록된 글을 하나 더 보기로 하자.

---

13 김흥호, 『다석일지 공부』, 3:385. 다석이 "없이 계신 아부"라는 표현을 사용한 것은 1959년 6월 18일부터다. 그 내용은 다음과 같다. "없이 계신 아부. 도모지 이저게 뭣에 쏠라고 뭣홀라 골가? 온 누리 사람, 다 잘 살게 할라는 노릇이래! 뉘 다 잘 살다 죽음은 또 뭘 흔단 말일가? 모르지 또 뭘 홀건, 다시 뭣에 쏠건 모르지. 마지막 눈맞힘 긋이 뭐랄지는 아모도 몰. 이저게 없흔ᄋ라믄 아니랄 수 없어라."

잇는 게 업는 거요 업는 게 잇는 거니 잇는 게 없는 거와 다르지 안코 업는 게 잇는 거와 다르지 안타 / 땅을 땅땅 잇다 보고 하늘은 하늘하늘 업다고 보려는 '나'여 / 하늘이 큰 거 땅이 적은 거라 / '한아' 큰 데서 '하' 나 나오니 / 요 적고 저근 '나' 하나 도라 ㄹ / 큰한아 드르미, 고믑, 음, 옵(『다석일지』, 1956년 10월 14일).

[김흥호 풀이] 있다는 현상세계는 무지개처럼 가짜요, 없는 것이요, 없는 실재계가 참으로 반석같이 있는 것이니, 있다는 것이 허무와 다를 것이 없으니 그것에 집착하지 말고, 없다는 것이 실재와 다를 것이 없으니 그것을 사랑하여야 한다. 땅은 굳은 땅이라, 그것을 있다고 생각하고, 수억만 별하늘은 하늘하늘 나뭇잎처럼 없는 것처럼 보는 껍데기 나여. 하늘이 정말 큰 실재이고, 땅은 작은 현상이라는 것을 알고, 큰 전체 하나에서 떨어져 나온 것이 작은 땅이요, 작은 하나임을 알아야 한다. 그와 똑같이 나도 땅처럼 작은 하나다. 요 작은 하나는 큰 하나에 속해 있고, 큰 하나로 돌아가고, 큰 하나에 바치고 감사함이 참을 아는 것이고, 아버지를 아는 것이다.[14]

여기서 다석은 불교의 공(空) 사상과 도교의 무(無) 사상을 바탕으로 하여 기독교 사상을 재해석하고 있다. 그는 젊은 시절에 물리학도로서 실체론에 기초한 근대의 고전물리학의 한계와 문제를 알고 있었기 때문에, 존재(色, being)보다 '허공'(빈탕)을 더 근본적인 사물의 존재방식으로 파악하는데 엄밀했을 것이다. 더 나아가, 다석은 '절대공'을

---

14 김흥호, 『다석일지 공부』, 2:81.

단지 존재·우주론적 진술에 그치지 않고 유교의 효(孝) 사상과 연관지어, 하나님(아버)을 향한 인간의 철저한 수행적 지향과 연관지어 이해하고 있다.15 그것은 사유의 목적을 사실의 파악에만 두지 않고, 삶의 의미와 결부시켜 몸을 움직이도록 만드는 동양적 사유의 특징이라고 하겠다. 그는 '절대공'(絶大空)이신 하나님을 바라보며(瞻) 그리워하는 (慕) "첨모절대공(瞻慕絶大空)을 자신의 세계관으로 설명한다.16

서양문명 속에서 길러진 기독교의 전통적인 사유방식과 비교해 볼 때, 하나님을 '절대공'으로 보고 그리워한다는 다석의 사상은 두 가지 점에서 익숙하지 않다. 있음의 '존재근거'를 없음에서 찾는 역설적인 사유방식이 그 하나요, 현재적 있음의 '이유와 의미'를 끝없이 물어서 그 해답을 없음(비움)에서 찾는 수행적 사유방식이 다른 하나이다. 그러나 이러한 역설적이고도 수행적인 사유가 기독교 사상 자체와 무관한 것은 아니다. 어쩌면 기독교 신학 또한 그것을 찾기 위해 달려온 것이라고 할 수 있다. 기독교 사상사에서 때때로 날카로운 사상이 언뜻언뜻 내비친다. 어느 날 다석은 13세기의 기독교 사상가 M. 에크하르트의 신비주의 사상을 홀로 공부하며, 비교적 긴 한시를 통해서 자신의

---

15 이정배, 『없이 계신 하느님, 덜 없는 인간: 多夕신학의 얼과 틀 그리고 쓰임』(서울: 모시는 사람들, 2009), 96.

16 유영모, 『다석강의』, 452. 다석은 '첨모절대공'을 다음과 같이 풀어 말한다. "절대공(絶大空)이란 비교할 데 없는 큰 공(空)입니다. 아주 빈 것을 사모합니다. 죽으면 어떻게 됩니까? 아무 것도 없습니다. 아무 것도 없는 허공이어야 참이 될 수 있습니다. 무서운 것은 허공입니다. 이것이 참입니다. 이것이 하느님입니다. 허공은 참이고 하느님입니다. 허공 없이 실존이고 진실이 어디 있습니까? 우주가 허공 없이 어떻게 존재합니까? 허공 없이 존재하는 것은 아무 것도 없습니다. 물건과 물건사이, 세포와 세포 사이, 분자와 분자 사이, 원자와 원자 사이, 전자와 전자 사이, 이 모든 것의 간격은 허공의 일부입니다. 허공이 있기 때문에 존재합니다. 이 허공 사이에 잠깐 빛을 내고 가는 요망한 색(色)이 물질입니다. 정신(精神)에는 물신(物神)이 보입니다."

생각을 정리한다. 그 일부를 소개하면 이러하다.

萬物太原超絶想(만물태원초절상) 神性忽起自認識(신성홀기자인식)
即以無字外無狀(즉이무자외무상) 自識作用實在況(자식작용실재황)
만물의 근원이신 하나님은 생각을 초월한다. 무라고 할 수밖에 표현할
길이 없다. 신의 활동은 자기인식이다. 자기인식이 자기실재다. 사유
즉 실재다.

認之言之能主觀(인지언지능주관) 申之報之反復道(신지보지반복도)
所言客觀父子相(소언객관부자상) 一如不二靈活恒(일여불이령활항)
자기인식 즉 생각은 말이 되고, 말은 주관과 객관을 가르고, 주관과 객
관은 아버지와 아들을 만나게 한다. 서로 묻고 대답하며 말은 계속된
다. 이것이 창조다. 부자는 하나이면서 성령의 말씀은 영원히 살아서
움직인다. 삼위일체다.

造化作用不外神(조화작용불외신) 微一神無有存者(미일신무유존자)
神外別無存在藏(신외별무존재장) 萬物唯神保金剛(만물유신보금강)
창조는 하나님의 자기인식이다. 하나님의 자기인식을 떠나서 존재는
있을 수 없다. 하나님이 없으면 만물도 없다. 만물은 오직 하나님 안에
보호될 때 금강석처럼 고귀할 수 있다.

神居吾靈神降衷(신거오령신강충) 但銘個性與責任(단명개성여책임)
如斯可名神同行(여사가명신동행) 不可混同信和狂(불가혼동신화광)
하나님은 나와 같이 계시고 내 속에 계신다. 이것이 신과 동행하는 것
이다. 하나님은 내게 개성과 책임을 지워 주셨다. 내가 할 일을 하는
것이 믿음이요, 책임을 피하면 그것은 미친 것이다.[17]

하나님을 '절대공'으로 보고 그리워하는 다석의 사상이 갖는 세계관으로서의 의미는 무엇인가? 기독교 사상을 동양적으로 채색하여 번안한 것에 불과한가? 이기상은 다석사상의 현대적 의미를 한국적 수행론의 토대가 되는 세계관으로서, 서구의 '욕망의 존재론'에 대한 항거이자 비판이라고 평가한다. 다시 말해서, 이성의 빛 안에서만 사유하는 로고스 중심의 서양철학을 향해 다석은 '그 태양을 끄라!'고 외치고 있다는 것이다. 그것은 "존재중심의 철학, 빛의 형이상학에 대한 최대의 도전적 도발이며, 인간 중심의 철학, 의지의 해석학에 대한 방향전환 요구이며, 물질 중심의 과학, 욕망의 주체학에 대한 강한 반성의 촉구"라는 것이다.[18]

위에서 인용한 다석의 한시는 여러 사상들이 서로 얽혀서 창의적인 종교적 세계관을 구성하고 있음을 보여준다. 가장 기본이 되는 것은 범재신론적 사유이다.[19] 세계를 초월하는 신의 행위가 만물의 창발적

---

17 김흥호, 『다석일지 공부』, 2:212-18. 다석의 한시를 제자인 김흥호 선생이 풀이하다.
18 이기상, "'태양을 꺼라!' 존재 중심의 사유로부터의 해방: 다석 사상의 철학사적 의미", 『다석 유영모의 동양사상과 신학: 동양적 기독교 이해』, 김흥호·이정배 편 (서울: 솔, 2002), 40. 다른 곳에서 이기상은 서양철학의 골자를 "눈앞의 존재를 강조하는 현전의 형이상학, 이성으로 어둠의 세력을 내모는 계몽의 변증법, 인간의 지배 의지를 무조건 관철시키려는 의지의 현상학"이라고 표현한다 (51-55).
19 다석 사상을 연구하는 대부분의 신학자들(김경재, 박재순, 이정배 등)은 다석의 신론을 '범재신론'이라고 부르는 데 동의를 한다. 반면, 김흡영은 '없이 계신'이라는 말에 착안하여, 범재신론이 '있음'에 기초한 사유체계이기 때문에 다석의 세계관을 범재신론이라고 호칭하는 것에 동의하지 않는다. 김흡영, [가온찍기: 다석 유영모의 글로벌 한국신학 서설] (서울: 동연출판사, 2013), 83. 그러나 현대의 범재신론이 고전물리학에 기초한 '존재'의 철학이 아닌, 양자역학에 기초한 '생성'의 철학을 전제하는 사유체계라고 볼 때, '있음'에 대한 평가는 조금 더 엄밀해야 할 것 같다. 김흡영도 다른 곳에서는 "다석신론이 '없'(無)의 부정신학만이 아닌 인격적인 측면을 분명히 가지고 있다는 증거"를 말하고 있지 않은가? (95).

뿌리가 되며, 또한 만물에 내재하는 신이 인간의 존재 바탕이라는 사유이다. 이 세계관 위에서, 만물의 '생성'(becoming)적 본성은 신과의 관계에서 이해되고, 없음이 단지 없음이 아니라 있음을 낳게 된다는 역설적 생성론이 탄생한다. 그리하여 존재하는 만물의 뿌리인 하나님과 연합하는 삶에 대한 촉구 즉, 종교적 삶을 인간 삶의 가장 근원적인 문제로 보는 수행적 관점이 정립된다. 여기서 수행이란 '있음'에 대한 집착을 넘어서는 행위를 의미하는데, 그것은 욕망으로 일그러진 삶에 대한 성찰을 통해서 자신을 비우고 신을 향해 나아가는 삶의 정진을 가리킨다.[20]

다석의 범재신론과 민중신학적 세계관(사건론과 합류론)은 민중신학이 품고 있던 가장 큰 신학적 문제의식에서 합류한다. 그것은 전통적인 서구신학이 전제한 '초자연주의적 신관'이 파생시켜내는 각종 이원론적 사유방식에 대한 거부이다. 민중신학의 범재신론은 민중의 고통과 하나님의 아픔을 연결하는 지혜를 주었고, 민중의 희망을 하나님의 구원/창조와 결부시켜 사유할 수 있게 했다.

다석사상과의 관계에서 민중신학에게 도전이 되는 요소는 '없이 계신 하나님'이라는 무극(無極) 우위의 세계관일 것이다. 이 '신비주의적' 요소는 민중신학의 관심사로 호출되어 신학적 주제로 명시되거나 부

---

20 김흥호, 『다석일지 공부』, 5:81-2. "없속있. 않속이면 밖없이야 속 밖 않 돼. 없않있 있밖없 없않 있이고 있밖 없이니 있밖 없다고 없않 있다는-따위-야 몰를말. 속이다 않이다 하면 않속을밖 옌없다." (『다석일지』, 1965년 7월 16일). [김흥호 풀이] "없(虛空)의 속(內)이 있(有)이다. 않(內) 속(裏)이면 밖(外) 없(表)이다. 속에 있는 안은 밖에는 없다. 또는 속이지 않으면 밖에 있는 남은 아니다. 속이지 않으면 하나요 남이 아니다. 한몸이니 남이 아니도 밖도 아니니 밖은 없다. 속은 밖이 안 돼 속은 언제나 속이다…. 없은 쓸데없다고 없을 부정하고 없을 무시하려는 인간들의 마음은 알 수가 없다. 왜 그렇게 유(有)에만 집착을 하는지."

각되지 않았지만, 민중신학적 사유 속에서 완전히 존재하지 않았다고 보진 않는다. 만일 그랬다면, 파괴와 고통만이 일렁이는 민중 현실의 즉자태로부터 해방을 향한 간구와 비전을 읽고, 그것을 신학적 이상으로 지키고 길러오는 일을 민중신학이 해 올 수 없었을 것이다. 민중신학이 하나님과 세계에 대한 신비주의적 '표현' 방식을 꺼렸던 이유는 현실의 실제적 모순관계를 마음공부로 해소하려는 관념론을 경계했기 때문이었을 것이다. 그것은 지배 이데올로기의 한 양상이다.

다석사상이 명시하는 '없음의 신론' 즉, 무(無)를 근본에 두고 세계를 이해하는 관점은 민중신학을 위해서 시사하는 바가 크다. 그것은 지배자/엘리트 중심의 세계관에서 민중 중심의 세계관으로 전환하는 데 무언가 근원적인 통찰을 제공하기 때문이다. 다석은 '없음'에 기준을 두고 '있음'을 바라본다. 말하자면 이렇다.

이 사람은 허공과 마음이 둘이 아니라 하나라는 생각을 자주 한 것 같습니다…. 이 사람 생각에는 절대자 하느님이나 허공이나 마음은 왔다 갔다 하는 것이 아닙니다. 안의 것이나 밖의 것이 완전히 일치하는 것을 이 사람은 항상 느낍니다. 꽃을 볼 때는 보통 꽃 테두리 안의 꽃만 바라보지 꽃 테두리 겉인 빈탕(허공)의 얼굴은 보지 않습니다. 꽃을 둘러싼 허공도 보아주어야 합니다. 무색의 허공은 퍽 오래전부터 다정했지만, 요새 와서는 더욱 다정하게 느껴집니다. 허공을 모르고 하는 것은 모두가 거짓입니다. 허공만이 참입니다.[21]

---

21 유영모, 『다석강의』, 458.

'허공'을 중심으로 세계를 보는 것은 존재에 대한 이해에서 혁명적인 전환이다. 그것은 존재를 '떠받치고 있는 것'을 중심으로 세계를 해석할 것을 요구한다. '없음의 신론'은 이 세계 속에서 소위 '있다 하는 자' 즉, "육신의 기준으로 보아 지혜 있는 자, 권력 있는 자, 가문이 훌륭한 자"(고전 1:26)를 중심으로 사유해 온 정신의 습관을 교정시킨다. 민중신학은 고난당하는 민중을 중심으로 사유하려 했고, 이에 따라 민중의 고난에 응답할 하나님은 '있어야만' 했다. 그 '있음의 신'은 '요청'이었지, 신적 실재에 대한 신학적 '진술'은 아니었다. 감각주의적 인식론을 통해 구성된 과학적 세계관이 파산한 지금, '없음의 신론'을 민중신학적 영성을 위한 토대로 구상해보는 것은 어떤가?

분명히 다석의 '없음의 신론'은 민중신학에게 유익하다. 그 까닭은 민중을 위해서 하나님은 (18세기적 의미에서 법칙을 깨뜨리는) '기적'을 베풀지 않는다는 우리 세계의 진실 때문이다. 예수는 조롱 속에서도 십자가에서 뛰어내리지 않았고(뛰어내릴 수 없었고), 민중은 고난을 통하여 죄악을 속량해간다. 해방을 향해 자기 몸을 움직이는 일을 기꺼이 하려는 사람들을 위해 필요한 것은 "남은 고난을 육신에 채우는" 삶(골 1:24)을 정직하게 맞는 것이다. 다석에게 그것은 역설적이게도 하나님이 신실하시기 때문이다.

참신(神)은 신 노릇을 하지 않습니다. 영원한 하느님이 잠깐 보이는 이적(異蹟) 같은 신통변화를 한군데서 부릴 까닭이 없습니다. 이런 뜻에서 참신은 우리가 바라는 것과 같은 신이 아닙니다. '시(是)'는 '늘'입니다. 참신은 없는 것 같습니다. 없는 것 같은 것이 참신입니다. 신통변화는 참신이 하는 것이 아닙니다. 큰 늘, '한 늘'입니다. 우주라는 것은 무한한 공간에 영원한 시간입니다. 우리 머리 '위'에 있으니까 '한 옿'입니다. 시간은 '늘'이므로 '한 늘'입니다. 하늘이라는 말이 이 뜻을 포함합니다. 이것이야말로 중요합니다. 이것이 참신입니다. 한량없는 '한'입니다. 한량없는 시간이 '늘'입니다. 항(恒)입니다. 늘 있는 '늘'입니다.[22]

2. 범재신론적 인간 이해: 빈탕한데 맞혀노리

다석에게 인간 삶의 궁극적 목표는 하나님을 닮아감에 있다.[23] 즉, 자신의 '육체를 활로 삼고 정신을 화살로 삼아' 계속 쏴 올리면서 하나님께 이르러 생명을 얻고자 하는 것이 인간 삶의 목적이라는 것이다.[24] 이것에 대해서 다석은 다음과 같이 표현한다.

---

22 Ibid., 932.

23 김흥호, 『다석일지 공부』, 5:501. "왼통 한아. 아바아바 우리아반 맨꼭대기 계시오리. 밑도끝도업시 너나나너서는 뭐슬하오. 들대도 별대도업시 맨꼭문이 엿스믄"(『다석일지』, 1968년 11월 12일). [김흥호 해설] "아바 아버지 우리 아버지는 하늘 꼭대기에 계시오니 오르고 오르고 또 올라가 하늘에 꼭 닿아 하나님을 만나 보는 것이 인간의 목적이다…. 그런데 밑도 없고 뿌리도 없고 끝도 없이 가지만 치니 너와 나가 갈리고 나와 너가 마주서면 도대체 무엇을 어떻게 하겠다는 것인가…. 꼭대기는 우주적인 하나, 꿈무니는 인생적인 하나, 전체의 하나와 개체의 하나가 왼통 하나가 되어야 무극이태극(無極而太極)이 될 수 있을 것이다."

24 Ibid., 1:219. "人間是貫革 (인간시관혁) 但躬弓貞矢 (단궁궁정시)… 그리스챤은 제 살의 꿈틀거림을 보고 미듬이라 흔다"(『다석일지』, 1955년 10월 26일). [김흥호 풀이] "인간은 이상을 가지고, 그것을 인간의 목적으로 삼고, 그것이 인간의 관혁貫革이 된다. 인간의 현실은 인간의 이상을 달성하기 위하여, 육체는 활이 되고 정신은 화살이 되어 밤낮 화살을 쏘아 올리는 것이다…. 진리를 깨닫는 것은 자기를 아는 일이요, 생명을 얻었다 함은 하나님께 도달하는 것이다."

모름즉 깨고싶뜻 높고높은 마암이여 깨고싶삼 / 뚫고싶뜻 밝고밝은 속알이여 뚫코싶삼 / 아므럼 싶고 싶사리속 아리압 모름직(『다석일지』, 1973년 5월 17일).

[김흥호 풀이] 모름지기 꼭 깨고 싶은 것이 인간의 뜻이다. 깨어서 높고 높은 하늘까지 올라가고 싶은 것이 인간의 마음이다. 그러니 정말 깨고 싶은 것이 인간의 소원이다. 뚫고 싶다. 막혔던 담을 뚫고 싶다. 그리하여 밝고 밝은 해와 달을 보고 싶은 것이 우리의 속알이요 소원이다. 정말 담벼락을 뚫고 날아가고 싶다. 아무럼 그렇고말고. 깨어 보고 날고 싶은 것이 우리의 마음속이다. 이 소원을 알고 꼭 깨고 꼭 날아가는 것이 우리의 할 일이다.[25]

모든 생명에게 이 '사명'이 있다. 하나님과 하나 되는 삶이다. 민중(씨ㅇㄹ)의 참된 꿈은 하나님의 계시를 얻는 것이요, 민중의 참된 삶은 신비 속에 예언을 심는 것에 있다. 그 삶은 어떻게 가능한가? 우주를 떠받치고 생명을 품고 있는 하나님이 '없이 계신' 분이라면, 그분을 향한 인간의 삶은 어떠해야 할까?

다석은 '없이 계신' 하나님과 그분께 나아가는 인간의 '덜 없는' 모습을 대비시킨다.[26] 그리고 이 '덜 없음'이 인간을 고통스럽게 만드는 '더

---

25 Ibid., 7:342.

26 박영호, 『다석 유영모의 어록: 다석이 남긴 참과 지혜의 말씀』 (서울: 두레, 2002), 371. "한아님은 없이 계신 이다. 없으면서도 계신다. 사람이란 있으면서 없다. 있긴 있는데 업신여겨진다. 그래서 우리는 이게 슬퍼서 어떻게 우리 아버지처럼 없이 있어볼까 하는 게 우리의 노력이다."

러움'이라고 한글 놀이를 한다. 따라서 '없이 계신' 하나님에게 가기 위해서, '덜 없는(더러운)' 인간은 '다 없을 때까지' 나아가는 삶을 멈추지 말아야 한다.[27] 기독교적으로 말하면, 이것이 '거룩한' 삶을 사는 것이다. 다석은 '거룩'을 '깨끗'이라고 풀이한다. 깨끗한 사람은 "맘이 청결하여 하나님을 볼 수 있는" 사람이다(마 5:8). 하나님을 볼 수 있으려면, '덜 없는' 자신을 '깨'뜨리고, '끝'내서 '깨끗(끝)'해져야 한다. 이것이야말로 종교적 회심이 낳은 삶의 모습이요, 탄식하는 피조세계를 살아가는 인간의 생태적 삶의 방식일 것이다.

이렇게 '없음'(空)을 지향하는 삶의 태도는 치열한 대립과 투쟁의 '있음'의 문제에 착안한 정치신학적 시각에서 볼 때 오해를 받기도 한다. 그것은 정당한 오해이다. 다석은 전도서의 코헬렛처럼 인생의 허무와 공덕(功德)의 물거품에 대해서 강조한다.[28] 그것은 '없이 계신' 하

---

27 김홍호, 『다석일지 공부』, 4:375-6. 말밝 빛텅. 덜 없다 다없어야한다-아주없어야한다. 몬이지고 티가끝는-깨끗조차-없어야하-. 거룩히몬티나브랑 치이비히다돼-없-(『다석일지』, 1963년 1월 11일). [김홍호 풀이] "마음은 밝아야 하고 허공은 텅 비어야 한다. 더러운 것은 없다. 더러운 것은 다 없어야 한다. 아주 없어야 한다. 몬이 지고 티가 끝나는 깨끗이란 말조차 없어야 한다. 거룩히 몬이니 티니 모든 나부랭이가 다 치워지고 비워지고 다 완성되어 덜된 것은 없어져야 한다. 덜된 것이 덜 없다. / 더럽다는 말은 덜 없다는 말이다. 아직도 덜 것이 있다는 것이다. 모든 있는 것을 말끔히 없이하여 더 이상 덜 것이 없으리만큼 깨끗이 없이 해야 한다. 절대무, 거룩이란 말도 없으리만큼 깨끗하여 깨끗이란 말도 없게 다 치우고 비우고 없이란 말도 없게끔 텅 빈 허공에 마음 밝게 빛나는 태양, 그것이 자연이요 허령지각이 인생이다. 자연과 성인은 한없이 깨끗하다."

28 Ibid., 2:265. "膨泡負空來(팽포부공래) 發泡抱空去(발포포공거) 大空本懷中(대공본회중) 父子會同居(부자회동거)"(『다석일지』, 1957년 1월 10일). [김홍호 풀이] "사람은 물거품이다. 팽창한 물거품 속에 빈 허공을 가득 채우고 이 세상에 온 것이 인생이다. 그런데 거품이 깨지면 허공을 안고 가는 것이다. 죽으면 욕심이 무슨 필요가 있을까. 모든 욕심 다 버리고 하나님의 말씀만 안고 하늘나라로 가는 것이다. 결국 사람은 허공을 안고 허무가 되어 하나님의 허공 속으로 돌아가, 하나님의 허무 속에 안기게 될 것이다. 그 때야말로 하나님 아버지와 나 아들이 만나서 같이 사는 때가 아니겠는가."

나님을 향해가는 인생의 단면이기 때문이다. 그러나 전도서가 삶을 회피하기보다 존재실상을 직시(直視)하고 있듯이, 다석이 말한 '더 없기' 위한 삶은 보다 적극적으로 해석될 필요가 있다. 그것이야 말로 깊이 있는 '종교적' 삶의 방식이기 때문이다. 그 삶은 거듭나기 위해 죽음을 경험하는 것이요, 죽음 이후의 부활을 고대하는 방식이 아니라 먼저 부활하여 하나님의 자녀로서 살다가 육신이 죽어 하나님의 품으로 돌아가는 삶이다. 다석은 이것을 하늘 아버지와 부자유친(父子有親)의 삶을 사는 자녀의 효도로 봤다.29

민중신학은 민중의 고난 현실에 대한 이해를 통해서 신앙의 명령을 얻는 종교영성을 지닌다. 그 영성은 사회적 차원과 실존적 차원이 결합된 것으로서, 이 결합이 신학적 각성이요, 신앙의 깨달음이다. 깨달음이 없는 마음에서 파생된 현실의 즉자적 실천은 선할 수도 있고, 악할 수도 있다. 보다 깊이 있는 깨달음의 '수행'이 중요하다. 정치적 실천 역시 깨달음을 추구하는 수행적 실천과 무관하지 않다. 깨달음은 각성된 주체성의 핵심이요, 실천이란 맘의 깨우침과 몸의 수행을 병행하여 생생한 생명적 현실을 살아가는 일이다. 그것이 진정한 혁명의 출발일 것이다. 유영모는 그것을 '생명'의 사명으로 이해했다. 즉, 하나님의 명령(天命)이 내 안에 들어와 주체성(性命)을 구성하고, 바른 주체성으로부터 혁명(革命)이 시작될 때, 그 혁명이 역사의 명령(正命)에 순종하는 것이 될 수 있다는 것이다. 인간이 하나님의 뜻을 아는 것(知命)은 자신을 세우는 것(立命)이요, 따라서 인간의 사명(使命)은 하나님께 순종하려는(復命) 끝없는 수행이라고 할 수 있다.30

---

29 유영모, 『다석일지』 (1955년 5월 2일).

다석은 그 수행의 방식을 '가온찍기'라고 말한다. '마음 한 가운데에 점을 찍고 곧장 위로 오른다'(直上一點心)는 말이다.[31] 이것은 공자의 '중용'(中庸) 개념을 적용한 것이다. 김흥호는 이렇게 풀이한다. "중(中)은 가온찍이요, 화살이 과녁을 꿰뚫고 나가듯이 하늘나라에 꼭 가서 도달한 것이다. 용(庸)은 하나님께 제사 지내고 말씀을 불사르고 기운이 솟아나오는 것이다. 그리하여 진리를 깨달아 알고 힘을 얻어 말씀을 사르는 것이다. 가온찍이는 진리를 깨달아 앎이고, 올사리는 진리를 깨닫고 나 자신을 제물로 불사르는 것이다. 그것이 말씀이다."[32] 어쩌면 인생을 걸고 싸우는 투쟁의 극치는 바로 이 중용이 아니겠는가?

다석에게 중용의 삶이란 '없이 계신'(빈탕) 분을 향해 나아가는 것이다. 그분을 만나기 위해서는 안이 아니라 밖으로, 따뜻한 곳이 아니라 추운데(한데)로 가야한다. 그곳은 우주에서 가장 '큰 곳'(한대)이지만, '가온찍기'를 통해서 그분과 함께(한대) 하고, 그분의 뜻에 알맞은(맞혀) 삶을 기쁘게 살아가는(노는) 것이 인생의 도리이다. 그것이 "빈탕한데 맞혀노리"의 삶이다.[33] 그 삶이 하나님 나라의 시작이다.

---

30 김흥호, 『다석일지 공부』, 4:161. "生命. 天命是性命(천명시성명) 革命反正命(혁명반정명) 知命自立命(지명자립명) 使命必復命(사명필복명)"(『다석일지』, 1961년 7월 22일). [김흥호 풀이] "천명은 내 속에 들어와 성명이 되고, 혁명은 언제나 정명으로 돌아가자는 것이요, 지명은 정신을 일깨우는 것이고, 사명은 하나님께로 돌아가는 것이다. 하늘에서 와서 땅을 이기고 정신을 일깨워 하늘로 올라가는 것이 생명이다."

31 유영모, 『다석일지』(1955년 9월 22일).

32 김흥호, 『다석일지 공부』, 1:322.

33 유영모, 『다석강의』, 464-466. '빈탕한데 맞혀노리'는 공자의 사상을 창의적으로 해석한 것이다. 이렇다. "「빈탕 한듸ᅵ 맞쳐 노리(空與配享)」를 풀이해 보겠습니다. 정신에는 물신(物神)이라는 것이 보입니다. 공여배향(空與配享), 공자의 제(祭)를 지낼 때 열 제자를 같이 모시는 것을 배향이라고 합니다. 또한 어른이 아랫사람하고 겸상을 음식을 먹을 때 배향 받는다고 합니다… 서로 짝이 맞아서 누리고 사는 것을 배향이라고 할 수 있습

[빈탕(空) 한듸(與) 맞혀(享) 노리(富)(홈 끝은 모름)]
날 수 없는, 붙닫힌 몸둥이, 매달린 나, 읗ㅓ이 묻언, 꿈틀더니.
맑혀 알ㄴ 믐만큼, 맞난 내, 날라 나, 비롯, 빈탕 계에, 한듸 제를 보알다.
빈탕 믐 한듸나 뵈옵 욯로 올나 내 깃븐(『다석일지』, 1957년 2월 26일).

[김흥호 풀이] 빈탕과 한대 더불어 맞춰서 놀아난다. 하나님과 한대
더불어 맞춰서 해탈한다. 큰 닭 품에 안긴 달걀이 빈탕 한대다. 병아리
가 깨어나는 것이 놀아난다, 해탈이요 소요유다. 애벌레와 고치와 나
비로 보아도 좋다. 날 수 없어 땅에 얽매여 부닥친 몸뚱이가 실존이다.
그러나 고치가 높은 나무에 대달려 그 속에서 얼이 무단히 꿈틀거리듯
이 사람은 생각하는 사람 하나님의 말씀에 매달린 사람이 된다. 육을
버리고 영으로 사는 사람, 언제나 하늘나라를 꿈꾸는 사람이 된다. 고
치 속에서 깨끗이 맑힌 마음. 모든 욕심을 다 끊은 마음이 되고 하늘만
큼 큰 마음이 되고, 하나님을 만난 내가 되어서 종당은 진리를 깨닫고
자유를 얻어 나비처럼 날아다니는 내가 된다. 얼나요 참나요 큰 나다.
태초의 빈탕 우주도 있기 전에 허공 그곳에 우주가 생겨나서 한대가
되고, 우주를 창조하신 하나님 제를 보고 알게 되었다. 영원 무한한 하
나님을 만나게 된다. 각이요 깨어남이요 영이다. 내 마음은 빈탕과 같
이 커지고, 나는 한대에 우뚝 서게 되고, 하나님 아버지를 뵙게 되고,
위로 올라가 하나님과 같이 날아다니며 즐겁게 놀게 되었다. 이것이
내 기쁨이요, 이것이 내 기분(分數)이요, 이것이 내 본질이다. 이것이

니다. 빈탕 한듸ㅣ, 속이 빈 것을 빈탕이라고 하고 밖(外)을 '한데'라고 하는데… 그래서
'공여배향'을 우리말로 하면 곧 '빈탕 한듸ㅣ 맞쳐 노리'라고 할 수 있습니다."

빈탕 한대 맞춰 놀이다. 하나님과 동행하는 것이다.[34]

'빈탕한대 맞혀노리'의 삶은 기독교 신앙의 핵심인 '하나님 나라' 운동으로 해석될 수 있다. 하나님 나라는 하나님의 뜻이 이뤄진 이 땅의 총체적 평화(shalom)이다. 그 나라의 평화는 정의로운 '체제'의 문제일 뿐만 아니라, 운동을 출발시킬 수 있는 인간의 '상태'요, 과녁으로 삼아 마지막까지 가야할 이상적 '목표'이다. 하나님 나라 운동은 수행과 깨달음을 동반한다. 수행 없이는 출발할 수 없고, 깨달음이 없는 목표는 부패한다. 하나님 나라 운동을 위해서는, 헛된 소리에 현혹되지 않고, 하늘과 이웃의 소리를 듣고 새겨야 한다. 한 마디로 "이 따(地)위(上) 말 말고, 이 웃(上) 소리 듣는" 것이다.[35] 민중신학은 그것을 '단'(斷)이라고 말해왔다. 여기서 단은 지배의 사슬을 벗어던진 민중의 돈오적(頓悟的) 각성만을 의미하는 것이 아니라, 욕망의 주체성 자체를 깨뜨리는 점수적(漸修的) 수행이기도 하다. 이 단(斷)이 하나님 나라 운동을 가능케 한다.[36] 그 나라를 향해 심장은 "염통노래"를 부른다.

---

34 김흥호, 『다석일지 공부』, 2:345.

35 김흥호 편, 『제소리: 다석 유영모 강의록』 (서울: 솔출판사, 2001), 30.

36 김흥호, 『다석일지 공부』, 6:537-538. 다석은 '하나님 나라'에 대해서 다음과 같은 한시로 표현한 바 있다. "合上離晦自尊心(합상리회자존심) 侍下順從子處事(시하순종자처사) 父子聖靈氤氳氣(부자성령인온기) 生命誠康恩惠史(생명성강은혜사)"(『다석일지』, 1971년 12월 7일). [김흥호 풀이] "천국이란 무엇인가. 합상(合上), 하나님의 뜻에 합하는 것, 그러기 위해서 어두운 죄악 세상을 떠나는 것, 그리하여 나 본래의 마음을 회복하는 것, 언제나 하나님을 모시고 하나님의 뜻에 순종하면서 하나님의 아들로서 사명을 다해 가는 곳이 천국이다. 부자간에는 성령의 기운이 위로 올라가고 아래로 내려와 인온(氤氳)이 태통(泰通)한다. 생명은 언제나 진실하고 강건하여 은혜와 지혜는 계속 빛난다. 그런 곳이 천국이다. 하나님의 뜻이 하늘에서처럼 땅에서도 이루어지는 곳이 천국이다."

염통은 심장이다. 심장은 중심이다. 우주의 중심은 하나님이다. 하나님을 찬미하는 노래 우린 우(위)에서 왔다고 우리다. 위로 올라간다고 우리다. 우에가 웨요 왜다. 사람 웨 왜하고 생각하고 또 생각한다. 내 염통은 쉼 없는 숨 고동이다. 염통만 쉬지 않는 것이 아니라 허파도 쉬지 않는다. 자는 동안에도 피는 돌고 숨은 쉰다. 자강불식이다. 염통이 부르는 노래가 무엇인가. 염통 속에 마음이 부르는 노래가 무엇인가? 그 그 그를, 글을 그리워하는 것이다. 아버지께로부터 온 걸 아는 것이다. 아버지는 진리의 피를 온 우주에 돌리는 염통 폼푸 포푸 법왕 봄 빠빠 하나님 아버지 우주의 주인 밤낮 우리에게 은혜를 드리운다. 코와 염통, 나와 하나님은 자강불식이다. 불멸을 찬양하는 노래가 염통노래이다. 염통은 영원히 살아 움직인다. 춘하추동이 돌아가는 한 우주는 움직이고 활동하신다.37

3. 기독교 신앙: 자속-대속의 불이(不二)적 수행 영성

범재신론의 관계적 세계에서 수행은 운동과 결부되고, 대속(代贖)은 자속(自贖)과 불가분의 관계를 가진다. 다석에게 하나님과 하나 되는 삶은 자신을 '깨끗'하게 하는 삶이요, 그것은 씨올로서 일어섬으로써 하늘의 뜻(天命)을 받아들이는 불이적(不二的) 삶이다. 이 유기체적 종교운동은 '빈탕한데'에까지 '위로 올라가는' 운동이지만, 그것의 출발은 항상 '제게로부터'이다.38 따라서 수행은 주체성의 '거세'라기보다

37 Ibid., 1:328.
38 박재순, 『다석 유영모: 동서사상을 아우른 창조적 생명철학자』 (서울: 현암사, 2008), 135.

는 '재구성'이다.

민중신학은 '신과 혁명'이 통일된 대속과 자속의 불이적 영성을 천명했다. 하지만, 수행전통을 발전시키지 못함으로 인해 자속의 요소는 해석학의 문제로 위축되었고, 전통 신학과 차이를 강조하는 가운데 대속의 문제는 좀처럼 신학적 주제가 되지 못했다. 이렇게 자속과 대속의 불이적 영성이 그 역동성을 상실함으로 말미암아, 앞에서 언급했던 '두 가지 부정적인 경험' 즉, 교회 현실로부터의 이반(離反)과 정치신학적 실천의 공회전이 발생했던 것은 아닌가? 그 가운데 '십자가'에 관한 '종교적' 상징성을 빼앗긴 것은 치명적이다. 십자가를 '고난'만이 아니라 '수행적 삶'의 상징으로 재구성하여, 그 총체적 면모를 회복할 필요가 있다.

민중신학과 마찬가지로 다석은 전통신학이 주장해 온 예수에 관한 대속신앙을 받아들이지 않는다. 그러나 그는 예수가 '독특한' 하나님의 '외아들'(독생자)로 보고, 이 독생자를 믿고 따르는 것에 '영생의 길'이 있다고 봤다. 그에게 '독생자'는 "하나님이 아들 하나를 더 두고 싶어도 둘 수가 없어서 겨우 하나"로 둔 '독자'(獨自)가 아니다. 이런 오해를 피하기 위해서, 그는 독생자를 "한 나신 아들"로 부른다.[39] 예수의 독특성은 '십자가'라는 자속-대속의 삶을 온전히 살아내고, 우리를 그 삶으로 초대하여 우리를 바로 여기에서 구원시키는 우리의 '임'이 되는데 있다. 그는 예수를 "여기서 빠져나가는 수, 힘"으로 본다. '예'는 '여기/땅'이요, '수'는 '힘'이요 묘수라고 풀이한다.[40] 즉 예수의 삶에 참여할 때,

---

39 유영모, 『다석 마지막 강의』, 박영호 풀이 (서울: 교양인, 2010), 460; 『다석강의』, 870.
40 김흥호, 『다석일지 공부』, 1:291.

우리는 '덜 없는'(더러운) 삶의 상태에서 빠져나가는 힘을 얻게 된다는 것이다.

예수의 삶은 십자가의 삶이다. 다석에게 예수의 십자가는 '죽임'을 당한 피동적 타살의 상징이라기보다는 하늘 아버지의 뜻을 향해 능동적으로 나아간 일치의 상징이다. '가온찍기'의 대표적인 상징이 바로 예수의 십자가이다. 이렇게 풀이한다.

난게 ㅅ다라지이다. 우리 다 가튼 나신 아들 우리 한가지 한나신 아들 (나난 나는 못난 나지만) 지고 믿고 예는 길이, 오직 우리의….(『다석일지』, 1955년 12월 26일).

[김흥호 풀이] ㅡㅣ· 으이아는 수평선 수직선 태극점, 세상 죄의 수평선을 의義의 수직선을 뚫고 올라가서 아버지 가슴 한가운데 도달하는 가온찍이 점심이 으이아요 십자가다. 으는 땅, 이는 사람, 아는 하늘, 천지인 삼재가 모인 인仁 자가 십자가다. 인자人子 그리스도다. 인생과 자연과 신의 일치가 십자가다. 나무에 달리신 예수, 남게는 나무(南無)요 귀일하신 예수다. 난게 마메 십자가에 그것이 난(晉)는 게(天父), 그 뜻에 따라(順應)하여 지(落)이다요 지이다(祈願)이다.[41]

십자가는 하나님의 사랑, 아가페이다. 예수의 아가페(agape)는 자신을 폐(廢)하는 "아가페"(我可廢)로서, 아버지와 연합한 자기 삶의 절정에 달한 아들의 모습이다.[42] 단(斷)의 영성의 극치이다. '몸의 나'를

---

41 Ibid., 1:288-289.

끊고 '얼의 나'를 이룬 독생자이다. 이런 "예수의 자속이 우리에게도 자속의 길을 걷게 함으로써, 그것이 우리에게 대속이" 된다.[43]

기독교 신학에서 속죄의 문제는 대체로 소극적인 '대속 사상'과 결부되어 왔다. 그러나 '속죄'가 '새 생명을 얻음'이라면, 그것은 기독교의 근본사상을 대변한다. 속죄가 대속 사상 일변도로 이해된 것은 기독교 신앙이 초자연주의적인 이원론의 세계관에서 해석되어왔기 때문일 것이다. 범재신론의 세계관에서 십자가는 '자속과 대속'이 결합된 상징으로서 이해되고, 생명으로 하여금 보다 능동적인 대처를 할 것을 요청하는 상징으로서 해석될 필요가 있다. 다시 말해서, '예수의 십자가를 통해서 하나님께로 나아간다'는 속죄의 신앙이 대속 사상으로서만이 아니라, '십자가의 삶'을 걷는 자속의 길과 결부되어, 예수 그리스도의 삶에 참여하는 신앙이 고난 받는 피조물의 해방을 향한 삶과 이어지는 것으로 이해될 필요가 있다는 것이다. 바로 이 신앙이 삶을 변화시키는 근본적인 '밑힘'이요, 믿음이다(믿음=밑힘).[44]

기독교 신앙은 예수의 길을 따라 하나님을 향해 끊임없이 나아가는 삶이다. '빈탕한데'를 향한 길 위에서 좌표와 생명줄은 '예수'다. 이 예수 신앙은 예수의 십자가 삶에 참여하는 것이요, 이 참여는 소승적 수신(修身)의 길에 그치는 것이 아니라, 죽음의 세계를 박차고 차올라 맞서는 삶이다. 그 길이 십자가의 길이다.

[깃] ㅣ ㅓㅣ 예수로 나리신 게서주신 깃이로다. 내깃 직혀 내깃다드머

---

42 Ibid., 1:377.

43 이정배, 『빈탕한데 맞혀놀이: 多夕으로 세상을 읽다』 (서울: 동연출판사, 2011), 82.

44 김흥호, 『다석일지 공부』, 1:526.

내깃 옹글차 치오르리로다. 오래다 멀다 성글다 핡깃을 떠난 지(『다석일지』, 1956년 11월 27일).

[김흥호 풀이] 이어 이 예. 이어는 계속해서다. 이는 끝없이 내리시는 생명줄이다. 면전일사面前一絲 장시무간長時無間이다. 하늘에서 비가 내리듯 계속해서 예(여기)까지 내려오는 생명, 이것이 예수다. 수는 힘이요, 능력이다. 나에게 주신 바탈이요, 소질이다. 하늘에서 내리신 은혜의 단비처럼 내려주신, 하나님께서 주신 분깃, 이것이 내 본성이다. 이 내 본성을 지켜서, 내깃 다드머, 내 날개를 다듬고 옹골차게 완성시켜 생명의 샘이 강같이 흐르는 창조적 지성의 날개가 되어야 한다. 이 날개로 하나님을 찾아 높이 치솟아 올라가야 한다. 내가 하나님을 떠난 지, 하나님의 품, 하나님의 깃털을 떠난 지 얼마나 오래 되었는가. 얼마나 멀리까지 왔는가. 다시 찾아 올라야하는 그것을 위해서 생각하고 말하고 일하고 짓고 세우고 나의 분깃 책임을 다해야 한다.45

IV. 나가는 말

유영모는 1956년 「짐짐」이라는 글에서 "예수교는 쌍놈교. 교(教)는 쌍놈의 교가 좋다. 종교가 양반이 되면 자기도 모르게 남을 짓밟는 종교가 된다. 자본주의나 유물사상이 모두 양반종교 아니겠나?"고 말한다.46 말로만이 아니라 자기 스스로가 '가난을 목적으로 삼고' 살아

---

45 Ibid., 2:165.

갔으며, 자녀들도 민중의 삶을 살게 했다. 그의 범재신론적 세계관에서, 하나님이 주신 영원한 삶과 땀 흘려 노동하는 삶은 분리되지 않는다.[47] 따라서 민중신학을 탄생시킨 가장 기본적인 관점이 그의 사상에 깊이 뿌리내렸다.

> 세상에는 우리 대신 고생하는 사람이 얼마나 많습니까? 무식하고 가난하고 고생하는 동포 그들 가운데 하느님의 종이 얼마나 많습니까? 서울 구경 한번 못한 촌뜨기들 가운데 얼마나 많은 예수가 섞여 있습니까? 특히 우리들의 더러움을 대신 지는 어머니들, 농민들, 노동자들, 이들은 모두 우리를 대신해서 짐을 지는 예수들입니다.[48]

특히 그의 '수행적' 범재신론은 21세기를 살아가는 오늘의 민중신학을 위해 큰 교훈을 던지고 있다. 오늘 우리는 무슨 '실천'을 할 것인가? 21세기라는 영성의 시대에, 무엇이 진실로 '변혁적' 실천일 수 있는가? 지난 한 세대 동안 지구촌 구석구석을 파괴해 온 신자유주의에 맞서 오만가지의 탈근대주의 담론이 일어났다 사라졌다. 담론 공간만이 아니라 생활 공간을 파고들어, 공동체적 실험으로까지 발전한 사상은 극히 일부이다. 생태주의 사상이 그 한 예이다. 이 사상의 특징은 삶을 단순하게 줄이는 '수행적'인 데 있다. 이 위기의 시대를 헤쳐 나갈

---

46 유영모, 『다석일지』, 영인본 上, 791.
47 김흥호, 『다석일지 공부』, 3:398. "일하는 것을 천대하여 흙도 더럽다 하고 숯도 더럽다 하는데, 세상에 흙보다 더 깨끗하고 숯보다 더 깨끗한 것이 어디 있느냐? 손발에 흙을 묻히고 얼굴에 숯검정을 묻히고 일하는 노동자는 한 포기의 꽃이요, 신성한 존재지 절대 천한 거나 더러운 것이 아니다. 때와 흙도 구별 못하는 숙맥들아!"
48 유영모, 『다석일지』, 영인본 上, 792.

수 있는 묘수, '예수'의 길을 먼저 걸어간 다석의 가르침을 기억하자. "사람이 참되게 살려면 가난한 서민으로 겨우겨우 살아야 한다!"[49] 민중신학이 만일 이러한 삶을 살아갈 수 있는 인간을 길러낼 수 있다면, 한국 신학으로서 맡은 바 소임을 감당했다고 할 수 있을 것이다. 민중신학이 한국 신학으로서 다시 한 번 힘차게 날기를 기대한다.

가 나드리 머 바소오 조차 커터피 하이, 가나드리 머바소오 조차커터피힌(힘 힝)(『다석일지』, 1956년 2월 8일).

[김흥호 풀이] 류영모 선생님은 가나다라 마바사아 자차카타파하를 여러 가지로 변형시켰다. 여기서는 나들이 여행을 가서 무엇을 보았느냐. 하나님을 보아야 하지 않느냐. 하나님을 보고 하나님을 좇아 커지고 터지고 피어나야 되지 않느냐. 인간의 목적은 하나님을 보아야 한다. 또 나들이 가서 무엇을 봤소, 하나님을 보아야지. 하나님을 보면 하나님의 형상을 따라 커지고 터지고 피어나서 힘 있게 독립하고 자유롭게 힝하고 날 수가 있다.[50]

---

49 박재순, 『다석 유영모』, 37.
50 김흥호, 『다석일지 공부』, 1:361-362.

민중신학자 안병무의 신학적 정체성과 그 영성
─ 주검의 고통을 넘어 부활의 고난으로*

박 재 형 **

I. 들어가며

심원 안병무(1922. 6. 23-1996. 10. 19)는 민중신학자이다. 여기서 '민중신학자'라는 수식어는 단순히 그가 '민중신학의 태동과 발전에 구심적 역할을 한 신학자'라는 사실을 표현해 주는 것으로 그치지 않는다. 오히려 한 개신교 신학자로서 그 자신의 삶과 행동 그리고 학문적 작업을 통해 드러낸, 인간 안병무의 정체성을 나타내는 그의 또 다른

---

* 이 글은 필자가 2013년 5월 생명평화마당 "생명과 평화를 여는 정의의 신학" 4차 심포지엄에서 발표한 글『생명 평화 정의의 인간학 ─ 안병무의 민중이해를 중심으로』중, 일부를 발췌하여 수정, 보완한 것이다.
** 한국기독교사회문제연구원 연구실장

이름으로 이해되어야 한다.

안병무는 그와 동시대를 살았던 모든 이들이 그러했듯이, 한반도의 역사 상 가장 비극적인 고난의 시대를 온몸으로 경험하며, 그 속에서 고통 받으며 살았다. 일제 강점기를 시작으로 한국전쟁을 거쳐 분단과 군사독재 정권의 피비린내 나는 비극의 시대를 맨몸으로 살아낸, 한반도 민중들의 삶이 그의 신학적 화두가 된 것은 어찌 보면, 그의 벗어날 수 없는 운명이지 않았을까? 민중신학의 태동은 어찌 보면, 민중사건과 마찬가지로 이러한 한반도 민중의 고난이 넘치고 흘러 구체화된 또 하나의 '성육신의 사건'으로 이해될 수 있을 것이다. 안병무를 비롯한 민중신학자들은 그저 그 사건을 자신들의 말과 행동 그리고 언어 속에 옮겨놓아, 표출한 것에 지나지 않는다.

하지만 그 외침이라는 것이, 길가의 돌들이 외치는 소리였기에 지금 우리의 가슴 속에도 여전히 진동하고 있는 것이다. '아직도 민중이 존재하는가?'라는 자기기만적 목소리가 신학과 교회의 내부에서 자기 합리화의 악취를 풍기고 있는 이때, 여전히 그 돌의 소리를 좇아 살아내는 사람들이 존재하는 한, 그 진동은 역사를 타고 흘러 계속될 것이다. 그리고 그 진동은 지금 우리가 살고 있는 바로 지금, 이 땅 위에서 또 하나의 성육신 사건을 준비하고 있는지도 모른다. 그것은 단순히 과거를 벗어나 미래를 향하는 시/공적 의미의 탈-향이 아닌, 죽임을 넘어 살림으로 향하는, 주검의 절망적 슬픔을 뚫고 부활의 희망적 고통을 향해 나가는 완전히 새로운 존재로의 탈-향이 되어야 할 것이다.

안병무는 역사 속의 민중과 그 민중이 일으켜낸 사건을 자신의 신학적 중심주제로 설정한다. 이 과정에 있어서 그는 자신의 신학적 연구

대상(Objekt)인 민중을 해석학적 전환을 통해 자신이 다루는 신학의 주체(Subjekt)로 상정함으로써, 다시금 민중을 주제화한다. 여기서 해석학적 전환이란 단순히 신학적 주제를 논함에 있어서 민중의 관점을 담지하고 신학함의 관점을 민중의 눈으로 전환하는 것만을 의미하지 않는다. 그것은 더 적극적으로 신학적 인식과 사유의 주체인 안병무 자신을 후퇴시키고, 그가 만나는 민중 스스로가 말하도록 한다는 주체의 전환을 의미한다. 즉, 민중신학은 민중의 사건을 언어로 옮겨 증언할 뿐, 말하고 행하며, 변화시키는 것은 민중 자신이라는 것이다. 이러한 인식전환은 안병무가 자신의 존재를 탈-향의 구도에서 이해함으로써 가능했다. 민중의 고통을 경험하는 자신으로부터 '탈'하여, 고통의 주체인 민중으로 '향'하려고 하는 끊임없는 인식적 노력을 안병무는 자신의 삶과 학문을 통해 추구한 것이다. 물론 그러한 노력이 성공했는지의 여부는 우리로서 전혀 알 길이 없다. 다만 그가 민중신학자로서, 혹은 민중신학을 통해 말하고 증언하고자 하는 것이 무엇이었는가에 대한 탐구를 통해 어느 정도의 실마리만을 얻을 수 있을 것이다. 물론 그에 대한 확실한 보장은 약속할 수 없다. 하지만 위의 사실을 통해 우리는 적어도 한 시대를 산, 신학자, 혹은 신앙인으로서 그의 정체성은 분명히 알 수 있다. '시대와 민중의 증언자'[1] , '성문 밖에서 예수를 말한'[2] 자로 이름 붙여진 그의 두 평전에서 볼 수 있듯이, 그는 '민중사건'과 그 사건을 통해 드러나는 '현존의 그리스도'를 민중신학이라는 매개를 통해 증언하는 것을 자신의 정체성으로 삼았다.

---

1 김명수, "안병무: 시대와 민중의 증언자", 살림, 2006.
2 김남일, "안병무 평전: 성문 밖에서 예수를 말하다", 사계절, 2007.

그는 민중의 전형성을 '탈-향 현존'으로 본다. 더불어 그 민중을 증언하는 증언자로서 자신의 정체성 또한 '탈-향 현존'에서 찾는다. 본고는 안병무가 이해하는 '탈-향' 개념을 중심으로 서술함으로써, 그의 신학이 이해하는 민중과 그 민중과 더불어 살고자 했던, 민중신학자로서 그의 정체성을 살펴보고자 한다.

II. 고난의 의미

안병무는 민중신학을 전개하기 이전, 자신의 신학적 구상을 현재적 고난의 의미에 대한 물음으로부터 출발한다. 그에게 있어, 이러한 현재적 고난에 대한 물음은 직접적으로 인간의 삶의 자리에 대한 물음과 직결된다. 즉, 인간 실존의 현실적 자리가 어디인가는 물음인 것이다. 하지만 이러한 인간실존의 고난에 대한 물음은 단순히 의로운 자들의 고난 그리고 그 고난으로 인해 발생하는 '하나님 없음'으로 표현되는 세상에 관한 존재-신학적 물음으로서의 '신정론'(Theodizee)적 물음에 그치지 않는다. 오히려 그것은 더 나아가서 인간 그 자체에 대한 관계-존재론적 물음으로서, 인간의 현존양식과 더불어 한 인간이 맺는 자기 자신과 타자, 더 나아가 자연세계 그리고 창조자인 하나님과의 관계적 근원을 묻는 것이다. 이러한 문제의식을 바탕으로 그는 '신정론' 문제와 씨름하기에 앞서, 먼저 현재의 인간에게 있어서 고난이 갖는 의미가 무엇인가를 '탈-향 현존'으로서의 인간의 현존양식과의 연관 속에서 규명하고 있다. 여기서 안병무는 고난을 인간 삶/생명에 있어서 구성적이고 본질적인 것으로 이해한다.3 다시 말해, 인간에게 있어서 고난은 삶의 모든 내적, 외적 관계들 속에서 필연적이라는 것이다.

안병무는 자신이 발간한 계간지『야성』(野性)에 처음으로 발표한 글 "고난의 의미"4에서 "도대체 왜, 우리는 지금 이렇게 고난을 당하는가?"라고 묻는다. 이 물음은 한반도 역사의 특정 상황, 특별히 한국전쟁 상황 속에서 던진 물음이다. 이 물음 속에는 '누가 지금 고난 받는 자이고 누가 그 고난 받는 자를 증언하는가?'의 구분이 존재하지 않는다. 이 물음 속에서 안병무 자신은 고난당하는 자이며, 동시에 그 고난을 증언하는 자이다. 그는 그 자신이 고난을 경험함으로써, 고난의 의미를 묻고, 다시금 그 물음을 통해 민중이 처한 고난의 현실을 볼 수 있게 된 것이다. 그는 인간이 처한 고난의 현재에 대한 외적 원인들, 즉 사회구조적 모순에 대한 사회학적 분석을 전개하기에 앞서, 그 고난이 갖는 존재론적 의미에 대해 고민한다. 특별히 민중신학 이전의 시기에 그는 실존주의적 관점에서 '고난 받는 개별자'로서의 실존에 대한 물음에 집중했다. 그는 고난에 대해 "초연할 수도", 그 고난의 현실을 "피할 수도" 없는 것으로서 "정직하고 진실하게 엄연한 고난이란 사실 앞에 직면해야 한다"라고 말하며, 현재의 고난에 충실해야 한다고 강조한다. 왜냐하면, 만약 그 고난에 대해 초연하거나, 혹은 그 현실을 피하려고 할 때, 인간은 내적 "의지"와 외적 "감각" 사이의 분열을 경험하게 되고, 그럼으로써 필연적으로 "위선적"이며 "자기기만적"인 모순

---

3 안병무, "고난의 의미",『불티』, 한국신학연구소, 1998, 300.
4『야성』, 1951. 11월호.

에 빠지게 되기 때문이다.5 결국 그는 고난을 인간 존재의 숙명적 본질로 이해한다.

하지만 그는 인간을 단순히 고난을 통한 비극적 운명론적 존재로 이해하는데 그치지 않는다. 고난은 그 자체로 숙명적이고 불가피한 것으로 인간을 비극적 존재로 규정하지만, 동시에 인간으로 하여금 전혀 새로운 존재를 향하도록 몰아내는 동인이 된다. 즉, "해방과 고난은 본래 서로 다른 것이 아니"라는 것이다.6 이렇듯 그는 "해방과 고난의 존재론적 일치"를 이야기 하지만, 예수 사건에 대한 해석을 전개함에 있어서 부활보다 십자가의 죽음을 강조함으로써, 해방보다는 고난에 무게중심을 둔다.7 왜냐하면 예수 사건에 있어서 부활의 의미는 십자가의 고난/죽음과 직접적으로 연관되기 때문이다. 즉, 부활은 십자가의 죽음을, 해방은 고난을 전제로 할 때만 가능하다는 것이다.8

이러한 관점에서 안병무는 예수의 부활을 그의 고난과 죽음의 역사적 결과로서 해석한다. 하지만 여기서 그는 예수 사건의 결과로서 부활을 단순히 역사적 사건의 인과율 속에서 이해하는데 그치지 않는다. 그는 예수의 부활 사건을 예수 자신이 다른 고난당하는 이들에 대한 자기투영(Selbstspiegelung)과 자기동일화(Selbstidentifizierung)를 통해 자신의 말과 행동 그리고 삶을 통해 역사화/구체화/육화한 "탈-향"적 행위의 결과로 이해하고 있다.9 즉, 예수 자신도 자기 자신으로부터 벗어

---

5 안병무, "고난의 의미", 위의 책, 293.
6 안병무, "Minjung-Theologie", in; Zmiss 14, 1988, 87.
7 위의 책, 같은 곳.
8 위의책, 88.
9 안병무, "Die Todesprozession", in: Theo Sundermeier(Hrsg.), Das Kreuz als Befreiung: Kreuzesinterpretationen in Aisen und Afrika, Chr. Kaiser, München,

나("탈") 자신의 주변을 둘러싼 민중들이 당하고 있는 고난의 현재로 자신을 내어놓음으로써("향") 전혀 새로운 존재가 되었다는 것이다. 예수의 고난과 부활에 대한 안병무 자신의 이러한 존재론적 해석은 그가 민중신학적 구상을 전개하기 이전부터 이미 예수사건에 대한 사회정치적(혹은 민중신학적) 해석의 단초를 담지하고 있었다는 것을 보여주고 있다. 그리고 이점으로부터 우리는 그의 신학적 정체성이 민중신학 이전과 이후를 구분하지 않고 일관되게 유지되고 있다는 사실 또한 알게 된다.

III. "탈-향"의 이해

안병무에게 있어서 "탈-향 현존"[10]은 시간적으로는 과거로부터 벗어나 미래로 향하고, 실존적으로는 지난 것에 매여 있는 타락한 옛 자

1985, 11 이하. "'아니다, 진정한 우리의 하느님은 스스로 패배와 고난, 멸시와 저주를 짊어진 바로 그런 하느님이다!' - 이와 같이 새롭게 얻어진 확신은 저 주검처럼 지배권력 아래에서 절망 가운데 체념한, 그러한 사람들의 무리 가운데서 새로운 생명을 일으켜 세웠다. 불현 듯 그 확신은 다음과 같이 표현되었다: '이 주검은 우리의 생명이다! 그것은 우리의 하느님이다! 이 비참하게 고통 받는 자가 바로 우리의 주님이시다!' 얼마 전, 예수의 개선행렬에 참여했었던 군중들, 그들이 이번에는 예수의 장례행렬에 동참했다. 그 수는 날로 늘어가, 결국 끝이 보이지 않는 행렬이 되었다. 지난 2000년 동안, 아니 앞으로 10,000년 동안 이 행렬은 끝나지 않았고, 여전히 끝나지 않을 것이다."

10 "'탈-향 현존'을 통해 안병무는 세계 안에서 신 앞에서 선 인간의 책임적 실존을 표현하고 있다. 그리스도를 통해 인과율적으로 결정된 세계관에서 해방된 인간의 현존양태는 그가 자신의 자유의지를 통해 하느님의 명령에 복종함으로써, 모든 저항에도 불구하고 지속적으로 과거를 떠남으로 그리고 그럼으로써 거기서 자신의 본래의 자아에 도달하기 위해 미래를 향함으로 구성된다." Sun-Hee Lee, Die Minjung-Theologie Ahn Byungmus von ihren Voraussetzungen her dargestellt, 1992, 63.

아로부터 벗어나, 하느님의 미래를 향해, 온전히 자신을 개방한 본래적이며 동시에 완전히 새로운 자아를 향해, 스스로를 결단하는 인간의 실존적 상태를 의미한다. 그것은 삶의 유지와 확장을 위해 끊임없이 타자를 소멸시키는, 자기중심적인 생명 욕구로부터 탈출을 의미하며, 동시에 하느님의 근원적 창조 의지인 정의와 평화의 실현을 위한 필연적 조건으로서의 개방적인 생명으로의 향함을 의미한다고 할 수 있다. 이 글은 특별히 안병무가 본격적으로 민중신학을 전개하기 이전의 인간에 대한 (실존)신학적 인간학적 규정인 '탈-향 현존'이 이후 그의 민중이해와, 특별히 민중의 자기초월성과 긴밀한 연관성과 연속성이 드러나는 주요 개념(Schlüsselbegriff)이라는 사실에 주목한다.

안병무는 이러한 자신의 고유한 존재론적 술어를 시공적으로 "사이에 끼어있는 존재"의 의미로 사용하고 있다. 이러한 "사이에 끼어있는 존재"로서 인간은 자신의 시공적 본성에 따라 실존적으로 과거와 미래 사이, 즉 과거의 절망과 미래의 희망 사이에 그리고 고통의 상태와 그 상태로부터의 벗어남 사이에 놓여있을 수밖에 없다는 것이다. 이러한 의미에서 인간 실존은 결국 '거기 있는 존재'(Da-sein)로서 규정된다. 하지만 동시에 인간은 단지 그 '사이'에 끼어있는 상태에 머물러서는 안 되고, 그럴 수도 없다. 오히려 자기 결단에 의해 과거의 절망에서 벗어나 하느님 미래의 희망에로 탈출해야 하고, 탈출할 수 있는 것이다.[11]

이러한 의미에서 안병무는 인간의 본래적 현존 양태를 또한 "도상

---

11 안병무, "죽음에 이르는 병", 『불티』, 한국신학연구소, 1998, 155 이하; "새로운 존재", 『우리와 함께하는 예수: 성서의 맥 2』, 한국신학연구소, 1997, 255 이하.

의 존재"[12]로 정의하고 있다. 여기서 무엇보다도 그는 인간 존재에 대한 시간적-실존적 차원에서 절망을 인간이 탈출해야 하는 과거에 속한 것으로, 희망을 인간이 궁극적으로 도달해야 하는 미래에 속한 것으로 이해하고 있다. 그리고 이러한 절망의 원인을 인간의 선한 의지와 악한 의지 사이에서의 결단 가운데 드러나는 '자아'의 내적 갈등으로부터 발현되는 것으로 파악하고 있다.[13] 즉, 인간은 본디 자신에게 하나의 가능성으로서만 내재적으로 주어진 '독립적인 존재와 삶을 향한 자유의지'를 스스로 실현함으로써, 결국 자기중심적 자기실현을 향한 내적 욕구와 본래적인 하느님 앞에서의 책임적 존재와 삶에 대한 외적 요청 사이에서의 내적 분열을 경험하게 된다는 것이다.[14] 여기서 악한 의지는 이기적인 삶을 지향하는 내적 욕구로, 선한 의지는 이타적인 삶을 지향하는 선한 양심의 부름으로 묘사된다.[15] 이러한 내적 분열은 인간을 자기 파멸로 이끌어 가게 된다. 자기 파멸이란 결국 자아가 자기중심적 삶을 향한 자신의 의지를 실현키 위해, 자신의 내, 외부로부터의 비판적 요청, 즉 선한 양심의 요청과 하느님의 정의와 진리의 요청에 대해 자신을 완전히 폐쇄하는 것을 의미한다.[16] 이를 통해 자아는 자기 자신에 대한 절망에 빠지게 되고, 이러한 자기 절망의 결과로서 종국에는 하느님과의 관계마저 상실하게 되고 마는 것이다.[17] 이렇듯 초기 안병무는 인간 존재의 본질적 특성을 자기 자신과 하느님에 대한

---

12 안병무, "바울의 현존 이해", 위의 책 252.
13 안병무, "죽음에 이르는 병", 위의 책 156.
14 안병무, "자유에서 신앙으로 – 창세기의 인간관", 『성서적 실존』, 앞의 책 40 이하.
15 안병무, "죽음에 이르는 병", 앞의 책 156 이하.
16 안병무, 위의 책 157.
17 안병무, 위의 책 159.

개별적 관계성의 의미 지평 안에서 "도상의 존재"로 묘사하고 있다. 이러한 의미에서 탈-향 현존으로의 새로운 인간적 변화는 하느님과의 개별적인 책임적 관계회복 그 자체를 의미하는 것이다.

1. '탈-향'의 시간적 이해

안병무는 자신의 초기 신학적 인간학적 개념인 "탈-향 현존"을 인간 존재의 시간성에 대한 실존적 고찰을 통해 설명한다.[18] 그는 우선 인간을 '과거와 미래 사이에 낀 현존'으로 정의한다. 다시 말해, 인간은 시간적 존재로서 현재에 존재하기 때문에 과거와 미래 사이에 머물 수밖에 없다는 것이다. 인간은 시간의 흐름 가운데서 자신을 하나의 "사이에 끼어 있는 존재"(364)로서 인식하게 된다. 이러한 인간학적 시간성의 의미에 따라 그는 현재의 사건을 과거의 결과로 간주한다. 다시 말해, "과거는 시간적으로 현재를 결정한다"(361)라는 것이다. 이러한 관점에서 인간은 불가피하게 과거에 귀속될 수밖에 없다. 이러한 인간에 대한 시간적 규정에도 불구하고 안병무는 동시에 인간 존재에 대한 자신의 포커스를 그 미래 개방성에 두고 있다. 그는 현재의 본질적 의미를 과거와의 관계에서 찾지 않고, 미래와의 관계 속에 근거한다고 본다.[19] 이러한 인간 존재에 대한 시간-관계적 정의를 바탕으로 안병무는 "탈-향 존재"로의 인간의 변화 가능성을 신학적으로 규명한다.

---

18 안병무, "영원한 현재", 『구걸하는 초월자』, 한국신학연구소, 1998, 360-368. 괄호 안의 숫자는 본문의 쪽수를 나타냄.

19 안병무, 위의 책 361: "현재가 어떤 면에서나 내게 의미를 주는 것은 과거와의 관계에서가 아니라 미래와의 관계에서 와지는 것입니다."

그에 따르면 인간 존재는 현재적 존재이다. 현재적이라는 것은 과거에 의해 결정되면서, 동시에 미래를 향해 개방되어 있음을 의미한다. 하지만 여기서 문제가 되는 것은 바로 어떻게 미래를 현재적으로 보느냐, 즉 "미래를 무엇으로 기대하느냐"(362)의 관점에 관한 것이다. 이러한 미래에 대한 관계-존재론적 인간학적 의미를 안병무는 그리스어 '텔로스'(telos)가 지닌 두 가지 의미에 대한 해석을 통해 설명한다. '텔로스'는 "끝"을 의미하기도 하고, 동시에 "목적"을 의미하기도 한다(360). '텔로스'(telos)가 지닌 중의적 성격으로부터 그는 미래와 관련된 인간의 두 가지 서로 상반된 시각을 해석해 낸다. 첫째로, 그는 미래를 '끝'으로 이해하는, 허무주의적 시각을 말한다. 그리고 이러한 미래에 대한 허무주의적 시각에서 그는 또 다시 두 가지 인간의 생에 대한 태도를 이끌어낸다. 즉, '비관적 허무주의'와 '낙관적 허무주의'가 그것이다. 안병무는 서로 상이해 보이는 이 두 가지 삶의 태도를 미래와의 관계 속에서 서로 유사한 것으로 평가하고 있다(362). 이 두 가지 삶의 태도 모두를 '희망이 없는 삶'으로 표현하고 있다. 왜냐하면 그러한 삶의 태도는 결국 미래에 대한 희망에 자신을 개방하는 것 없이, 그저 자신의 현재만을 사는 것이기 때문이다. 결국 이러한 미래에 대해 폐쇄적인 현재는 단지 '공허'이며 '환상'일 뿐이다. 따라서 현재적 삶의 공허함과 환상을 극복하는 것은, 현재의 삶을 미래에 근거할 때만이 가능하다는 것이다. 왜냐하면 "우리가 이 시간, 현재를 느끼거나 지각하는 것은 과거와의 관계에서가 아니라 미래와의 관련에서 생기"(362)기 때문이다. 바로 이 지점에서 미래는 결국 "무한한 가능성"(362)이 되는 것이다. 따라서 '미래와의 관련 속에서 산다'는 것은, 인간이 모든 자신의 현재적 삶의 난관들을 "미래를 향해 자기를 개방 하므로"(363)써 극복함을 의미한다. 이러한 미래에 대해 자신을 무한히 개방하는 것, 그것은 '자신에 대한 반성'을 통해서 만 가능한 것이다. 왜냐하면, "미래는 오늘의 나의 완숙을 가져"(363)오기 때문이며, "나의 과거나 현재는 이 미래를 위해"(363) 있기 때문이다. 하지만 이러한 자기반성 또한 미래를 단지 '끝'으로 이해하는 경우 에는 '자신의 과거를 돌아봄'으로서 밖에 기능하지 못한다. 이러한 경우의 자기반성은 단지 자신이 '과거에 얽매여 있음'을 확인시켜 주기만 할 뿐이다.

하지만 만약 미래를 단순히 '끝'이 아닌, '목적' 혹은 '완성'으로 본다면, 그에게 있어서 과거는 단지 "완성의 미래에 대해서 개방된 오늘을 가능하게 한" 계기로서 그 가치를 지니게 된다. 이러한 의미에서 안병무는 과거와 미래에 대한 현재의 실존적 우위를 말하고 있다(364). 과거와 미래에 대한 현재의 실존적 우위를 성서신학적으로 규명하기 위해, 안병무는 과거와 미래에 대한 인간 존재의 실존적 연관성을 두 개의 희랍어 표현을 통해 설명한다. 그것은 요한복음서에 등장하는 표현으로 "einai en"(Existenz: '어디에 있느냐') 그리고 "einai ek"(Wesen: '어디에서 왔느냐')이다. 안병무의 해석에 따르면 "einai en이 einai ek를 결정한다는 것이 요한복음의 기본사상"(365)이다. 여기서 안병무는 요한복음서 저자가 "현존의 그리스도가 곧 인간의 구원이라는 사실"에 근거해서 '그리스도의 화육'을 강조하고 있다고 본다.[20] 이러한 요한복음의 구원론적 관점에서 안병무는 과거와 미래에 대한 현재의 존재론적 우위를 이끌어낸다. 그에 따르면 요한복음 1장 14절의 그리

---

20 안병무, "성서의 구원론", 『생명을 살리는 신앙』, 앞의 책 124 이하.

스도론적 고백은 다음의 사실을 제시한다. 즉, 그리스도의 화육은 "그리스도의 역사적 현재화"[21]로서 하느님의 은총과 진리 그 자체를 의미하며, 더 나아가 인간 구원의 길을 결정해준다는 것이다. 이러한 의미에서 인간 구원의 가능성은, 그 가능성을 '하느님으로부터' 구할 것인지 아니면 '피조세계로부터' 구할 것인지에 대한 인간 자신의 현재적 결단의 여부에 달려있는 것이다. 왜냐 하면, "어떤 것을 선택하느냐는 곧 어떤 것에 속하느냐(einai ek)를 결정"하기 때문이다.[22] 바로 이 지점에서 안병무는 인간 실존에게 있어서 현재는 결국 과거와 미래에 대해 '우위적 위치'를 점한다고 이해하고 있다.

2. '신앙의 탈-향 구조': 믿음을 통한 시간성의 극복

하지만 안병무는 이러한 현재적 우위는 사실 시간적 차원에서는 불가능한 것으로 여겼다. 왜냐하면 인간은 자신의 시간적 특성에 따라 과거에 붙들려 있을 수밖에 없고, 동시에 결코 미래를 선취할 수 없기 때문이다. 하지만 그럼에도 불구하고 그는 이러한 과거의 현재화와 미래에 대한 현재적 선취가 인간에게 있어서 유일하게 '영원한 현재'로서의 그리스도에 대한 신앙 안에서는 가능하다고 본다. 이러한 현재적 그리스도론적 관점에서 안병무는 그리스도를 '더 이상 아님'으로서의 과거와 '아직 아님'으로서의 미래를 모두 현재에서 실현한, 그래서 시간적 현재를 하느님 약속의 성취로서의 영원한 현재로 만드는 유일한 존

---

21 안병무, 위의 책 124.
22 안병무, 위의 책 같은 쪽.

재로 고백하고 있다(366). 그와 상응하게 그는 "나는 알파와 오메가다"라는 성서적 그리스도론적 진술을 시간의 틀에서 해석하지 않고, '신앙의 탈-향 구조'[23]의 틀 안에서 해석하고 있다. 다시 말해, 오로지 영원한 현재로서의 현존의 그리스도에 대한 신앙 안에서 "나는 과거에서 해방되고 미래는 언제나 내게 희망과 목적이 될 수 있다"는 것이다. 왜냐하면, 알파와 오메가로서 그리스도는 약속 그 자체(과거)이며 동시에 그 약속의 성취(미래)이기 때문이다. 이러한 의미에서 신앙은 인간을 한편으로는 과거의 실존적 불안에서부터 탈출시키고(탈), 다른 한편으로는 다가오는 미래의 새 희망을 향하게 하고 더 나아가 그것에 동참케 하는(향) 원동력이 된다.

여기서 안병무는 이러한 믿음과 '체념'을 분명히 구분한다.[24] 믿음과는 반대로 체념을 인간 실존의 수동적이고 불신앙적인 상태로 정의한다. 즉, 인간이 완전히 미지의 도래 앞에 서 있지만, 그것에 완전히 개방되어 있지 않고, 신뢰하지 않는 상태를 말하는 것이다: "'믿음'이란 체념과 차이가 있다. 사람은 어쩔 수 없이 미지의 오고 있는 것에(미래) 자기를 내맡기면서도 도살장에 끌려가는 짐승처럼 끌려 들어감으로써 자기 전체를 내맡기지 못한다. 내맡기면서 내맡기지 못하는 것이 체념이랄까?" 이러한 체념과 달리 믿음은 "내맡기는 행위"로 표현된다. 즉, 나를 완전히 새로운 미지의 미래에 내맡기고, 개방하는 행위인 것이다. 이런 의미에서 안병무는 믿음을 실존적 결단 행위로서, "내게 절대적으로 관계된 그 무엇에 참여"하는 행위로 이해하고 있다. 그리고 여기

---

23 안병무, "불안, 신앙, 만남", 『성서적 실존』, 앞의 책 87 이후.
24 안병무, 위의 책 89 이하.

서 "내게 절대적으로 관계된 그 무엇"은 바로 믿음의 대상으로서 "우리가 파악해야 하는 그 무엇"[25]인 '존재의 근원'(Urgrund des Seins)이며 '미지의 그 무엇'(das unbekannte Gegenüber)인 것이다. 우리에게 있어서 '존재의 근원'은 우리의 "피할 수 없는 삶의 근거"이며, '미지의 그 무엇'은 우리가 "주체적으로 참여해야" 하는 결단의 대상인 것이다.[26] 이러한 믿음에 대한 실존적 이해를 통해 안병무는 자신의 인간이해를 전혀 새로운 미지의 존재인 하느님과의 관계를 통해 전개하고 있다. 그리고 그는 결국 인간이 자신의 주체적 믿음의 행위인 결단을 통해 '영원한 그리스도의 현재'에 참여함으로써, 자신의 시간성으로부터, 동시에 이러한 시간성에 근거한 존재적 한계로부터 벗어날 수 있다고 천명하고 있는 것이다.

3. '탈-향'의 기독론적, 구원론적 이해

안병무는 자신의 인간에 대한 '탈-향 현존'으로의 이해를 바울의 현존이해에 대한 실존적 해석을 통해 보다 구체화한다.[27] 그에 따르면 바울은 자기 자신을 두 가지 관점에서, 특별히 자신의 과거와 현재와의

---

25 안병무, 위의 책 같은 쪽; 참고, Paul Tillich, *Offenbarung und Glauben: GW Ⅷ*, 1. Aufl., Stuttgart, 1970, 111 이하. 여기서 틸리히는 믿음을 "우리에게 절대적으로 관계된 그 무엇에 대해 감동한 상태(Zustand des Ergriffenseins von etwas, das uns unbedingt angeht)"로 표현한다. 안병무는 이러한 틸리히의 인식을 자신의 믿음에 대한 이해의 근거로 수용하고 있다. 하지만 안병무는 여기서 "감동됨(Ergriffensein)"을 결단 행위로 파악함으로써, 믿음의 실존적 특징을 인간 존재의 주체적 행위로서 강조하고 있다.

26 안병무, 위의 책 같은 쪽.

27 안병무, "바울의 현존이해", 『생명을 살리는 신앙: 성서의 맥 3』, 245-256. 괄호 안의 숫자는 본문의 쪽수를 나타냄.

존재론적 관계 차원에서 규정한다. 한편으로 바울은 자기 자신을 "과거에 매인 존재"로, 다른 한편으로는 "다가오는 그리스도의 미래를 향해 달음질하는 존재"로 규정한다(245). 이러한 바울의 '도상의 존재'로서의 자기 규정은 무엇보다도 자신의 첨예하게 대립되는 '율법'과 '그리스도에 대한 믿음'에 대한 인식에서 출발한다. 여기서 바울은 율법을 과거의 것으로서 그로부터 벗어나야하는 것으로, 그리스도에 대한 믿음을 미래의 것으로서 궁극적으로 도달해야하는 것으로 여긴다.[28] 바울은 과거 율법과 그 율법적 의에 묶여있던 자신의 옛 정체성을 "해" 혹은 "오물"로 여김으로써, 그 과거로부터 탈출해, 과거로 회귀하지 말고, 앞으로 정진하기를 권고한다(246). 이런 의미에서 바울에게 과거로부터의 탈출은 곧 옛 '자아', 즉 육체적, 율법적인 것에 매여 있는 과거의 모든 삶의 조건들에 굴복했던 예전의 나로부터 벗어나, 전적으로 새로운 하지만 동시에 본래적인 자기를 찾는 것을 의미한다. 이러한 완전히 새로우며 본래적인 '나'를 찾음은 결국 "그리스도 안에" 머묾으로써, "그리스도를" 믿음으로써 그리고 "그의 죽음과 부활"에 동참함으로써만 가능하다고 바울은 확신한다(246). 왜냐하면 바울에게 있어서 목표에 도달한다는 것은 결국 그리스도의 미래에 참여하는 것 다름 아니기 때문이다.

이러한 바울의 현존이해를 토대로 안병무는 '탈-향 현존'으로 거듭남의 본질적 의미를 인간 생명의 '존재론적 당위'의 빛 아래서, 무엇보다도 자기 자신과의 내적 관계 속에서 밝혀낸다. 이와 동시에 안병무는

---

28 빌립보서 3,9. "그리스도 안에 있는 사람으로 인정받으려고 합니다. 나는 율법에서 생기는 나 스스로의 의가 아니라, 그리스도를 믿는 믿음으로 말미암아 오는 의 곧 믿음에 근거하여, 하나님에게서 오는 의를 얻으려고 합니다."

'내'가 벗어나야 하는 것으로서의 과거를 옛 '자아'의 소유욕으로 이해함으로써, 그 지평을 개인적 차원에서 사회, 관계적 차원으로 넓히고 있다(246). 이에 상응하여 안병무는 '내'가 소유한 그 무엇이 결코 '내' 자신이 될 수 없기에, 인간 삶(생명)의 본질적 목적은 무엇인가를 소유함에 있지 않고, 오히려 자신의 옛 '자아'를 규정하는 모든 과거의 소유로부터 해방되는 것에 있다고 본다(247). 여기서 '자아'는 자신의 소유로부터 필연적으로 구분된다(251).

하지만 여기서 이러한 존재론적 분화를 통한 본래적 자기로의 '자아'의 회귀는 단순히 '자아'의 자기중심적 선회를 의미하지 않는다. 오히려 그것은 '자아'가 자신을 과거 속에 붙잡고 있는 모든 것으로부터 탈출함, 즉 "'나' 자신으로부터 탈출함"을 의미한다. 이러한 의미에서 안병무는 인간 생명의 존재론적 당위가 하느님 앞에선 그리고 타인에 대한 책임 있는 존재로의 "부르심"(소명)에 있다고 본다.29 바로 이점에 있어서 그는 바울이 삶과 죽음의 상호대립성을 그리스도에 대한 믿음과 그 믿음을 통해 갖는 타자에 대한 소명을 통해 극복할 수 있었다고 해석한다.30 이러한 믿음을 통해 바울은 인간이 새로운 생명을 얻게 된다고 본다. 안병무의 해석에 따르면 '새로운 생명을 얻는다'는 것은 곧 스스로 자기중심적 생명의 욕망으로부터 해방되는 것이며, 그를 통해 '너를 위한', '너희를 위한' 그리고 더 나아가 '그리스도를 위한' 책임의식을 갖고 사는 것을 의미한다. 그리고 이러한 소명에 따른 책임적 삶을 통해 비로소 인간은 죽음에 대한 공포로부터 해방될 수 있는 것이다.31

---

29 안병무, "삶의 좌표", 『구걸하는 초월자』, 155 이하.
30 안병무, "소명에 산다", 『구걸하는 초월자』, 170 이하.
31 안병무, 위의 책, 172.

여기서 안병무는 인간의 죽음을 단순히 한 개인의 생물학적 현상으로만 보지 않고, 자기 자신과 하느님 그리고 타인에 대한 모든 실존적 인격적 관계들의 총체적 붕괴로 이해한다. 그럼으로써 그는 죽음에 대한 신학적 이해를 개인적 차원뿐만 아니라 사회적 차원에서도 전개한다. 그는 만약 인간과 그의 생명을 단지 그것이 갖는 생물학적 본성으로부터만 정의한다면, 인간을 단지 죽음을 향해 운명 지워진 존재로밖에 보지 못한다고 말한다. 그 결과 인간 생명(삶)의 의미를 '죽음을 향한 길'(하이데거)로 밖에 이해하지 못하게 되고 만다는 것이다. 이러한 생에 대한 관점 안에 도사리는 '비관주의' 혹은 '허무주의'의 위험성을 안병무는 경고한다. 따라서 이러한 위험성에 빠지지 않기 위해서는 결국 '소명에 따른 삶'을 살아야 한다고 역설한다.[32] 이와 함께 한 인간에게 있어서 소명에 따른 진정한 삶은 전적으로 하느님 그리고 타인에 대한 관계를 회복함에 달려있다고 강조한다.[33] 더 나아가 안병무는 인간에게 있어서 이러한 관계 회복은 진정한 의미에서의 '탈-향 현존이 됨'을 통해서만 가능한 것으로 본다. 따라서 본래적 자기로의 회복은 '타자를 위한 이타적 생명(삶)'의 추구와 다름 아니며, 더 나아가 타인의 고난에로의 주체적 참여 그리고 그를 통한 예수 사건에로의 참여를 의미한다. 이상과 같이 안병무는 '탈-향 현존'을 인간의 존재론적 당위로서 실존적이며 동시에 사회적 차원에서 통일적으로 이해하고 있다.

---

32 안병무, 위의 책, 170.
33 안병무, "삶의 좌표", 『구걸하는 초월자』, 156.

IV. 나가며: 주검의 고통을 넘어 부활의 고난으로

위에서 살펴보았듯이, 민중신학자 안병무는 인간에 대한 실존적 이해로부터 출발하여, 자신의 전체 신학 사상을 전개하고 있다. 하지만 그의 신학 여정은 단순히 인간의 개별적 실존성에만 머물러 있지 않고, 그를 넘어서 하나의 집단적 존재로서 인간의 사회적 책임에까지 다다르고 있다. 그리고 이러한 신학/사상적 변화는 성서와 사회 안에서의 민중의 재발견에까지 이르고 있다. 무엇보다도 그는 신약학자로서 마가복음에 등장하는 '오클로스'의 신학적 중요성을 재발견한다. 이러한 성서신학적 재발견의 결과가 바로 그의 민중신학인 것이다. 따라서 그에게 있어서 이러한 초기 신학적 인간학적 구상이 성서신학적 민중의 재발견에 주요 동인이 되었다는 것은 분명해 보인다. 하지만 초기 인간 이해로부터 출발하여 민중에 대한 발견에 까지 이르는 안병무의 신학적 전환 과정에 있어서 결코 간과되어서는 안 될 사실이 있다. 그것은 바로 그의 초기 실존주의적 인간이해와 민중신학적 민중이해 사이에 존재하는 간극에 대한 문제이다. 이러한 간극은 특별히 우리가 그의 전체 인간이해에 대한 내적 연관성과 연속성을 말하기 위해서는 불가피하게 해결해야 하는 문제임에 틀림없다. 그 간극은 결국 '개별적 실존'과 '집단적 민중'이라는 개념 사이에 존재하는 것으로, 실존주의 철학과 민중신학 사이에 존재하는 사고 체계에 기인하는 것으로 볼 수 있다. 그것은 또한 인간을 개별적 내면의 상황을 통해 정의할 것이냐, 아니면 집단적 사회정치적 상황을 통해 정의할 것이냐의 문제이다. 이러한 문제의식을 바탕으로, 그에게서 보이는 서로 상이한 두 인간 이해 사이에 존재하는 개념적 간극을 극복하기 위해, 다음의 두 가지 질문을 던져본다. 첫째, 안병무는 어떠한 인간학적 혹은 신학적 문제의식을 바탕으로 자신의 실존주의적 인간이해를 전개했나? 둘째, 그는 어떻게 이러한 실존주의적 인간이해로부터 출발해, 결국 민중신학적 민중이해에 도달하게 되었나? 그리고 더 나아가서 어떻게 그는 자신의 인간의 자기초월에 대한 이해를 '탈-향 현존'에서 '민중의 자기초월' 개념으로 연결 지었는가?

위의 두 질문과 관련하여 그 해답을 '고난'의 의미에서 찾고자 한다. 왜냐하면 안병무는 자신의 초기 인간 이해에 있어서뿐만 아니라, 민중신학의 민중 이해에 있어서도 '고난'을 그 인식의 열쇠로 삼았기 때문이다. 그에게 있어서 '고난'의 의미는 그 자신의 신학의 출발점이며 동시에 그가 신학을 전개함에 있어서 인간과 역사 그리고 성서를 바라보는 핵심 도구였다. 그는 자신의 신학적 여정의 출발점에서 가장 먼저 '고난의 의미'에 대해 물었다. 그는 이 물음을 통해 인간 실존의 현주소를 묻는다. 따라서 고난의 의미에 대한 물음은 단순히 '신정론'적 물음에 머무르지 않고, 현실세계 안에서의 인간 현존양태와 삶의 행태의 근원을 인간 자신과의 관계뿐만 아니라, 타인과의 관계 그리고 그를 넘어서 하느님과 그의 피조물인 자연과의 관계를 통해서 묻는 물음이다. 이러한 출발점에서 그는 현재의 인간에게 있어서 고난이 어떠한 의미를 갖는지는 탐구한다. 특별히 '탈-향 현존'으로서의 인간 현존양식과의 연관성 속에서 그리고 '관계적 실존'으로서의 인간 현존관계에 대한 연관성 속에서 현재적 고난의 의미에 대해 묻고 있다.

사실 안병무는 민중신학의 태동시기 이전뿐만 아니라, 그 이후에도 지속적로 고난의 현재적 의미에 대한 신학적 고찰을 당시 한국의 현실 상황과의 연관성 안에서 전개한다. 하지만 그는 고난의 원인을 그 외적 요인, 즉 사회구조적 요인들을 사회학적으로 분석하기에 앞서, 인간에게 있어서 고난이 어떠한 존재론적 의미를 가지는 가를 탐구한다. 그 결과 그는 초기에 자신을 고난 받는 단독자로 경험함으로써, 고난을 실존주의적으로 이해한다. 그는 이러한 의미에서 "정직하고 진실하게 엄연한 고난이란 사실 앞에 직면해야" 한다고 말한다. 하지만 그는 여기서 머무르지 않는다. 그는 '탈-향 현존'의 이해를 개인적 차원에서 사회/관계적 차원으로 그 지평을 넓혀가고 있듯이, 고난의 의미 또한 단순히 개인적 차원을 넘어서, 그 고난을 양산한 사회/구조적 물음에 대해서도 탐구한다. 그 결과 그는 고난의 원인으로 보았던 개인의 내면적 자기분열을 통한 하느님과의 인격적 관계의 상실을 사회구조적 문제와 연결함으로써 자신의 민중신학을 전개한다.

민중신학을 전개함에 있어서 그는 다른 민중신학자들과 마찬가지로 민중에 대한 개념 정의를 의식적으로 강하게 거부한다. 왜냐하면 만약 민중을 하나의 개념으로 정의했을 때, 민중의 살아있는 실재(eine lebendige Realität)를 결코 경험할 수 없다고 그는 생각했기 때문이다.[34] 그는 민중을 결코 하나의 실체(Substanz)로서 정태적이고 불변한 것으로 이해하지 않는다. 오히려 그는 민중을 살아있는 사회적 역동체로서, 민중이 스스로 형성해 나가고, 경험하는 역사의 사건 속에서만 비로소 경험될 수 있다고 역설하고 있다. 따라서 민중은 그 자체로

---

34 안병무, 민중신학이야기, 27. 본래 안병무는 여기서 실재라는 단어 대신 실체라는 단어를 사용하고 있다. 하지만 본 글에서는 Substanz와 Realität를 구분하기 위해 '실체'와 '실재'로 각기 다르게 번역하고 있음을 밝힌다.

하나의 역동적인 실존이며, 동시에 하나의 주체적 존재로서 스스로 규정되어야 하는 그러한 존재인 것이다. 결국 민중은 결코 우리가 제3자의 입장에서 객관적으로 관찰하여 하나의 개념으로 규정할 수 있는 그러한 고정된 존재가 아니다. 오히려 민중은 우리가 우리 자신의 인식과 경험의 틀에서 벗어나("탈"), 그 민중 스스로 일으키는 민중사건에 주체적으로 참여함으로써만("향") 경험할 수 있는 살아있는 실재(eine lebendige Realität)임을 의미하고 있는 것이다.35

　　여기서 우리는 안병무가 어떻게 민중의 실재를 이해했는지를 알 수 있다. 그는 인간의 현실적 모습에서 민중의 실상을 발견하고 있다. 그는 "결코 민중을 이상화하지 않았을 뿐 아니라, 윤리적, 혹은 그 어떤 의미에서도 결코 민중을 하나님의 자리에 올려놓지 않았다"36. 오히려 그는 민중의 한계를 직시하고, 그 민중이 그 현존양식을 통해 드러내는 '자기한계성'(삶)과 '자기초월성'(살림)의 이중성을 분명히 직시하고 있다.37 그 밖에도 안병무는 민중의 현존과정, 특별히 민중의 자기해방과정을 고찰함에 있어서 위의 두 요소, 즉 '자기한계성'과 '자기초월성'을 그 둘 사이에서 드러나는 모순적 관계의 변증법적 상쇄, 즉 단순히 민중의 한이 단의 행위를 통해 상쇄된다고 하는 방식으로 이해하지 않고, 오히려 그 두 요소가 여전히 내재함으로 상호간의 교환 작용을 통해 민중의 자기해방과정을 이끌어낸다고 본다. 따라서 그는 위의 두 요소를 모두 민중의 본질적이며 잠재적인은 특성으로 이해하고, 그와 동시에 민중으로 하여금 그 지속적이고 반복적인 내적 상호 교환 작용을

35 안병무, "Minjung-Bewegung und Minjung-Theologie", in: Zmiss 15 (1989), 18.
36 안병무, "Minjung-Theologie", in: ZMiss. 14 (1988), 85.
37 안병무, "풀과 씨알과 돌", 『역사와 민중: 안병무 전집 6』, 41.

통해 새로운 자기결단을 가능케 하는 잠재적 동인으로 또한 이해하고 있는 것이다. 이러한 의미에서 인간 생명의 이중성이 비로소 '탈-향 현존'으로서의 민중을 통해 극복되어 참된 통일성을 획득하게 된다고 우리는 이해할 수 있는 것이다.

일반적으로 인간의 존엄 혹은 그 가치를 말할 때, 우리는 생명이라는 단어를 먼저 떠올리게 된다. 생명은 곧 삶이다. '산다'(leben)는 것은 육체를 성장시키고 존속하게 하는 생명의 활동이다. 만약 생명을 단순히 '삶'(Leben)으로서 이해한다면, 그 생명의 가치는 오로지 그 생명의 담지자인 '나'만을 위한 것이 된다. 내가 살기 위해 남을 죽여야 하는 것이 자연의 법칙이기에, 인간은 자신의 자연적 본성에 따라 자기중심적 생명을 영유할 수밖에 없다. 그리고 이러한 이기적 생명가치는 결국 이 땅의 평화를 깨고, 정의를 무너뜨리고 만다. 지금 우리가 곳곳에서 경험하는 인간의 참상은 이러한 이기적 생명의 발현의 구조화이며 구체화인 것이다. 나만을 위한 삶에 대한 욕구는 끊임없이 타인과 주변을 파괴하고, 결국 홀로 남아 자기의 살을 뜯어먹을 수밖에 없는 참담한 비극으로 치닫게 되고 만다.

한편 생명은 또한 '살림'(lebendig machen)이다. 그것은 나 혼자 사는 것이 아닌, 남을 살림으로써 나도 함께 사는 것을 의미한다. 이미 우리는 이러한 살림의 생명가치를 '민중사건들'과 '예수사건'을 통해 역사적으로 경험했다. 그리고 그 살림의 정신이 이 땅에 충만해 질 때, 비로소 진정한 의미의 평화와 정의가 실현된다는 것을 또한 잠재적으로 인식하고 있다. 그것은 한편으로 타인을 위한 성스러운 노동으로, 다른 한편으로는 타인을 위한 자기희생으로 표현되기도 한다. '살림'으로서 참된 생명의 가치는 정의와 평화의 실현 통해 구체화 되고, 이러한 온전한 정의와 평화의 실현을 통해서 비로소 생명은 그 진정한 가치를 침해받지 않게 된다. 하지만 육체를 입은 존재로서 인간은 그 자신의 육체성, 혹은 자연적 본성으로 인해 이러한 살림의 가치를 온전히 실현할 수 없다. 오직 전적으로 새로운 미래적 가치의 실체인 하느님을 향해 우리 자신을 완전히 개방할 때만이 가능하다. 우리는 이 사실을 이미 역사를 통해 경험했다. 그 살림의 사건은 예수의 사건을 통해 인간역사 속에서 그 정점을 찍는다. 뿐만 아니라 그 사건은 지금도 역사속에서 끊임없이 현재화되고 있다. 결국 우리의 역사 속에서 끊임없이 분출되었던 "살림의 사건"을 삶과 신학의 언어로 증언하고자 민중신학은 시작된 것이다. 이렇듯 안병무는 자신의 전 생애를 통해 "살림의 사건"에 대한 증언을 궁극적 신앙의 목표이며 동시에 신학의 과제로 삼아 투신한 '민중신학자'인 것이다.

제2의 탄생 그리고 사건의 신학*

이 인 미**

I. 머리말

아렌트 연구가 번스타인(Richard J. Bernstein)이 지적한 바, 아렌트의 정치이론은 "강력한 민중주의적 요소를 내재"하고 있다는 평가를 받는다. 그 근거로 번스타인은 아렌트 정치이론이 다른 억압받는 집단들과 유대인들이 동맹하여 투쟁할 것을 주장함과 동시에 "아래로부터의 정치를 주창"하였다는 점에 주목한다.[1] 민중신학도 그 명칭에서 즉시 알 수 있듯 '민중주의적' 요소를 품고 있다. 아렌트 정치이론과 민중신학은 공통되게 '민중주의적' 요소를 갖고 있다.

흔히 '민중주의적'(populist)은 '엘리트주의적'이라는 의미의 반대

---

* 이 글은 2017년 4월 1일 한국아렌트학회 발표원고를 수정, 보완한 것이다.
** 성공회대학교 〈신학연구원〉 연구원, 월간 「새가정」 제15대 편집장
1 리처드 J. 번스타인/김선욱 옮김, 『한나 아렌트와 유대인 문제』(서울: 아모르문디, 2009), 31.

편에 있는 것으로 간주된다. '민중주의적'이라는 말은 억압받고 차별받는 사람들의 요구를 우선 고려하겠다는 의도를 표시하는 까닭에 민주주의의 근간과 상통할 수 있는 점이 있다.[2] 그럴 때는 '민중주의적'이라는 말의 긍정적인 측면이 돋보인다. 그러나 브렉시트(brexit), 제45대 미국 대선(당선인: 도널드 트럼프) 등의 관련기사에 등장하는 '민중주의적'이라는 단어는 '대중추수주의'나 '인기영합주의'라는 부정적 의미로도 읽힌다.[3] 또 '민중주의적'에서는 민중에게 마치 은혜를 베풀듯 권리를 인정해주는 것 같은 불편한 어감도 느껴진다. 여기서 질문이 가능하다. 아렌트 정치이론과 민중신학이 공유하는 '민중주의적' 요소는 무엇을 가리킨다고 설명하는 것이 적절한가?

이 글은 두 이론에 공히 내재하는 '민중주의적'인 요소를, "제2의 탄생"과 "사건의 신학"에서 공통적으로 발견되는 '저항'으로 설명하고자 한다. 먼저 이 글은 아렌트가 제창한 "제2의 탄생"과 민중신학자 안병무가 제창한 "사건의 신학"이 '행위'에 주목하고 있는 용어라는 점을 살펴본다. "제2의 탄생"과 "사건의 신학"은 공적 영역으로부터 배제된 인간들의 행위를 의미 있게 부각시켜 설명하는 데에 최적화되어있다. 두

---

2 populist is a supporter of Populism, a political philosophy urging social and political system change that favors "the people" over "the elites," or favors the common people over the rich and wealthy business owners.
https://en.wikipedia.org/wiki/Populist_(disambiguation) (accessed Mar. 4, 2017).
3 populist의 부정적 혹은 양가적 의미에 관하여서는 아래의 웹싸이트들을 볼 것.
https://ko.wikipedia.org/wiki/%EC%98%81%EA%B5%AD%EC%9D%98_%EC%9C%A0%EB%9F%BD_%EC%97%B0%ED%95%A9_%ED%83%88%ED%87%B4;
https://www.theguardian.com/world/2017/jan/05/martin-schulz-eu-hamstrung-brexit-rise-populist-right;
https://www.theguardian.com/commentisfree/2017/jan/15/wild-populism-long-history-us-politics-trump-surely-unique (accessed Mar. 15, 2017).

이론이 강조하는 배제된 인간들의 행위란 곧 저항을 가리킨다. 이 글은 "제2의 탄생"과 "사건의 신학"이 각각 아렌트의 정치이론과 안병무의 민중신학에 공통된 '민중주의적' 요소를 지목하는 용어라는 점과, 그 핵심에 저항이 있음을 확인하는 것을 목표로 한다.

II. 아렌트의 "제2의 탄생"

1. 탄생성과 행위

아렌트의 탄생성은 "제2의 탄생"의 의미를 핵심적으로 가지고 있다.[4] 탄생성은 자연적-생물학적 탄생이 아닌, 정치적 탄생 즉 "제2의 탄생"을 가리킨다.[5]

> 인간은 공동의 세계 안에서 태어나며 인간은 정치적 행위를 통해 지속적으로 자신들의 공동의 세계를 형성해간다.[6]

아렌트 연구가 박혁이 서술해놓은 탄생성의 의미이다. 위 서술은 정확하며 아렌트의 강조점을 잘 드러내고 있다. 그런데 여기서 우리가 주목할 것은 이러한 탄생성 설명이 다름 아닌 원칙의 환기이며, 엄밀히

---

4 Hannah Arendt(1998), *The Human Condition* (Chicago: The University of Chicago Press), 176.
5 박혁(2009), "사멸성, 탄생성 그리고 정치", 「민주주의와인권」(제9권 2호, 전남대학교 5.18연구소), 265.
6 같은 글, 274.

말해 당위적 선언에 가깝다는 사실일 것이다. 있는 그대로의 현실을 묘사하는 것이 아님을 우리는 잘 알고 있다. 우리가 매일같이 경험하고 있는 현실은 공정성보다는 불공정성에 좀 더 근접해있다. 모든 인간이 한 명도 빠짐없이 저마다 자기대로의 시작을 할 수 있도록 구성되어 있는 공동의 세계를 이 지구상에서 거의 찾아볼 수 없다는 점에서 우리의 현실은 공정하지 않다.

공동의 세계, 다른 말로 바꾸어 공적 영역으로부터 배제되는 인간들은 늘 있어왔다. 제2차 세계대전이 끝나기까지 국가 없이 살던 유대인들, 1960년대 초중반에 이르도록 참정권 없이 지냈던 미국 흑인들은 배제된 자들의 전형적인 예라고 할 수 있다. 그뿐이 아니다. 21세기 현재 공적 영역으로부터 배제되는 인간들은 여전히 있다. 세계 곳곳에 흩어져있는 난민들, 불법체류자들, 이민자(이민 2세)들, 노숙인들, 동성애자와 트랜스젠더를 포함한 성적 소수자들, 성매매여성들과 인신매매 피해자들, 사회와 분리(격리)되어 특정한 시설단위에 수용되어 있는 재소자들과 군인들 그리고 활동에 제한이 있는 노인이나 장애인들은 공적 영역으로부터 배제되어있다. 위와 같은 부류의 사람들이 공적 영역에 알려지지 않을수록 좋다며 배제를 정당화하는 분위기가 강력한 사회도 있다. 달리트들(불가촉천민, Dalit, Untouchables)을 인간 취급하지 않는 현재의 인도 사회는 그 한 사례가 될 것이다.

한국의 경우 갑을관계에서 을로 정해지는 사람들과 절대적 빈곤자들,[7] 그리고 자신이 사회적 약자임을 일일이 증명해야만 하는 사람들

---

7 한 달 식비 5만원으로 생활하다 배가 고파 시장에서 김치를 훔친 70대 노인이 검거되었다. http://www.yonhapnews.co.kr/bulletin/2017/03/16/0200000000AKR20170316058500054.HTML?input=1179m (accessed Mar. 17, 2017).

이 있는데,8 이 사람들이 공적 영역으로 자진해서 들어서려 할 때는 수없이 많은 난관들을 넘어서야만 한다. 그 과정에서 수치심 혹은 서글픔을 겪는 사례도 있다. 전 세계적으로 볼 때 나라마다 조금씩 차이는 있겠지만, 그 사회가 구성하는 공적 영역으로부터 배제되어, 그들의 실상은 물론 그들의 목소리와 행위가 공적 영역에 알려지지 않는(알려지지 않도록 조절되는) 인간들은 있다고 봐야 한다. 그것이 우리 시대의 누추한 현황이다.

그러나 배제되는 사람들의 삶의 현실과 그들의 의견이 공적으로 일일이 타인들에게 아직 알려지지 않고 확인되지 않은 순간에도, 배제된(쫓겨난) 그 사람들은 인간으로 살고 있다. 다만 공적 영역에 들어서서 말하거나 행위하지 못하도록 방해받고 있을 뿐이다. 아렌트는 탄생성을 인간의 시작하는 능력(행위의 능력)에 연결하여 설명하는데, 그 의미에 비추어 설명해보면, 배제된 사람들은 자신의 시작하는 능력 즉 행위의 능력을 시험 삼아 발휘하기조차 어려운 지경으로 쫓겨나있는 것이라 할 수 있다.

탄생성이라는 인간의 조건과 가장 긴밀한 관계를 지니는 것은 행위이다. 탄생에 내재하는 새 시작은 그 새내기(아렌트의 용어로 'newcomer')가 어떤 새것을 시작할 능력 즉 행위의 능력을 가질 때만 감지할 수 있다.9

---

8 몇 년 전 무상급식 지원중단 시 자신의 빈곤을 증명해야 하기 때문에 청소년들이 그냥 굶는 사례가 빈발했다. http://www.ohmynews.com/NWS_Web/View/at_pg.aspx?CNTN_CD=A0002077460 (accessed Mar. 17, 2017).
9 Hannah Arendt(1998), 9.

아직 새것을 시작한 것 같지 않아 보이는 사람들, 행위의 능력을 도무지 갖추지 못한 것처럼 보이는 사람들은 우리 사회에서 다양한 이름으로 불리는 것 같다. 일상 언어로 하면 아웃사이더, 루저, 혹은 주변인이고, 민중신학의 용어로 하면 '민중'이며, 아렌트의 용어로 하면 '패리아'가 될 것이다.

그러면 배제된 사람들은 정말로 새것을 시작할 수 없는가? 아니다. 그들은 새것을 시작할 수 있다. 그들이 시작한 새것이란 곧 저항이다. 아렌트는 패리아가 시작하는 것, 패리아의 "제2의 탄생"의 내용을 '저항'으로 보고 있다.

2. 패리아가 시작하는 것: 저항

아렌트는 라헬 파른하겐(Rahel Varnhagen, 1771-1833)의 인생을 이야기(story)라는 형식에 담아 설명하였다. 라헬은, 아렌트가 아니었다면 거의 아무도 그녀에게 주의를 기울이지 않았을 유대인 여성 패리아이다.

라헬은 "게토(ghetto)와 동화(assimilation) 사이에서" 흔들리며 한평생을 고단하게 살았다.[10] 똑똑하지도 않고 예쁘지도 않은 여성 라헬에게,[11] 인생은 "우산 없이 맞닥뜨려야 하는 폭풍우"와 같은 것이었다.[12] 라헬은 당대 위대한 지성인(괴테, 슐라이어마허, 훔볼트, 하이네, 헤

---

10 Hannah Arendt(1957), *Rahel Varnhagen: The Life of a Jewess* (London: the East & West Library), 3.

11 같은 책, 3.

12 같은 책, xi.

겔, 랑케 등)들과 교류하였고 그들이 드나들던 살롱을 주관하는 여주인이었지만 "가장 위대한 무식쟁이(the greatest ignoramus)"로 통했다.13 아렌트가 라헬에게서 본 것은, 라헬이 마치 입신출세주의자(social climber)처럼 "파브뉴(parvenu)의 역할을 하려고 애쓰는 동시에 국외자(outsider)로서 자신의 패리아 상태를 포기하지 않고 반항하는, 모순적이고 상반되는 충동들로 가득 차 있었"던 삶의 지점이었다.14

한 사회가 배제된 자 패리아에게 주는 가장 큰 상처가 있다면, 그것은 그 스스로 "자신의 실존을 의심하게 만드는 것"이다.15 패리아로서 라헬은 당대 사회에 동화되려 하고 진입하려 노력했지만 동시에 패리아로서 자신의 실존을 포기하지 않았다. 그 같은 그녀의 모순적 행위는, 당대 사회에서 자연스럽고 순조롭게 받아들여질 수 있는 행위라기보다는 당대 사회구조에 대하여 돌출적이며 당대 사회구조에 충돌하는 낯선 행위였다. 따라서 당대 유럽 지성인들의 토론집단인 살롱을 열고 괴테 숭배모임을 창시하고 나아가 독일 낭만주의운동의 전개과정에서 한몫을 감당하는 등, 평생토록 도모하고 추구했던 라헬의 행위라는 것은, 아렌트의 해석에 의하면, 단순히 열혈여성의 혁혁한 사회활동이 아니었다. 라헬은 패리아로서 당대 사회에 충돌하는 방식으로 살았다. 환언하면, 저항하는 방식으로 살았던 것이다.

아렌트가 잘 분석했듯이, 라헬의 행위 안에는 "자신이 예외라는 인식과 그토록 영광스러워졌다는 자부심, 궁극적으로는 모든 유대인이

---

13 같은 책, 3.
14 리처드 J. 번스타인(2009), 29-30, 42-43.
15 같은 책, 74.

경험한 끊임없는 모욕과 굴욕과 좌절에 대한 저항의 의식"이 있었다.16 요약하면 라헬의 행위는, 유대인 아닌 사람이 되어야만 유대인을 사회의 일원으로 받아들여주겠다고 압력을 가하는,17 "일종의 유대인 자살" 격인 '동화'정책을 강요하는,18 당대 독일사회의 불의함에 대한 저항적 행위였다고 할 수 있다.

돌맹이와 화염병을 들고 뛰쳐나가는 행위만이 저항행위는 아니다. 당대 사회에 충돌하는 방식으로 라헬은 저항적 삶을 살았다. 아렌트가 표현했던 대로 "두 번째 탄생의 가능성이 없었던" 라헬은,19 "벌거벗은 실존을 정당화하기 위해 자신을 항상 특별한 존재로 나타내야" 했는데,20 그것이 곧 라헬의 저항적 삶의 내용이었다. 요약하면, 패리아 라헬이 해낸 "제2의 탄생," 다시 말해 라헬이 시작한 새것은 "게토와 동화 사이에서" 흔들리는 생활이었다. 그것은 간편하게 하나의 삶의 양식에 흡입되는 안정적 생활일 수 없었다. 그것은 당대 사회의 주된 흐름에 대하여 깊은 차원에서 충돌하며, 그에 대하여 불편함을 스스로 의식하는 가운데 매순간 흔들리며 아슬아슬하게 선택되고 실행된 저항적 삶이었다.

---

16 Hannah Arendt(1957), 176; (한국어번역본) 김희정 옮김, 『라헬 파른하겐: 어느 유대인 여성의 삶』(서울: 텍스트, 2013), 268.

17 리처드 J. 번스타인(2009), 52.

18 같은 책, 72; 아렌트는 유대인 라헬이 맞닥뜨렸던, 유대인으로 있어야 하는 것과 유대인으로 있지 말아야 것을 동시에 감당하는 문제에 관하여 심각하게 논의한다. Hannah Arendt(1957), 178-180.

19 같은 책, 179.

20 같은 책, 178.

III. 안병무의 "사건의 신학"

1. 민중사건과 저항

민중신학은 기독교 세계의 변방에 속하는 한국에서 자생한 새로운 신학으로 평가받고 있다. 민중, 한, 한의 사제, 사건의 신학, 민중 메시아 등 독특한 용어들을 생산하여 제출한 민중신학은 서양식의 학문적·개념적 사고와는 다른 지점을 지향하는, 이른바 '원형적'(prototypal) 형태를 보이는 여러 개념들을 발표한 신학으로 평가할 수 있다. 출범 당시와 출범 이후 얼마 동안 민중신학을 독일의 신학자들이 각별히 주목한데에는 그들이 그러한 지점들을 유의미하게 평가한 탓이라고 할 수 있다. 실제로 1980년대, 독일의 신학자들과 민중신학자들은 편지를 통하여, 서로 배우기 위하여, 신학적 토론을 진지하게 나누기도 하였다.[21]

민중신학은 1970년 11월, "우리는 기계가 아니다!"라는 청년노동자 전태일의 저항사건 즉 분신자살사건에 대한, 신학적 '반향'을 무르익히는 과정에서 출범하였다는 사실을 공표한다.[22] 전태일의 죽음사건은 아렌트의 탄생성에 견주어보면 "제2의 탄생"이었고 새것의 시작

---

21 신학사상편집부(1990), "민중신학자들과 독일 신학자들의 대화",「신학사상」(제69집, 여름호), 395-438.

22 1992년에 창립된〈한국민중신학회〉정관 전문의 앞부분은 다음과 같다. "1970년대 초기에 청년노동자 전태일의 죽음을 계기로 고난에 찬 민중의 삶에 눈뜨게 된 그리스도인들은 민중의 눈을 통해 세상과 사물과 역사를 보는 새로운 관점을 얻게 되었다. 그들은 성서와 교회전통과 신학을 민중의 시각에서 근본적으로 새롭게 연구하는 한편, 민중의 삶과 해방의 몸부림을 신학적으로 해석하고 증언하기 시작했다."

이었다. 물론 아이러니하게도 전태일이 시작한 새것은 '삶의 종료'였다. 앞서 아렌트가 강조한 바 라헬이 시작한 것이 게토와 동화 사이에서 실존적으로 충돌하는 불안정한 생활이었다면, 전태일이 시작한 것은 실존적 고뇌 끝에 '인간다운 삶의 추구'를 선언하며 생명을 중단하는 것이었다고 할 수 있다. 그 두 사람이 시작한 것의 공통점은 저항이었다.

전태일의 그와 같은 저항적 죽음을 당대 사람들은 '인간선언'이라고 불렀다.[23] 전태일은 "우리는 기계가 아니다!"라고 선포하였다.[24] 그의 인간선언은 죽음사건 이전부터 그의 생각 속에 들어있었다. 그의 일기는 그러한 내용들을 다수 담고 있다.

> 인간을 물질화(物質化)하는 세대, 인간의 개성과 참인간적 본능의 충족을 무시당하고 희망의 가지를 잘린 채, 존재하기 위한 대가로 물질적 가치로 전락한 인간상(人間像)을 증오한다. (…) 인간을 필요로 하는 모든 인간들이여, 그대들은 무엇부터 생각하는가? 인간의 가치를? 희망과 윤리를? 아니면 그대 금전대의 부피를?[25]

또 전태일은 다음과 같은 문구도 남겼다. "선생님, 그들도 인간인고

---

23 전태일기념관건립위원회 엮음(1983), 『어느 청년노동자의 삶과 죽음: 전태일 평전』(서울: 돌베개), 19.

24 전태일이 외친 구호는, 잘 알려져 있는 바대로, 다음과 같은 것들이었다. 그 구호들은, 인간으로서 인간답게 살고 싶다는 요구로 요약될 수 있다. "근로기준법을 준수하라!" "우리는 기계가 아니다! 일요일은 쉬게 하라!" "노동자들을 혹사하지 마라!" "내 죽음을 헛되이 하지 말라!" 전태일기념관건립위원회 엮음(1983), 228-229.

25 같은 책, 165.

로 빵과 시간, 자유를 갈망합니다."[26] 전태일이 주장한 것은, 아렌트가 똑같이 주장한 것처럼,[27] 자신이 물리적 객체(물건, 비인간, 기계)로서가 아니라 인간 존재라는 사실, 인간다운 인간이라는 진실이었다.[28] 결국 전태일의 죽음은 자신의 "제2의 탄생"일 뿐 아니라 민중신학의 탄생이기도 하였다. 민중신학은 전태일의 인간선언을 예수의 공생애(하나님 나라 전파-죽음-부활)와 연결하여 읽어냈다.

전태일사건을 예수사건의 연장선상에 두었던 민중신학자 안병무는 자신의 민중신학을 "사건의 신학"이라는 별칭으로 부르곤 하였다.[29] 아래는 갈릴리의 사람들을 민중으로 보면서 "사건의 신학"을 설명하는 안병무 자신의 표현이다.

갈릴래아에서 부활의 사건이 일어났습니다! 절망에서 희망으로, 비겁에서 용기로, 소외된 자의 의식에서 역사의 주체라는 의식으로의 일대전환이 일어나는 엄청난 사건이 발생했습니다. (…) 갈릴래아 민중들이 어느 사이에 완전히 달라진 새사람들이 되어 아직도 예수를 처형한 세력들이 시퍼렇게 권력을 장악하고 있고 예수의 피가 땅에서 마르지도 않은 때에 예루살렘으로 돌진해 들어간 것입니다. (…) 예루살렘은 이미 특권지역이어서 갈릴래아 민중 따위는 발붙일 수 있는 곳이 아니었습니다. 이 예루살렘 한복판에, 배운 것도 없고 어떤 주어진 지위나

---

26 같은 책, 167.

27 전태일이 근로기준법의 존재를 알게 된 것은 "근로자에게도, 모든 것을 빼앗긴 지지리도 천한 핫빠리 인생에게도, 인간답게 살 권리는 있는 것이로구나"라는, 거의 "환희"에 가까운 깨달음의 사건이었다. 전태일기념관건립위원회 엮음(1983), 119.

28 Hannah Arendt(1998), 176.

29 안병무(2005), 『민중신학이야기』(서울: 한국신학연구소), 28-29, 83.

자격도 없는, 오직 멸시의 대상인 갈릴래아의 민중의 한 무리가 군중의 한복판을 뚫고 들어가 도도하게 일대웅변을 휘두릅니다. 저들은 무기를 가지고 복수하러 들어간 것이 아니라 그들이 죽인 예수를 하느님이 다시 살리신 사건을 증거하려는 것이었습니다. (…) 저들은 이제 부활한 예수를 증거합니다. 바로 그러는 그들에게서 그곳에 모인 군중은 부활사건을 경험할 수밖에 없었을 것입니다.[30]

안병무가 제창하고 대다수의 민중신학자들이 공유한 문제의식으로서 "사건"이라는 개념은, 현존체제에 대항하여 역사적 예수와 갈릴리 민중—'오클로스'가 새것을 시작하였다는 의미를 표상한다. 사건은 새것을 시작하는 행위, 새것을 탄생시키는 행위를 가리킨다. 나중에 안병무는 "사건의 신학"의 맥락에서 "민중은 메시아다"라는 주장을 펼치기에 이른다. "예수(메시아)는 민중이고, 민중은 예수(메시아)다"라는,[31] 과감하고도 재기발랄한 주장은[32] 역사적 예수도 시작하는 사람

---

30 같은 책, 336-337.
31 안병무는 말한다. "전태일이 노동자들의 비참한 현실을 고발해야겠는데 고발할 길이 전혀 없으니까 자기 몸을 태우면서 고발을 했다는 것이 중요합니다. 자기고통의 문제를 자기개인에게 한정시키지 않고 노동자 전체의 문제로 승화시킨 데서 민중적 메시야상이 드러나게 된 거지요. 전태일이 메시야다라는 말을 쓸 필요는 없어요. 그리스도는 전태일에게서 이렇게 현존한다고 말할 수 있는 거예요." 안병무(2005), 116.
32 같은 책, 31-32; 안병무의 일명 민중메시아론은 상당히 도발적인 선언이라 할 수 있는데, 이에 관해서는 민중신학자들 사이에서도 의견이 엇갈린다. 그의 민중메시아론은 "십자가 사건의 현재화," "민중사건성" 등을 그가 어떤 의미로 사용하였는지에 대하여 숙지할 때에 정확히 이해할 수 있다고 본다(같은 책, 82-84). "사건"에는 행위자, 참여자, 관찰자, 방관자, 반대자 등이 두루 존재한다. 안병무는 "사건의 신학"의 지평에서 민중과 메시아를, 새것을 시작하는 행위자로 본 것이라 할 수 있다. 즉 "사건"이라는 범주 안에서만 민중을 메시아로 볼 수 있다는 주장을 한 것으로, 본 연구자는 정리한다.

이었고 민중도 시작하는 사람(들)이었다는 공통점에 의하여 뒷받침되는 것이 적합할 듯하다. 여기서 예수와 민중이 시작한 것은 다름 아닌 저항이며, 그것은 불의한 현체제는 도저히 시작할 수 없을 만큼 완전히 새로운 것이라 할 수 있다.

2. 성서의 민중, 오클로스가 시작한 것: 저항

안병무는 "사건의 신학"을 통해서, 민중의 가난한 상태나 불쌍한 처지가 아니라 민중의 행위에 주목하였다. 안병무는 신약성서에서 예수 주변에 여러 차례 등장하는 갈릴리 오클로스를 '민중'으로 이해하고 "당대 예루살렘체제"를 뿌리에서부터 뒤흔든 "예수의 공격"행위와 그들의 행위를 긴밀하게 연결하여 언급한다.[33] 이는 비단 안병무 한 사람만의 특징은 아니다. 민중신학은 민중의 가난에 일차원적으로 관심 갖는 신학이 아니었다. 가난을 구제하려 하거나 가난을 다루어 이론화하려는 신학이 아니었다는 이야기다.

민중신학자들은 민중을 지시할 때 '가난함'의 면보다는 '행위함'의 면을 보다 더 무겁게 고려하였다. 황성규는 신약성서 예수 이야기의 핵심내용을, 갈릴리 민중을 중심으로 하여 일어난 "지배세력에 대한 증오와 분노와 저항"이라는 말로 요약하였다.[34] 그리고, 안병무와 함께 '1세대 민중신학 3인방' 중 한 명으로 손꼽히는 현영학은 현존질서의 유지를 원하는 지배층에 대하여 "말대꾸하거나 저항"하는 사람을

---

33 안병무(1990), 『갈릴래아의 예수』(천안: 한국신학연구소), 233.

34 황성규(1992), "「이방인의 땅」 갈릴리와 예수운동", 안병무 박사 고희기념논문집 출판위원회 엮음, 『예수 민중 민족』(천안: 한국신학연구소), 25.

민중으로 개념정의하였다.35 '1세대 민중신학 3인방' 중 또 다른 한 명이었던 서남동도 예수를 "저항적 동행자"라 불렀으며, "저항적 동행자의 생(生)은 십자가형에로 몰려갈 수밖에 없었다"라고 강조하였다. 서남동은 예수가 가만히 있지 않고 민중의 편에 섰는데 그것이 "지배체제에 대한 저항적 행동으로 보이고 작용"했다는 점을 지적한다.36

안병무는 "사건의 신학"의 연장선상에서 그리고 사건을 일으키는 민중의 저항행위와 관련하여 '오클로스론'이라는 이론을 내놓았다. 이후 오클로스론은 다른 민중신학자들이 안병무의 오클로스론의 얼개에 저마다 견해를 덧붙여 함께 논의하는 과정을 밟으며 민중신학의 중요한 이론으로 자리하게 된다. 오클로스론은, 요약컨대, 저항의 사건을 일으키는 민중의 의미에 갈릴리의 사람들을 연결하여 해석하고 이야기하는 이론이다.

안병무가, 당대 예루살렘 체제를 뒤흔든 예수의 공격행위에 밀접하게 연결한 사람들로서 '오클로스'는 '무리'라는 뜻을 가진 헬라어이다. 안병무는 오클로스를, '라오스'라는 또 다른 헬라어와 대조하며 의미부여한다. 안병무는 라오스를 '국민'의 의미(공식적으로 보호받는 거주민)로 풀이하고, 마가복음의 기자가 의도적으로 오클로스를 공적 보호로부터 배제된 사람들, "오합지졸"의 의미로 사용하였다고 풀이하였다.37 안병무에 따르면 예수는 갈릴리의 오클로스를 알아보고, 오클로스도 예수를 알아본다.

---

35 현영학(1997), 『예수의 탈춤: 한국그리스도교의 사회윤리』(천안: 한국신학연구소), 102.

36 서남동(1982), "두 이야기의 합류", NCC신학연구위원회, 『민중과 한국신학』(서울: 한국신학연구소), 246.

37 안병무(1990), 136-137.

오클로스론을 적극적, 발전적으로 읽을 때 우리는 오클로스의 특징을 아래와 같이 뽑아낼 수 있다. 오클로스가 예수를 알아볼 수 있었던 근거는, 오클로스가 똑똑했기 때문이 아니다. 오클로스가 기도를 열심히 했기 때문도 아니다. 오클로스가 다만 가난했기 때문만도 아니다. 요컨대 오클로스의 생물학적 특징이나 개성이나 인간됨됨이나 경제 형편 따위가 오클로스의 예수를 알아보게 했거나, 예수에 대한 믿음과 예수를 따르는 행위를 불러일으킨 것이 아니라는 것이다. 오클로스는 하나님 나라를 전파하는 예수의 말과 행위, 구원을 설교하는 예수의 말과 행위 그리고 현실적으로 당대 예루살렘 체제에 대하여 저항을 전개하는 예수의 말과 행위를 보았다. 당대 삶을 지배하는 체제로서의 예루살렘 체제와는 완전히 차원이 다른 것(하나님 나라)을 보여주고 실감하게 해주는 예수를 보았던 것이다. 그래서 그들은 그 예수를 따랐고, 그 예수와 함께하였다.

안병무에게서 '예수를 따르는 오클로스'와 '오클로스를 따르게 하는 예수'는 '행위'로 연결되어있다. 심지어 당대 예루살렘 체제가 강조하는 율법을 어기는 등의 저항적 사건 안에서는 예수의 행위와 민중의 행위가 거의 하나로 취급되고 있다.[38] 성서신학자로서 안병무는 예수의 행위, 즉 예수사건이 당대 사회를 향한 급진적 저항행위의 성격을 갖고 있었다는 점을 성서의 복음서 본문들을 일일이 분석하면서 강조하였다.

예수와 함께할 때 당대 지배체제와는 전혀 다른 세계-하나님 나라를 경험했던 오클로스가 전파하기 시작한 기독교는, 발생 초기에 당대

---

38 같은 책, 233.

현존체제를 절대화하지 않는 사람들, 근본의 면에서 급진적인 사람들로 정평이 나있었다. 이를 라인홀드 니버(Reinhold Niebuhr)는 인간이 아닌 하나님에게만 복종해야 한다고 말하는 자들, 그렇게 인간사회를 초월할 수 있는 사람들을 "주어진 정부 안에 들어있는 매우 유해한 권력에 저항"할 수 있는 사람들이라고 강조하였다.39 오클로스로서 초대 그리스도인들은 그런 방식으로 현체제에 저항하는 사람들이었다.

IV. 배제된 사람들의 "품위 있는 희망"

"제2의 탄생"과 "사건의 신학"은 공적 영역으로부터 배제된 사람들의 저항행위를 정당화하며, 적합하게 가치 평가한다. 배제되어있는 사람은 (다른 행위가 아니라) '저항 행위'라는 새것을 시작할 수 있다. 배제되어있지 않으면 저항할 필요를 못 느끼며, 새것을 시작하기도 어려울 것이다. 물론 배제되는 사태를 권장할 만한 것이라고 결코 말할 수 없다. 그러나 배제되어있는 자에게 현체제에 대한 날카로운 문제의식이 '더' 갖춰져 있을 가능성은 분명히 '더' 높다.

배제되어있는 사람은 저항함으로써 민중사건을 일으킬 수 있다. 그러나 저항행위는 지금 배제되어있는 사람 누구나 일정한 수준으로 이룩할 수 있을 만큼 쉽다거나 간단하다고는 말할 수 없다. 오직 패리아로서 또 민중으로서 배제된 자신의 삶을 깊이 경험하는 한편 다른 목표(예를 들면 '벼락출세자')를 세우지 않는다면 그들은 "품위 있는 희

---

39 Reinhold Niebuhr, *The Children of Light and The Children of Darkness* (New York: Charles Scribner's Sons, 1950), 81-82.

망"(dignified hope)을 품을 수 있을지 모른다.

라헬은 결코 그녀의 '결점(faults)'을 자신에게서 제거하지 않았다. 그
것들은 그녀가 진짜 벼락출세자가 되지 못하게 했고, 그녀가 벼락출세
자로서 행복하다 느끼지 못하게 했다. (…) 라헬은 벼락출세자에 들어
섰을 때 그녀의 패리아 특성들을 지키는 데 성공했는데, 그것은 그녀
에게 빠져나갈 구멍을 열어주었고, 나이듦과 죽어감을 향한 하나의 길
을 표시해주었다. 쫓겨난 사람이라는 이유 때문에, 빠져나갈 구멍을
통해 패리아는 인생을 전체로 볼 수 있으며, 그 길 위에서 패리아는
그의 '자유로운 실존을 향한 위대한 사랑'을 이룩할 수 있다. 패리아가
하나의 개인으로서 사회 전체를 상대로 반란을 일으키지는 못할지라
도, 만일 벼락출세자라는 대안을 경멸하고 자신의 '비참한 상황들'을
'전체의 관점'에 의해 보상받는 경우라면, 그것은 패리아에게 제공될
것이다. 그게 패리아의 유일한 품위 있는 희망일 것이다.[40]

V. 맺음말

이 글은 "사건의 신학"과 "제2의 탄생"이 배제된 사람들의 행위의
능력을 공통적으로 '저항'의 차원에서 설명하고 있음을 밝혔다. 두 용
어가 전제로 하는 관점 및 동기와 목표는 깜짝 놀랄 만큼 서로 유사하
다. 그리고 그러한 유사점들은 '민중주의적'이라는 한마디 단어로 요약

---

40 Hannah Arendt(1957), 174-175.

가능하다.

"사건의 신학"과 "제2의 탄생"에서 저항은 불필요한 것이 아니며, 부정적인 것이 아니며, '이유 없는 반항'같이 치기어린 것도 아니다. "사건의 신학"이 지지하고 "제2의 탄생"이 재평가하는 전태일의 저항은 민중의 실존적 문제이며 라헬의 저항은 패리아의 실존적 문제이다.

"사건의 신학"과 "제2의 탄생"은, 자신들을 배제하는 체제의 현상유지를 반대하고 현체제에 저항하는 민중, 패리아를 "품위 있는 희망"을 갖춘 자로서 지지한다는 차원에서 민중중심적, 민중주의적 성격을 드러내고 있다. 우리가 안병무의 민중신학과 아렌트의 정치이론을 공히 민중주의적 요소를 내재한 이론으로 볼 수 있다 할 때, "사건의 신학"과 "제2의 탄생"이 지목하는 '저항'은 각각이 지닌 민중주의적 요소의 고갱이임에 다름 아닐 것이다.

'종교 이후'의 사회적 영성*

정 경 일 **

I. 여는 말: "가시를 가시로 **빼낸다**"

종교가 '사회문제'로 전락했다는 탄식이 이제는 상식을 넘어 식상하게 들린다. 탈종교화 현상은 종교에 대한 사회적 불신과 직결되어 있다. 기독교윤리실천운동이 2013년에 실시한 한 여론조사에 따르면 가장 신뢰 받는 사회 기관은 시민단체(27.8%), 언론(10.6%), 종교(9.2%) 순이다. 종교를 신뢰하고 있는 사람들의 비율이 한 자리 수에 불과한 것이다. 그 다음으로는 정부(6.9%), 사법부(6.1%), 기업(4%), 국회(1.5%) 순이다.[1] "도토리 키 재기"이긴 해도 종교가 국가기관과 기업을 제치고 3위는 차지했으니 면피는 한 것일까?

---

* 이 글은 ≪전법학연구≫ 11호(2017)에 게재된 글을 일부 수정, 보완한 글이다.
** 새길기독사회문화원 원장
1 기독교윤리실천운동, 〈2013년 한국교회의 사회적 신뢰도 여론조사 결과발표 세미나〉 자료집 (2014), 15.

요즘 종교인들 체면이 말이 아니다. 지난 2012년 서울도시철도공사가 지하철 이용 시민들을 대상으로 한 설문조사에서 "전동차 안에서 가장 불편한 행위"는 무엇인지 물었을 때 설문 참가자의 27%가 "취객들의 난동"이라고 답했다. 그게 2위다. 그렇다면 1위는? 33%의 응답자가 "전동차 내 종교 전도 행위"를 꼽았다. "예수천당 불신지옥"을 외치는 개신교 전도자들이 대부분이겠지만, 종교인들의 전도 행위가 술 취한 사람들의 추태보다 더 시민의 눈살을 찌푸리게 하고 있는 것이다. 그것보다 더 심각한 것은 종교 안에 물질주의, 성장주의, 배타주의, 권위주의가 신앙의 일부로 내면화되어 있는 것이다. 오늘의 종교는 세상보다 더 '세상적'이다.

사태가 이러니 종교 공동체를 떠나고 싶어 하는 사람들이 생길 수밖에. 그런 마음을 대변이라도 하듯 그리스도인 종교학자 길희성이 지난 해『아직도 교회 다니십니까』라는 도발적 제목의 책을 냈다. 실제로 더 이상 교회에 다니지 않는 그리스도인들이 늘어나고 있다. 양희송은 그것을 '가나안 성도' 현상이라고 한다. 가나안 성도란 교회에 '안 나가'는 사람들을 거꾸로 읽어 표현한 말이다. 그는 개신교 신자 중 약 10%가 가나안 성도일 거라고 추정한다. 가톨릭이나 불교는 원래부터 신자들의 종교의례 참석률이 낮은 편이다. 한국갤럽의 2015『한국인의 종교』보고서에 따르면 일주일에 1회 이상 종교 의례 참여율이 2014년 현재 개신교는 80%인데 비해 가톨릭은 59%이고 불교는 6%다.[2] 이런 신자들의 탈종교공동체 현상은 앞서 말한 종교의 사회적 신뢰 추락이

---

2 윤승용,「한국인의 종교관 변화추이 분석: 종교 실태, 종교의식, 종교 단체와 종교인 (1984~2014)」,『불교평론』, 2015년 봄호, 245.

나 추태와 무관하지 않을 것이다.

물론 이런 문제는 주로 개신교에서 나타나는 것이 사실이다. 하지만 다른 종교도 오십보백보다. 지난 해 "종교를 걱정하는" 불교, 가톨릭, 개신교 학자들이 아홉 달 동안 집중적으로 대화를 나눈 한 포럼에서 확인한 것은 세 전통 모두 세상적 가치에 깊이 물들어 있다는 사실이었다. 그러니 "아직도 교회 다니십니까?"라는 물음에 개신교 그리스도인들만 가슴 뜨끔할 일이 아니다. 아마도 걱정 많은 가톨릭 신자와 불자도 같은 물음이 목구멍까지 치밀어 올라 있을 것이다. "아직도 성당/절 다니십니까?"

이처럼 사회문제가 된 종교의 기반은 탈종교화로 인해 더 심하게 흔들리고 있다. 탈종교화는 크게 두 가지 현상으로 나타난다. 하나는 세속화이고 다른 하나는 탈제도종교화다. 세속화는 사회에서 종교의 영향력이 약해지는 현상이고 탈제도종교화는 종교적 삶에서 제도의 중요성이 약화되는 현상이다. 탈종교화는 전통적 종교를 위축시킨다는 점에서 종교의 위기인 것이 분명하다. 하지만 탈종교화는 종교의 존재 이유를 성찰하고 회복하게 해 주는 기회이기도 하다. "가시를 가시로 빼낸다"라는 수행자들의 잠언이 있다. 탈종교화는 종교 안에 박힌 가시를 빼내어 그 자리에 새살이 돋게 해 주는 가시가 될 수 있다. 그러므로 이 글에서는 종교를 종교답게 해 줄 탈종교화 현상을 세속화와 탈제도종교화 두 가지로 나눠 살펴보고, 다음으로 고통의 시대에 종교가 다시 세상의 신뢰와 사랑을 얻을 수 있는 길을 '사회적 영성'을 통해 찾아보고자 한다.

II. 세속화와 탈세속화

일반적인 의미의 탈종교화 현상은 세속화다. 세속화는 사회가 종교의 지배와 영향으로부터 벗어나는 것을 의미한다. 그러므로 세속화는 신정국가처럼 교회가 사회를 직접 통제하거나 지대한 영향을 미쳤던 서양 그리스도교 세계에서 주로 일어났다. 서양에서 세속화를 추동한 힘은 계몽주의적 이성과 민주주의적 가치였다.

근대 계몽주의는 신앙의 권위를 이성의 권위로 대체했다. 계몽주의의 세례를 받은 근대 세계는 종교를 비이성적인 것으로 취급했다. 인류학자들은 소위 '원시사회'의 관찰을 통해 주술→종교→과학의 진화를 추론했고(제임스 프레이저), 심리학자들은 종교는 인간의 희망을 투사한 환상이라고 분석했고(지그문트 프로이트), 사회학자들은 종교의 마법으로부터 벗어나는 합리화를 근대 세계의 지표로 보았다(막스 베버). 또한 합리주의적 이성에 기초한 과학적 세계관은 종교적 세계관의 토대를 허물었다.

민주주의적 가치도 세속화로서의 탈종교화를 심화시켰다. 4세기 초 콘스탄티누스가 십자가를 군사적 상징으로 사용해 밀비우스 다리 전투에서 승리한 이후 그리스도교는 '십자가의 종교'이기를 그만두고 '십자군의 종교'가 되었다. 억압받는 이들의 종교였던 그리스도교가 억압하는 이들의 종교로 변질된 것이다. 그 후 그리스도교 교회는 정치권력의 억압을 종교적으로 정당화해 주는 대가로 얻은 종교권력을 천 년 동안 누렸다. 그러니 민주주의에 눈을 뜬 현대인은 종교 비판을 억압적 법과 정치 비판의 전제로 삼았던 것이다(칼 마르크스).

계몽주의적 이성과 민주주의적 가치의 도전은 종교를 사회의 중심에서 물러나 사회를 구성하는 여러 영역 중 하나가 되게 하였다. 마치 오늘날의 신문이 정치, 경제, 사회, 문화, 연예 등으로 지면을 구분하는 것처럼 종교도 세상의 한 부분이 된 것이다. 사실 대부분의 신문에는 아예 '종교면'이 없다. 종교는 문제를 일으킬 때는 '사회면'에, 화제가 될 때는 '문화면'에 등장한다. 이와 비슷한 맥락에서 종교는 사회에서 공적 지위를 잃고 사적 영역으로 밀려났다. 세속화 사회에서 종교는 사멸된 것이 아니라 사적인 것이 되었다. 이것이 세속화의 중요한 현상 중 하나인 '종교의 사사화(私事化)'다. 이제 종교를 갖거나 갖지 않는 것은 개인의 사적 문제일 뿐이다.

도전은 응전을 부른다. 세속화에 대한 가장 격렬한 반발은 종교적 근본주의다. 근본주의는 여러 종교 전통에서 다양하게 나타난다. 우선 그리스도교 근본주의는 20세기 초 미국에서 자유주의 신학에 맞서 생겨났다. 이슬람 근본주의는 서구의 식민주의와 세속주의에 반대하는 운동으로 생겨났다. 불교도 예외가 아니다. 예를 들면, 스리랑카의 신할리스 불교 민족주의는 서양의 정치적, 종교적 제국주의와 대립하면서 생겨났다. 심지어 종교적으로 가장 다원주의적이라는 인도에서도 힌두 민족주의 세력인 인도국민당(BJP)이 종교 간 갈등을 일으키고 있다. 이처럼 종교적 근본주의는 다양한 옮김사적 기원을 갖고 있지만 종교의 사회적 지배력과 영향력을 재주장한다는 점에서 '반세속화' 운동으로서의 공통점을 갖는다.

세속화 이후에도 종교는 사라지지 않았다. 이슬람과 그리스도교 복음주의는 20세기 후반 이후 오히려 더 성장하고 있고, 불교는 '서쪽'으로 건너가 확산되고 있다. 이와 같은 종교의 지속과 확산을 경험적으로 관찰한 종교 연구자들은 상식처럼 여겨져 왔던 세속화 이론에 대해 의심하기 시작했다. 실제로 그 자신이 세속화 이론의 주요한 주창자였던 피터 버거는 세속화론은 틀렸다고 단언하면서 '탈세속화론'을 주장했다.3 오늘날 일부 서유럽 국가를 제외한 대부분의 세계에서 종교가 부흥하고 있고, 또한 매우 세속화된 사회에서도 초월에 대한 인간의 관심은 사라지지 않고 있다는 것이다.4

하지만 탈세속화를 긍정적으로만 볼 수는 없다. 세속화가 선물해 준 합리적 이성과 민주적 가치를 탈세속화가 위협하기 때문이다. 여성에 대한 억압, 이웃종교에 대한 적대, 사회적 소수자에 대한 혐오 등은 탈세속화의 산물인 종교적 근본주의와 관련이 있다. 특히 종교적 근본주의와 정치적 근본주의가 화학적으로 결합될 때 끔찍한 폭력이 발생한다. 9.11 테러나 최근의 IS 테러는 그 비극적 예다. 그렇다면 '재세속화'가 대안인 것일까? 그 답을 찾기 전에 먼저 탈종교화의 또 다른 현상인 탈제도종교화를 살펴보도록 하자.

III. 탈제도종교화: '종교 이후'의 종교

탈제도종교화는 다소 복잡하게 여겨질 수도 있다. 그것은 세속화와

---

3 Peter L. Berger, "The Desecularization of the World: A Global Overview," in *The Desecularization of the World: Resurgent Religion and World Politics*, Peter Berger, ed. (Grand Rapids: William B. Eerdmans Publishing Co., 1999), 2.
4 같은 글, 8-11.

도 다르고 세속화에 대한 반발인 탈세속화/재종교화와도 다르기 때문이다. 여전히 인생과 우주의 초월적 의미를 추구한다는 점에서는 종교적이지만 종교의 제도적 차원을 거부한다는 점에서는 탈종교적이다. 그래서 탈-제도-종교화라는 개념을 사용하는 것이다. 탈제도종교화는 종교의 제도로부터 벗어나는 것이지 종교성 자체로부터 벗어나는 것은 아니다. 그런 의미에서 탈제도종교화는 '종교 이후의 종교' 현상이라고 할 수 있다.

이런 탈제도종교화의 가장 흔한 현상은 "영적이지만 종교적이지는 않은" 사람들의 출현이다. '영적인 것'은 종교의 내적인 것을 뜻하고 '종교적인 것'은 종교의 외적인 것을 뜻한다. 종교학자 윌프레드 캔트웰 스미스는 그것을 개인 인격체적 '신앙'과 '축적적 전통'—사원, 경전, 신학적 체계, 무용 양식, 법적 혹은 그 밖의 사회제도, 관습, 도덕적 규범, 신화 등—의 대조로 설명한다.5 오강남이 종교의 '표층'과 '심층'을 구분하는 것도 같은 맥락이다.6 그들이 이런 대조를 통해 주장하는 것은 종교의 외적 제도는 종교의 본질이 아니라는 사실이다.

탈제도종교화는 종교적 삶의 방식도 변화시키고 있다. 그런 변화 중 하나는 서양 종교학자들이 큰 관심으로 연구하고 있는 '종교적 다중 소속' 현상이다.7 서양에서는 자신들을 '유대인 불자', '힌두교적 그리

---

5 윌프레드 캔트웰 스미스/길희성 옮김, 『종교의 의미와 목적』 (분도출판사, 1991), 212.
6 오강남·성해영 공저, 『종교, 이제는 깨달음이다: 오강남·성해영 대담집』 (북성재, 2011), 38-39.
7 종교적 이중/다중 소속 현상에 대한 서양 종교학자들과 신학자들의 논의로는 Catherine Cornille, ed. *Many Mansions?: Multiple Religious Belonging and Christian Identity* (Maryknoll, N.Y.: Orbis Books, 2002)가 있고, 불교적 그리스도인의 경험에 대한 연구로는 Rose Drew, *Buddhist and Christian?: An Exploration of Dual Belonging* (London:

스도인', '무슬림 그리스도인', '불교적 그리스도인' 등으로 부르는 종교인들이 늘어나고 있다. 그렇게 명시적 이름을 붙이지 않더라도 여러 종교의 가르침과 수행을 배우고 실천하는 종교인들도 많다. 흥미로운 것은 이런 종교적 다중 소속 현상은 유사성보다는 차이성이 더 많은 종교전통 사이에서 이루어지고 있다는 사실이다. 예를 들면, 아브라함 신앙을 공통의 기원으로 하는 유대교, 그리스도교, 이슬람은 서로 갈등하는 경우가 많지만 불교와 그리스도교처럼 전혀 다른 전통에서는 오히려 다중 소속이 쉬운 것이다. 이는 종교적으로 유사할수록 서로에게 더 공격적이라는 사실을 보여준다. 종교인이 이교(異敎)보다 이단(異端)에게 더 적대적인 것도 서로 비슷하기 때문이다. 한마디로 종교적 다중 소속은 차이 덕분에 가능한 것이다.

탈제도종교화는 종교적 소속의 경계를 해체할 뿐만 아니라 종교적 정체성이 형성되는 방식도 변화시킨다. 과거에는 종교적 정체성을 주로 '뿌리'의 은유로 이해했다. 그리스도인은 그리스도교 문화의 뿌리에서 태어나 살다 죽었고, 불자는 불교문화의 뿌리에서 태어나 살다 죽었다. 하지만 경계를 가로지르며 살아가는 현대인의 종교적 정체성을 나타내는 더 적합한 은유는 '길'이다. 뿌리로서의 정체성에서는 '같음' 아니면 '다름'이 중요하지만 길로서의 정체성에서는 '관계'가 더 중요하다. 서로 같을 때만이 아니라 다를 때도 관계를 맺을 수 있고, 그런 관계를 통해 우리의 종교적 정체성이 형성되고 변화되는 것이다. 우리는

Routledge, 2011)이 있고, 자신의 체험에 기초한 저술로는 폴 니터 저, 이창엽·정경일 공역,『붓다 없이 나는 그리스도인일 수 없었다』(클리어마인드, 2011) 등이 있다. 한국에서는 길희성의『보살예수: 불교와 그리스도교의 창조적 만남』(현암사, 2009)이 두 전통을 다리 놓는 대표적 저술이다.

길 위에서 만나는 이웃종교인, 비종교인과의 관계를 통해 종교적 인간이 되어간다. 그러므로 우리 시대의 '종교적 인간'(*homo religiosus*)은 '길 위의 인간'(*homo viator*)이다.[8]

그런데 여기에서 한 가지 짚고 넘어가야 할 물음이 있다. 지금까지 이야기한 세속화나 탈제도종교화는 서양의 독특한 종교현상이 아닌가 하는 것이다. 결론적으로 말하면 오늘의 한국종교는 서양이 근현대사에서 연속적으로 겪어온 세속화, 탈세속화, 탈제도종교화를 동시적으로 겪고 있다. 첫째, 〈2015 인구주택총조사〉에 따르면, 전체 인구의 거의 절반인 56.1%가 '무종교인'일 정도로 한국 사회는 매우 세속화되어 있다. 물론 대부분의 한국인은 유교적 심성을 공유하고 있고 무교(巫敎), 불교, 도교 등의 종교적 영향을 받아왔다. 그러므로 마틴 부버의 통찰처럼 '종교'는 없는 사람들에게도 '종교성'은 있을 수 있다.[9] 그럼에도 불구하고 무종교인의 비율이 이토록 높다는 것은 한국 사회의 세속성을 보여준다. 일례로 탈세속화론자들도 예외로 인정하는 프랑스의 무종교인 비율은 겨우 28%에 불과하다. 참고로 한국은 무종교인 인구수에 있어서는 중국, 일본, 미국, 베트남, 러시아에 이어 세계 6위이고, 비율로는 북한(71.3%), 일본(57%), 중국(52.2%)에 이은 세계 4위의 세속적 국가다.[10]

---

8 이런 이해는 종교의 근본 의미와도 통한다. 동양에서 종교는 도(道), 즉 길이다. 유대교의 토라도 삶의 길로 이해되었다. 신약시대에 누가가 말한 "하느님의 도"(사도행전 18:26)나 바울이 말한 "십자가의 도"(고린도전서 1:18)도 길(*hodos*)이라는 뜻이다. 불교도 팔정도(八正道)의 실천을 해탈의 길로 제시한다.

9 Nicham Ross, "Can Secular Spirituality be Religiously Inspired? The Hasidic Legacy in the Eyes of Skeptics," *Association for Jewish Studies Review* 37.1 (2013), 99.

둘째, 오늘의 한국 종교들은 반세속화의 경험을 공유하고 있다. 개신교는 가장 분명하게 반세속화 경향을 보인다. 한국에 들어온 개신교 선교사의 대부분이 근본주의자였기 때문에 한국 개신교는 태생적으로 근본주의 성향이 강하다. 개신교 그리스도인들의 사회구원에 대한 무관심, 이웃종교에 대한 배타주의, 성소수자에 대한 적대 등은 근본주의의 영향이다. 한국 가톨릭도 개신교와 비교해서 정도의 차이는 있지만 이제민이 "보수적 신앙들의 저항"이라고 정의한 반세속화 경향을 보이고 있다.[11] 한편 불교는 재종교화의 성격을 나타낸다. 그것은 조선 말기의 불교전통 복원 과정과 해방 후 불교정화운동 과정에서 '(한국)불교적인 것'을 정립할 필요가 있었기 때문이다.

셋째, 한국인의 종교성에는 탈제도종교화의 한 특성인 탈경계성이 내면화되어 있다. 사실 앞에서 이야기한 종교적 다중 소속은 서양에서보다 동양에서 더 흔한 종교현상이다. 동양에서의 종교 간 관계는 상호적이다. 예를 들면, 선불교는 도교의 영향을 받았고 신유교(성리학)는 불교와 도교의 영향을 받았다. 민간신앙 차원에서는 종교적 경계가 흐릿해서 습합현상도 나타난다. 심지어 서양 그리스도교 신앙을 받아들인 이들의 심성에도 동양종교의 영적 DNA가 남아 있다. 그래서 종교신학자 변선환은 한국의 그리스도교는 '유교적 그리스도교', '불교적 그리스도교', '무교적 그리스도교' 세 유형이 있다고 주장한다. 이처럼 한국에서는 여러 종교가 단순히 공존해 온 것이 아니라 서로 영향을

---

10 TThe Pew Forum on Religion and Public Life, *The Global Religious Landscape: A Report on the Size and Distribution of the World's Major Religious Groups as of 2010* (Washington DC: Pew Research Center, 2012), 25.

11 이제민, "反世俗化-保守的 信仰들의 抵抗," 「신학전망」, 1998년 9월호.

주고받으며 공생해 온 것이다.

　그런데 여기에서 중요한 것은 세속화, 탈세속화/재종교화, 탈제도
종교화는 종교의 현상일 뿐 본질은 아니라는 사실이다. 종교의 본질은
"고통으로부터의 구원"이다. 그러므로 어떤 종교적 현상의 의미는 그
것이 고통으로부터의 구원을 제대로 구현하고 있는가 여부에 달려 있
다. 그렇게 보면 탈제도종교화 현상에도 문제가 있다. 가장 대표적인
문제는 개인주의다. 실제로 탈제도종교적인 뉴에이지 영성, 신비술
(occultism), '가나안 성도' 현상, 유사종교적 힐링 요법 등은 개인주의
적 경향이 강하다. 개인주의적 구원의 길은 '지금 여기'(now/here)가
아닌 이 세상 '어디에도 없는 곳'(nowhere), 즉 내세나 내면을 향한다.
그것은 세상으로부터의 구원이지 세상의 구원은 아니다. 고통의 시대
에 필요한 것은 세상 속에서 세상을 넘는 공동체적이고 변혁적인 탈/
종교성이다. 지금부터 이야기하려는 '사회적 영성'이 그것이다.

IV. 사회적 영성: 공동체 회복을 위한 사회적-영적 수행

　탈종교화를 종교의 위기로 여기며 걱정하는 종교인들이 많다. 그러
나 오늘의 종교가 정말 염려해야 할 것은 탈종교화가 아니라 '탈사회화'
다. 우리 사회는 '사회 없는 사회'이기 때문이다. 신자유주의의 여사제
인 마거릿 대처가 "사회라는 것은 없고 개인과 가족만이 있다"고 한 것
은 각자 알아서 살 길을 찾으라는 것이다. 그런 탈사회 현상이야말로
우리 모두를 벼랑 끝으로 내모는 위기다.

사회의 부재는 구조적 위기일 뿐만 아니라 정신적, 영적 위기이기도 하다. "아무도 남을 돌보지 말라"(엄기호)는 신자유주의의 미끼를 물어버린 사람들은 타자의 고통을 느끼는 것을 두려워한다. 그럴수록 개인의 불안은 더욱 커진다. 자신이 남을 돌보지 않는 것처럼 남도 자신을 돌보지 않을 것을 알기 때문이다. 불안에 사로잡힌 사람들은 사는게 사는 게 아니다. 마치 악령에 현혹된 것처럼 사회 곳곳에서 〈곡성〉이 들리고, 〈부산행〉이든 서울행이든 광주행이든 어디에서나 좀비에 쫓기듯 숨 가쁘게 달아나야 하고, 무너진 〈터널〉에 갇힌 듯 절망적이다. 사회적 불안이 개인의 불안을 키우고 개인의 불안이 사회적 불안을 늘린다. 그래서 이 시대 불안의 총량은 사회적으로도 개인적으로도 견딜 수 있는 한계를 한참 넘었다.

현실이 이런데도 종교는 불안을 잊거나 못 느끼도록 하는 '아편' 역할만 하고 있다. 그리고 사회적 고통을 개인적 구원으로 해결하려고 한다. 사회와 종교는 본래 공동체적 인간경험이다. 그런 의미에서 오늘의 시대에는 사회만 없는 것이 아니라 종교도 없다. 각자도생을 원리로 하는 사회와 개인구원을 목표로 삼는 종교는 일란성 쌍둥이다. 둘은 인간경험의 '사사화'를 사회적, 종교적으로 극단화하여 공동체를 파괴한다. 시인 김남주는 우리가 고통 속에서도 해방의 길을 계속 걸어갈 수 있는 것은 "네가 넘어지면 내가 가서 일으켜 주고, 내가 넘어지면 네가 와서 일으켜 주"는 공동체가 있기 때문임을 깨우쳐 준다(김남주, 〈함께 가자 우리 이 길을〉). 우리 사회의 구조적, 영적 위기는 고통의 존재가 아니라 고통 속에서도 서로를 일으켜줄 수 있는 공동체의 부재다.

사회적 영성은 공동체 회복을 위한 사회적-영적 수행이다. 사회적 영성에 대한 관심은 우리 사회의 구조적, 영적 위기에 대한 집단적 자각에서 생겨났지만 그것을 담론으로 확산시킨 이는 신학자 김진호다. 그는 사회적 영성에서 "'사회적'이라는 수식어는 한편에서는 '관계적'이라는 함의를 지니고 다른 한편에서는 '구조적'이라는 의미를 내포한다"[12]라고 설명한다.

우선 사회적 영성의 관계적 성격은 공동체적 인간관에 기초해 있다. 인간은 본성적으로 서로 기대어 관계 맺으며 살아가는 존재라는 것이다. 그러니 서로의 불안과 고통에 공감하고 연대하는 것이 인간다운 삶의 길이다. 이런 공동체적 인간 이해는 종교적 인간 이해와도 통한다. 예를 들면, 김진호가 강조하는 "타자 되기"[13]는 종교들이 가르쳐 온 이기적 '나'를 넘어 '너'와 하나 되는 관계론적 지혜와 일치한다. 관계론에 근거한 영적 수행의 목표는 공동체적 구원이다. 만약 개인적 해탈과 구원이 수행의 목표였다면 붓다는 보리수 아래를 떠나지 않았을 것이고 예수도 광야에서 나오지 않았을 것이다. 그들이 바라나시와 갈릴리로 돌아가서 가장 먼저 한 것은 깨달음을 나누고 실천하는 공동체의 형성이었다. 불자들이 붓다(佛), 가르침(法), 공동체(僧) 삼보(三寶)에 귀의하고, 그리스도인이 "거룩한 공회를 믿습니다"라고 고백하는 것은 공동체가 구원의 출발점이며 목적지이기 때문이다.

한편 김진호가 말하는 사회적 영성의 '구조적' 성격은 역사에 대한 관심과 참여를 의미한다. 영성과 역사는 분리될 수 없다. 하지만 영성에 대한 관심과 역사에 관심은 반비례 할 때가 많다. 헨리 나웬은 남미

---

12 김진호, "서론: 사회적 영성 시론", 김진호 외, 『사회적 영성: 세월호 이후에도 '삶'은 가능한가』 (현암사, 2014), 28.
13 김진호, "격노사회와 '사회적 영성'", 같은 책, 242.

해방신학자들과의 만남을 통해 자신이 그때까지 추구하던 개인주의적이고 내면적이고 엘리트주의적 영성을 '영성화된'(spiritualized) 영성이라고 비판한다.[14] 그런 영성의 영성화에 대한 대안은 영성의 역사화다. 그것은 영성을 역사적 삶과 연결시키는 것이다. 해방신학자 혼 소브리노는 영성의 역사화가 필요한 이유를 다음과 같이 설명한다. "영적 삶을 위해서는 먼저 '삶'이 있어야 하지 않는가? … 역사적, 현실적 '삶' 없이 '영적 삶'은 있을 수 없다."[15] 영적으로 살기 위해서라도 역사에 참여해야 한다는 것이다. 역사 참여적 영성의 그리스도교적 이상은 예언자이고 불교적 이상은 보살이다. 예언자와 보살은 역사 속에서 깨닫고 역사 속에서 깨달음을 실천하는 사회적 영성가들이다.

사회적 영성의 관계적, 구조적 의미에 한 가지를 더 추가한다면 '불이적'(不二的) 의미일 것이다. 내가 앞에서 "사회적-영적 수행"을 말하면서 '사회적'이라는 형용사와 '영적'이라는 형용사를 붙임표(-)로 이은 것은 사회적 실천과 영적 수행의 불이를 강조하기 위해서였다. 전통적 종교의 문제는 사회적 실천과 영적 수행을 이분법적으로 이해하는 데 있다. 게다가 둘 사이에 위계를 나눈다. 대개 사회적 실천보다 영적수행을 더 중시한다. 이에 반해 사회적 영성은 사회적 실천과 영적 수행을 분리하지 않는다. 여기에서 중요한 것은 사회적 영성의 목적이 단지 사회적 실천과 영적 수행의 균형과 조화가 아니라는 사실이다. 사회적 영성의 새로움은 영적인 것이 사회적이어야 한다는 것을 넘어

---

14 Henri J. M. Nouwen, "Foreword," in Gustavo Gutierrez, *We Drink from Our Own Wells: The Spiritual Journey of a People* (Maryknoll: Orbis Books, 1984), xvi.

15 Jon Sobrino, *Spirituality of Liberation: Toward Political Holiness* (Maryknoll: Orbis Books, 1985), 3-4.

사회적인 것이 영적일 수 있다는 믿음에 있다.

　바로 여기에서 사회적 영성의 탈종교성이 드러난다. 사회적 영성은 종교와 사회의 경계를 허물기 때문이다. 그런데 역설적으로, 이런 탈종교성은 전통적 종교 안에 씨앗으로 이미 존재한다. 마태복음서 25장의 "최후의 심판" 비유에서 영원한 생명으로 들어가는 조건은 종교적 신조의 고백이 아니라 약자를 위한 사회적 사랑의 실천이다. 굶주린 자를 먹이고 목마른 자에게 마실 물을 주고 나그네를 환대하고 헐벗은 이를 입히고 병든 이를 돌보고 갇힌 자를 방문하는 자들이 구원을 얻는다. 사회적 실천이 종교적 구원에 이르는 길인 것이다. 그러므로 사회적 실천은 영적 수행이다. 불교도 깨어서 하는 모든 것이 수행이라고 주장한다. 오늘의 참여불자들은 그 '모든 것'에 사회적 실천도 포함한다. 영성의 목표는 자기를 비우고 자기를 버리고 자기를 넘어 타자와 하나 되는 것이다. 그렇다면 과연 오늘의 우리 사회에서 누가 진정으로 영적일까? 신자유주의의 각자도생 원리를 내면화한 종교인들인가, 아니면 종교 없이도 타자와 하나 되는 사람들인가?

V. 맺는 말: "뭣이 중헌지도 모르면서"

　탈종교화를 위기로 느끼는 종교인들은 다양한 해법을 모색한다. 어떤 이들은 세속화와 탈종교화의 파도에도 큰 배는 침몰하지 않는다고 믿으며 양적성장을 추구하고, 어떤 이들은 근본주의적 교리와 제도를 더 강고히 한다. 하지만 성장주의는 '타이타닉'의 항로를 그대로 따라가는 것이고 근본주의는 게토 안에 스스로를 가두는 것이다. 다른 한편으로는 탈종교화에 부응하여 '종교색'을 뺀 채 선교하는 이들도 있다. 요즘 유행처럼 번지고 있는 교회 인문학, 사찰 인문학, 문화로서의 종교체험, 힐링 프로그램, 템플 스테이, 교회 카페 등이 탈종교적 선교의 사례들이다. 물론 그런 시도는 종교의 벽을 허물어 대중이 종교에 더 가까이 다가올 수 있게 하는 게 사실이지만, 그것만으로 종교의 근본 위기를 극복할 수 있을 지는 의문이다. 미안한 소리지만, 이 모든 시도는 "뭣이 중헌지도 모르면서", 진짜 위기가 뭔지도 모르면서 눈에 보이는 것에만 현혹되어 실속 없이 동분서주하고 있는 것은 아닐까.

이 시대에 종교가 사활을 걸고 매달려야 할 "중헌" 것은 종교의 위기가 아니라 민중의 위기다. 가진 것 없다고 '흙수저'로 무시당하고 힘 없다고 '을'로 모욕당하는 것도 모자라 이제는 '개돼지' 취급을 받는 민중의 삶이 위기에 놓여 있는 것이다. 성장주의와 근본주의는 말할 것도 없고 종교적 '탈색'으로도 민중의 위기를 극복할 수 없다. 지금과 같은 고통의 시대에 종교가 해야 할 것은 오히려 '종교본색'(宗敎本色)을 드러내는 것이다. 그것은 종교의 존재 이유인 "고통으로부터의 구원"을 실천하는 것이다.

종교본색의 힘과 아름다움을 보여주는 이 시대의 종교인은 프란치스코 교종이다. 그는 오늘날 세계에서 가장 사랑받는 종교인이다. 그가 266대 교종으로 선출된 첫해인 2013년『타임』지는 그를 '올해의 인물'로 선정했고, 같은 해 페이스북에서 가장 많이 언급된 단어는 "교종 프란치스코"였다. 여러 해가 지난 지금도 그를 향한 세계인의 사랑은 식을 줄을 모른다. 흥미로운 것은 가톨릭 신자만이 아니라 이웃종교인도, 심지어 비종교인도 교종을 사랑한다는 사실이다. 그런데 교종이 그렇게 이웃종교인과 비종교인의 사랑도 받는 이유는 그가 탈그리스도교적 또는 탈종교적 언어를 사용하기 때문이 아니다. 교종은 『찬미받으소서』, 『복음의 기쁨』, 『자비의 얼굴』에서처럼 가장 종교적인 언어로 메시지를 전한다. 교종의 '종교적인' 메시지에 비종교인도 감동하는 이유는 무엇일까? 그가 고통 받는 사람들을 사랑하기 때문이다.

교종 프란치스코는 거리에서 노숙자를 만나고, 가난한 이와 밥상을 함께 하고, 병든 이를 두 팔로 감싸며 안아 준다. 그는 '프란치스코'를 교종의 이름으로 선택한 이유를 이렇게 말한다. "프란치스코 성인은 가난을 상징했던 분이었고 평화를 대변했던 분이었습니다. 가난한 교회 그리고 가난한 사람을 위한 교회, 이 어찌 우리가 사랑하지 않을 수 있겠습니까?" 교종의 이 말은 종교가 세상의 사랑을 받는 길은 고통받는 사람을 사랑하는 것임을 깨닫게 해준다. 여기에서 중요한 것은 가난하고 힘없고 억눌리고 소외되고 배제된 자에 대한 "우선적 사랑"이다. 교종은 고통 앞에서 중립을 지키지 않는다. 그는 강한 자의 불의를 비판하고 약한 자의 편에서 정의를 외친다.

사회적 약자, 고통 받는 이에 대한 우선적 사랑의 이유를 교종 프란치스코의 스승인 예수가 비유를 통해 가르쳐 준다. "여러분 가운데 누가 양 백 마리를 가지고 있었는데 그 중에서 한 마리를 잃었다면 어떻게 하겠습니까? 아흔아홉 마리는 들판에 그대로 둔 채 잃은 양을 찾아 헤매지 않겠습니까?"(누가복음서 15:4) 안전한 곳에 있는 아흔아홉 마리 양들을 놓아두고 위기에 빠진 한 마리 양을 구하기 위해 험한 곳으로 찾아가는 것이 종교의 존재이유라는 것이다. 이 비유의 의미를 한 그리스도인 세월호 유가족이 다음과 같이 설명한다.

> 목자가 잃은 양 한 마리를 찾으러 떠났을 때 들판에 남은 아흔아홉 마리의 양은 어떤 마음이었을까요? 자기들을 돌보지 않는다고 목자에게 서운함을 느꼈을까요? 아닐 겁니다. '아, 내가 길을 잃고 위기에 빠질 때도 저렇게 목자는 나를 찾으러 와 주겠구나' 하며 안도감과 고마움을 느낄 겁니다.

바로 여기에 사랑의 신비가 있다. 고통 속에 있는 한 사람을 '우선적'으로 사랑할 때 아흔 아홉 사람의 '보편적' 사랑도 받게 되는 것이다. 탈종교 시대, 고통의 시대에 종교가 세상의 사랑을 받는 길은 오직 하나다. 이 시대의 가장 고통 받는 사람들을 사랑하는 것이다. 그러므로 모든 종교인이 붙들고 씨름해야 할 가장 '중헌' 화두는 하나다. "우리가 우선적으로 사랑해야 할 이 시대의 잃은 양은 누구인가?"

근본주의와 가난의 문제
— 민중신학의 '민중'과 아감벤의 '잔여'를 연결하여*

신 익 상**

I. 들어가는 글

극단주의를 전적인 이슬람의 문제로 몰아가고 있는 분위기에도 불구하고 개신교신학자는 적어도 두 가지 이유에서 극단주의의 문제를 개신교 자신의 성찰 문제로 돌려 생각해야 한다. 첫째, 이슬람 근본주의나 극단주의 문제는 냉전체제 종식 이후 신자유주의적 세계화를 등에 업고 진행되어 온 미국의 제국주의적인 정치·군사·경제적 세력팽창 이후 대두된 바, 이 팽창의 한 토대 역할을 하고 있는 제국의 근본주의 개신교 문화를 비판적으로 검토할 필요가 있기 때문이다. 둘째, 기독교의 성서를 근본으로서가 아닌 사건적 진술들의 집합으로 받아들

* 이 논문은 「신학연구」 68 (2016/6), 229-255에 게재된 논문이다.
** 성공회대학교 신학연구원, 연구교수

이는 해석학적 작업을 통해 성서에서 찾을 수 있는 해결책을 오늘날 세계적 문제가 되고 있는 극단주의 문제에 들이밀 단초를 찾고자 함이다. 이 두 이유를 이어주는 가교가 바로 가난이다.

이슬람 극단주의는 미국의 제국주의적인 근본주의와 밀접한 관계가 있다. 이들이 관계하는 방식은 미국의 제국주의적인 근본주의와 이슬람 문화권의 저항적 근본주의 한 쌍이 빚어내는 '강제된 가난'과 이 가난으로 인해 억압받는 민중들을 매개로 해서다. 결국 이들 근본주의는 어떤 반제국주의적 가치를 통해서 극복되어야 할 것인데, 본고에서 제시하고자 하는 것은 '자발적 가난'이다. 그러나 강제된 가난과 자발적 가난은 분리된 것이 아니다. 본고가 주목하고 규명하고자 하는 것은 바로 이 지점이다. 이는 주체의 성격 문제를 통해 논의될 것인데, 그 도구로 민중신학의 '민중-메시아' 개념과 아감벤(Giorgio Agamben)의 바울 해석이 제시하는 '잔여'(remnant) 개념이 사용된다. 아감벤은 바울의 로마서에 대한 연구를 통해 '잔여'를 전면에 내세움으로써 바디우(Alain Badiou)의 보편-주체를 비판하며 메시아적 삶과 시간 구조를 규명한 바 있다. 본고에서는 그의 메시아적 구조 이해를 민중신학의 민중-메시아 개념과 연결하여 논함으로써 잔여-주체의 자기 초월적 성격을 확인하고 제안할 것이다. 이를 바탕으로 신자유주의 체제 내에서 '자발적 가난'의 의미를 새롭게 재해석하고, 이렇게 함으로써 두 극단의 근본주의들과 이들에 관한 논의들 속에서 은폐되거나 왜곡되고 마는 가난한 민중들의 주체적 성격을 재확인하고 선언하고자 한다.[1]

---

1 '주체' 또는 '주체성'에 대한 비판적 논의는 전희천, "주체성의 계보학: 헤겔, 훗설, 하이데거, 데리다", 「신학연구」 64 (2014/6), 141-174. 참조.

이러한 목표를 향해 본고는 다음과 같은 순서로 진행될 것이다. 이어지는 2장에서는, 극단주의 문제를 신자유주의적 세계 질서를 토대로 광범위하게 형성된 경제적 불평등과 연관시켜 논함으로써 가난이 극단주의를 설명하는 중요한 축임을 제시한다. 3장에서는, 근본주의, 특히 미국의 개신교 근본주의가 신자유주의 체제를 지지하는 유의미한 세력임을 논함으로써 극단주의와 가난의 문제가 개신교 근본주의와 밀접함을 논한다. 개신교 근본주의가 가난에 개입할 수 있는 이유는 이것이 제국주의적 근본주의와 저항적 근본주의라는 두 축 중 하나를 담당함으로써 신자유주의 체제 내에서 기득권을 유지하는 구조적 장치로 기능하기 때문이다. 이 구조 속에서 등장하는 가난은 그것이 구조적 차원에서 생산된다는 의미에서 '강제적'(forced)이다. 4장에서는, '강제된 가난'은 신자유주의 체제 속에서 구조적으로 기능하는 두 근본주의에 의해 배제되거나 왜곡된다는 바로 그 사실로 인해 이 구조를 뛰어넘을 수 있는 어떤 능동적 주체의 역량을 지니게 됨을 논한다. 이 주체적 역량은 '자발적(voluntary) 가난'이라고 할 수 있는데, 이 가난의 주체적 성격을 '잔여'의 메시아적 구조를 논함으로써 밝힐 것이다. 이 논의를 지탱하는 핵심 개념은 아감벤이 논구한 '메시아적'의 개념을 토대로 재구성된 '민중' 개념으로서, 이를 통해 구조적 가난으로 내몰린(forced) 민중을 자발적 가난의 주체인 '잔여-주체'로 읽어낼 수 있다. 마지막으로 5장에서는, '자발적 가난'의 메시아적 구조를 검토함으로써 '잔여-주체'의 탈근본주의적 가능성을 확인하고 제안하고자 한다.

II. 극단주의: 가난 생산과 가난 탈출의 몸부림 사이

사상이나 행동이 한쪽으로 치우쳐서 자신의 사상과 행동을 제외한 다른 사상이나 행동을 용납하지 않는 것을 뜻하는 극단주의는 특정 사회분야에서만 나타나지 않는다. 하지만 파시즘과 나치즘의 형태로 극단주의를 경험했던 서구사회는 9·11 사태 이후 테러리즘을 극단주의와 연결하여 이해하기 시작했고, 이 이후 극단주의는 곧 이슬람 테러리즘이라는 인식이 급속하게 국제사회의 정서로 자리 잡았다. 이제 사람들은 폭력적 극단주의를 이슬람의 일부 광신도들 문제로 전제하고서 이해한다.[2]

그러나 극단주의는 단지 이슬람 테러리즘에 국한되지 않는다. 9·11 사태 직후 미국의 조지 부시 전 대통령은 아프가니스탄과 이라크를 침공하면서 "악의 축"인 "테러와의 전쟁"을 선포하였다. 이때 그는 자신의 성전(holy war)에 동참하지 않으면 테러리즘에 동조하는 것이라고 주장함으로써 테러리즘을 '나쁜' 극단주의로 몰아가는 한편 스스로도 전형적인 극단주의적 태도를 견지하였다. 극단주의는 자신에게 대항하는 극단주의를 설정함으로써 이분법적 사유를 통해 자신의 정당성을 찾는다.

그러나 극단주의를 대항 극단주의에 입각해서 파악하는 "테러와의 전쟁"은 초점이 빗나간 것이다. 일찍이 월드워치연구소의 선임연구원인 마이클 레너(Michael Renner)가 지적한 바 있듯, 테러리즘을 선과

---

2 이런 식의 접근을 한 실례로 Alan Mittleman, "The Problem of Religious Violence," *Political Theology* 12.5 (2011/11), 722-723.를 참조하라.

악의 대립으로 보는 획일적인 이해는 —아이러니 하게도 이것이 바로 극단주의의 특징이기도 하다— 절망감, 도덕성의 실종, 폭력에의 무감각 등 다원적 문제들에 눈을 감음으로써 이 문제들을 통해 오히려 극단주의가 강화되는 빌미를 제공할 뿐이다. 그는 극단주의를 불러일으키는 사태의 복합성을 인식해야 한다고 역설하면서 이러한 복합성을 이해하는 일차적인 통로로 사상이나 국가체제가 아니라 굶주림, 가난 등의 절망적인 조건들을 제시한다.3 수백만 명의 사람들을 급진적인 선택으로 내몰고 있는 것은 무엇보다 가난과 불평등이다.

　　가난과 불평등은 인류 역사 이래 변함없는 뜨거운 감자이지만 오늘날 세계에 편만한 신자유주의적 자본주의 정치경제체제는 이 문제가 체제 작동의 원리 자체에 은폐되어 있다는 점에서 이전의 신분계급 사회질서와 유래 없이 차별화된다. 신분제 사회에서는 가난과 불평등이 체제 구성 단계에서 이미 정당화 되었다. 그러나 자본주의는 체제 구성의 원리 속에 가난과 불평등의 자유(!)를 심어놓고 표면적으로는 만인의 평등과 풍요를 추구한다. 신자유주의의 시장으로 나가보라. 거기에는 무한경쟁을 엔진으로 하는 자유로운 교환경제가 자리 잡고 있다. 이 자유는 누구나 교환에 참여할 수 있는 '평등한' 자유이며 이 자유를 통해서 만인은 시장의 '풍요'를 누릴 수 있다. 하지만 유토피아는 여기까지다. 신자유주의는 시장에서 경쟁을 통해 발생하는 불평등이 부정의한 것이 아니라 자연스러운 것이라고 보기 때문에, 소득불평등과 이로 인해 야기되는 가난을 불가피한 것으로 본다. 신자유주의는 가난과

---

3 마이클 레너, "아프가니스탄의 교훈 – 무엇이 극단주의를 만드는가", 『초등우리교육』 149 (2002/7), 188-189. 참조.

불평등을 자유 시장경쟁의 유감스러운 부산물 정도로 치부함으로써 이 문제에 소극적으로 대처한다. 어쨌든 자본주의 세계는 '평균적으로' 풍요하다는 것이다.

그러나 이 세상에는 소득뿐만 아니라 다양한 가치와 의미가 존재하므로 경제적 불평등과 가난이 삶의 의미를 전적으로 흔들지는 못한다는 주장이 있을 수 있다. 그러나 자본주의사회가 발달하면 발달할수록 이 세계는 시장의 원리가 모든 삶의 가치 영역까지도 잠식해버리는 '시장사회'로 진행된다.[4] 제3세계의 제1세계에 대한 피해의식은 이러한 상황을 기반으로 한다고 할 수 있다. 제1세계는 자신을 중심에 놓고 세계를 줄 세움으로써 세계질서를 재편해 왔다. 경제적 가치로 모든 가치를 환원해버리는 시장사회는 이러한 줄 세우기가 훨씬 효율적으로 이루어질 수 있도록 한다. 자본을 통제할 수 있는 힘만 가지면 모든 것을 움직일 수 있기 때문이다. 이에 따라 제3세계의 절망을 견인하는 중요 요인은 다름 아닌 가난이라고 할 수 있다. 가난은 세계화를 타고 전파되는 신자유주의의 교리—노동시장의 유연성, 시장에서의 완전 자유경쟁 보장, 시장에 대한 정부의 간섭 최소화—를 통해 제3세계에서 더욱 공고하게 사회 구조적으로 자리 잡음으로써 극단주의적인 폭력을 추동할 수 있는 절망감으로 성장하게 된다.

이 절망감 속에서 가난과 굶주림에 처한 제3세계의 사람들은 극단주의와 이중적 관계를 맺게 된다. 한편으로는 자본주의 세계의 기득권자들이 보여주는 제국주의적인 극단주의와 이에 대항하여 저항적 권

---

4 이정전, 『시장은 정의로운가』 (파주: 김영사, 2012), 282; 마이클 샌델/안기순 옮김, 『돈으로 살 수 없는 것들』 (서울: 와이즈베리, 2012), 서론. 참조.

력을 형성하는 저항적 극단주의 사이의 투쟁 사이에 끼여 이중으로 고통을 받는 피해자로서, 다른 한편으로는 양대 극단주의가 필요로 하는 인적 자원을 공급하는 인력 공급원으로서5 극단주의와 관계를 맺고 있는 것이다.

　이것이 이슬람 근본주의가 극단주의로 자라난 속사정이다. 실제로 이슬람의 근대사는 극단주의가 가난을 중심으로 자라난 구조적 차원의 문제임을 고스란히 드러낸다. 유럽 중심의 제국주의 식민지 체제가 붕괴하고 자본주의와 공산주의가 대립하는 냉전 시대에 이슬람권에서는 이슬람을 정치 이념으로 내세우는 민족국가들이 여기저기서 탄생했다. 이때 '이슬람 개혁주의' 또는 '이슬람 혁신주의'를 표방한 민족주의자들은 유럽 문명을 수용함으로써 이슬람 사회의 번영을 꾀하였고, 이에 따라 산업화와 근대화를 추진하였다. 그러나 상당히 많은 국가에서 집권 정당의 부정부패가 발생하였는데, 그 배후에는 말로는 자유민주주의와 인류 공영을 외치면서 실제로는 "자국의 정치적, 경제적 이익만을 추구하거나 그를 지키는데 급급한"6 서방세계가 있었다. 이슬람 근본주의는 바로 이 지점에서 세력화할 수 있었다. 신자유주의가 지구적으로 확산일로에 있었을 때, 이슬람 사회는 정치적 위기 상황에 놓여 있었고, 교육 받은 이슬람의 젊은 세대들은 좌절을 겪어야만 했다. 이 모든 정황은 이슬람 근본주의가 폭력적으로 성장할 수 있는 기

---

5 테러활동에 복무할 인적 인프라 제공이 이들의 주체적 결단과 상관없이 강제적으로 동원되고 착취되면서 이루어지는 경우도 많다는 점에서, 나아가 폭력적 극단주의와 테러리즘이 삶의 한 영역으로서 전제되어 있다는 점에서 이들에게 저항적 극단주의는 그 자체로 아픔이며 절망이다.

6 김영경, "이슬람 근본주의의 역사적 배경과 그 전망", 『사회과학연구』 37 (1998), 213.

반이 되었는데,

> 그 중에서도 특히 전투적인 이념은 서구의 팽창으로 인해 한때 식민지
> 배라는 수모를 감수해야 했고 그 이후에도 계속 상대적 박탈감과 소외
> 감을 맛보고 있는 무슬림들이 선택한 사회적, 정치적 선택이며 그를
> 통해 그들이 자긍심과 희망을 얻게 되는 일종의 심리적 방어기제라고
> 말할 수 있다.7

사회학자 김성건이 지적하듯 이슬람 근본주의의 극단적 저항은 정
치경제에만 국한되지 않고 사회·문화·종교를 아우르는 복합적인 성
격을 갖는다. 그렇더라도 신자유주의 체제가 가져온 "경제적 세계화의
부정적 효과"8가 이슬람 근본주의의 극단적 폭력성을 성장시킨 기반이
라는 사실에는 변함이 없다. 물론 이슬람 근본주의는 이슬람 세계 전체
에 비하면 소수에 불과하다. 그런데 이러한 사실은 제국주의적 극단주
의와 저항적 극단주의의 대립이 대수롭지 않은 일이라는 점을 알려주
는 것이라기보다는, 소수임에도 불구하고 무시할 수 없는 힘을 행사한
다는 점에서 이 양극단 사이에 존재하는 신자유주의적 사실, 불평등과
가난의 사실이 광범위한 위기가 되고 있다는 점을 알려주는 것이라고
할 수 있다.
일부 이슬람의 폭력적 극단주의의 최대 피해자이자 이 극단주의가
성장할 수 있는 인적 인프라를 제공하는 최대 공급자가 누구인가를 생
각해보라. 세계 도처에 있는 자본주의 중심부로부터 소외되는 세계 도

---

7 Ibid.
8 김성건, "세계화와 이슬람 근본주의 및 부흥운동", 『종교연구』 31 (2003/여름), 126.

처의 주변인들이다. 극단주의는 가난을 생산하는 자본주의 기득권 세
계와 가난을 온 몸으로 겪고 있는 자본주의 주변부 세계 사이에서, 주
변부 세계의 절망감을 동력으로, 국경을 초월하며 탄생한다. 권력을
쟁취하려는 제국적인 극단주의와 저항적인 극단주의 사이에서 주변부
화된 사람들이 신음하고 있다.

III. 근본주의, 강제된 가난의 역학을 생산하다

그렇다면 개신교 근본주의는 어떻게 가난 생산에 관여하며 극단주
의를 견인할까? 이 질문에 대한 답을 찾아가기 위해 이 장에서는 다음
의 순서로 이야기를 진행하겠다. 먼저 개신교 근본주의라는 개념의 유
래와 특징 및 유형에 대해서 간단히 개관한다. 이를 통해 개신교 근본
주의의 개념과 성격을 이끌어낼 것이다. 다음으로 개신교 근본주의 경
제학을 세속적 경제학과의 관계 속에서 살펴본다. 최종적으로는 개신
교 근본주의와 가난 생산의 역학과의 관계를 밝힘으로써 근본주의에
서 극단주의로 이어지는 과정을 추적하겠다.

근본주의라는 개념은 신학적으로는 자유주의 사조에 의해, 현대사
상에 있어서는 진화론에 의해 그 정체성에 위기의식을 느낀[9] 미국의

---

9 일찍이 변선환은 신자유주의적 세계화를 주제로 한 심포지엄에서 근본주의나 원리주의가
정체성 위기에서 나타나는 것이라고 지적한 후, 가장 중요한 당면과제는 "우리 기독교가
어떻게 민중들의 종교적인 역사적 요청에 성실하게 응답할 수 있겠는가 하는 것"(김용복
외, "심포지엄: 세계화와 그리스도교 신학의 과제,"「신학사상」 88 (1995/봄), 20)이라고
역설한 바 있다. 기독교 근본주의는 스스로의 정체성을 타자와 자신과의 차이를 통해 확인
하려고 시도하지만, 정작 필요한 것은 기독교 내부로부터의 성찰이라는 지적에 다름 아니

일부 보수적인 개신교도들이 이에 대응하기 위해 의식적으로 사용하기 시작한 20세기 초에 공식적으로 모습을 드러냈다. 1920년대에 들어서면서 이들의 주적이 하나 더 추가되는데, 다름 아닌 사회주의다. 이들은 사회주의와 진화론을 "기독교적 미국"과 대비시키면서 무신론의 '위협'에 대응하고자 했다.

이들 개신교 근본주의자들은 이 세계를 절대적인 선과 악의 투쟁장으로 봄으로써 역동적인 역사를 단순화해서 이해하며, 성서는 하느님께서 직접 기록한 것이므로 아무 오류도 없고 문자 그대로가 절대적 진리라고 믿는 성서문자주의, 과학의 합리성에 반대하는 과정에서 형성된 반지성주의를 특징으로 갖는다. 이들은 자신들이 단순화해서 확정한 몇 개의 교리가 정통성을 갖는(그러나 그들의 정통성 주장을 뒷받침할 만한 근거는 없다) 절대적이며 불변하는 진리라고 주장함으로써 다른 진리 주장에 대해 배타적이고 공격적인 자세를 취한다. "무엇보다 근본주의는 … 차이와 다양성을 인정하지 않는 불관용과 배타적인 독선을 표방한다."10

근본주의는 자신이 선·정의·진리이며 적대적 타자는 악·부정의·거짓이라는 흑백논리를 사유양식으로 갖는 까닭에 그 유형도 이분법적 양상을 보인다. 대체로 정당화 정체성을 갖는 제국주의적 근본주의와 대체로 저항적 정체성을 갖는 대항적 근본주의 둘로 유형화할 수 있는 것이다.11 제국주의적 근본주의는 지배력을 가지고서 기득권을 유지

다. 본고 또한 이러한 관점을 견지한다. 그러나 그는 신자유주의적 세계화를 추상적으로 거론함으로써 그 대안도 추상적인 신학적 진술에 멈추어 서고 말았다.

10 강학순, "'근본주의'의 극복에 관한 철학적 고찰", 『존재론 연구』27 (2011/12), 72.

11 정당화 정체성은 지배를 확대하고 합리화하기 위해 사회의 지배적 제도가 채택하는 정체

하려는 세력으로서의 근본주의 집단을 말하고, 대항적 근본주의는 지배력에 저항하면서 기득권을 획득하려는 세력으로서의 근본주의 집단을 말한다.

이상의 내용을 볼 때 개신교 근본주의는 근본주의 개념의 탄생을 견인한 주 세력으로서 "기독교적 미국"을 내세운다는 점에서 알 수 있듯 정치경제적 보수주의와 맥을 같이 하고 백인을 중심으로 결집하여 기득권을 확대·유지하려는 미국인 개신교도들로 규정되는바 제국주의적 근본주의의 성격을 갖는다고 할 수 있다. 이미 막스 베버가 분석한 바 있듯 칼뱅주의의 소명 개념이 자본주의 정신 형성에 일정 부분 기여하였다는 것을 인정할 때, 개신교 윤리와의 선택적 친화에 의해 생겨난 시장 중심적 자본주의 원칙을 지지하며 오바마 정부의 정책에 사사건건 반대하는 티파티 운동의 과반수가 개신교 근본주의자들이라는 사실에서, 우리는 개신교 근본주의가 미국의 보수적인 정치경제적 기득권 집단과 이해를 같이 하고 있다는 점을 확인할 수 있다.

하지만 이들과 자본주의적 제국과의 연대에는 아이러니한 면이 있다. 세속적 경제학은 자신의 이론을 스스로 검증하고 수정하는 데 열려있지만, 개신교 근본주의는 자신의 경제적 입장이 성서와 전통이라는 절대적 진리에 근거한다고 보기 때문에 결코 그 입장을 바꾸려고 하지않을 것이기 때문이다. 그러나 근본주의 경제학은 오직 이론적으로만

성을 말하고, 저항적 정체성은 지배논리로부터 소외된 행위자들에 의해 형성되는 반지배적 정체성을 의미하는 스페인 사회학자 마누엘 카스텔의 개념들이다. 이에 대한 더 자세한 개관은 최대광, "해방 후 한국개신교의 정체성", 제32회 원불교사상연구원 학술대회 (2013/2), 70-71.을 참조하라; 제국주의적 근본주의와 대항적 근본주의에 관해서는 강학순, "'근본주의'의 극복에 관한 철학적 고찰", 73.을 참조하라.

불변이다. 실제적으로는 세속적 경제학이 진화함에 따라 근본주의 경제학도 발전한다. 그렇다면 세속과 근본주의의 차이는 역동적이냐 정적이냐에 있는 것이 아니라 자기 변화를 공개적으로 하느냐, 아니면 은밀한 자기 변화를 꾀함으로써 성서의 무모순성에 모순되지 않을 길을 애써 모색하느냐에 있는 것이라고 할 수 있다.[12] 그리고 이 은밀한 자기 변화는 철저하게 자본주의적 이익추구와 연동되어 있다.

결국 개신교 근본주의는 절대적 진리 주장 속에 현실적 이익과 욕망을 은폐함으로써 자본주의적 제국의 세속적 실리추구를 유지한다고 하겠다. 이러한 모순 상황을 극복하는 개신교 근본주의의 방식은 신앙을 철저하게 세속적 삶과 분리시켜서 배타적으로 내면화하고 이를 통해 세속적 이익을 정당화할 수 있는 공간을 확보하는 데 있다.

개신교 근본주의는 자본주의적 사회질서를 자신들의 신앙적 진리와 함께 수호하고 전파함으로써 제국주의적 극단주의를 강화하는데 기여한다고 할 수 있다.[13] 그러나 이들은 자신들의 정치경제적 성향을 만족시키기 위해서 직접적 폭력을 동원하려고 하지 않으며,[14] 다만 내

---

12 Timur Kuran, "Fundamentalisms and Economy," *Fundamentalisms and the State* (Chicago and London: The University of Chicago Press, 1993), 293.

13 사회학자인 피터 스미스(Peter Smith)는 1870년에서 1980년 사이의 영국과 미국의 사례를 연구하여 세계체제에서 한 국가가 발휘하는 지배력과 그 국가의 지배 종교성 (establishment religiosity)이 번성하는 것 사이에 양의 상관관계가 있다는 사실을 밝힌 바 있다. 여기서 더 주목할 점은 이 종교성이 국가 수준에서 뿐만 아니라 국제적 수준에서도 사회 주도 그룹의 이념적 관심사를 반영한다는 사실이다(Peter Smith, "Anglo-American religion and hegemonic change in the world system, c. 1870-1980," *The British Journal of Sociology* 37.1 (1986/4), 88-91. 참조). 이에 따르면 신자유주의 체제의 주요 거점 국가인 미국의 지배 종교성은 신자유주의 체제를 옹호하는 지배 이념을 지지하며 번성하였다(Ibid., 99-102. 참조).

14 Michael Barkun, "Religious Violence and the Myth of Fundamentalism,"

면화된 신앙의 결과 개인적 탐욕을 제어하는 개인적 절제를 통해 자본주의적 모순(자원의 희소성이 탐욕을 따라잡지 못한다는)을 해결하려는 개인주의적 경향을 보인다. 그 결과로 이들은 역사적 무관심과 무책임의 길을 감으로써 지구 반대편에서 벌어지고 있는 가난과 굶주림의 상황에 연민을 느낄망정 자신의 제국주의적 근본주의가 가져온 구조적 결과라는 인식을 갖고자 하지 않는다. 따라서 세계의 신자유주의적 지배구조는 유지되고 지구 반대편의 가난과 굶주림은 절망으로 확장되며, 이에 따라 대항적 근본주의가 강화되고 폭력적 극단주의의 역량 또한 자라난다. 이러한 상황에서 이슬람의 민중이 겪는 가난은 신자유주의적 지배구조에 의해 강제되는 "강제된 가난"(forced poverty)에 다름 아니다.

IV. '잔여': 민중

강제된 가난은 개인들이 책임져야할 실패나 무능력에 기인하는 것이 아니다. 오히려 그것은 사회구조적 문제다. 사회학자인 에드워드 로이스(Edward Royce)가 미국 내 문제 차원에서 진술한 말, "우리는 가난과 불평등의 문제가 경제와 정치 분야의 권력 투쟁과 밀접한 관련이 있다는 사실을 깨달아야 한다"[15]라는 충고는 지구적 차원에서도 진실이다. 제국과 이에 대한 대항 세력으로서의 근본주의는 신자유주의적 지배구조를 전제로 하는 사회구조 내에서 이 사회구조의 권력관계를 유지하는 하나의 '장치'(dispositif)[16]로 기능하고 있는 것이다. 그래

Totalitarian Movements & Political Religions 4.3 (2003/Winter), 58.

15 에드워드 로이스/배충효 옮김, 『가난이 조종되고 있다』 (서울: 명태, 2015), 17.

서 두 극단에 놓인 근본주의는 일종의 권력 장치다. 그리고 가난은 이 권력 장치들이 신자유주의 시장체제 속에서 작동할 때 파생된다. 다시 말해, 제국의 권력과 대항 세력의 권력 사이의 갈등구조가 신자유주의 체제 속에서 만들어내는 부산물이 바로 가난이다. 주지할 것은, 가난은 그 일부가 다시 이 갈등구조를 공고히 하는데 투입된다는 사실이다. 신자유주의 체제에서 가난은 불가피한 잔여인데, 그 체제는 너무도 효율적이라서 이 잔여조차도 자신을 유지하기 위한 잉여로 활용한다. 따라서 강제된 가난 역시 권력 장치들 만큼이나 신자유주의 체제를 구성하는 장치의 일부인 것이다.

이미 프랑스 철학자 들라캉파뉴(Christian Delacampagne, 1949-2007)가 흑인노예 문제를 역사적으로 논하면서, 교회가 침묵을 통해 자본주의와 결탁함으로써 어떻게 구조적 악을 함께 만들어왔는지를 지적한 바 있다.[17] 오늘날 개신교 근본주의자들 또한 구조적 무관심을 통해 신자유주의가 강제된 가난을 양산하는 것을 승인함으로써 선대들의 전철을 밟고 있다. 그리고 이 점에서 "흑인노예무역은 특정 논리(최대 이윤의 논리)의 지배를 받는 반면, 현대에 벌어진 집단학살들은 오로지 극단적 광기의 지배를 받는다."[18]는 들라캉파뉴의 말은 틀렸

---

16 아감벤(Giorgio Agamben)은 푸코(Michel Foucault, 1926~1984)의 '장치' 개념을 다음과 같이 해석하고 있다: "생명체들의 몸짓, 행동, 의견, 담론을 포획, 지도, 규정, 차단, 주조, 제어, 보장하는 능력을 지닌 모든 것"(조르조 아감벤/양창렬 옮김, 『장치란 무엇인가?: 장치학을 위한 서론』(서울: 난장, 2010), 33)으로서 권력과 직간접적으로 접속되어 있는 것. 본고는 아감벤의 이러한 이해를 따라 '장치'라는 말을 사용한다. 그에 의하면 장치는 생명체들(실체들)을 포획하여 권력구조 속에 묶어두며, 반면 생명체들은 언제나 장치들을 통해서만 자신을 이 세계에 현시할 수 있다. 이 과정에서 탄생하는 것이 바로 '주체'다.

17 크리스티앙 들라캉파뉴/하정희 옮김, 『인종차별의 역사』(고양: 예지, 2013), 172-175 참조.

다. 그가 말하는 '특정 논리의 지배'는 지금도 계속되고 있을 뿐만 아니라 더욱 강력하게 진화했다. 오늘의 우리가 마치 이미 자본주의의 야만적인 냉혹함을 벗어난 다른 시절을 살고 있는 것처럼 말하는 것은 하나의 기만이다. 오늘의 '극단적 광기' 또한 이윤만을 쫓는 자본주의적 광기의 연장과 무관하지 않다. 우리는 그것을 신자유주의라고 부른다.

1. '잔여'는 메시아적이다

이 신자유주의 체제 속에서 가난한 자들은 잔여로서 잉여로 재투입되며 형성되는 주체들이다. 이것은 모순처럼 들린다. 잔여는 남겨진 것, 그래서 포함되지 않는 것이라면, 잉여는 생산된 것, 그래서 포함되는 것이기 때문이다. 하지만 이는 신자유주의가 가지고 있는 효율적·기형적 구조에 기인한다. 그것은 남김없이 활용한다. 반면에 자신의 효율성 가치체계에 포섭되지 않는 가치는 배제한다. 효율적이기에 잔여마저 남김없이 빨아들이지만, 기형적이기에 어떤 잉여는 배제된다. 그러므로 신자유주의 체제에서 잔여는 언제나 잉여적 잔여다. 자신의 잉여를 스스로 배제하는 한에서만 잉여로서 참여할 수 있는 잔여[19]를 양산하는 신자유주의는 호모 사케르(homo sacer), "인간의 생명이 오직 자신을 배제하는 형태로만 … 법질서 속에 포함될 수 있었던 고대 로마법의 모호한 형상"[20]의 현대적 주조 장치라 할 수 있다. 이러한 상황을

---

18 Ibid., 179.

19 잉여적 잔여의 대표적인 예로 우리는 비정규직 노동자를 생각할 수 있다. 비정규직 노동자들이 비정규직인 이유는 단지 그들의 노동가치가 정규직 노동자들의 노동가치보다 못하기 때문이 아니다. 신자유주의의 구조적 권력 장치 내에서 정규직과 대등하거나 뛰어난 노동가치라고 하더라도 평가 절하되기 때문이다.

잔여를 중심으로 정리해보도록 하자.

'잔여'(remnant)는 그 성격상 일종의 무관심 내지 무시의 영역, 이를테면 전체로 상정되는 것의 외부에 놓인 것을 말한다. 하지만 이들이 전체의 외부에 놓인 것으로 상정된다고 해서 그들의 실제적인 존재 자체가 소거될 수 있는 것은 아니다. 그들은 배제되고 망각되었다는 사실 그 자체로 이미 전체에 어떤 식으로든 관여하며, 그렇게 함으로써 전체가 하나의 불가능임을 폭로한다. '잔여'는 어떤 확립된 구조도 "그 구성상 '전부가 아니다'라는"[21] 사실을 드러내며, 제국주의적 근본주의와 저항적 근본주의의 대립, 양자택일의 대립이 작동하지 않는 "이중부정의 형식을 취하는 제3항의 존재를 허용한다."[22]

근본주의 논의에서 제국주의적 근본주의자들과 대항적 근본주의자들은 문제의 주체인 반면 강제된 가난에 놓인 자들은 기껏해야 이 두 주체들이 신자유주의 체제 속에서 작동할 때 부산물로 취급되면서 근본주의 논의에서 이내 사라져버린다. 이런 식의 논의에서 강제된 가난은 아무리 호의적으로 취급되더라도 개선되거나 제거되어야 할 대상이지 실천적 주체는 아니다. 그런 의미에서 가난한 자들은 배제된 잔여라고 할 수 있다. 그럼에도 불구하고 가난한 자들은 적어도 대항적 근본주의자들에게 인적 인프라를 제공한다는 점에서 실제적으로는 근본주의 구조 속에 투입되는 잉여다. 그러나 이 잉여가 잔여인 한, 즉

---

20 조르조 아감벤/박진우 옮김, 『호모 사케르: 주권 권력과 벌거벗은 생명』 (서울: 새물결, 2008), 46.

21 조르조 아감벤/강승훈 옮김, 『남겨진 시간: 로마인들에게 보낸 편지에 관한 강의』 (서울: 코나투스, 2008), 90.

22 Ibid.

근본주의와 가난의 문제_ 신익상 | 165

공식적으로는 배제되어 있는 '비-존재'인 한, 언제나 그 가치가 평가 절하되는 방식으로만 투입될 수 있다. 어쨌든 잔여는 전체로부터 밀려났기 때문에 잔여이며, 그런 까닭에 그것의 가치는 전체와 대등하지 않은 것으로 취급받는다. 그래서 잔여로서의 잉여인 가난한 자들은 두 근본주의 주체들이 형성하고 있는 극단적인 대립 속에서 소모되는 잉여로 취급될 뿐이다. 잔여로서의 잉여이기 때문에 이 잉여의 가치는 평가 절하되고, 잉여로서의 잔여이기 때문에 이 잔여는 자신을 평가 절하하는 구조의 부당함을 폭로한다. 그러나 전자가 현실이라면, 후자는 하나의 잠재성으로 남아있다. 따라서 강제된 가난에 처한 사람들은 현실과 잠재성의 중첩이다. 이 점에서 강제된 가난에 처한 사람들은 '메시아적' 주체라고 할 수 있다.

2. '메시아'의 의미: '민중 메시아론'으로부터[23]

메시아는 십자가와 부활이라는 이중구조를 내장하고 있다. 여기서 십자가는 현실태(energeia)를, 부활은 잠재태(dynamis)를 지시한다. 메시아는 현실태와 잠재태, 역사와 초월이 불이적(不二的)으로 중첩되어 있는 것이다. 민중신학의 민중 메시아론은 "민중은 메시아다"라는 선언 속에서 이 사실을 정확하게 표현하고 있다. 민중은 현사실적으로 "역사의 주체가 아닌 실패한 낙오자나 연민의 대상으로 간주"[24]되고

---

23 본 절의 내용은 신익상, "민중은 메시아인가?,"
 http://www.ecumenian.com/news/articleView.html?idxno=13746, 2016년 5월 29일 접속.의 내용을 발췌하여 수정한 것이다.
24 김희헌, 『민중신학과 범재신론』(서울: 너의오월, 2014), 27.

있는, "현실에서는 늘 억눌리고 빼앗김을 당하는 존재"[25]다. 그런데 민중신학은 여기에 한 가지를 더 보탠다. 민중은 자기초월적인 존재이기도 하다는 것이다. 그렇다면 민중신학에서 민중은 구조적 억압에 의해 억눌린 자들이자 이 억압에서 스스로를 구원하는 주체이기도 하다. 민중은 정확하게 현실태—구조적 억압의 현실을 폭로하는 피억압자라는 점에서—와 잠재태—구조적 억압에서 스스로를 구원하는 주체라는 점에서—의 중첩이라는 것으로, 이러한 민중이 메시아인 한 메시아도 이러한 이중구조를 공유한다.

하지만 여기서 정작 중요한 문제로 지적되어 온 것은 설사 민중과 메시아가 서로 같은 이중구조를 갖는다고 하더라도 어떻게 민중이 메시아인가 하는 점이었다. 이에 대해 서남동은 '합류'라는 개념을 사용하여 민중이 메시아임을 더욱 강하게 천명했다. 민중은 신과 역사의 합류이며 기독교의 원점에 다름 아니라는 것이다.[26] 그런데 서남동 자신의 직접적인 표현, "기독교의 민중전통과 한국의 민중전통이 현재 한국교회의 '신의 선교' 활동에서 합류되고 있는 것"[27]이라는 말은 이 '합류'의 특성을 명확하게 드러내준다. 신의 선교가 기독교의 민중사와 한국의 민중사의 합류라면, 이 '합류'는 역사[민중사] 내적인 초월[신의 선교] 자체임을 의미하기 때문이다. 따라서 민중 또한 역사 내적인 초월 자체다. 이 말의 의미를 서남동은 "메시아는 고난 받는 이웃으로 화신(化身)해가지고 우리에게 접근합니다. 그런 의미에서 민중이 메시

---

25 Ibid., 25.

26 Ibid., 72. 참조.

27 서남동, "두 이야기의 합류,"『서남동의 철학: 민중신학에 이르다』(서울: 이화여자대학교 출판부, 2013), 214.

아입니다"28라고 간단하게 설명한다. 민중이 메시아인 이유는 민중의 역사적 성격에 있는 것도 아니고 민중의 초월적 성격에 있는 것도 아닌, 그 교차적 성격 때문이다. 다만 이 교차는 철저하게 역사 '속에서' 이루어진다는 점에서 현실태다. 게다가 그 초월은 외부로부터 주어지는 가능성이 아니라 그 안에서 폭발하여 분출되는 가능성으로서의 자기초월인 까닭에 잠재태다. 민중 메시아론은 성육신론을 기반으로 하고 있음이 분명하다. 다만, 초월의 의미를 철저하게 역사 내재적인 것으로 읽는다는 점에서 메시아 개념을 급진적으로 일반화한다.

안병무의 '사건(event)' 개념은 민중신학의 메시아 개념이 갖는 급진성이 무엇인지를 잘 보여준다. 그는 마가복음의 오클로스를 민중으로 해석하면서 예수가 곧 오클로스라는 명제를 입증해가는 논의의 정점에 오클로스를 예수로서 재발견하는 과정을 두었다.29 김희헌이 지적하듯 그는 "예수와 오클로스 사이에 존재하는 본질적인 '연속성'에 관심"30을 기울였다고 할 수 있다. 이 연속성을 해명하는 개념이 바로 '사건'인데, '사건'은 맥락적·계기적·관계적이기 때문에 예수의 삶이 '사건'이라면 '예수사건' 또한 시공간의 일정 영역을 점하는 특정 계기, 그러나 다른 사건들과의 관계 속에서만 그 실재성이 드러나는 맥락적 계기일 수밖에 없다. 따라서 예수사건의 특수한 계기, 예컨대 부활사건이 오늘 우리에게까지 그 영향을 미치려면, 오직 예수사건의 민중적 성격을 공유하고 있는 오늘의 구체적 사건을 매개로 해야 한다. 그리하여 안병무는 그리스도 사건이 역사적 예수에게만 유일하게 일어나는

---

28 서남동, 『민중신학의 탐구』 (서울: 한길사, 1983), 217.
29 안병무, 『갈릴래아의 예수』 (서울: 한길사, 1993), 176-7. 참조.
30 김희헌, 『민중신학과 범재신론』, 67.

것은 아니며, 역사 속에서 '민중사건'을 통해 계속해서 일어날 수 있다고 말할 수 있었다.[31]

그렇다면 민중신학이 메시아 개념을 급진적으로 일반화한 것이 구체적으로 무엇인지가 명확해진다. 예수를 수식하고 있는 '메시아'라는 말은 예수의 유일회적이고 비시간적인 초월성을 설명하는 신성을 가리키는 것이 아니다. 오히려 메시아는 억압받는 민중이 자기를 초월해 가는 역사 내적 과정, 예수가 민중의 내부에서 민중이 처한 구조적 억압의 현실을 민중으로서 초극해나갔던 과정을 가리킨다. 따라서 메시아란 역사의 일점인 예수의 삶만을 배타적으로 규정하는 존재론적 지시어가 아니라, 역사의 매 계기마다 민중적 주체들에 의해 실천되는 자기초월의 과정을 나타내는 관계적 지시어라고 할 수 있다. 민중신학에 의해서 메시아 개념은 역사적 유일회성이 탈각되고 역사의 매 계기마다 민중이 실현해 가는 자기 초월성으로서의 역사 내적 역량을 뜻하는 것으로 재해석된 것이다. "민중은 메시아다." 이 선언은 민중의 잠재적 역량을 메시아를 통해 지지할 뿐만 아니라 메시아의 역사적 현실성을 민중을 통해 지지하는 방식으로 "예수는 메시아다"라는 기독교의 전통적 신앙고백을 급진적으로 일반화한다. 예수가 민중인 만큼 민중은 예수인 것이다.

이상의 논의로부터 민중 메시아론에서 말하는 메시아의 의미를 다음과 같이 정리할 수 있겠다: 메시아란 역사의 한 점에서 유일회적으로

---

31 안병무, 『민중신학 이야기』 (서울: 한국신학연구소, 1988), 59, 104; 김희헌, 『민중신학과 범재신론』, 69.에서 재인용; 민중 메시아론의 '사건' 개념에 대한 요약적 설명은 김희헌, "유영모와 민중신학-한국적 범재신론과 실천적 수행종교," 『신학연구』 67 (2015/12), 147-148. 참조.

완결된 존재자를 가리키는 말이 아니다. 또한 메시아란 역사 밖에서 진입해 들어오는 초월적 존재자를 가리키는 말도 아니다. 메시아란, 계기적으로 발생하는 맥락적 사건으로서 현실과 현실 초극이 교차하며 중첩되는 역사 내재적 운동을 지시하는 말이다. 더하여, 이러한 운동이 곧 민중인 한, 민중 또한 특정 계층을 가리키는 말이 아니라, 매 계기마다 역사적으로 확인되는 '운동'을 가리키는 말이라고 할 수 있다. 이런 까닭에, 메시아는 그 명사적 표현형에도 불구하고 그 기능에 있어서는 서술적이다. 메시아는 언제나 '메시아적'이다.

3. '메시아적'의 의미: 아감벤의 바울 이해로부터

아감벤은 로마서 연구를 통해 바울의 사상에 담긴 '메시아적' 삶과 시간의 구조를 밝힌 바 있다. 이 연구는 우선 '그리스도'라는 명칭의 본래적 의미가 무엇이었을까를 규명하는 데서 시작한다. 기독교 전통이 오랜 갈등과 투쟁 속에서 형성하고 유지해왔던 '예수 그리스도'라는 고유명사가 바울에게도 고유명사였느냐는 물음에 다름 아니다. 그는 바울이 '그리스도'를 고유명사가 아닌 보통명사로 사용했다고 결론 내린다. 단적인 예로, 바울은 한 번도 '주 그리스도'라는 표현을 사용하지 않았고 언제나 '주 예수'라든지 '주 예수 그리스도' 등으로만 표현했다.[32] 그렇다면 바울에게 '그리스도', 또는 '메시아'라는 용어는 '큐리오스'와 같은 보통명사지 '예수'와 같은 고유명사는 아니라고 할 수 있다. 이미 바울 당시 로마제국의 황제들이 '그리스도' 즉 구세주라는 칭호를

---

32 아감벤, 『남겨진 시간』, 37. 참조.

선점하고 있었지만,[33] 이 용어가 여러 황제들에게 사용되었다는 사실에서 알 수 있듯이 이때에도 이 용어는 어디까지나 보통명사로 사용되었다는 것을 간접적으로 확인할 수 있다. 바울은 황제에게 사용되던 이 보통명사를 유대 시골구석의 가난한 민중 예수에게 사용함으로써 반제국주의적인, 그렇다고 제국의 반대편에 서서 제국주의적 욕망을 지탱하고 있는 저항적 극단주의는 아닌 어떤 것으로서의 '메시아' 운동을 증언했다.

하지만 '메시아' 또는 '그리스도'가 예수에게만 붙일 수 있는 고유명사가 아니며 누구에게나 적용될 수 있는 보통명사라는 사실을 확인한 것만으로는 충분하지 않다. 왜냐하면 이 명칭이 '메시아 예수'나 '메시아 민중'과 같이 다른 명사와 연접되어 사용될 때 그 실제적 쓰임새에 대해서 더 고민해 봐야하기 때문이다. "민중은 메시아다"라는 말에서 '메시아'는 서술적 용법으로 사용된다. 다시 말해, '메시아'는 '민중'을 설명한다. 따라서 '메시아 민중'에서의 '메시아' 역시 '민중'을 설명하는 말이어야 한다. 그렇다면, '메시아 민중'에서의 '메시아'는 '민중'을 꾸미는 수식어로, 즉 형용사적 용법으로 사용된 것이라고 할 수 있다. '메시아 민중'은 '메시아적 민중'에 다름 아닌 것이다. 이제부터 우리는 '메시아적'을 사유해야 한다. 이렇게 함으로써 '메시아'라는 명사가 사용될 때마다 빠져들게 되는 존재론적 혼란, 두 개별적 존재자가 어떻게 동일할 수 있는가 하는 풀리지 않는 난제 속에서 헤매지 않도록 할 수 있다.

---

33 존 도미닉 크로산, "로마제국의 신학", 『제국의 그림자 속에서: 신실한 저항의 역사로서 성서 새로 보기』 (고양: 한국기독교연구소, 2014), 127.

'메시아적'은 긴장 상태를 표시한다. 아감벤의 말로 하자면, 그것은 "자기 자신과의 긴장 속에 위치시키는 것이다."[34] 민중의 자기 초월적 성격을 설명해주는 이 말은, 형식은 바뀌지 않은 채 다만 기각됨으로써 비결정의 상태에 놓인다는 것, 단순히 제거하는 것이 아니라 관통하여 종말을 준비한다는 것을 의미한다.[35] 두 극단의 근본주의 그룹 사이에 끼인 가난한 자들을 다시 생각해보자. 이들은 근본주의 논의에서 그 주체적 성격이 배제된 채 수동적인 이물질처럼 끼어 있다. 다시 말해, 두 근본주의 외부에 잔여로 남아있다. 앞서 말한 것처럼 잔여는 하나의 완결된 전체를 주장하는 주체들 바깥에 '있다.' 그런데 잔여의 '있음'은 그것이 있다는 사실로 인해 전체의 전체성을 무효화한다. 따라서 두 극단의 근본주의로 구성된 극단주의 논쟁이나 토론은 모두 무효다. 그 러나 이것으로 끝이 아니다. 잔여는 훨씬 더 역동적인 역량을 담고 있 기 때문이다. 이는 잔여가 전체의 외부에 있으면서 동시에 전체에 의해 규정된다는 사실에 기인한다. 잔여는 전체의 내부로부터 배제되는 형 식으로만 규정된다. 더 정확하게, 잔여는 전체의 내부로부터 배제되는 형식을 통해 전체에 포함된다. 잔여의 고통이 생산되는 지점은 정확하 게 여기다. 배제의 사실 자체가 효력이 됨으로써 잔여는 여전히 전체의 영향권 안에 머물게 된다. 전체 내에서 향유하는 효력이 자신에게는 미치지 않는다는 사실이 효력이 되고 있는 것이다. 이러한 상황을 아감 벤은 '포함된 배제'(inclusive exclusion)라고 부른다.[36] 그런데 바로 잔

---

34 아감벤, 『남겨진 시간』, 48.

35 Ibid., 49. 참조. 여기서 중요한 것은 '메시아적'이 종말의 '성취'가 아니라 종말의 '준비'를 지시한다는 사실이다. 이 수식어는 수식되는 대상이 하나의 종결된 사건이 아닌 계속되는 운동임을 강변한다.

여가 처한 이 상황, 배제의 형식으로 포함되는 상황은 전체의 경계를 관통하여 그 바닥으로부터 허물고 전체를 결정 불가능한 상태에 빠뜨린다. 강제된 가난은 두 근본주의의 대립을 지탱하고 있는 신자유주의 구조의 전체성을 의문시하고 그 효력을 무효화하는 이 구조의 내적 외부, 포함된 배제로 작용한다. 아감벤은 다음과 같이 말한다: "메시아주의란 결국 일종의 예외 상태의 이론이다. 단 유효한 권력이 그러한 예외 상태를 선포하는 것이 아니라, 권력을 전복시키는 메시아가 그것을 선포한다는 차이가 있을 뿐이다."[37]

이상의 논의로부터 '메시아적'의 의미를 다음과 같이 정리할 수 있겠다: '메시아적'은 잔여로 하여금 자기 자신과의 긴장 상태에 놓이도록 한다. 이 긴장은 전체와 잔여의 관계 속에서 잔여가 언제나 포함된 배제의 형식으로만 가능하기 때문에 발생하며, 이로 인해 전체의 전체성을 무효화하고 효력 정지시킨다. 여기서 주지해야 할 사실은 세 가지다. 첫째, '메시아적'은 결코 전체를 수식할 수 없다. 전체는 스스로 긴장 상태에 놓이지 못하기 때문이다. '메시아적인' 것은 언제나 잔여다. 둘째, 잔여의 '메시아적' 성격으로 인해 잔여는 전체와 잔여로 나누는 평면상의 절단선을 내파하며 초월한다. 셋째, 잔여가 '메시아적인' 한, 잔여는 전체가 설정한 주체 규정을 무효화하는 자기 초월적 주체다.

4. 메시아적 잔여-주체: 보편을 뛰어넘는 잠재적 역량

하지만 핀켈데(Dominik Finkelde)가 이미 지적했던 것처럼 아감벤

36 조르조 아감벤, 『호모 사케르』, 66-81. 참조.
37 Ibid., 135.

에겐 주체라는 개념을 제안하는 것 자체가 불가능한 것은 아닌가?[38] 그는 아감벤이 재개와 폐지의 반복을 너무도 강조하기 때문에 동일성을 수립할 수 없는 잔여만을 말할 수 있고, 이러한 잔여라면 주체가 될 수 없다고 생각한다. 하지만 이런 결론은 지나친 것이다. 아감벤은 데리다(Jacques Derrida)가 아니다. 데리다에겐 도래하지 않음이 도래하지만, 아감벤에겐 무언가가 실제적으로 도래한다.[39] 데리다는 끝없는 지연을 말한다면, 아감벤은 성취와 폐기가 반복되는 운동을 말한다. 데리다는 점근선을 그리려고 하지만, 아감벤은 넘나들며 전복시키는 파동운동을 그리려고 한다. 주체화는 이 파동운동의 한을 이루면서 탈주체화와 함께 실존의 흐름을 생성해간다.[40] 물론 아감벤에게 주체는 ―잔여를 포함하여― 권력 장치의 일부이기 때문에 전체에 포함되어 있고,[41] 따라서 탈주체화를 통해 효력 정지될 운명에 놓여있다. 그렇다고 하더라도 주체가 실존하지 않는 것은 아니다.

어쨌든 아감벤에게 주체는 가능할지라도 보편적이지 않은 것만은 분명하다. 전체의 내부에 있는 주체는 보편을 주장하자마자 잔여에 의해 무효화되고 만다. 따라서 아감벤이 추구하고자 하는 유일한 주체가 있다면 그 주체는 보편-주체를 무효화하는 주체, 곧 '잔여-주체'뿐이다.

---

38 도미니크 핀켈데/오진석 옮김,『바울의 정치적 종말론』(서울: 도서출판b, 2015), 65. 참조.

39 조르조 아감벤,『호모 사케르』, 134.

40 조르조 아감벤/정문영 옮김,『아우슈비츠의 남은 자들: 문서고와 증인』(서울: 새물결, 2012), 202. 참조.

41 전체의 내부에 있는 주체는 배제된 포함이며, 전체의 외부에 있는 주체는 포함된 배제라는 점에서 포함은 배제만큼이나 전체의 내부와 외부를 가로질러 있다. 다만, 포함된 배제만이 자기 자신과의 긴장 상태에 놓일 수 있다는 점에서 탈주체화의 역량은 포함된 배제 즉 잔여에게 주어진다.

여기서 잔여는 메시아적이므로 잔여-주체 또한 메시아적 잔여-주체다. 앞서 메시아적인 것은 자기 자신과의 긴장상태에 놓여 자기 초월을 가능케 하는 잠재적 역량임을 말한 바 있다. 따라서 메시아적 잔여-주체는 보편을 뛰어넘는 잠재적 역량이며 따라서 탈주체화 하는 역량이다.

권진관의 근본주의 연구는 메시아적 잔여-주체의 잠재력이 어떻게 현실화하는지 가늠할 수 있는 통찰을 제시한다. 그는 진정한 종교정신에서 주체는 절대와 상대의 긴장 속에서 분열되어 있기에 이 분열의 간극을 극복하려는 성찰적 주체의 탄생이 가능하지만, 근본주의는 주체의 획일적 일치에 경도됨으로써 자기 주체를 절대적으로 절대화하는 반면 타자를 절대적으로 상대화함으로써 성찰적 주체가 탄생할 간극 자체를 불가능하게 한다고 말한다.[42] 아마도 그가 '진정한 종교정신'이라고 말한 것을 '메시아적'인 것이라고 고쳐 말할 수 있을 것이다. 이렇게 하면 '자기 자신과의 긴장상태'란 다름 아닌 절대와 상대, 전체와 잔여 사이의 간극을 극복하려는 '성찰'로 이해할 수 있다. 메시아적 잔여주체는 성찰적 주체로서 보편을 주장하는 전체와 이 주장에 의해 배제되는 잔여 사이의 간극을 무화하는 잠재적 역량이다. 그렇다면 성찰은 개인주의적 해석만으로는 도달할 수 없는 구조적 차원을 아우르는 전복적 무화로 이해될 수 있다. 회개는 전적 변화여야 한다.

이제 다시 가난의 문제로 돌아갈 준비가 되었다. 강제된 가난은 근본주의와 상관관계가 있으면서도 논의 자체에서 배제된다는 사실로부터 잔여의 지위를 획득한다고 전술한 바 있다. 그렇다면 강제된 가난에

---

42 권진관, "한국 기독교 우파의 근본주의적 윤리와 예수의 윤리", 『종교문화학보』 11 (2014/12), 32-48. 참조.

처한 사람들을 메시아적 잔여-주체로 설명하는 것 또한 가능할 것이다. 이에 따라 다음과 같이 강제된 가난의 주체적 성격을 정리할 수 있다: 강제된 가난에 처한 사람들은 신자유주의 체제 속에서 형성된 두 극단의 근본주의 대립 구조 내에서 잔여의 형식으로 배제됨과 동시에 평가절하된 잉여로 소모된다. 그런데 바로 이 잔여의 메시아적 성격으로 인해 강제된 가난은 신자유주의 내 근본주의 대립구조 자체를 그 바닥으로부터 무효화하며 효력 정지시킬 잠재적 역량을 갖는다. 이 역량은 그러나 가난 아닌 다른 것일 수 없다. 잔여-주체는 어디까지나 자기 자신과의 긴장상태로부터 등장하는 것이기 때문이다. 따라서 강제된 가난은 자신 안에서 자기와 긴장상태에 놓여야 할 것이다. 이렇듯 강제된 가난이 자기 자신과 긴장관계에 놓이게 될 때 현실과 현실 초극의 교차와 중첩이 가능하게 되는데, 강제된 가난에 잠재하는 이 가능성을 '자발적 가난'(voluntary poverty)이라고 할 수 있다.

V. 결론을 대신하며: 자발적 가난

자발적 가난은 새로운 개념이 아니다. 기독교만 하더라도 적어도 초대교부들까지 거슬러 올라가는 오랜 역사를 가졌다. 일찍이 알로이시우스 피에리스(Aloysius Pieris)는 기독교 전통에 불교 전통을 합류시켜 자발적 가난을 아시아 민중의 해방적 삶을 가능케 할 역량으로 재해석한 바 있다. 그는 내면의 이기적인 욕망을 극복하기 위한 투쟁과 가난한 이들과 연대하는 단순한 생활방식을 수용하는 "자발적 가난"을 제시함으로써[43] 근본주의 신앙을 극복할 수 있는 대안을 제시했다. 내면화된 신앙과 탐욕에 대한 개인적 절제만을 강조하지 않고 내면과 외면의 일치, 부정의에 저항하는 내적 가난과 외적 연대의 조화를 추구하고자 한 것으로 가난한 자들, 주변부화된 자들에 의해 하느님 나라가 실현된다는 생각이 담겨 있다.[44]

가난에 대한 이러한 생각은 제국주의적 근본주의와 저항적 근본주의 사이에서 양자를 매개하며 강화하는 가난의 상황에서 벗어날 수 있는 길을 열어준다. 자발적 가난에 의해 가난은 피해자의 전유물이 아니라 변혁하는 잠재력으로 변화한다. 실로, 예수의 말처럼 하느님 나라는 가난한 자들의 것이다.

하지만 우리는 여기에서 한 걸음 더 나아가야 한다. 피에리스는 가난한 자들의 주체적 역량에 충분히 관심을 기울이고 있지 않기 때문이다. 그의 자발적 가난은 가난한 자들'의' 가난보다는 가난한 자들'을 위한' 가난을 강조하는 측면이 있다. 아마도 그의 대화 상대는 아시아의 가난한 자들이 아닌 아시아의 교회였기 때문에 가난한 자들과의 연대를 교회에 촉구하는 언어가 더 필요했을 것이다. "아시아 해방신학의 성립 여부는 오직 아시아 교회가 아시아 민중의 가난과 수난의 종교성 속에서 죽고 다시 태어날 수 있는가 하는 교회론의 혁명의 문제"[45]와 관련된다는 설명은 이러한 추측에 무게를 실어준다. 그러나 메시아적인 것, 참다운 종교정신은 교회론이 아니라 혁명이며, 교회론의 혁명

---

43 Aloysius Pieris, *An Asian Theology of Liberation* (New York: Orbis Books, 1988), 20. 참조.
44 Ibid., 122.
45 서창원, "피에리스와 아시아 해방신학", 「기독교사상」 46.10 (2002/10), 172.

을 통해서가 아니라 혁명론의 혁명을 통해서 현실화된다.

하지만 혁명론의 혁명은 혁명론이 아니다. 이는 제국주의적 근본주의의 극복이 저항적 근본주의가 아닌 이치와 같다. 혁명론은 가난의 공간을 수동적 잔여로 남겨둔다. 그러나 메시아적 잔여-주체로서 가난한 민중은 '시혜를 받는' 자들이 아니다. 민중의 잠재적 역량으로서 자발적 가난은 단지 실제적이고 영적인 가난에 참여하는 신앙 엘리트들의 잠재력과 같은 것이 아니라, 민중이 처한 강제된 가난 자체와의 긴장 상태 속에서 이 가난과 이 가난을 지탱하고 있는 전체의 구조를 효력 정지시키는 역량이다. 이 역량은 강제된 가난 자체와 관계된 것이지 그 외부로부터 진입해 들어오는 것일 수는 없다. 근본주의 구조 속에서 잔여로 배제되는 민중은 자신이 처한 배제가 포함된 배제임을 폭로함으로써 탈주체화 사건이 되고 이와 동시에 근본주의 구조는 신자유주의라는 토대에서부터 탈근본주의로 이행한다.

자발적 가난은 근본주의자들이 정체성 위기에 직면하여 취했던 태도와는 정반대의 길을 가도록 우리를 이끈다. 근본주의자들은 절대화된 형식의 근본을 상정하고 거기에 매달리고자 했다. 하지만 자발적 가난은 이 절대화된 형식으로서의 근본을 내면화된 신앙과 외면화된 지배구조 모두로부터 허묾으로써 근본에서 벗어나는 길을 가도록 한다. 근본에서 벗어나는 것을 삶의 근본으로 삼음으로써 이 세계의 부정의한 현실을 외면하지 않고 탐욕을 극복하는 자발적 가난의 삶, 그것은 이를테면 메시아적 잔여-주체, 민중의 탈-근본적 삶이다.

| 제2부 |

민중신학,
여성신학과의 연대

| **최순양** | 스피박의 서발턴(하위주체)의 관점에서 바라 본
        민중 여성 신학적 담론 구상
| **이숙진** | 한국교회의 남성 만들기
| **허주미** | 결혼이주여성을 중심으로 읽는 로안과 룻의 이야기

스피박의 서발턴(하위주체)의 관점에서 바라 본 민중 여성 신학적 담론 구상*

최 순 양**

I. 들어가는 말

필자는 이 글에서, 탈식민지 담론에서 이야기하는 주체의 문제를 특별히 스피박(Gayatri Spivak)의 관점에서 살펴보고자 한다. 스피박은 학문적 담론에서, 특별히 하위주체의 삶을 알려내고자 하는 학문— 탈식민지, 해방이론 등등— 담론에서 더 더욱 하위주체의 목소리가 왜곡되고나 들려지지 않고 있음을 지적한다. 스피박은 인도의 서발턴 연구자들, 탈구조주의학자 등등이 하위주체의 상황과 목소리를 알리려고 하는 과정에서, 의도하지 않게, 더 그 목소리를 삭제시키는 경우가 많음을 주목한다.

---

* 이 글은 「신학논단」 72호(2013/6)에 게재된 글을 수정한 것이다.
** 이화여자대학교 연구교수 / 여성신학

따라서 이 글에서 필자는 스피박이 분석하는 '하위주체'가 해방지 향적 학문담론에서 어떻게 재현되면서, 동시에 삭제되는지 그 과정을 살펴볼 것이다. 스피박의 많은 작품들을 다루기에는 지면적 한계가 있 기 때문에 그의 에세이 "서발턴은 말할 수 있는가?"(Can the Suballtern Speak?)[1]를 중심으로 스피박의 주체문제를 살펴 볼 것이다. 이 작품에 서 그리고 있는 문제점들을 중심으로, 하위주체가 지식인들의 담론화 과정에서 어떻게 전달되는지의 문제를 다루고자 한다. 그리고 민중신 학자 권진관의 글에서 표현되는 '민중'의 주체는 어떻게 전달되는 지의 문제도 살펴 볼 것이다. 덧붙여서, 과연 앞으로 지식인이 '하위주체'와 어떤 관계 속에 있을 수 있으며 그들에 대한 담론을 형성하는 과정은 어떤 형태여야 할지에 대한 조심스러운 논의 또한 다루어 보고자 한다.

II. 서론적 이해: 탈식민주의와 정체성(identity) 문제

지구화 혹은 글로벌리즘이라고 불리는 흐름에 맞추어 "민족"(eth-nicity)이나 "인종"(race)을 들먹이는 것은 시대를 역류하는 생각으로 간주되기 쉬운 것이 오늘날의 현실일 것이다. 그러나 지구화를 주도하 며 신자유주의식 경제 구조를 형성시키고 있는 미국 중심의 논리에서 볼 때, "초-민족"적이고, "초-인종"적인 것만이 바람직한 대안일까 라 는 질문에도 또한 회의가 들 수밖에 없기도 하다. 그러나 문제는, 제국

---

1 Cary Nelson and Lawrence Grossberg (eds) *Marxism and the Interpretation of Culture* (London: Macmillian, 1988), 271-313.

주의와 식민주의의 대항담론으로 형성시켜온 민족주의를 그대로 사용할 수는 없다는 것이다. 이러한 민족주의가 가지고 있는 문제점은 제국주의에 대항하여 엄격한 이분법을 더욱 지켜오면서 그 안에 내재되어 있던 "차별"과 "획일성"을—엄밀히 말하면 이분법적으로 차별하는 획일성을— 스스로 비판하지 못한 데 있다. 따라서 포스트콜러니즘에서 주목하는 "주체"에 있어서 "민족"을 다시 이야기한다면 그것은 그동안 간과해 버린 그래서 주목받지 못한 "차이들"을 드러내고 강조하는 것이어야 한다. 파농(F. Fanon), 사이드(Edward Said), 바바(homi bhabba) 그리고 스피박에 이르기까지의 탈식민지 이론가들이 민족 혹은 인종을 다루면서 문제시 삼는 것은 단순히 민족의 특수성이나 억압이 무엇인가를 다루는 것이 아니라 서양과 동양 중심과 주변부, 남성과 여성(스피박의 경우)이라고 하는 이분법 구조에서 다양하게 나타나는 식민지성을 그리고 그 속에서 묻혀버린 차이성을 드러내는 데 주목한다.

탈식민주의 이론가들이 "주체" 혹은 "정체성"을 다룰 때 그들은 "차이의 정치학"(politics of difference)[2]에 강조점을 둔다. 말하자면 주체/타자, 서양/동양, 중심/주변 등등의 이분법적 구조 속에서 주체가 가지고 있는 특성들을 타자는 반대로 가지고 있거나, 가지고 있지 않는 존재로 인식되고 그것이 "다름"이나 "차이"로 존중되는 것이 아니라 열등한 존재로(차별로) 간주되는 현상 속에서 그것을 다양성으로 (혹은 다양함에 대한 존중으로) 복원하려고 노력하는 것이라 하겠다. 다양한 사람들을 "타자화"시키면서 그 사람들의 특성을 "야만적"이고 "열등하고" "모자란" 존재들로 구성하는 데 작용하는 기제는 이항 대립적 이분법

---

2 태혜숙, 『탈식민주의 페미니즘』 (서울: 여이연, 2001), 44.

(binary opposition)이라 할 수 있다. 하얀 백인과 반대되는 노란 황인종, 내지 검은 흑인종에서도 보여 지듯이, 이러한 이분법은 주체에게 그 구별의 근거가 놓여지고, 그 근거의 반대급부가 열등한 타자에게 특징 지워진다. 이항 대립적 이분법은 주체와 타자의 이미지를 확고히 하는 데 결정적 역할을 한다. 따라서 이러한 이분법에 근거한 타자화의 이미지를 그대로 사용하는 한, 우리는 "차이"와 다양성을 말하지 않고 계속해서 "차별"과 "고정관념"을 재생산할 수밖에 없다.

타자화를 극복할 수 있는 대안으로 예를 들어 보자면, 호미 바바의 경우, 주체가 비주체자를 타자화하는 것을 극복하기 위해서 고정적이고 안정적인 이미지를 다시 사용하는 것이 아니라 "혼종성"(hybridity)과 "양가성"(ambivalence)을 사용하여 그 이분법적 분류를 극복해야 한다고 주장한다. 식민적 경험속에서 피식민자(피지배자)의 정체성은 확연하기보다는 얼룩지고 혼재된 양상을 띤다. 지배자의 모습과 문화 양식을 닮아 있으면서도 완전히 같지는 않은 "따라하면서도" "구별되는" 양가성을 통해 식민자의 권위를 잠식해 들어간다. 거의 완벽에 가깝긴 하지만 그렇다고 똑같지는 않은, 일종의 "흉내내기"(mimicry)를 통해 식민주체의 권위, 흑인을 지배하려했던 백인들의 정체성은 결코 완벽한 정체성이 될 수 없으며, 따라서 부분적으로 존재하는 정체성이 될 수밖에 없음이 폭로된다.[3]

바바와 같은 탈식민주의 이론가들이 이해하는 정체성은 확연한 이분법이나 대조법이 아닌 "경계선상"(borderline) 혹은 "사이"(in-between)를 통해 그동안 잘 읽혀지지 않았을 피지배자들의 차이점들을 드러냄

---

3 homi k. bhabha, *The location of culture* (London: Routledge,1994), 92.

으로써 형성된다. 백인 혹은 남성이라고 하는 정체성이 흑인 또는 여성과의 이분법적 구분을 통해서 확고해지기 때문에, 그 이분법적 구분을 흐트러뜨릴 수 있는 방법은 그 구분이 생각보다 객관적이고 중립적이지 않다는 점을 ─누구의 관점에서 보느냐에 따라서 그 사이에 무수한 차이들이 존재한다는 것을─ 인식할 때 저항담론을 만들 수 있다.

  그러나 호미 바바식 탈식민지식인의 "차이"혹은 "협상"에 주목한 주체이해와 필자가 주로 다루고자 하는 가야트리 스피박의 주체이해는 같은 듯 다른 모습을 갖는다. 특별히 스피박과 바바와의 차이점은, 탈식민지이론에 해체이론을 적용시켜 바라본다는 점이다. 탈식민지이론이 가지고 있는 이분법적 대상화의 문제점을 파헤쳐서 그 안에서 피식민주체가 어떻게 이중으로 타자화 되는지를 분석한다. 바바가 "협상"이나 "모방"의 문제에 주목했다면, 스피박은 협상에 개입하는 방식에 초점을 둔다. 서구이론과 지식과의 "협상"의 문제에 있어서 지식구조나 권력구조에서 배제될 수밖에 없는 피식민 주체일수록 자신을 둘러싼 담론들을 분석하고 파헤쳐서 "비판적 협상"을 하여야 한다고 주장한다. 스피박은 가진 것이 없는 사람들일수록 지배적 권력구조에 들어가서 얻어낼 만한 것들을 얻는 협상 능력을 키워야 한다고 역설한다.[4] 이 비판적 협상은 서구담론, 혹은 지식인의 담론에서 노동자, 제3세계, 여성, 농민 등 다양한 억압집단의 정체성이 어떻게 허구적으로 "재현"되었는가를 밝히는 과정에서 드러난다. 이러한 비판적 협상을 하는 과정에서 스피박은 더욱이, 서구지식인 뿐만이 아니라 서구 중심

---

4 Gayatri Spivak, *The Post Colonial Critic: Interviews, Strategies, Dialogues* (London: Routledge 1990), 72.

적 지식과 권력구조를 비판하는 탈식민지식인, 탈구조주의자들 역시 노동자 및 제3세계 여성들을 허구적으로 "재현"하고 "대상화"하는 우를 범할 수 있다는 것을 주목한다. 다시 말해, 지식인들은 의도하든 의도하지 않든 학문적 담론을 생산할 때, 그들의 가진 지식인성과 특권의식 때문에 피식민주체와 피억압자를 '재현'하고자 해왔으며, 이러한 재현은 대부분의 경우 지식인의 자의적 의도에 의해서 또 다른 대상화와 왜곡을 낳게 되는 경우가 많다는 것이다.

또 하나의 중요한 스피박과 바바의 차이점은 이러한 대상화된 사람들을 "서발턴"(혹은 하위주체)이라는 이름으로 일컬으면서 동시에 그들의 다중적 억압 상황을 가능한 한 면밀하게 바라보려고 노력한다는 것이다. 또한 바바등의 탈식민 이론가들이 표현하는 피식민 주체에서는 다뤄지지 않은 "젠더"문제를 분석하면서 피식민 주체를 더 심화시킨다. "서발턴" 개념에 여성 특별히 인종, 경제면에서 하부구조를 형성하는 여성 서발턴의 삶을 드러냄으로써 피식민 주체의 주체성 논의를 더 정교하게 다루고 있다. 이런 측면에서 본다면 스피박은 탈식민지 이론만을 다룬다기보다는 탈식민지 이론과 동시에 마르크스주의, 페미니즘, 해체론을 동시다발적으로 연구함으로써 주체 문제를 다루고 있다고 할 것이다.

따라서, 필자는 스피박이 주목하는 '재현'과정에서 나타날 수 있는 (여성)하위주체의 대상화와 왜곡의 문제를 다루어 보고자 한다. 해방지향적 학문을 하는 지식인들의 관점에서도 무의식적으로 '나-그들'(I- them)이라고 하는 분리와 대상화가 나타날 수 있기 때문이다. 그리고 이러한 대상화는 또 다른 허구적 하위주체(서발턴: subaltern)를 끊임없이 생산해 나갈 수밖에 없다.

II. 스피박의 주체 이해

1. "하위주체"(서발턴:Subaltern)

탈식민지 혹은 반제국주의 운동에서 등장하는 피식민지주체에 대한 묘사는 '프롤레타리아', '노동자', '농민 여성' 등 여러 이름으로 묘사되어 왔다. 이러한 용어들은 공통적인 특성을 상정함으로써 집단의 정치적 계급적 의식을 형성하는 장점을 가지고 있기는 하지만, 문제는 그 속에 속한 개개인의 삶을 과장하거나 단순화할 수 있는 위험을 가지고 있다. 이런 이유로 스피박은 기존의 이름들 대신 비교적 계급적 정체성에서 자유로운 서발턴(subaltern)이라는 단어를 선호한다.

나는 한 가지 이유에서 서발턴이라는 단어를 좋아한다. 상황에 따라 달리 해석되는 말이기 때문이다. 서발턴은 본래 군대 내 특정계급을 묘사하기 위해 사용되기 시작했다. 그람시는 검열을 피하기 위해 이 단어를 사용했다. 그는 마르크스주의를 일원론으로 프롤레타리아를 서발턴으로 불러야 했다. 구속 상태에서 사용된 이 단어는 엄격한 계급 분석으로는 분류되지 않는 모든 것을 지칭하는 말로 변형되었다. 나는 이 말에 이론적인 엄격함이 존재하지 않기 때문에 이 말을 좋아한다.[5]

계급운동을 중시하는 마르크스주의자들에게 프롤레타리아는 경제적 억압이라는 측면에서 강조되어 인식되었고, 제국주의를 분석하는

---

5 Spivak, *The Post-Colonial Critic: Interviews, Strategies Dialogues*, 141. 스피박넘기, 스티븐 모튼 92에서 재인용.

탈식민지이론에서는 식민성이라는 측면에서 그 정체성이 단순화되어 묘사되었음을 스피박은 비판한다. 그러나 실존적 프롤레타리아는 단순히 한 두 개의 정체성으로 대변되지 않는다. 그리고 한 편으로 노동자, 식민지인, 제3세계인의 특성을 모두 대표하는 '진짜 노동자', '진짜 식민지인'은 존재하지 않는다는 것이다. 주체는 한 가지 혹은 두세 가지의 공통점만으로 표현하기에는 그 얼굴이 너무 다양하다. 더군다나 여러 억압의 연결고리에서 다중적 고통을 겪고 있는 하위주체 여성의 정체성을 단순화한다는 것은 그 자체가 무리이자 왜곡이 될 수 있다. 남성 대 여성이라는 이분법적 구조 속에서 남성의 억압에서 벗어나는 것이 여성의 해방임을 상정하는 페미니즘의 입장은 여성의 남성의 '반대'로 상정하기에 문제가 있다. '민족의 독립'을 이야기하는 것이 대안임을 상정하는 반식민주의자들의 논의에서는 사람들을 온통 식민과 제국주의 입장에서만 보려하기 때문에 다른 현실들을 놓칠 수 있다. 따라서 이러한 이분법적 구도 속에서 정체성을 상정할 경우 지식인들은 역사의 저층부에 있는 하위주체의 문제를 간과할 수밖에 없다고 스피박은 비판하고 있는 것이다.

스피박이 데비(Devi, Mahasweta)의 단편소설 〈젖어미Breast Giver〉를 분석하면서 민족주의 상류계급 중심의 신화가 가진 한계를 지적한 것은 흥미로운 일이다. 이 이야기에서 스피박은 주인공인 하위주체 여성 자쇼다에게 주목하는데, 간디의 비폭력적 독립운동에서 인도는 어머니 인도로 미화되어 표현된다. 그러나 스피박은 데비가 소설에서 묘사한 자쇼다가 오히려 대영제국으로부터 독립을 얻었지만 만신창이가 되어 있는 인도의 모습을 역설적이게도 닮아있다고 역설한다. 자쇼다는 불구가 된 남편을 부양하기 위해 브라만 가정에 직업유모로 고용되었던 사람이다. 직업유모로 살면서, 자쇼다는 착취당하기도 하고 정당한 임금을 받지 못한다. 그 과정에서 그녀의 육체는 자신이 아닌 남편을, 자신의 아이가 아닌 부르조아 자녀를 키우는 데 사용되지만 나중에는 결국 유방암에 걸리게 되고, 만신창이가 된 채 죽음을 맞게 된다. 이 자쇼다는 '어머니 인도' 라고 하는 허황된 신화속에서 민족과 독립을 상징하는 주체로 미화되고 있지만 사실은 역사의 밑바닥에서 고난당한 채 처참하게 죽어 간 하위주체에 지나지 않는다. 스피박은 이런 허황되고, 미화된 재현 속에서 정작 하위주체의 목소리나 이야기는 외면하고 있는 민족운동가, 독립운동가 지식인을 고발한다. 스피박은 따라서 이를 "탈식민화에 대한 우화" 라고 표현한다. 젠더화된 민족주의 담론인 "어머니 인도"를 통해 인도는 독립을 얻었지만 정작 여성들은 정치적 해방을 얻지 못했음을 스피박은 꼬집고 있다.

> 주인공 자쇼다처럼, 인도는 고용된 어머니다. 전후의 신흥 부자, 이데올로그, 토착 관료, 이산민, 새로운 국가를 보호하겠다고 맹세한 사람 등 모든 계층의 사람들이 너나 할 것 없이 그녀를 학대하고 착취한다.6

여성의 양육, 수유, 가사 노동 등에 대해 중상층 여성이 이해하는 것과 하위주체 여성이 이해하는 것 사이에는 차이가 있다. 중상층 여성에게 이것은 자신의 가족을 위한 사적인 생활로 이해되지만, 하위주체

---

6 Spivak, *In Other Worlds: Essays in Cultural Politics* (New York: Methuen, 1987), 244. 스피박 넘기, 스티븐 모튼, 234에서 재인용

여성에게 이것은 절박한 노동수단이다. 그 과정에서, 자신과 자신의 가족은 소외되고 배제된다. 똑같은 가사, 양육, 수유의 문제라고 볼 것이 아니라 어떻게 다른 양상으로 그 현실 속에서 '소외'와 '억압'을 받느냐에 따라 전혀 다르게 읽힐 수 있는 것이다. 따라서 이러한 차이에 주목하지 않고서, 페미니즘에서 이야기하는 여성의 경험을 일반화시킨다면 페미니즘의 담론은 하위주체를 침묵시킬 수밖에 없다. 민중과 하위계층을 대변하고자 하는 지식인의 욕구에는 늘 본질적이고 불변적인 정체성을 만들고자 하는 의도가 무의식적으로 도사리고 있다. 그리고 자신들의 기득권을 내려놓지 않은 채 하위주체의 삶을 그려내려고 한다. 그러나 문제는 현실적으로 볼 때, 지식인들이 대변하고 있는 '노동자, 농민, 여성' 등의 정체성과 목소리가 얼마나 설득력 있게 그 목소리와 관점이 살아있게 대변할 수 있는가 하는 것이고, 결국에는 그 재현된, 노동자나 여성들의 정체성이 얼마나 많고 다양한 현실적 노동자와 여성을 대변할 수 있는가 라는 것이다. 얼핏 보면 비슷하지만, 자세히 들여다보면 다를 수밖에 없는 그들에 대한 묘사는 지식인들이 만들어낸 또 다른 허상의 세계가 될 위험이 있기 때문이다.

서발턴이라는 단어에서 'sub'은 우리 눈에 잘 띄지 않지만 우리를 존재케 하는데 없어서는 안 되는 존재를 뜻한다.[7] 지식인의 입장에서 보자면, 자신의 목소리를 학문적으로 형상화할 수는 없지만, 분명히 사회 정치적 구조를 이루는 데 있어서 결정적인 역할을 하면서 살아가는 사람들 ―노동자, 농민 등―이라고 할 수 있겠다. 따라서 스피박이 주목하는 하위주체는 성, 인종, 계급, 식민성이라는 여러 층위를 다중

---

7 태혜숙, 『탈식민주의 페미니즘』, 117.

적으로 담고 있는, 그러나 한 정체성으로 정리될 수 없는 주체를 의미한다. 그 다중적 정체성을 한 면으로만 표현하다보면 다른 층위를 놓치고 말기 때문이다. 민족주의 담론에서 젠더를 보지 못하고, 페미니즘 담론에서 계급적 경제적 측면을 간과하게 되는 이유가 여기에 있다.

따라서 이러한 스피박의 하위주체에 주목하기 위해서 우리는 어쩌면 공통적으로 묶을 수 있는 정체성이 있다고 하는 상정을 포기하는 것이 더 적합할 지도 모른다. 공통점을 찾기보다는 차라리 차이를 드러내고 명시화하는 것이 잘못된 '재현'을 하는 것을 방지할 수 있기 때문이다. 파악가능한 공통성에 주목하는 것보다는 지식인의 눈으로는 알 수 없는 차이점과 말해지지 않은 것들에 주목하고 귀 기울이는 것이 더 필요하다고 할 것이다.

2. 스피박의 "서발턴은 말할 수 있는가?(Can the Subaltern Speak?)"에 나온 첫 번째 논점: 재현

스피박은 서구남성이라고 하는 기존의 "주체"개념이 우리가 의식하든 의식하지 못하든 법, 정치, 경제, 문화 전반에 걸쳐 "표준"이 되고 있음을 지적한다. 문제는 기존의 일반 학문에서만 이런 특징이 나타나는 것이 아니라, 진보적 정치담론에서도 사실은 그 표준이 서구남성이 주체가 되고 있다는 점이다. '피식민지인' '노동자 여성' 등의 단어를 사용할 때, 이런 단어가 얼핏 보면 힘을 박탈당한 집단에게 단결성과 정치성을 제공하는 듯 보이지만, 사실은 그들의 억압과 삶이 만들어내는 차이를 세밀하게 다루지 못하고 있다. 다시 말해, 여러 가지 다른 형태로 나타나는 불평등과 억압의 차이들을 드러내기보다는 한두 가지 공통점으로 묶어내기 때문에, 차이가 대표성을 띤 공통점 속으로 숨겨질 수밖에 없다.

탈구조주의나 포스트모더니즘에서 상정하는 "주체"에 대한 논의에서도 지식인/노동자, 서구/비서구, 주체/타자의 이분법이 교묘하게 존재하고 있다. 이러한 논의를 스피박은 에세이에서 구체적으로 설명하는 데 그것은 권리를 박탈당한 사람들을 위해 말하고 있는 미셸 푸코와 질 들뢰즈의 논의가 19세기 인도의 과부 희생제의(사티, 순장)에서 원주민 여성을 구하겠다고 하는 영국 식민주의자의 주장과 닮은 점이 있다는 것이다. 다시 말해, 자비로운 식민주의자가 "한 과부가 죽은 남편의 화장용 장작 더미위에서 스스로 죽기를 선택하였다"라고 주장함[8]으로 과부의 목소리를 지워버렸던 것과 마찬가지로, 서구 지식인이 서발턴의 경험을 대변한다고 주장하면서 오히려 그들을 침묵시킬 수 있음을 지적한다. 푸코나 들뢰즈가 직면한 문제는 힘을 박탈당한 집단을 대신해서 말 할 때, 지식인서의 자신들의 한계를 인식하지 않는다는 것이다. 다시 말해, 이들은 억압받는 주체들이 스스로 말할 수 있고 그들의 사실적인 경험을 그대로 살아있게 전할 수 있다고 믿지만 실상은 그 전달과정에서 드러나게 되는 지식인들 임의의 욕망과 관점이 투사

---

8 기원전 7-2세기 사이에 씌어진 [다르마사스트라]와 [리그베타]등 고대 힌두교 텍스트를 분석하면서, 스피박은 과부의 자기 희생관습은 자살 행위로 보기보다는 신성한 행위, 혹은 순례로 성문화되었음을 주목한다. 따라서 남편을 위해 목숨을 바치는 여성은 남자들에게만 허용된 신성한 행위를 자기 스스로 선택하는 자기 의지가 반영된 행위로 보는 것이 힌두교의 입장이다. 그러나 인도 내 영국 식민지 법률 속에서 과부희생은 힌두 사회의 혐오스럽고 비인간적 관습으로만 읽혀지고 과부여성들은 의지 없이 이 야만스러운 관습에 희생된 희생자로만 읽혀지고 있음을 따라서 힌두 여성들의 목소리와 행위성을 간과하고 있음을 스피박은 지적한다.

되고 있음을 보지 못한다.9 푸코나 들뢰즈가 분석하는 '타자'들은 대개 공장 노동자들이나 정신 병동에 감금된 환자들이다. 이러한 타자들의 모델이 만약 제3세계 노동시장에서 일하고 있는 여성들에게로 옮겨가게 되면 전혀 다른 현실이 나올 수 있기 때문이다.10 그러나 푸코와 들뢰즈는 자신들의 피억압자들에 대한 분석에 한계가 있음을 인지하지 못하는 것이다. 문제는 담론을 만들어내는 지식인들이 비지식인들-엄밀하게 말하면, 담론의 소재가 되는 사람들-을 대표해서 말할 때 거치게 되는 "재현"(representation)효과를 인식하고 있지 못한 것이다.

스피박은 재현을 이야기 할 때 두 가지 의미의 재현을 구분한다. 하나는 정책을 만들 때, "대신 말해주는"(speaking for) 것이고, 또 하나는 예술이나 철학을 통해 그들을 재-현(re-presentation)하는 것이다. 전자를 정치적 재현이라고 하고 후자를 미학적 재현이라고 한다.11 이러한 두 가지 의미의 재현은 서로 연관되어 있으면서도 불연속적이다. 미학적 재현이 실제적인 것을 재-현한다고 할 때 정치적 재현은 이를 배반한다. 그 이유는 정치적 재현은 늘 "계급"이라고 하는 공통적 정체성을 형성하면서, 그 공통성이 개개인을 대표할 수 있다고 하는 강박관념에 사로잡혀 있기 때문이다. 계급이라고 하는 구분은 인공적이고, 경제적이다. 그리고 그런 계급의식에서 나오는 개개인은 실제의 개인과 일치할 수가 없다.12

---

9 Gayatri Chakravorty Spivak, "Can the Subaltern Speak?" in Patrick Williams and Laura Chrisman eds. *Colonial Discourse and Post-colonial theory: A Reader,* 69.

10 스티븐 모튼/이운경 옮김, 『스피박 넘기』 (앨피, 2003) 111-112.

11 Gayatri Chakravorty Spivak, "Can the Subaltern Speak?", 71.

12 앞의 논문 71.

들뢰즈의 말 "억압받는 주체들은 스스로 말하고 행동할 수 있다"를 반박의 목적으로 인용하면서 스피박은 " 말하고 행동하는 사람들은… 늘 다양하기 때문에, 어떤 지식인들이나 지식인 집단들도 그 사람들을 재현할 수 없다"[13]라고 한다. 그러면서 동시에 스피박은 역으로 이런 질문을 한다. 들뢰즈 등이 그들이 말할 수 있다고 하면서 '대신' 말한다면 "말하고 행동하는 사람들은 그 표상하는 바에 어긋나게 벙어리라는 말인가?"[14]라고 질문한다. 다시 말해, 지식인들이 소위 현장에 있는 사람들이 현실을 더 잘 알고 현실을 담지한 주체인 것처럼 상정하면서도 실제로는 그런 능력을 가진 사람들을 위해서 대신 논의를 만들고 대신 그들의 주체를 형성해주고 그들에 대해 "대신 이야기하고 있다"라는 사실을 모르고 있다는 것이다. 이때 담론을 만드는 지식인들의 가장 큰 착각은 그들이 누구를 대신 말해주고 있다는 사실도 모르려니와 자신들은 어떤 선입견이나 편견도 없이 '투명'(transparent)하다고 하는 생각이다.

스피박은 자신들의 욕망에 따라 ―그 욕망을 인식하든 못하든― 노동자나 현장에 있는 사람들을 대변하고 재현하려는 이 시도를 인식론적 폭력(epistemic violence)라고 부른다.[15] 이미 푸코가 지적한 대로 유럽인들의 18세기 담론 형성과정에서 타자를 생산하는 인식론적 폭력은 공공연히 있어왔다. 그러나 스피박은 푸코가 지적한 인식론적 폭

---

13 Gayatri Chakravorty Spivak "Intellectuals and Power: a conversation between Michael Foucault and Gilles Deleuze" from C. Nelson and L. Grossberg(eds) *Marxism and the Interpretation of Culture*, 1988.
14 Gayatri Chakravorty Spivak, "Can the Subaltern Speak?", 70.
15 앞의 논문, 76.

력에 제국주의와 식민주의라고 하는 기제를 더 넣어서 타자화 과정을 읽으려 한다. 주체 형성에 있어서 지식인과 비지식인, 서구 식민 주체와 식민지인이라고 하는 두 가지의 기제를 함께 보려고 하는 것이 스피박의 시도라고 할 수 있다. 따라서 스피박에게 있어서 시급한 것은 마치 벙어리처럼 여겨지고 있는 주체들을 위해 지식인들이 대신 말하는 그 "재현"이라고 하는 과정이 어떻게 하위주체를 배반하고 있는 지를 밝혀내는 일이다. 지금까지 해왔던 작업처럼 하위주체를 해방시키기 위해 거대담론을 만들고 그 속에서 사실은 자신의 권력과 욕망이 투사된 영웅—현실속의 인물이 아닌 허구의 인물—을 만들어내는 작업은 하위주체를 대변하고 소개하기도 하지만, 그 속에서 차이와 다양함을 나타내기보다는 오히려 더 가리게 되기에 결국은 하위주체를 침묵하게 하는 과정이라는 것을 인식해야 할 것이다.

3. 스피박의 "서발턴은…"에 나온 두 번째 논점: 하위주체 여성의 삶 읽기

스피박은 하위주체(Subaltern)의 대표적 예가 될 수 있는 주체로 "여성"을 설정한다. 이것이 스피박의 에세이에서 주목할 첫 번째 문제인데, 하위주체를 가장 잘 드러내는 인물로 스피박은 종종 하층계급 여성을 설정할 때가 많다. 그 이유는 다중적 억압을 경험하는 중심에 여성 하위주체가 존재하고 있기 때문이다. 해방을 지향하는 학문이 제대로 분석이 되었는가 아닌가의 기준점이 될 수 있는 것은 그 학문의 초점이 얼마나 하위주체의 삶에 주목을 하고 있는가 아닌가 하는 것이

다. 그 하위주체의 대표적인 예가 피식민지 경제예속 경험을 가진 여성
이다. 우리는 어떤 사람이 가난하고 피부가 검고 여성이라면 "타자화"
될 수 있는 가능성이 그만큼 가중된다는 것을 알고 있다. 그러나 스피
박은 인종, 성별, 계급이라는 것이 비슷한 부분으로 서로 얽혀서 억압
의 삼중주를 펼친다는 뻔한 소리를 하기보다는, 현대 진보계열이나 보
수계열에서 만들어내고 있는 담론을 잘 살펴보면 인종에 관한 의식보
다는 "계급"에 관한 의식이 훨씬 더 교묘하게 은폐되어서 가려진다고
설명한다. 이러한 생각은 여성 하위주체의 의식에 관해서 생각해 볼
때 더 잘 드러난다. 제국주의에 반대하는 탈식민주의 학자들 혹은 백인
우월의식에 반대하는 제3세계여성들의 담론을 살펴보면 이상하게도
제국주의 주체형성과정을 교묘하게 닮아있다. 그리고 여전히, 자신을
표현할 기회를, 능력을 가지지 못한 하위주체여성들은 마치 자신의 이
야기들을 하고 있는 듯하지만, 자신에게 압력이 행사되는 지식인이나
권력을 가진 사람들의 의견을 말하고 있다. 그것은 누군가의 삶을 관찰
하고 대변하는 이론적 활동가들은 (그들이 탈식민주의자이건, 좌파운동가
이건, 급진여성운동가이든) 하위주체로 살아가는 사람들에게 그들의 소
리를 들으려하기 보다는 자신들의 관점에서 살펴 본 그들의 상황과 목
소리를 들으려 하기 때문이다. 그들은 믿고 있다. "나는, 누군가의 삶을
대변해야하고, 알려야한다 그리고 나는 사심 없이, 편견 없이 그것을
잘 할 수 있다"라고.

스피박은 역사적으로 침묵해온 하위주체 여성에 대해 말하려면 탈
식민지 (여)지식인들은 "조직적으로"(systemetically) 자신들의 특권
을 원점화(unlearn)하려고 노력해야 한다.[16]고 강조한다. 미국이나 유

럽 쪽에서 발전된 페미니즘의 목표는 늘 중상위 계층의 상황에 맞춰져 있기 때문에 남성에 대한(과 비교한) 여성의 인권향상에 초점이 가 있었다. 그들이 추구하는 이론적 작업의 근저에는 어디엔가 회복될 이상적 여성상이 설정되어 있다. 그러나 종종 이러한 이상적 여성상은 하위주체 여성들의 삶과 괴리되고 분리되어 그들을 오히려 '대상화'시키게 된다.17 따라서 스피박은 경고하기를, 이제 페미니즘은 더 많은 이론을 만든다고 발전되는 게 아니라고 따끔하게 주장한다. 하위주체여성의 문제는 이러한 페미니즘의 "이론"을 더 만들려는 혹은 바람직한 여성상을 찾으려는 노력 속에서는 결코 해결될 수 없다.18

지식인의 학문적 연구과정에서 놓치기 쉬운 하위주체의 문제를 구체적으로 설명하기 위해 스피박은 과부희생관습(순장)에서 자살을 선택한 한 인도여성의 이야기를 분석한다. 스피박이 파헤쳐보려는 하위주체의 문제는 인도여성을 희생양으로 묘사하고 인도의 순장풍습—사티(Sati)—을 비난하는 서구 학문뿐 아니라 탈식민지이론과 여성학 이론에서도 드러난다. 인도의 순장풍습을 관찰하는 서구이론가들(남성혹은 남성의 시각과 별반 다르지 않은 여성)이 인도 여성을 구해내려는 시도에서 "불쌍하고 미개한 인도여성"이라는 대상화가 진행된다. 첫 번째는 직접 그 여인의 이야기를 들으려하기 전에 소위 "공식적 자료"—인도 경찰의 보고—에 의해 심하게 단순화되거나 잘못 해석된 인도여

---

16 Spivak, "Can the Subaltern Speak?", 91.

17 구체적인 예를 들자면, 매맞는 남편과 사는 경제적 능력이 없는 여성에게, 경제적으로 유능한 여성이 "이혼하면 되지 않냐?"라고 권하는 경우, 이런 상황에서 발생하는 "이상적 여성상"의 괴리는 어마어마한 차이를 나타낸다.

18 Spivak, "Can the Subaltern Speak?", 91.

성의 모습을 그대로 받아들이기 때문에 발생한다. 고대 힌두교 텍스트에서는 자살은 신성하고 종교적으로 의미가 있는 행위로 받아들여진다. 그리고 과부가 자신의 남편을 따라 죽음을 선택하는 것은 여자에게는 허락되지 않는 순교적 의지를 실행하는 의미로 해석한다. 따라서 이것을 종교규범 안에서 해석하면 그 여자는 대개 그렇듯이, 그 세밀한 이유야 알 수 없어도, 대부분 과부의 죽음은 "자발적으로 죽음을 선택했다"라고 해석이 되는 경우가 대부분이다.

반대로 영국의 행정가들은 순장을 힌두 사회의 혐오스럽고 비인간적 관습으로만 이해하고 왜곡한다. 실제로 1829년 영국의 식민정부는 법으로 순장 관습을 금지시키기도 했다. 그리고는 이 사건을 영국 사람들은 혹은 그 이후의 서구 이론가들은 백인 남성이 갈색 여인을 갈색 남성에게서 구해낸(White men saving brown women from brown men)위대한 사건이라고 해석한다.[19] 급진적 여성 신학자 메리 델리(Mary Daly) 역시 신학적 작업에서 이러한 해석을 그대로 따랐다고 한다. 아시아의 여성들에 대한 제국적 시각을 가지고 있었다. 즉 백인 여성들이 처한 현실과 비백인 여성들의 현실을 분석함에 있어 '제국주의적' '식민주의적' 우월성을 가지고 있었던 것이다. 중국의 전족에서 중국 여성을 구해내야 된다, 한국의 열녀비 같은 야만적인 자살행위를 그대로 놔둘 수 없다 등등의 서구 페미니스트들의 유색인종여성에 대한 편견은 해방이라는 이름으로 눈덩이처럼 커져왔던 것이 현실이다. 이런 여성 하위 주체에 대한 담론이 완성되기까지, 인도 자체 내의 친영국적 세력들은 자신의 풍습이 미개하고 혐오스럽다는 데 동의했으

---

19 Spivak, "Can the Subaltern Speak?", 93.

며, 자신의 문화가 현대화되기 위해서는 전통적인 것을 버려야 한다는 식민 의식이 작용했음을 알 수 있다. 또한 서구 페미니즘 이론가 역시 서구가 비서구의 모델이 되면서 그 이외의 문화는 미개하다는 편견을 그대로 답습하면서 미개한 전통문화에서 우리 유색인 자매들을 구출해야 한다는 담론을 만들어간다.

두 번째로 스피박이 제기하는 문제는 공식적 자료에 의해서는 하위 주체 여성의 목소리를 알 길이 없다는 것이다. 힌두교 전통 종교의 입장에서든 영국의 텍스트에서든 실제로 과부가 어떤 선택을 했는지를 읽을 길이 없다. 한 구체적인 예로 스피박이 설명하는 것은 이러한 이야기 이다. 1926년 열 여섯이나 일곱쯤 되는 '바두리'라고 하는 여인이 아버지의 아파트에서 자살을 했다. 그런데 신기하게도 이 여인은 생리 중에 자살을 선택했다. 따라서 일차적으로 사람들은 이 여인이 원치 않은 임신이나 결혼관계 때문에 자살을 한 것 혹은 남성과의 연애관계로 인해 죽음을 선택한 것이 아님을 알 수 있었다.

10년이 흐른 뒤에 그 여인은 독립운동에 연루되었던 사람임이 밝혀졌다. 따라서 이 여인은 더 확실히 과부-희생 제의와는 상관이 없는 죽음이라는 것이 입증되었다. 밝혀진 바에 따르면 영국 사람을 암살하라는 명령을 받았으나 그것을 이행할 수 없기에 할 수 없이 죽음을 선택하게 되었다고 한다. 스피박은 그렇다면 '왜 이 여인이 생리를 기다렸다가 죽음을 택했을까'를 묻는다. 어쩌면 이 여인은 일종의 과부-희생이라는 제의에 반발을 하기 위해 일부러 생리를 기다렸다가 자살을 했는지도 모른다(보통은 정상적인 과부-희생은 생리를 하지 않을 때 해야 되는 것이—그것이 더 정결하다고 믿어지기 때문에— 법처럼 정해져 있다고 한다).[20] 스피박은 생리 중 자살이라고 하는 것을 통해서 과부-희생으로 죽은 것이 아니라는 것과 독립운동에 연관되었다는 사실을 유추할 수 있었다. 바두리가 자신의 신체를 통해서 말할 수 있는 것은 그녀가 과부 희생 제의로 죽어 간 것이 아니라는 것 그리고 어떤 남성과의 불륜으로 인해 죽은 것이 아니라는 것만을 밝히고 있을 뿐이다. 그 외의 사실에 대해서 스피박은 알 수 있는 것이 없었다고 해석한다. '바두리'라고 하는 여인의 삶에 대해서는 민족해방투쟁의 조건아래서도, 혹은 과부-희생 제의라고 하는 층위를 통해서도 알 길이 없다. 인도 민족 독립운동에 개입했던 많은 용감한 여인들이 어떤 이유로 죽음을 선택했는가에 대해서 들을 수 없는 것이다. 따라서 스피박은 그녀의 에세이를 이렇게 마친다.

> 하위주체는 말할 수 없다. 전지구적 차원에서 볼 때 여성이라는 이름 만큼 경건한 이름이 없을 것이다. 재현은 사라지지 않았다. 지식인 여성들은 지식인으로서 거절할 수 없는 무거운 임무를 지고 있는 셈이다.[21]

스피박은 그녀의 작품 여러 곳에서 하위주체들이 그들만의 저항을 보이는 여러 사례들을 남기고는 있지만 그것마저도 언제나 이미 정치적 재현을 통해 '여과'-'왜곡'되어버렸음을 지적한다. 이런 이유로 스피박은 "하위주체는 말할 수 없다"라고 주장한다. 이 말은 하위주체가 아

---

20 앞의 논문, 103-104 요약 정리한 것임.
21 Spivak, "Can the Subaltern Speak?", 104.

무리 자신을 알리려 해도 지식인들에게, 혹은 독자들에게 고유의 목소리를 듣게 할 수 없다는 것을 의미한다. 이것은 하위주체에게 자기표현 능력이 없기 때문이 아니라 주어진 정치적 경제적 재현체계가 이미 기득권화되어 있고, 엘리트화되어 있기 때문에 하위주체의 삶을 읽을 수 없다는 것을 의미한다.

III. 스피박의 하위주체를 민중신학에서 생각해 보기: 민중신학-권진관의 민중담론을 중심으로-에서의 '재현'의 문제

현장과 현실에 대한 신학적 작업을 하는 사람일수록 고통과 억압을 경험하고 있는 사람들(하위주체)의 현실을 알려내야 한다는 사명감을 느끼게 마련이다. 그런 이유로 해방신학, 민중신학, 여성신학, 아시아 여성신학등의 작업이 이루어져 왔음을 우리는 잘 알고 있다. 그러나 스피박이 제기하고 있는 하위주체의 문제를 생각해 볼 때, 과연 어떤 방식으로 알려낼 수 있을 것인가의 문제를 생각하지 않을 수 없다.

민중신학에서 이해하는 '민중'에 대한 정의도 여러 종류의 개념이 있을 수 있다. 민중신학자가 바라 본, 바람직하다고 여겨지는 개념으로서의 민중이 있을 수 있고, 현실에서 살아가는 실재적 민중이 있을 수 있다. 민중신학자 권진관은 그의 글, "중진국 상황에서 민중신학하기- 민중론을 중심으로"에서 민중이 누구인가를 말할 때, 민중에 대한 실재적 접근과 담론적 접근이 있다고 소개한다.[22] 담론적 접근은 필자가 말한, 민중신학자가 바라 본 민중에 해당하며, 실재적 접근은 '있는 그대로'의 민중을 뜻한다. 민중신학자에 따라서, 담론적 접근보다는 실재적 접근을 더 강조하는 사람도 있고, 그 반대의 경우도 있다. 그 중에서 담론이 민중의 상당부분을 대표할 수 있고, 이끌어간다고 믿는 사람들은 '담론적 접근'을 선호하는 경향이 있다.

필자는 이 둘 사이의 간극을 어떻게 구체화하느냐에 따라서, '주체'로서의 민중에게 얼마나 충실할 수 있는가의 문제가 가늠된다고 생각한다. 다시 말해, 담론적 접근을 강조할수록, 실재적 민중은 그 담론을 따라 행동하고 자신을 만들어갈 수 있는 장점이 있긴 하지만, 그 과정에서 자신들이 생각하는 생각보다는 지식인과 권력자가 제시하는 담론을 자신의 생각이라고 믿는 과정을 겪을 수밖에 없다는 점을 주목해야 한다. 이러한 필자의 관점과 비교해 볼 때, 권진관은 두 접근법 중에서, 담론적 접근이 실재적 접근을 이끌어가야 한다, 그래야 '민중'의 활동이 활발하게 전개될 수 있다는 입장을 가진다.

> 우리에게 민중이라고 하는 주체가 있다. 그러나 그 주체에 대해서 이리저리 말하게 되면서 민중이라고 하는 주체는 더 이상 자신을 말할 수 있는 순수 주체가 되는 게 아니라, 스스로도 이러한 민중담론(들)에 의해서 제약되고 규정되고 있음을 발견하게 된다.[23]

권진관의 글을 잘 읽어보면, 민중은 자신을 말할 수 있는 순수주체

---

22 권진관, "중진국 상황에서 민중신학하기", 『다시, 민중신학이다』 강원돈 외 (동연, 2010), 269.
23 앞의 논문, 270.

가 될 수 없다. 다시 말해, 스스로가 보고 이해하는 '주체'보다는 지식인이나 지식인 노동자들이 제시하는 이상적인 '민중성'을 제시받아 그 담론 "속에 들어가 그 영향 속에 실존하는" 존재다.[24] 있는 그대로의 민중을 표현하는 '실재적 접근'은 민중을 잡힐 듯 잡히지 않는 자리로 물러나게 하기 때문에, 상황에 적합한 처방을 내릴 수가 없다는 것이다. 그 이유는, 우리가 정치-사회적으로 '민중은 이러한 사람이고, 이런 역할을 해야 한다'는 담론이 민중에게 부과되어야 실재적 민중을 더 성장시킬 수 있기 때문이라는 것이다. 다른 말로 표현하자면, 권진관 교수는 "있는 그대로"의 민중의 상태를 분석하고, 전달하는 것도 중요하지만, "가능태로서의" 민중을 부각시키고, 그 방향으로 민중을 이끌어가는 것이 보다 더 실천적이고 전략적이라고 평가한다.[25]

권진관은 네그리 등이 주장한 "다중"의 개념을 적용하면서, 피지배계층에 속한 지식인, 의식이 있는 노동자, 민중신학자 등이 "유기적 지식인"의 역할을 하면서, 서로 다르지만, 공통된 특성을 가지고 있는 민중이라는 개념 속에 편입될 수 있다고 보았고, 이들이 민중이 누구이고 무엇을 해야 하는가에 관한 "담론"을 만들어가는 주체라고 분석한다.[26] 그리고 , 민중들은 자신들이 지니고 있는 불안과 고난을 극복하기 위해 "집단적인 지혜와 담론을 모을 수 있는 가능성의 존재"이다.[27] 그러나, 필자가 제기하고 싶은 문제는, 다른 사람이, 혹은 스스로의 가능성에 대한 지혜를 모으는 과정에서의 지식인의 영향을 받아 "가능

---

24 앞의 논문, 270.
25 앞의 논문, 272.
26 앞의 논문, 278-280.
27 앞의 논문, 275.

태"로서 제시되어지는 담론과 이상에 자신의 모습을 흡수시키고, 그 영향 속에 실존하는 민중이 과연 "주체적"인 민중이라고 할 수 있는가 라는 것이다. 그러한 과정이 가능할 수는 있겠지만, 그들에게 "가능태" 로서의 민중을 이야기하면서, 이것이 그들의 비판력과 고민에서 형성 된 것임을 끊임없이 확인하는 과정을 거치지 않는다면, 지식인이나, 소수의 지도력이 바라 본 가능태로서의 민중을 실재적 민중 위에 덧입 혀서, 바꾸어가는 과정에 지나지 않을 수도 있기 때문이다.

1970-80년대의 민중을 평가하면서, 권진관은 고난의 현장과 투쟁 에 참여하였던 민중을 "주체적 민중"으로 평가한다. 이 말을 풀어서 설 명하자면, 노동자나 농민, 도시빈민들은 그 자체로서는 주체가 될 수 없지만, 사회-정치적 비판세력으로 자리매김하고, 사회변혁을 위해서 실천하고 투쟁할 때 비로소, "주체"가 된다고 볼 수 있다. 그리고 그들 을 주체로 세우는 데는 "담론"의 역할이, 구체적으로는 그 담론을 형성 해가는 "유기적 지식인들"의 역할이 컸다는 점을 지적한다. 또한, 권진 관은 민중은 신자유주의 자본의 지배하에서 "자본이 요구하는 것에 충 실하게 적응하지 않을 수 없"고, 그러면서도, "이에 대응하는 대안을 세울 수 있는 세력"이라고 정의하면서, 이들의 대안과 언어는 자본의 그것들과 "질적으로 다름"을 주장한다.[28] 그러나, 필자는 권진관의 이 러한 제안에 대해, '실재적 민중은 과연, 자본의 논리와 대항의 논리라 는 분명한 이분법 속에서 그들만의 지혜와 대항을 선택하면서 스스로 의 생각과 목소리를 분명하게 낼 수 있는 상황에 있는가?'라는 질문을 던지고 싶다. 실재적 민중은 지식인들보다 오히려 더, 자본의 논리와

---

28 권진관, "중진국 상황에서 민중신학하기", 275.

대항의 논리사이에서, 혼존성 속에서 살고 있고, 그것을 구분하고 벼리기까지 더 많은 현실과의 싸움과 노력이 필요한 것이 사실이다. 그것도 직접적으로 살아가면서, 선택하는 일이기 때문에, 그 속에 많은 차이와 혼돈과 갈등이 있을 수 있음 또한 짐작해 볼 수 있다.

스피박은 유서도 없이, 아무 단서도 없이 사라져간 여인의 죽음을 놓고서, '남편을 위해서 죽었다' '민족의 독립을 위해서 죽었다'고 해석자의 생각을 입히는 자체가 이미 '인식론적 폭력'임을 지적한 바 있다. 예를 들어, 가난하고, 배운 것이 없지만, 사회변혁을 꾀하기 보다는 권력자나 부유층의 의견을 무비판적으로 따르는 사람들을 '의식화'시키고, 변화시켜서, 마침내, 계급의식을 가지게 되고, 사회비판적인 사람으로 변화시키는 이런 교육과정 또한 그 의도는 선하지만, 지식인이나 소수의 지도층의 목소리를 '실재적 민중'에게 부과시키는 '인식론적 폭력'이 발생할 수 있기 때문이다. 대안과 담론을 제시하고 찾아가는 과정도 중요하지만, 그 만큼이나 중요한 것이 그들만의 목소리와 생각을 찾도록 만들어가는 작업이기 때문이다.

필자가 일했던 교회[29]에서 만나가는 여성들은 오랜 시간 동안, 권력을 가진 사람들에게 의존하는 데 익숙해 있었던 사람들이 많았다. 그러나 아쉬운 것은 그 사람들에게 '자기 자신과 화해하기' 혹은 ' 자신이 원하는 것을 찾기' 등 심리적 안정감을 주기보다는 교회가 목적으로 하는 규율과 목적을 따라야 하는 요구가 더 많았다는 점이었다. 그들에게 '대안'과 '목적'을 제시하고, 교육하는 것도 중요하지만, 그 이전에, 자신의 생각이 어떠한지, 스스로의 목소리가 무엇인지를 찾고 만나가

---

29 가정불화로 집을 나온 여성들의 쉼터이자 교회이다.

게 하는 것이 더 '해방'적인 게 아닌가라는 고민을 거듭거듭 제기했었다.

성매매 여성들의 현실에 대해 여성학적으로 혹은 민중신학적으로 접근을 할 때, 우리는 성매매여성들의 현실보다는 '성매매를 합법화해야 하느냐, 불법화해야 하느냐'의 문제에 많이 집중할 때가 있다. 이러한 것이 어떻게 보면 '유기적 지식인'으로서 어떤 해결책과 방향을 제시해야 한다는 목적의식과 사명감에서 기인될 것인 지도 모른다.

정작 그 현실을 살고 있는 여성의 목소리는 그러나 이런 목적들에서 출발하고 있지 않고 있다. 그들의 삶을 기록한 책이기에 그 속에서는 성매매가 제도적으로 어떻게 다루어져야하는 지의 문제보다는 그 여성들이 자신들의 삶의 현실을 어떻게 이해하고 만나가고 있는 지에 대해 일인칭 시점으로 쓰고 있다. 여성학이나 민중신학에서 '분석'되어야 할 '대상'으로 쓰이지 않기 때문이다. 다음의 인용문은 이 책의 주인공 여성에게 "이 글을 누가 읽었으면 좋겠는가"를 질문했고, 그녀가 그에 대해 답한 내용이다.

> 인식의 변화가 필요한 모든 사람들. 여자든, 남자든, 업소 여성이든 아니든. 업소 여성들이 스스로 원해서 업소를 다닌다고 생각하는 사람, 지가 만든 빚은 지가 갚아야지 라고 생각하는 사람들. 우리를 조금이라도 다른 시선으로 봐줬으면 하는 모든 사람들. 자신을 이해해달라는 게 아니고, 그 상황만이라도 이해해주길 바라는 사람들을 위해 글을 쓰고 싶어요.[30]

---

30 (사)성매매피해여성지원센터 살림 엮음, 『너희는 봄을 사지만 우리는 겨울을 판다』(서울: 삼인, 2006), 17.

성매매 현실, 글로벌리즘 현실에서 '이주민 여성'들이 겪고 있는 문제들을 다가갈 때, 민중신학과 여성신학은 무슨 질문을 하고, 무슨 대안과 목적을 제시해야 하는 것일까?

민중신학이나 해방신학적 담론에서 지금까지 제시해 온 것처럼 스스로 문제의식을 느끼지 않는 혹은 문제의식을 발견하지 못한 '실재적 민중'들에게, '공통'의 목적의식과 '나아가야 할 방향'을 제시하는 것이 혹은 그럴 수 있도록 교육하는 것만이, '유기적 지식인'이 할 수 있는 최선의 선택인 가에 대해서 우리는 좀 더 면밀히 고민해 봐야 한다. 이런 면에서, 권진관의 글에 대해서, 공동의 적—제국이나 신자유주의 등—을 상정하고 그것에 대항하는 네트워크를 형성하는 방법은 늘 "연대"속에서 "공통의 과제"와 "목적"을 가지고 실천해야만 하는가라는 문제제기도 덧붙여서 제기하고 싶다. 우리들은 아직도 사회변혁을 이야기할 때, 공통된 목적과 실천이 있어야만 한다는 강박관념을 가지고 있는 것이 아닐까? 현실을 살아가는 사람들이 체감하는 것은 극도로 다양함에도 불구하고 그 다양함을 아우르는 '공통성'이라는 것이 과연 존재할 수 있을까? 억압과 고난의 양상이 다양화되었음에도 불구하고, 공통된 네트워크를 형성한다는 것은 가능한가? 달리 말해, 반값 등록금을 실현시키기 위해서, 혹은 비정규직 노동자가 자신의 고용상태를 안정화시키기 위해서, 혹은 외모지상주의에 휩쓸려, 성형수술을 너무 많이 해서, 재산을 탕진하고 난 뒤에 신자유주의의 허구를 깨달았기 때문에, 각자 처한 계급과 상황이 다름에도 불구하고, 신자유주의에 반대하는 특수화되고 차별화된 운동을 한다면, 그것은 네트워크를 형성하는 것인가 아니면 해체하는 것인가…? 공통점보다는 차이가 더 많이 존재함에도 따로 또 같이 신자유주의 자본에 대항하는 것이 가능할 수도 있는 사회를 우리는 만나가고 있기 때문이다.

이러한 고민과 문제제기를 염두에 두고, 필자는 권진관의 "다양한 계급과 계층, 개인들을 하나로 모으는 것은… 다름 아닌 공통점"[31]이라는 정의를 읽으면서, 필자 스스로에게, 다시 한번, '과연 우리 사회에서 이것이 가능한 것일까'라는 의문을 제기해 보았다. 신자유주의라는 자본의 힘과 싸우는 양상은 생각보다 '혼존' 되어있고 '모순'이 공존하는 현실에서 싸워나가야 하기에, 공통된 목적과 네트워크를 형성하기보다는, 차이와 독특성을 인정하면서, 끊임없이 타협지점을 만들어가야 하지 않을까 라는 생각을 해본다.

필자가 보기에, 권진관 교수가 이해하는 민중개념에는 두 가지 상반된 이해가 충돌하고 있다. '민중은 다분화되었고, 복잡화되었기 때문에 섣불리 정의 내려져서는 안 된다'는 경계심을 가지고 있으면서도 동시에, 이런 다분화된 민중을 공통적으로 엮어내고, 연대를 형성해야 한다는 것, 그러기 위해서는 민중신학적 지식인들이 담론 형성의 역할을 지속적으로 해 나가야 한다는 점을 무리 없이 연결시키고 있음을 발견하게 된다. 다분화 되고 복잡화된 현실은 그리 쉽게 '연대'로 이어질 수 없다는 것을 이제, 우리는 조금씩 인식해야하지 않을까. 민중에게, '가능태'와 '현실태'가 그렇게 뚜렷하게 구분되지 않는다는 것과, 그것을 가능하게 하기 위해서, 지식인이나 지도자가 제시하는 '대안'을 따라오게 하도록 이끌어가는 과정조차 더 노력과 개선이 필요하다는 것을 생각해 보게 된다. 지식인들이 자신들의 방법이 틀렸음을 인정해

---

31 권진관, 286.

야 만이, 스피박이 표현하듯이, '잘 들려지지 않는' 하위주체의 목소리를 조금이나마 더 드러나게 할 수 있기 때문이다.

IV. 나가는 말

학문을 하는 사람들에게 특별히 유의해야 할 점이 있다면, 민중이나 여성 등등의 하위주체의 삶에 대해 다른 사람들에게 알려서 소개해야 한다는 그 욕망이 자칫 학문적 성과나 업적을 만들기 위한 목적으로 변질되는 것이 아닌가 하는 질문이다. '순장'이나 '한국 여성의 한', '아시아 여성들의 삶'이라고 하는 문제들을 토대로 비서구 여성들의 삶을 분석할 경우, 현실을 살아가는 여성들의 삶과는 점점 더 괴리를 쌓아갈 수밖에 없다. 탈식민지 논의나 페미니즘, 여성신학이 주목해야 할 주요한 과제로 '재현'된 여성의 삶이 설명되고 있기는 하지만 실제로 이런 '재현'이 지식인들의 소재로'만'—학문적으로 주목을 받기 위한 도구— 사용되는 면이 더 많았음을 인정하지 않을 수 없다.

필자 역시 예를 들어 이주민 노동자, 성매매여성들의 문제를 알려내는 과정에서 과연 이것은 어떤 효과와 의미를 가져올 수 있는가에 대한 질문을 깊이 하게 된다. 단순히 그런 사람들이 존재한다는 것만을 알리는 것과 그들의 삶에 우리가 총체적으로 연관될 수 있는 방법은 무엇인가를 고민하는 것은 차원이 좀 다른 문제이기 때문이다. 더 심각한 것은 오히려 그 사람들의 삶에 대해 더 알게 되는 것보다 사실은 잘못 알게 되는 결과를 낳을 수도 있다는 것이다. 하위주체 여성들에 대해서 '그들은 선천적으로 착하기 때문이다', '뭔가 약하기 때문이다', '무시당할만한 소지가 있다', '그들이 원해서 선택하였다' 등등의 선입견을 배제하지 않은 채 전제와 담론을 만들어 가다보면 우리가 의식하지 못하는 사이에 또 다른 허위주체를 만들게 된다.

사람들에게 잘 알려지지 않은 하위주체들의 삶을 알려내기 위해서는 그들의 현실과 입장을 풀어서 설명해야 하고 그런 과정에서 지식인들은 자신이 알고 있는 관점에서 그들을 대상화하고 재현해서 이해할 수밖에 없다. 그럼에도 불구하고 그것을 어떻게 할 것인가의 문제는 끊임없이 고민해야 한다. 내가 알고 있는 지식이나 관점으로 출발했지만, 알아가는 과정에서 느끼게 된 차이나 갈등들을 그대로 표현하는 것도 필요하다. 예를 들어, 굳이 구체적인 대안을 생각해 보자면 하위주체의 삶을 설명하기 위해서, 공통점과 대표성을 중심으로 묶어내려고 하기 이전에, 있는 그대로의 목소리에 충실하려고 하는 자세가 중요하다. '나'의 관점, 혹은 '내가 보고 싶어 하는' 허상 속에서 하위주체를 묶어내려고 하기 보다는, 내 자신의 관점이 개입되기 이전의 상황에 많은 시간과 노력을 투자해야 한다.

두 번째로 우리가 생각해 볼 것은, '담론'과 '대안', '공통의 목표'를 '지식인'이 제시해 주어야 한다는 강박관념에서 자유로워질 필요가 있다. 때로는, 우리가 생각하는 '목적'과 '방향'이 실제의 하위주체의 삶과 전혀 다르거나 모순될 때가 있기 때문이고, 그러한 한계들을 지식인들은 끊임없이 만나가야 한다. '지식인'이기 이전에, 선입견과 이분법적인 고정관념에 지배되고 있는 정형화되고 식민화된 나 자신의 모습을 볼 수 있는 눈이 필요한 것이다.

우리—지식인—는 더 무엇을 할 수 있을까, 우리의 시각에서 이해가 되지 않는 것을 이해하기 위해서 우리가 가진 잣대로 판단하는 대신 우리가 할 수 있는 일은 무엇일까? 우선적으로 그냥 '듣는' 것이 차라리 나을 것 같다. 우리가 사용해왔던 분석과 종합, 판단을 내려놓고 오히려 그 쪽에서 우리가 모르는 것을 말 해 줄 때, 책이나 이론에서 만날 수 없는 세상에 귀 기울이는 그래서, 우리가 경험해 보지 못한 새로운 세상에 조금씩 개입해 보는 것은 어떨까…. 그러다보면, '차이'도 발견되고, 갈등적 관계도 노출될 것이고, 그 속에서 새로운 모순과 혼종, 삐걱거리나 각자의 소리를 내고 있는 차별되지 않는 조화가 나올 수 있을 것이라고 기대해본다. 그것이 스피박이 말하듯 이제 지식인들은 오히려 하위주체에게 귀 기울이고 자신의 것을 내려놓고 자신의 지식을 '원점화'(unlearn)해야 한다는 의미가 아닐까 생각해 본다.

한국교회의 남성 만들기*

이 숙 진 **

I. 여성들의 로망, 교회오빠

딸아이의 이상형은 '교회오빠'다. 평소 딸의 소극적인 교회활동에 못마땅하던 나는 넌지시 "이상형을 만나려면 이제 열심히 교회활동을 해야겠네"라며 부추긴다. "흠…교회오빤 말이죠, 교회 다니는 오빠를 말하는 게 아니예요." "응?" "교회에 다닐 법한 오빠라는 뜻이에요. 근데 정말 슬픈 건요, 교회에는 실상 '교회오빠'가 없다는 거죠" 교회에는 없는 교회오빠라니… 더 궁금해진 엄마는 유명 포털사이트에서 검색한다. "교회"라고 치니 연관검색어 수위가 교회오빠다. 성당누나와 함께 교회오빠는 요새 청춘들의 로망이란다.

내친 김에 후배들, 제자들, 교회자매들께 교회오빠에 대해 물었더

<hr>

* 이 글은 "교회남성은 어떻게 만들어져 왔는가"(기독교사상, 2012/6)와 "포스트오이디푸스 시대의 아버지와 한국교회"(기독교사상, 2011/12)를 수정한 것이다.
** 한국여성신학회 회장

니 이구동성으로 넉넉한 품성, 따뜻한 배려심, 건전하고 절도 있는 성실성, 부드러운 미소를 띤 가정적일 것 같은 젊은 남자… 한마디로 좋은 신랑감의 요건이라고 답한다. 상업적 결혼정보회사가 등장하기 이전부터 오랫동안 큰 교회들이 결혼시장의 역할을 해온 걸 고려해 볼 때, 그녀들의 답변이 생뚱맞은 건 아니다. 아이러니하게도 '교회오빠'를 이상형으로 치켜세웠던 그녀들은 일군의 교회 남성에 대해선 매우 부정적인 이미지를 가지고 있었다. 편협하고 배타적이며 독선적이고 복종을 강요하는 불편한 존재라는 것이다. 때마침 배달된 한 교계신문의 광고란에는 한국 최대 개신교 교단이 주최하는 행사의 임원단으로 소개된 200명 남짓의 근엄한 목회자의 사진이 전면을 차지하고 있다. 총재, 본부장, 단장, 고문 등의 갖가지 권위를 드러내는 직책명을 보니 그녀들의 반응이 이해될 법도 하다. 이미 코미디나 드라마에서 자신의 권력을 스스로 드러내고자 애씀으로써 조롱대상으로 전락한 시대착오적인 권위주의적인 인물상과 오버랩 된다.

교회에는 실로 다양한 남성성이 있다. 다양한 남성성들이 같은 힘과 무게감을 가지고 공존하는 것은 아니다. 한 사회 안에서의 남성성 사이에도 위계가 있는데 지배적인 이미지와 타입을 헤게모니 남성성이라고 한다. 교회공간에서 재현되고 있는 위의 두 상반된 이미지는 오늘날 교회의 헤게모니 남성성이라고 할 수 있겠다.

지난 수십 년 전부터 학제간 연구는 남성성/여성성이라는 성적 특성은 성차보다 개인의 차이에 더 크게 의존하며, 생물학적 측면보다는 사회문화적 영향력을 더 크게 받으며 형성된다는 데 대부분 합의하고 있다. 뇌과학 연구에서도 비슷한 결론을 도출했다. 일전에 사이먼 배런코언의 "Empathizing-Systemizing theory"가 크게 주목을 받은 적이 있다.[1] 그의 실험의 요지는 여자의 뇌를 '공감하는 뇌'로 남자의 뇌를 '체계화하는 뇌'로 특성화했는데, 이는 오랫동안 고정되어온 성에 따른 역할을 과학적으로 입증하는 것으로 언론들이 앞다투어 보도했기 때문이다. 요컨대 '체계화'라는 뇌의 특성은 도구를 발명함으로써 문명을 창조하고 역사를 주도한 남성들의 능력으로, 여성의 자녀양육과 원만한 관계구축은 '공감하는 뇌'의 특성 때문이라는 과학적 설명으로 받아들여졌기 때문이다. 그러나 실상 배런 코언의 결론은 그가 세운 연구가설과 달리 뇌 역시 사회문화적 환경의 영향이 매우 중대하다는 것이었다. 성별집단의 타고난 차이라기보다는 어떠한 사회문화 환경에서 어떠한 성역할에 따른 교육을 받았느냐에 따라 크게 영향을 받기 때문에 성별차이라기보다는 개개인의 차이가 더 큰 것으로 보아야한다는 결론이다. 예컨대 아동학대를 당한 아이의 뇌의 경우, 30% 이상 축소되어있고, 언어폭력에 노출된 고등학생의 뇌량과 해마가 눈에 띄게 위축되는 반면, 폭력이 중단되고 차별이 개선되면 뇌의 크기와 기능은 다시 복원된다는 연구 결과가 그 반증이다.

이처럼 젠더연구에서는 오랫동안 남성의 특성으로 간주되어온 독립성, 공격성, 의지력, 대담성과 여성의 덕목으로 여겨온 종속성, 부드러움, 수동성 등은 19세기의 과학적 지식의 도움으로 '만들어진' 근대적 인간의 특징으로 본다. 요컨대 용감한 남자와 조신한 여성이라는 이분법적 인간관은 근대이전의 중세기나 근대이후 사회에서는 절대적

---

1 박은혜·김혜리·조경자·구재선, "성차에 대한 Baron-Cohen의 공감하기-체계화하기 이론 검증", 「한국심리학회지」 (14, 2009), 269-286.

기준이 아니었으며 근대의 산물이라는 뜻이다. 시몬느 보봐르의 "여성은 태어나는 것이 아니라 만들어진다"라는 언명이 상식이 된 지는 오래고, 이제는 보봐르의 테제를 넘어선 주디스 버틀러의 젠더수행성[2] 이론이 광범위하게 받아들여지고 있다. 이러한 시선으로 보면, 남성적 특성이란 사회문화에 따라 상이하게 '구성'될 뿐만 아니라 같은 문화권 안에서도 다양한 남성성이 존재할 수 있다. 이러한 관점에서 이 글은 그간 굴곡진 근현대사를 통해 한국교회의 남성은 어떻게 만들어져 왔는가에 관심한다.

II. 문명적 남성 만들기

기독교가 수용된 개항기는 새로운 질서가 유입되면서 전통적 사회질서가 교란된 시기이자 변화를 갈망하던 시기였다. 남성성의 영역도 예외는 아니었다. 근대적 종교라는 기치를 내건 기독교는 유교적 기반에서 형성된 기존의 남성성을 부정하고 새로운 남성성을 제시하는 대표적 공간이었다. 당시 기독교가 제시한 새로운 남성성은 두 가지 경로를 통해 구현되었다. 하나는 문명과 신앙의 힘으로 부국강병을 꿈꾸던 한국교회의 남성지도자요, 다른 통로는 선교사이다.

선교사의 새로운 남성성만들기 기획은 전통적 남성성에 대한 비판에서부터 시작하였다. 당시 선교사들이 내면화한 남성성은 19세기 서

---

2 젠더를, 어떤 개별적 인간의 젠더 행동의 모순과 불안정함을 흐리면서 동시에 고정되거나 정상적인 젠더의 효과를 생산하는, 반복된 행동의 결과로 규정한다.

구 제국주의의 남성성이다. 제국주의가 표방한 강인한 남성성과 빅토리아 시대에 형성된 성적 순결은 전통적 한국남성성을 야만성과 음탕함으로 규정하는 기준이었다. 전통적 습속은 문명과 야만이라는 이분법적 잣대에 의해 척결되어야 할 대상이었다. 당시 선교사들의 눈에 비친 한국 사회의 한 풍경을 보자. "가장과 마찬가지로 가족의 모든 남자와 6-7세 이상의 사내아이들은 각자 자기의 방에서 품위를 지키면서 혼자 식사를 한다. 딸들은 부인들과 함께 안채에서 식사를 하는데 거기에는 어떤 의식이나 존엄도 없이 남자들이 식사를 마치고 남은 것들을 먹는다."3 이러한 '야만적' 풍속을 없애기 위해 선교사들은 대대적인 캠페인을 벌였다. 그 효과인지 교계 신문에는 새로운 풍경을 보도하는 기사가 등장했다. "동네 외인들이 흉볼지라도…밥 먹을 때에 부인들도 방에 들어와 남편과 같이 편안이 앉아서 먹기로 작정하고…또한 내외 간에 높고 낮은 말 하는 것도 좋지 않으니 서로 같은 말로 대접하기로 작정했다."4 이러한 풍경의 변화는 교회가 밥상의 질서를 전복하거나 남녀부동석의 법을 파기함으로써 유교전통에 근거한 남성의 권위를 부정했음을 잘 보여준다. 따라서 평등을 추구하는 낯선 남성성을 재현하는 교회의 열린 공간은 근대적 부부관계를 꿈꾸는 청춘들을 흡수할 수 있었다.

전통사회에서 남자아이가 남성이 되는 통로는 혼인이었다. 그런데 선교사들은 전통적 혼인제도 및 성적 습속도 '악폐'로 규정하고, 교인들에게는 권고와 정죄를 통해 이러한 '악습'과 단절하도록 강권하였다.

---

3 E. 와그너/신복룡 옮김, 『한국의 아동생활』(집문당, 1999), 35

4 "교회통신", 「그리스도신문」, 1901년 6월 20일.

조혼은 전근대적 혼속과 망국적 폐습으로 간주되어 우선적 타파의 대상이 되었다. 19세기 서구에서 유행하던 우생학적 지식이 동원되고, 조혼하는 민족은 하나님이 멸망시킨다는 신앙적 논리가 등장했다. 이를 통해 남자아이가 양육과 어른 교육을 제대로 받지 못한 상태에서 남성이 되는 통로를 차단하고자 했다.

축첩 역시 새로운 남성성 만들기 기획의 주요 배제대상이었다. 당시 기사에 의하면 첩이 없는 남자는 '사나이'가 아니라 '못생긴 사람'으로 놀림을 받았으며 "일부이첩을 대장부의 당연한 일로 여겨 아침밥과 저녁죽을 먹을 만한 사람이면 의례히 첩을 두었다"[5]라고 한다. 축첩은 부를 가진 남성성의 징표였던 것이다. 교회는 이러한 축첩제도를 문명에 어긋나는 '야만적 행위'이자 하나님이 주신 법의 위반으로 간주하면서 축첩자들을 추방시켰다. 이처럼 조혼과 축첩에 대한 정죄는 교인과 불신자를 가르는 중요한 기준이자 교회의 새로운 남성성 만들기 기획이었다.

전통적 남성 만들기는 조혼이나 축첩과 같은 혼속뿐만 아니라 상투라는 상징적 행위를 통해서도 이루어졌다. 조선사회에서는 상투를 올리지 않은 이는 남성이 아니었다. 백정이나 승려는 제아무리 나이가 많아도 상투를 올릴 수 없었다. 따라서 그들은 남자로 간주되지 않았으며, 존칭어미도 부여받지 못했다. 그들은 높임을 받을 수 없었던 존재였던 것이다. 반면 상투를 튼 남자는 족보에 이름을 등재하고 아명을 버리며 성인으로서의 의무를 부여받고 조상제사에 참여할 수 있었다. 상투는 명예뿐만 아니라 사회적 정체성 곧 소년이 아니라 남성이 되었

---

5 「제국신문」 1901년 1월 31일.

음을 말해주는 상징이었다. 이러한 사회문화적 환경에서 단발은 덕과 존경심, 지위와 남자다움의 상실을 의미했다. 그것은 신체적 상징적 거세였다.

그런데 교회는 앞장서서 상투를 자르는 곳이었다. 단발은 위생적 차원에서만 유익한 것이 아니라 남자와 여자의 외양을 구별하게 해주는 표지였기 때문이다. 이 밖에도 게으름, 거짓말, 욕심, 도적질, 술, 담배, 노름, 마약과의 단절등 유교의 수신과는 다른 방식의 몸의 절제를 요구하면서, 교회의 새로운 남성 만들기 기획은 진행되었다. 바로 문명화된 남성이다.

일제 강점기 때 교회의 남성지도자들은 남성성을 '강함'의 자질에서 찾았다. 강한 남성성은 민족/서구 영웅모델과 하나님 상징을 통해 제안되었다. 모세로 대표되는 경전 속의 민족 영웅뿐만 아니라, 워싱턴, 링컨 등 서양의 위인들이 적극 소개되었다. 이들은 대부분 국가의 독립, 구국 혹은 강력한 국가의 건설 등과 같은 영웅서사와 긴밀한 관련성을 내포한 인물들이다. 외세로부터 민족을 구해줄 구국 영웅을 열망하던 시대정신이 반영된 셈이다. 서구의 위인을 단순히 소개하는 것에서 그치지 않고 그에 대응하는 새로운 민족 영웅도 발굴하였다. 이순신에 대한 기독교 민족주의 인사들의 깊은 관심은 대표적인 사례이다. 이순신은 근대 이전에는 '충신'의 표상이었지만 개항과 일제강점기를 지나면서 강인한 애국자의 표상이 된 대표적 인물이다. 다수의 기독교 인사들로 구성된 '충무공유적보존회'의 활동에서 우리는 당대 민족공동체의 염원/욕망과 결부되면서 새로운 남성성을 모색한 교회의 단면을 엿볼 수 있다.

한국교회는 관념적 차원에서만이 아니라 실제적 차원에서도 강인한 남성성 만들기 프로젝트를 진행시켰다. 가령 황성기독청년회 운동부는 야구, 농구 등 근대 스포츠의 소개와 지도에 많은 공헌을 함으로써 강건한 신체에서 새로운 남성성을 재현하고자 했다. "원기(元氣)없는 국민이 되어서는 아무 것도 이룰 수 없고 건전치 못한 신체로서는 아무 것도 기대할 수 없다"라는 선언은 마음을 통해 몸을 다스리는 전통적 남성성과는 달리 몸을 통해 마음을 다스리고자 한 근대적 남성 만들기 기획의 근본 취지였다.

한국기독교는 신체적 차원의 남성적 강인함을 강조하는 한편 강력한 가부장적 하나님 이미지를 통해 신앙적 강인함을 부각시키고자 하였다. 절대적 통치자, 만왕의 왕, 엄위하신 성부, 신들의 신과 같은 가부장적 언표와 대장, 군졸, 복음갑주, 성신검, 기도투구 등의 군사적 메타포들은 대표적인 사례이다. "우리의 무기는 십자가요, 우리의 전술은 성서요, 우리의 대장은 예수 그리스도이다"[6]라든지 "청년아 청년아 십자가를 지고 용감히 나아가 싸우자. 장로선배들이여 용감한 전사와 같이 나아가는 청년들을 무서워말고 행여나 그 길을 막지말자"[7]라는 구호는 문약한 선비로 대변되는 유교적 남성성을 대체하는 강인한 남성성 만들기의 외침이었다. 이와 관련된 메커니즘이 젠더의 위계화이다. 교회의 제도화와 교권이 확립되던 시기의 교회는 여성을 배제하는 전략을 선택함으로써 남성성을 극대화하고자 하였다. 당시 한국교회는 여성을 열등한 존재로 코드화함으로써 여성안수 불허의 결정을 내

---

6 金昶濟, "敎會의 反省을 求함-靑年의 志氣가 果如何?" 「청년」 1928년 5월호.
7 전영택, "敎會의 將來와 靑年의 覺醒," 「진생」 1929년 1월호.

렸는데 이러한 젠더의 위계화 작업은 교회 안에서 남성성의 확대를 강화하는 하나의 방편이었던 것이다.

III. 군사적 남성 만들기

전근대적 남성성과의 단절을 통해 새로운 남성을 만들려는 교회의 기획이 얼마나 공헌했는지 증명할 길은 없다. 근대화/문명화 기획은 교회만이 아니라 일제에 의한 식민지근대화 정책도 추진되었기 때문이다. 그러나 적어도 담론의 영역에서만큼은 강인성과 순결성, 절제력 그리고 평등성이 교회남성성이 갖추어야 할 덕목으로 자리 잡았다.

해방과 분단, 군사정권의 등장과 월남파병, 유신독재를 거치면서 교회의 남성성은 또 한 번의 변화를 겪게 되었다. 냉전논리에 근거한 반공주의와 개발독재에 근거한 성장주의는 격동의 현대사가 만들어낸 남성성을 생산하는 토대가 되었던 것이다. "한 손에 망치 들고 건설하면서 한손에 총칼 들고 나가 싸우자"라는 당대 국민가요에 함축된 산업전사와 반공투사의 이미지는 땀과 피로 얼룩진 강철 같은 남성성을 잘 보여준다.

산업화 사회가 본격화되면서 가정과 일터를 중심으로 사적 영역과 공적 영역이 뚜렷이 구별되었고 남성은 임금노동으로, 여성은 가사노동의 영역으로 이분화되었다. 성역할이 명확하게 나눠진 것이다. "성공하는 남편, 사랑받는 아내"가 시사하듯, 가족의 생계는 우선적으로 임금노동을 담당하는 가부장에 의존하였다. 임금노동자의 역할을 맡은 남성들은 자신의 정체성을 일과 일에 대한 성취를 중심으로 발전시켰다. 특히 부양자로서의 역할을 수행하면서 집안의 군주로 '진정한 남성'임을 확인받았다. 남성다움의 구체적인 목록은 노동자로서의 덕목, 부양자로서의 덕목과 크게 다르지 않다. 요컨대 책임감, 합리성, 자제력, 결단력, 여성보호적 태도를 포함함으로써 남성다움과 일은 동일시된다. 조선시대에는 풍류를 아는 남성으로 미화되기도 했던 '백수와 한량'은 산업화시대에 오면 지배적인 남성모델이었던 '산업전사'와 대비되면서 사내구실을 못하는 한심한 비남성적 존재로 폄하되었다.

필요할 때마다 전시체제임을 상기시키며 장기집권을 도모했던 군부독재시대의 이상적 남성상은 국가를 개인의 우위에 두고, 애국이라는 정신적 가치와 신체단련이라는 육체적인 힘을 동시에 구현하는 군사적 남성성이었다. 한때 국민가요였던 "월남에서 돌아온 김상사"(1969)의 노랫말에는 군대에 가야 남자가 된다는 일상적 통념이 오롯이 반영되어 있다.

월남에서 돌아온 새까만 김상사 이제사 돌아왔네
월남에서 돌아온 새까만 김상사 너무나 기다렸네
굳게 닫힌 그 입술 무거운 그 철모 웃으며 돌아왔네
어린 동생 반기며 그 품에 안겼네 모두 다 안겼네

말썽 많은 김총각 모두 말을 했지만
의젓하게 훈장 달고 돌아온 김상사

동네사람 모여서 얼굴을 보려고 모두다 기웃기웃

우리 아들 왔다고 춤추는 어머니 온동네 잔치하네
폼을 내는 김상사 돌아온 김상사 내 맘에 들었어요
믿음직한 김상사 돌아온 김상사 내 맘에 들었어요[8]

　　말썽꾸러기 김 총각이 동네처녀의 선망의 대상이 될 수 있었던 것은 훈장 달고 김 상사로 돌아왔기 때문이다. 만연된 폭력과 무조건적 복종을 유도하는 군대생활로 인해 만신창이가 된 청년들이 속출함에도 불구하고 여전히 군대는 성인남성을 탄생시키는 통과의례로, 남성성을 가르치는 중요한 교육기관으로 간주되었다. 이렇게 탄생한 군사적 남성성은 총동원체제의 헤게모니 남성성으로써 남성들을 훈육하고 길들였던 이데올로기이자 '정상적인 남성'이라면 모방해야 할 삶의 목표였다. 가족/국가 공동체를 위해 싸우는 전사는 헤게모니 남성성과 완벽하게 동일시되었다.

　　군사문화는 군대만이 아니라 스포츠, 기업, 학교, 교회, 진보적 운동진영에 이르기까지 거의 모든 영역에 거대한 뿌리를 내렸다. 총동원체제를 통과하면서 문자 그대로 "대한민국은 군대"가 되었다. 애국주의와 애사주의가 '태극전사', '반공투사', '수출전사'를 생산했다면, 우리 교회(종교)중심주의는 '영적전사'를 생산하는 장치가 되었다. 교회개혁 진영에서는 한국교회의 고질적인 병폐를 배타주의와 근본주의, 성공주의와 성장주의, 승리주의와 정복주의, 친미주의와 반공주의, 군사주의와 권위주의 등으로 지목한다. 이러한 요인들은 상호연동되면서 '영적전사'(Holy Fighter)를 생산하는 기름진 토양이 되었다.

---

8 신중현 작사/작곡, "월남에서 돌아온 김상사", 1969년.

경제성장제일주의가 물질적 번영을 추구하면서 분배의 정의를 방기하였던 것처럼, 교회성장주의는 이웃과의 나눔과 섬김, 봉사와 사랑 등을 실천하기보다는 장엄한 교회건축을 비롯한 외형불리기에 몰입하도록 이끌었다. 예수정신을 유보하고 사회로 확장해나간 대가로 전대미문의 양적 팽창을 구가한 셈이다. 공격적인 선교를 펼친 영적전사들의 활약 덕에 외형적으로는 눈부신 성장을 이루었지만 복음의 본질을 훼손하였다는 비판으로부터 교회는 자유롭지 못하다. 영적전사는 한편으로는 악으로 지목된 타자를 신앙의 힘으로 정복하여 승리를 구가하고, 이를 발판으로 내부적 결속력을 다졌다. 한편 외부적으로는 끊임없이 적/타자를 생산함으로써 타자(타공동체)에 대한 배제와 적대적인 차별화를 도모하였다. 이러한 방식으로 교회의 영적전사는 반공투사로서의 역할을 톡톡히 감당하였다.

누구나 인정하듯 분단이데올로기 조성에 가장 큰 역할을 한 곳이 한국교회다. 우리는 전투적이고 물러섬이 없는 용감한 영적전사들이 시청광장의 친미반공 시국집회를 주도하면서 공격성을 드러내며 진리를 독점하는 현장을 빈번히 목격한다. 이러한 용맹한 배타성은 때로는 교회성장을 저해하는 요인으로 지목되기도 한다.

이러한 돌진적 성장주의와 공격적 배타주의는, 마치 군부독재가 반공주의와 경제개발을 성공적으로 이끌기 위해 총동원체제를 활용했던 것처럼, 총동원체제 안에서만 가능하다. 교인배가운동의 일환으로 마련된 전도대폭발이나 총동원 주간은 이 시기 교회가 즐겨 사용했던 수사 중 하나인데 얼마나 군사적인 에토스가 농후한지를 엿볼 수 있다. 군사문화가 교회에까지 침투한 것이다. 용어만이 아니다. 교회의 목표를 달성하기 위해서는 성도들의 다양한 목소리가 하나로 수렴되는 장치가 필요했다. 가부장적 권위주의는 가장 용이한 장치이다. 서구 기독교 전통에 내재해 있던 가부장적 요소를 근간으로 하여 유교전통, 서구근대성 그리고 일본 제국주의를 통해 강화된 가부장주의는 한국교회의 남성지배체제를 흔들림 없이 구축할 수 있었다.

카리스마 리더십은 영적전사의 모델이었다. 하나님의 말씀 선포자라는 아우라와 영웅주의적 특성을 가지고 있는 카리스마 리더십은 명령과 설득으로 맹목적 복종의 위계질서를 교회문화로 조성했다. 카리스마 리더십에 갈망하는 신앙인들은 자신을 대신해서 판단해주고 명령을 내려 줄 위대한 존재에 기대고 싶어 한다. 비합리적이고 상식에서 벗어난다 할지라도 신성성으로 포장만 된다면 맹종하도록 길들여진 마음바탕을 지니고 있기 때문이다.

정치학자 전인권은 한국의 남자들을 '동굴 속 황제'에 비유했다. 언제 어떤 공간에 있든지 황제이길 원하는 한국남자에게, 황제였던 아버지는 몸소 황제다운 언행을 보여주었고 어머니는 그를 황제로 받들고 길렀다. 자기애와 권위주의의 동굴에 갇힌 남성은 한국의 가족문화가 낳은 독특한 유형이라는 주장이다. 일리 있는 추론이다. 교회남성 특히 목회자들도 비슷한 과정을 겪는다. 어느새 하나님 대리자로 자처하며 하나님 다음 자리를 차지한 '목사님'이 되었다. 아무 말이나 해도 신성성의 언어로 포장한 권위주의에 그저 "아멘, 아멘"하며 따르는 교인들의 비호를 받아 교회라는 '동굴 속 황제'로 군림했다. 그렇게 스포일되면서 이 불쌍한 교회 동굴 속에 은둔한 황제는 상식으로부터 점점 멀어졌다. 비상식이 신앙의 언어로 번역되면 될수록 교회는 세상의 조롱거리가 되었다.

전임여전도사로 사역하는 후배는, 훨씬 어린 파트타임의 남전도사와 자신에게 대하는 상반된 태도에 분개한 적이 있다. 여자인 자신과는 달리 미래의 목사가 될 남전도사에게는 어려워하며 정중한 언행으로 대하신다는 것이다. 이러한 여성과는 다른 방식으로 길러진 교회 남성과 지도력은 섬김과 나눔의 가치를 알고는 있지만, 정작 몸이 움직여주지는 않는다. 요컨대 이 시기의 주도적 교회 남성성은 영적전사로 요약할 수 있는데, 남성성은 경쟁심과 배타성, 공격성, 섬김 받음을 그 특징으로 하고 있다.

IV. 시민적 남성 만들기

1987년 6월 기성질서와 가치에 도전하면서 등장한 민주화운동은 기존의 남성상을 뒤흔드는 혁명적 전환점이 되었다. 프랑스혁명에서 "자식들이 힘을 합쳐 아버지를 죽이고 먹은 제의적 사건"[9]을 떠올린 린 헌트의 상상력이 우리 사회에 구현된 것이다. 기존 질서와 권위에 대한 부정은 민주화운동으로 이어졌고 그 결실로 상명하달의 복종문화와 권위주의는 버려야할 폐습이 되었다.

민주화와 함께 진행된 신자유주의화는 한국 사회를 근본적으로 뒤흔들었다. 주지하다시피 1997년 말 경제위기 이후 IMF 체제에서 행해진 전면적 구조조정은 대량실업으로 이어졌다. 그동안 가족 부양의 책

---

9 린 헌트/조한욱 옮김, 『프랑스 혁명의 가족로망스』, 새물결, 2000.

임을 맡았던 가부장들은 명예퇴직이나 비정규직화로 그 위치가 불안해지고, 그 과정에 자연스럽게 전업주부로 살아왔던 여성들이 각종 감정노동의 현장으로 내몰렸다. 이로 인해 일터는 남성, 가정은 여성이라는 산업화시대의 전형적 가족모델이 흔들리게 되었고, 이러한 현상에 대한 반동으로 언론, 기업의 이벤트, 드라마 등에서는 남성위기담론을 유포했다. 40대-50대의 스트레스 사망률 세계 1위, 자살률 1위, 이혼율 급증, 구체적 통계와 등의 자조적 표현은 파국이 임박한 듯한 분위기를 자아내었다.[10]

무한경쟁을 기본원리로 하는 신자유주의 시대의 조류에 쉽게 조응하지 못한 남성들에 대한 위기담론이 출몰했다. 위기론은 유령처럼 배회하며 우리사회를 잠식시키는 다크컬쳐를 확산시키고 있다. 이 시기의 남성성 담론은 사회적 변화에 대한 위기의식을 어떠한 방식으로든 담고 있다. 남성위기담론에는 산업전사, 민족전사로 몸을 바쳐 충성한 그 노고를 망각하고 있는 세태에 대한 분개와 비애가 고스란히 담겨있다. 그러나 아무리 남성성의 위기를 호소해도 옛 권위를 회복할 길은 요원해 보인다. 소비자본주의 사회에서는 경제성장기의 표본적 모델이었던 산업전사는 더 이상 주도적인 남성상이 될 수 없기 때문이다.

요컨대 강한 카리스마 지도력을 구심점으로 한 산업화 시대의 총동원체제에서는 '산업전사'와 '반공투사'가 이상적인 남성주체였으나, 민주화와 함께 진행된 소비자본주의 체제에로의 전환기에는 다양한 욕망을 지닌 시민적 주체가 부상하였다. 공동의 목표를 향해 돌진하던

---

10 IMF 관리체제 이후 산업사회의 특징이었던 안정된 가족공동체와 평생직장의 개념이 급속히 해체되면서 이태백(20대 태반이 백수), 삼팔선(38세면 명예퇴직 선택 결정), 사오정(45세면 정년퇴직), 오륙도(56세면 월급도둑) 등과 같은 자조적 표현들이 등장하였다.

시대의 '국민'은 개인의 자율성에 기초한 주체가 된 것이다.

이러한 분위기에 힘입어 대의를 훼손하는 것이라며 비난 대상이었던 개인들 간의 다양한 차이는, 창의적인 개성으로 권장 대상이 되기 시작했다. 민주화와 다품종 소량생산의 소비자본주의 체제에로의 전환은 취향과 표현의 다양화를 야기했을 뿐만 아니라 새로운 남성성이 구성되는 요인이 되었다. 날로 커져가는 남성복 시장은 남성의 몸도 산업전사의 몸만이 아님을 보여준다. 메트로 섹슈얼, 위버 섹슈얼, 크로스 섹슈얼, 꽃미남, 차도남 그리고 짐승남이 공존하는 이 시대의 남성성은 권위주의 시대와 달리 다양한 스펙트럼을 보여주고 있다. 드라마에서 등장하는 스마트한 지적 능력과 스위트한 매너, 스마일을 갖춘 국민 남편들이 높은 인기를 얻고 있다. 딸바보 아빠들이 높은 인기를 얻고 있다. 딸바보란 문자 그대로, '딸을 너무 사랑해서 딸 앞에서 바보가 되는 아버지'를 부르는 호칭이다. 자식을 엄하게 훈육하는 전통적 아버지와는 완전 대조적이다. 딸이 없는 훈남 연예인이나 아이돌까지 너도나도 딸바보가 되려하기에 오늘날 매력적인 남성이라면 갖춰야 할 덕목이 되었다. 젊은 처자들의 로망인 '교회오빠'가 떠오른 맥락도 이와 유사할 것이다. 군사적이고 권위적인 남성성은 이제 더 이상 새 시대를 주도할 수 없을 뿐만 아니라 도리어 시대착오적 존재로 지목되어 드라마나 코미디 프로그램에서 희화화 대상이 되고 있을 뿐이다.

이러한 변화의 물결은 교회라는 동굴 속에도 불고 있다. 일단 권위적인 카리스마 리더십의 영향력은 예전 같지 않다. 교회의 아버지인 카리스마 리더십에 순종적이었던 '영적전사'들은 민주화의 세례를 받은 후 자율적 주체의식을 가진 '시민적 성도'들로 재탄생하였다. 이들은 권위주의체제를 유지해오던 불투명한 교회 재정을 비롯한 비민주적 관행이나 목회지 세습을 통해 권력과 권위를 가족들에게 계승시키려는 카리스마 리더십의 결단에 더 이상 순종적이지 않다. 아무 말 대잔치를 벌여도 "아멘, 할렐루야" 하던 성도들이 달라진 것이다. 양적 성장을 카리스마 리더십의 능력의 지표로 인식되곤 하던 권위주의 시대는 교회의 자원을 교인들에 대한 돌봄의 목회보다 조직의 존립과 외형적 성장 자체를 위해 사용하곤 했다. 이것 역시 시민적 성도들에 의해 제동이 걸리고 있다. 동굴 속 황제들 중 일부가 성추문이나 수십수백억 단위의 헌금 횡령자로 연일 뉴스를 도배하자 세상은 그들을 목사가 아닌 '먹사'로 호명하기 시작했다. 점차 '주의 종'이라는 메타포가 지닌 강력한 마법은 이제 더 이상 효력을 잃었다.

뿐만 아니라 한때는 이 사회의 빛과 소금이었던 기독교인은 수치스런 개독교인으로 불렸다. 그 결과 누군가가 "아, 어쩐지 (기독교) 교인인 것 같았어요"라고 말을 건네면, 순간 '욕일까, 칭찬일까' 가늠하느라 머리가 복잡해진 신도들은 점점 동굴을 떠났다. 시민사회의 교인들은 한편에서는 일군의 전직교인들이 '가나안 성도'로 떠돌고, 또 다른 한편에서는 이러한 위기를 다양한 방식으로 극복하려는 시도를 모색하고 있다. 이에 맞추어 부드러운 남성성이 헤게모니 남성성을 획득하는 과정에서 교회도 일대 변신을 꾀하고 있다. 군사적 언표를 담은 전도폭발성회가 '새생명축제'로 개명되고, 예배를 비롯한 다양한 프로그램들이 시민적 성도의 눈높이를 위해 고안된다. 강압적이고 일방 통행적인 교회문화는 훨씬 완곡하고 부드러운 형태로 변하고 있다. 이러한 방식으로 군사적 남성성에 기초한 위압적인 영적전사 모델과는 차별화된 교회남성성을 모색하고 있다.

V. 따뜻한 가부장 만들기

오늘날 교회의 남성상을 주조하는 대표적인 공간은 남성 재교육 프로그램이다. 좀 더 구체적으로 "아버지 재교육 프로그램"의 사례를 통해 오늘날 교회 남성 만들기 프로젝트를 살펴보자.

경제적 위기와 탈산업화 과정에서 남성들의 실직과 더 값싼 노동력을 제공하는 여성들의 취업이 늘어나자 산업화시대 전형적인 가족상에 변화가 일었다. 앞서 말한 대로 이는 남성성 위기담론으로 이어지고 실추된 남성의 권위 회복과 이상적인 남성상 모색에 관심을 기울이게 되었다. 또한 남성위기의 진원지임과 동시에 해결지를 '가정'으로 보는 교회는 다양한 남성 재교육 프로그램을 구상하였다. 그 대표적인 곳이 바로 아버지 재교육 프로그램이다.

두란노아버지학교(온누리교회/두란노서원, 1995년 개설)를 필두로 영락아버지학교(영락교회, 2004개설), 아바러브스쿨(사랑의교회, 2007년 개설), 파더스드림(순복음교회, 2008년 개설) 등 각 교회들은 교파를 초월하여 아버지재교육 프로그램을 개설하였다. 특히 아버지학교는 1995년 10월에 개설 당시에는 미국의 아버지학교라고 할 수 있는 프라미스키퍼스(Promise Keepers)운동[11]에 착안하여 온누리교회의 평

---

11 '약속의 이행자'(Promise Keepers)라고 불리는 이 집단은 1991년 아일랜드계 가톨릭 교인이며 콜로라도대학교의 미식축구 코치인 빌 맥카트니(Bill McCartney)가 창립하였으며, 제리 폴웰, 빌리 그레이엄 등 복음주의 진영의 지도자들이 이 단체의 회원으로 활동

신도를 중심으로 성령운동의 차원에서 진행하였으나, 1997년 8기부터는 한국현실에 맞게 수정된 프로그램을 제공하여 급속한 성장을 이루었다. 수정된 내용의 핵심은 그동안 잘못된 권위를 행사해온 아버지들을 재교육을 통해 그들의 권위를 올바르게 세워 문제해결을 도모하는데 있었다. 이 프로그램은 2000년 5월 공중파 방송에 소개된 후, 때마침 전국민적 운동으로 번진 '아버지 기 살리기' 신드롬에 편승하여 비기독교인(일반인)의 지원자가 급증하였다.[12] 이처럼 기독교 공간에서 생산된 아버지 담론은 교회를 넘어 전 사회적으로 확산되면서 하나의 대안적 사회운동으로까지 부상하였으며, 지금은 전국적/전지구적 네트워크를 따라 끝없이 확장되고 있다.[13] 요컨대 대사회적으로 큰 호응을 얻고 있는 교회의 아버지 재교육 프로그램은 새로운 아버지담론을 생산 유통하는 대표적인 공간이 되었다.

가정회복 프로그램이 '아버지'에 집중하는 이유는 온갖 사회문제가

하였다. 한국에서는 "믿는 아버지들의 모임"이란 명칭으로 활동을 하고 있는데 여기에서는 남성들이 가정에서 영적 지도자의 위치에 서서 올바른 역할을 하고 가정에 좀 더 충실하도록 이끈다.

12 교회의 아버지 재교육 프로그램은 '추적60분'(2000년 5월 방영)에서 처음 소개된 이래 아침마당 등 공중파와 각 언론매체를 통해 보도되었다. 2010년 현재, 국내 81개 지역에서 총 2,286회가 열려 163,496명이 아버지학교를 수료하였다.

13 두란노 아버지학교는 2000년 포틀랜드, 시애틀, 샌프란시스코를 시작으로 해외로 진출하였다. 2016년 현재 1,610회 개최했으며 58,880명이 수료하였다. 국내와 해외에서 소비된 현황을 그래프로 그려보면 다음과 같다. 2016. 12. 31 현재까지 통계.

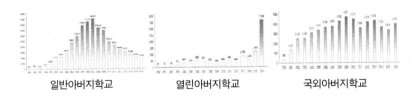

일반아버지학교   열린아버지학교   국외아버지학교

'가정'에서 비롯된다는 보수주의 시각 때문이다.

우리는 정치, 경제, 사회, 문화, 교육, 심지어는 교회까지도 흔들리는
아픔을 겪고 있습니다… 문제의 근원은 바로 가정의 붕괴에 있습니
다… 미국사회를 보면 근래에 학교 폭력이 심각해져 총기를 난사하고,
많은 학생들이 희생되는 비극을 보고 있습니다… 미국의 학교장들이
모여 대책회의를 한 결과 그 원인을 '가정의 아버지의 부재', '잘못된
아버지의 부정적 영향력'으로 분석하고, '아버지를 가정으로 되돌려
보내야 한다', '아버지의 부정적 영향력을 바로 잡아야 한다'는 운동을
일으키고 있는 것입니다.

우리나라의 사회 현실은 어지럽기만 합니다. 혼돈과 공허 속에서 갈등
으로 치닫고 있습니다…. 그래서 사회는 더욱 어려워졌습니다. 이제
는 아버지가 일어서야 할 때입니다. 이러한 시대적 요청에 부응, 일어
난 운동이 바로 아버지학교 운동입니다… 주 무대는 가정입니다. 가정
을 제대로 세워야 사회가 회복되고 나라가 강해진다는 철학입니다.[14]

마치 세계경제의 침체기에 정치권력을 장악한 영국과 미국의 신보
수주의자들이, 급증하는 사회문제의 근본원인을 가족의 부양기능 및
도덕적 통합력의 약화에서 찾았듯이, 한국교회의 가정사역프로그램에
서도 동일한 진단을 내린다. 아버지학교 참가자들이 강좌 때마다 복창
하는 "주님, 제가 아버지입니다", "아버지가 살아야 가정이 산다" 등의

---

14 김성묵, "아버지학교의 정체성 그리고 비전", 두란노아버지학교운동본부 편, 『아버지학교
10주년사』 (아버지학교, 2005), 100.

구호는 가정, 학교와 교회, 나아가 사회와 나라가 '아버지'에 기초하고 있다는 믿음에 기반하고 있다.

이는 신보수주의 가족이념을 전세계적으로 확산시키고 있는 기독교단체「포커스온더패밀리」(Focus on the Family)의 창설자 제임스 답슨(James Dobson)의 "한 나라의 생존 여부는 가정에서 남성, 즉 아버지의 지도력에 달려 있다"라는 주장과 맞닿아 있다.[15] 뿐만 아니라 가족적 가치(family value)를 중시하여 동성애반대운동을 가장 활발하게 전개하고 있는 기독교 남성단체 프라미스키퍼스(Promise Keepers)를 연상시킨다.[16] 때문에 우리는 가족적 가치를 내세우며 전지구적 네트워크 안에서 전파되고 있는 '미국제 복음주의' 신앙운동과 한국교회의 아버지 재교육프로그램의 친연성을 발견할 수 있다.

사실 IMF 이후 급속히 진행된 가족의 변동과 해체 현상은 가정문제

---

15 제임스 답슨은 제리 폴웰(Jerry Falwell)의 사망 이후 미국 복음주의의 가장 영향력 있는 인물로 부상하였으며 2008년 미국 대선 당시 "오바마 의원이 자신의 세계관에 끼워 맞추기 위해 의도적으로 성경을 왜곡하고 있다"라고 비난하면서 노골적으로 부시 후보를 지지하기도 하였다.

16 무상급식정책을 두고 서울시에서 제안한 주민투표에 두란노아버지학교와 연관된 교회에서 보낸 문자에는 미국제 가정회복프로그램을 연상시키는 내용이 들어있다. 그 내용의 일부는 다음과 같다.
"(온누리교회에서 온 문자 전달합니다) 급합니다! 서울시 곽노현 교육감의 〈학생인권조례안〉통과되면 1) 미션스쿨에서 채플(예배)과 종교교육이 대체과목에 의해 무력화되고 외부종교행사 못함; 미션스쿨 설립목적 무너지고 2) 동성애옹호: 초중고생 동성애자 급증하고… 교회가 깨어 기도하고 일어나지 않으면 이 나라가 무너집니다. 하나님을 대적하는 곽노현 교육감의 〈무상급식전면시행〉을 이번 8/24 주민투표에서 막지 못하면 이 나라와 청소년들 영혼 망치는 〈학생인권조례안〉도 막을 수 없습니다. 8/24 꼭 투표해서 곽노현 교육감 물리칩시다. 이 메시지를 20명에게 꼭 전달해주세요 그러면 승리합니다."
"황당 교회 문자메시지 – 무상급식 하면 동성애자 확산한다", 「한겨레신문」2011년 8월 23일자.

가 근본적인 원인이라기보다는 민주화 열풍과 전지구적 자본주의의 확산에 더 깊이 연동되어 있다. 요컨대 경제영역의 시장화로 시작하였으나 문화영역 등에서 글로벌 스탠다드로 부상한 전지구적 자본주의야말로 가족문화의 전형성을 깨트린 주범이다. 경제적 세계화와 문화적 세계화의 결합은 친밀성 영역에도 영향을 끼쳐 새로운 가족형태를 양산하였기 때문이다. 일례로 새로이 등장한 '기러기 가족'은 세계화의 확산과정에서 자녀의 성공을 위한 교육장소가 선진국으로 바뀌면서 등장한 부산물이다.[17] 새로운 가족이 만들어내는 규범과 문화는 기존의 가족문화와 충돌하면서, 부모의 자녀 양육자로서의 역할 상실, 부부관계의 불안정화, 둥지로서의 가정의 역할 감소 등의 특징을 보인다. 뿐만 아니라 핵가족 모델의 지지기반인 중산층의 약화와 더불어 독신 가구의 증가, 높은 이혼율, 저출산율은 전지구적 자본주의 시대의 가족변동을 알려주는 징후들이다.

중산층을 기반으로 하는 핵가족모델의 붕괴와 다양한 가족형태의 부상을 '위기'로 볼 것인지, 아니면 가족에 대한 '새로운 정의'가 필요한 것인지 대하여 활발한 논의가 진행되고 있다. 그런데 교회는 핵가족의 해체현상을 '위기'로 파악한다. 핵가족모델의 전형성이 깨어지자 교회는 가족적 가치의 복원을 주요한 정치적 의제로 삼고 가족적 가치를 내세워 가정회복/복원 담론을 생산하는 주요 장치가 되고 있다.

---

17 조은, "신자유주의 세계화와 가족 정치의 지형", 「한국여성학」 (24집, 2008), 5-37.

1) 부드럽고 자상한 남성성

남성들은 왜 지금 위기에 처했는가? 남성의 억압적 태도에도 원인이 있다는 것이 교회남성 재교육 프로그램의 진단이다. 그 해결책을 모색하는 아버지 재교육 프로그램은 자녀양육과 가사노동에의 참여뿐만 아니라 가족원에 대한 사랑을 적극적으로 표현하도록 유도함으로써 다정하고 부드러운 아버지상, 남성상을 주조한다. 기존의 억압적 이미지를 개선하기 위해 참가자 전원에게 매번 과제를 부여한다. 예를 들면 '아내/자녀와 데이트하기', '가족을 사랑하는 이유 20가지 쓰기', '아내/자녀와 허그하기' 그리고 매일 '사랑합니다'라는 말을 10회 이상 외치게 하는 등의 실천적 과제[18]는 가족에 대한 사랑을 반복적으로 실천하도록 유도함으로써 자상함의 행위코드를 몸에 각인시키는 효과를 낳는다. 뿐만 아니라 하느님이 주신 신성한 의무라는 교리와 모성본능이란 생물학적 가설로 여성에게만 지워졌던 육아의 책임을 아버지들이 일정정도 분담하도록 한다. 한 참가자가 아버지로서의 사명서를 쓴 것을 보자.

> 퇴근할 때는 항상 웃어주고, 아내의 말에 귀 기울여 들어줄 줄 알며, 아내를 칭찬하고, 이부자리 정리, 설거지, 청소라도 도와주고, 짜증내지 않을 것이며 성적인 순결을 지키고, 말로서 상처를 주지 않겠다. 자녀와 항상 놀아줄 줄 알고, 칭찬하고 격려함으로 타이르고 무슨 일을 시키든지 앞서 내가 본이 되도록 하여 딸에게 항상 지표가 되고, 자부

---

18 두란노아버지학교운동본부 편, 『아버지학교 10주년사』 (아버지학교, 2005), 43.

심이 되는 아버지로 거듭나겠다.[19]

위의 다짐에서 우리는 여성의 고유한 역할과 자질로 여겨왔던 것들이 이제 이상적인 남성의 필수적 요건이 되고 있음을 알 수 있다. 변화된 남성상은 교회 예배를 비롯한 다양한 교회 프로그램들에게도 영향을 끼치고 있다. 각종 프로그램은 시민적 성도의 요구를 수용하는 방향으로 고안되었고, 강압적이고 일방향적인 교회문화는 훨씬 완곡하고 부드러운 형태로 변하고 있다. '교회의 아버지'인 목회자의 이상형 역시 카리스마 리더십에서 '자상한 목회자'로 전환하고 있다. '부드러운 부성'은 '우주의 아버지'인 하느님에 대한 표상에도 스며있다. 권위주의 시대의 성부하느님이 무슨 일이든 할 수 있는 전능성과 심판하는 강제성을 지닌 전제군주의 모습이었다면, 이 교회 남성 재교육 공간에서는 신앙하는 하느님은 병들고 소외된 자에게 사랑과 헌신으로 대했던 예수 그리스도이다.

누가복음에 나오는 돌아온 탕자, 그는 결국 인생의 막다른 골목에서 그를 그토록 사랑했던 아버지의 모습을 기억해 내고, '내가 하늘과 아버지께 죄를 얻었사오니'하는 고백을 합니다. 사랑하는 아버지에 대한 기억은 깨어진 '하느님과의 관계에도 선한 영향력을 미치고, 그는 다시 자신의 '삶의 원천'인 아버지 품으로 돌아가 새로운 삶을 시작하게 됩니다.[20]

---

19 아버지학교의 한 참가자의 인생사명서이다.
20 아버지학교 3주차의 교육주제인 "아버지의 사명"에 대한 강연 내용.

이러한 무조건적으로 용서하는 아버지(prodigal father)와 돌아온 탕자(prodigal son)의 메타포는 오늘날 한국교회가 제시하는 하느님과 아버지의 모습이다. 남성/아버지의 역할은 사랑을 베푸는 봉사자로서 하느님의 본을 받아 가정을 다스려야 하며, 자녀들을 사랑하여 스스로를 존중하도록 도와줘야 하는데 있다는 주장[21]에서 우리는 변화된 하느님의 표상을 감지할 수 있다.

2) 침범할 수 없는 권위의 소유자

어떻게 가족이 유지되는가? 중심을 잡아주는 남성이 있기 때문이라는 것이 아버지 권위복원 기획의 답변이다. 부드러운 남성상과 더불어 강력한 남성상이 동시에 제시된다. 후자의 대표적인 표상은 "가정의 머리됨, 가정의 제사장, 교회의 지도자"이다. 부부관계를 파트너십으로 인식하면서도 위계질서를 포기하지 않는다. 구성원 간의 서열적 수직관계를 형성하는 위계의 정점에는 가부장으로서의 남성이 있다.

남성 재교육 프로그램에서는 특히 아버지의 "가정의 머리됨"을 강조한다. 머리됨의 은유는 절대 권력의 위치를 의미한다. 가족구성원들은 머리됨의 권위 아래서 수직적 위계를 따를 것이 암묵적으로 전제되어 있다. 남자로서 최고의 자리는 하느님의 대리자인 아버지가 되는 것이라는 남성 재교육 프로그램의 주장은, "아내는 가정의 머리인 남편을 세워주고 신뢰하며.."라는 「두란노어머니학교」의 교육 내용과 일맥상통한다.[22] 하느님의 대리자로서의 아버지나 아버지의 머리됨의

---

21 이의수, "성경적인 남성상에 대한 이해", 『남성학과 남성운동』(동문사, 2000), 404-405.

비유는 기독교의 전통적 가르침 및 권위주의시대의 아버지 모델과 동일하다.

오랫동안 가족은 가정의 머리(heads of households)로서의 남성의 지배를 영속화하고 여성과 아이들의 종속을 기반으로 하여 유지되어 왔다. 아버지 살해 이후 시대의 교회의 아버지재교육프로그램 역시 가부장적 문화적 배경에서 나온 "아내된 이 여러분, 남편에게 하기를 주님께 순종하듯 하십시오. 그리스도께서 몸의 구주이십니다. 교회가 그리스도께 순종하듯이, 아내들도 모든 일에 남편에게 순종해야 합니다"(에베소서 5:23-24)라는 바울의 가르침에 기반하고 있다. 그리하여 가정에서 여자가 머리 구실을 하면 비정상적 가정이 되고 더 나아가 '괴물'이 된다고 경고하고 있다.[23] 머리됨이라는 오래된 아버지 상징은 신적 질서에 따라 구현되었다는 신성화된 가부장적 가족모델 속에서 여전히 위력을 발휘하고 있는 셈이다.

일제강점기에는 나약한 식민지인으로, 전쟁직후에는 무기력한 실직자로, 산업화시대에는 지친 노동자로 살았지만, 우리의 아버지들은 항상 가족의 머리이자 상징적 구심점이었다. 존재 그 자체로 권위를 보장받을 수 있었던 것이다. 그러나 민주화시대를 거치게 되자, 교회는 아버지의 위상변화를 가정 위기의 주범으로 지목한다. 그러면서 '남성/아버지의 바로 서기'를 위기 극복의 출발점으로 내세운다. 총 5주차로 진행되는 남성 재교육 프로그램의 핵심 강연 중 2주차의 교육주제인 "아버지의 남성"에서는 남성다움의 4가지 요소 곧 왕, 전사, 스승,

---

22 두란노어머니학교 비전 "두란노어머니학교는 이땅의 모든 여성들이 이렇게 되기를 바랍니다", http://www.mother.or.kr.

23 옥한흠, 『예수믿는 가정 무엇이 다른가』, (국제제자훈련원, 1991), 98-100.

친구의 역할을 갖추었을 때 아버지의 바로 서기가 가능하다고 말한다. '왕'으로서의 아버지란 통치자 곧 다스리는 역할을 의미한다. 백성들의 필요를 공급하고 잘 이끄는 왕처럼, 가정의 왕인 아버지는 가족구성원들을 인도하고 동기부여를 해주는 권위 있는 사람이다. 그리고 적들을 맞아 목숨 걸고 싸우는 '전사'와 같이 아버지는 가정을 지켜야 하는 책임을 져야만 한다. 그런데 밖으로는 가정을 지키기 위하여 전사처럼 강해야 하지만 안으로는 따뜻한 부드러운 전사여야 한다. '스승'은 삶을 통해 모범을 보이고 양육하는 아버지의 역할을, '친구'는 삶을 나누며 함께 걸어가는 사람을 표상한다.[24] 이러한 은유들은 아버지의 머리됨을 지극히 당연한 것으로 수용하도록 유도한다.

또한 아버지는 가정의 제사장이자 영적 가장이며, 교회의 지도자라는 표상을 지닌다. 제사장은 중보자요, 화해자, 사역자, 사명자이다.[25] 제사장의 중요한 역할은 가정을 훼손시키는 유혹으로부터 가정을 지키고 대대손손에게 하느님의 축복의 통로가 되는 것이다.[26] 인류의 큰 대제사장을 예수로, 가정의 제사장을 아버지로[27] 나란히 둠으로써 아버지의 위상은 신적 차원으로까지 격상된다. 만일 우리가 하느님을 아버지라 호칭한다면 하느님을 남성으로 만드는 것이고, 만일 하느님이 남성이라면 남성이 곧 하느님이라는 메리 데일리(Mary Daly)의 경고를 기억할 필요가 있다. 마찬가지로 하느님의 은유가 아버지로 고정되

---

24 박진기, 『두란노아버지학교 2008 학술대회 기념논문집』 (두란노아버지학교운동본부, 2008), 85-86.

25 옥한흠, 위의 책, 39.

26 박진기, 위의 글, 87.

27 문병하, 『두란노아버지학교 2010 학술대회 기념논문집』 (두란노아버지학교운동본부, 2010), 37.

고, 하느님과 인간의 관계가 아버지와 아들의 관계로 비유되면, 이는 가부장적 아버지 담론의 기초가 된다.

아버지의 머리됨과 가정의 제사장, 교회의 지도자의 표상은 나아가 가족성원들이 아버지 권위에 순종함으로써 가정의 질서 곧 영적 질서를 회복할 수 있다는 주장으로 이어진다.

> 부모의 권위에 도전하는 일을 행할 때는 단호하게 아버지의 권위를 경험시켜야 한다… 아이에게 가장 중요한 것은 순종에 대한 훈련이다. 그것은 권위에 대한 순종이다. 아버지의 권위에 순종할 수 있어야 하느님께도 순종할 수 있다.[28]

이러한 주장에서 우리는 종교개혁가 루터의 가족관의 흔적을 발견할 수 있다. 루터는 이상적 가족을 사랑, 염려, 친절과 정서적 공간이자 세속적 권위의 원형으로서 아버지의 권위(parental authority)가 자연스레 작동하는 곳으로 보았다. '자발적 사랑'과 '엄격한 아버지의 권위'가 결합된 가족은 아이들이 '권위에 대한 복종'을 배우는 최초의 자리이자 올바른 자리라는 것이다. 가정에서 부모의 권위에 복종하는 것을 배우지 못한 사람은 올바른 사회생활을 할 수 없다는 루터의 가족관은 아버지 살해 이후의 시대 교회의 아버지 이해에서도 그대로 발견된다. 부드럽고 다정한 아빠 밑에서 자란 아이들이 사랑은 받지만 권위를 경험하지 못한다면 상습적으로 나쁜 행위를 하게 되고 자기중심적이 되어 반사회적 인물이 될 수 있다[29]는 진단이 그것이다. 그리고 "말씀에

---

28 김성묵, 『좋은 아빠 되기 프로젝트』 (두란노서원, 2008), 196-197.

순종하기만 하면 가정에서 빚어지는 갖가지 비극들이 치유되는 것을 자주 보았다. 하느님의 가정은 병들어 썩어가는 현대 가정의 방부제 역할을 할 수 있을 것이다"[30]라는 설교는 가부장적 질서를 가정뿐만 아니라 교회의 운영원리로까지 확장시키고 있는 셈이다.

이처럼 시민사회에서는 남성성의 전형성이 깨어지고 그 전통적 역할이 교란되고 있지만, 교회가 생산하는 남성서사는 비교적 일관된 모습을 유지하고 있다. 이는 '다정하지만 침범할 수 없는 권위의 소유자'로 요약 가능하다.

VI. 나가며

굴곡진 한국 현대사를 거치면서 남성성의 표상은 변해왔다. 이에 발맞춰 교회 남성도 사회의 지배적 남성성과의 적대적 혹은 친화적 관계를 맺으며 변화되어 왔다. 문명적 남성성, 군사적 남성성, 시민적 남성성이 그것이다. 그런데 시대마다 변형된 남성성의 표상에도 불구하고 그 근본적 성격은 별반 변한 것 같지 않다.

'아버지의 권위가 실추되었다', '남자들에 대한 대우가 예전 같지 않다'는 푸념은 '요즘 젊은이들은 버릇없다'는 말처럼 어느 시대나 되풀이되어 왔다. 요컨대 남성위기 담론의 실상은 새로운 남성성이 요구될 때마다 남성권력이 취한 '리액션'이었다. 위기를 외치는 구호 속에는

---

29 김성묵, 위의 책, 185.
30 옥한흠, 위의 책, 327.

남성우월주의를 당연시하는 태도가 감춰져 있는 것이다. 최근 한국교회의 새로운 남성상을 주조하는 남성 재교육에 관한 기획이 인기를 끌고 있다. 예전의 권위만 회복할 수 있다면, 엄하고 냉정하며 무심했던 이전 모습에 대해 회개하고 새로운 모습으로 거듭나겠다는 욕망이 잘 반영된 프로그램이다. 여기에서는 '돌봄', '양육', '섬김', '다정함' 등 흔히 여성성의 특질로 거론되는 것들이 실천덕목으로 강조되고 있지만 실상은 이분법적 젠더의 틀을 그대로 유지하고 있다. 요컨대 '강한 가부장'이냐 '착한 가부장'이냐 하는 표현의 차이만 있을 뿐 구심점과 영향력을 되찾고자 하는 남성지배적 욕망은 변함없다는 말이다. 중심이 되려는 욕망 대신에 젠더질서를 넘나들면서 배려하고 돌볼 줄 아는 교회형제, 내 가족 내 교회만이 아니라 사회 문제에도 적극 관여하는 정의롭고 따뜻한 형제야말로 교회남성의 이상적인 모습이 아닐까 한다.

결혼이주여성을 중심으로 읽는 로안과 룻의 이야기*

허 주 미 **

I. 여는 말

1993년 '한국농촌 총각 구제'라는 이유로 중국 동포 여성들이 국제결혼을 통해 한국에 이주하기 시작하였고, 2000년대 와서는 한국 남성의 국제결혼 상대 여성들의 범위가 동남아로 확대되어 감에 따라 아시아의 여러 나라에서 온 여성들이 농촌이나 도시의 빈곤계층 출신의 한국 남성과 결혼하는 비율이 크게 증가하기 시작하였다.[1] 딸을 한국으로 시집보내고자 하는 친정과 며느리를 외국에서 데려와야 하는 한

* 본 원고에 사용된 영화 〈파마〉의 이미지는 이란희 감독의 허락을 받은 것입니다. 이미지 사용을 허락해주신 배급사 인디스토리와 이란희 감독에게 감사드립니다.

** 독일 요하네스 구텐베르크 마인츠대학교

1 한국염, 『우리 모두는 이방인이다: 사례로 보는 이주여성인권운동 15년』 (파주: 한울, 2017), 31.

국시댁의 필요에 따라 이윤을 추구하는 국제결혼 중개업을 통해 한국에 이주하는 여성들이 결혼과정과 결혼생활 가운데 다양한 종류의 차별과 억압을 경험하고 있다는 보고들이 잇따르고,[2] 이는 사회과학자들뿐만 아니라 믿음 공동체인 목회자들, 선교사들 그리고 신학자들의 관심을 주목시키고 있다.

오늘을 살아가고 있는 우리의 삶의 경험으로부터 신학적인 자원을 모으는 노력은 믿음 공동체에게 자기를 고쳐 새롭게 하는 능력을 가져다 줄 수 있다. 새롭게 등장하고 있는 사회현상들을 사회과학적 방법들을 통해 이해하려는 신학적인 노력들이 있고 이러한 접근법들은 우리에게 소위 '객관적인 사실'들을 제공한다. 하지만 이는 우리의 윤리적인 헌신을 불러일으키기에 충분해 보이지는 않는다. 영국의 소설가 버지니아 울프(Virginia Woolf)는 사회현상에 관한 글을 쓸 때 스토리텔링(storytelling)을 "사실보다 더 진실"된 그리고 가장 "객관적인" 방법으로 높이 평가하면서 이는 "독자로 하여금 화자의 한계와 편견과 독특한 표현법을 관찰함으로써 그들 자신들의 결론을 끌어내는 기회"를 제공하기 때문이라고 설명한다.[3] 독일에서 태어난 정치학자이자 철학자인 한나 아렌트(Hannah Arendt)는 울프와 동일하게 정치 이론의 목적을 세상에 대한 기술적인 정확한 보고가 아닌 사실들과 정보의 한계를 초월하는 반응을 이끌어 내고 원칙에 입각한 이야기를 말하는 것에 두었다.[4] 그래서 우리는 특정한 사회현상을 대변하기 위해 의도된 이야

---

2 Op. cit., 32.

3 Lisa J. Disch, More Truth than Fact: Storytelling as Critical Understanding the Writings of Hannah Arendt, in: *Political Theory,* vol. 21, no.4, Nov. 1993, 665-694, 688-689.

기에서 저자들의 다양한 관점들뿐 아니라 그들의 편견이 있는 관점들을 만날 수 있고, 우리의 신학적인 담론들에 스토리텔링의 활용은 기독교인들에게 우리 시대의 사회적 쟁점들을 향해 좀 더 비판적인 이해와 윤리적인 헌신을 하도록 이끌어 줄 것으로 기대할 수 있다.

어떤 스토리텔링이 우리 시대의 기독교인들에게 필요할까? 한국 출신의 생태여성신학자 정현경은 아시아 여성신학자들에게 서구의 남성중심적인 학풍에 반하는 소리를 내기 위해서 "우리의 삶이 우리의 본문(text)이고, 성경과 교회의 전통이 우리가 하나님을 계속해서 찾는 과정에서 때때로 참고 역할을 하는 배경(context)"임을 깨달아야 한다고 주장했다.5 우리가 신학함에 있어서 성경과 교회전통을 먼저 고려하고 그 다음에 우리의 상황을 고려하곤 했다면 정현경은 역순의 신학적 해석의 길을 열어 주었다. 정현경은 신학적 해석에 있어서 우리의 삶인 상황으로부터 시작하는 길을 열어주었고, 성서해석학에 있어서 본문과 상황의 비중이 새롭게 측정되도록 했다. 독일의 상호문화 신학자인 폴커 퀴스터(Volker Küster)는 이에 더 나아가 해석자가 본문이든 상황이든 어느 곳에든 그 해석을 시작할 수 있으며 특정한 결론에 다다르기 전까지는 양쪽을 끊임없이 고려하는 것을 멈추지 않는 해석학적 순환을 소개한다.6

이 글에서 필자인 나는 두 개의 독립된 이야기를 동시에 읽으려 한

---

4 Ibid.

5 Chung Hyun Kyung, *Struggle to be the sun again: Introducing Asian Women's Theology*, USA 1990, 111.

6 Volker Küster, *The Many Faces of Jesus Christ: Intercultural Christology*, NY 2001, 24-28.

다. 위에서 언급한 바와 같이 하나는 우리의 삶에서 나온 이야기로 해석학적 순환에 있어서 본문(text) 역할을 하고 또 다른 하나는 우리의 신앙의 본문인 성서의 이야기로 참고 역할을 할 배경(context)이다. 첫 번째 이야기는 한국 사회에서 차별을 경험하고 있는 결혼이주여성의 삶을 단편영화라는 예술의 형태를 빌려 압축해서 표현한 것이고, 두 번째 이야기는 결혼이주여성이라는 주제와 관련성이 깊은 성서의 이야기 중 하나인 룻기이다. 하지만 여기에서 첫 번째 이야기는 두 번째 이야기와의 대화를 위하여 저자에 의해 해석되어지고 재배열된 형태이며, 룻기도 전체를 다루는 것이 아니라 첫 번째 이야기와 관련된 구절에 한정하여 두 이야기 간의 대화가 시도된다.

II. 로안의 이야기

단편영화 '파마'(A Perm, 감독 이란희/한국/2009/19분/드라마)는 우리로 하여금 이제 막 한국에 도착한 베트남 출신의 결혼이주여성의 힘겨운 삶을 잠시나마 들여다 볼 수 있게 해준다. 이는 한국 여성인 이란희 감독(1971년생)이 연출했고 2009년 이후로 국내외 30여 곳이 넘는 영화제들에 초대되거나 후보에 오르거나 수상했다.[7] 이 여러 영화제들 중에서도 특히나 기독교인들의 관심을 사로잡는 제8회 서울기독교영화제(2010년)에서 코이노니아(Koinonia) 부문 대상을 수상했다.[8] 서

---

7 http://www.indiestory.com/new2014/film/film_view.asp?film_idx=1100 〈인디스토리〉 2017년 7월14일 인용.

8 최은숙, "제8회 서울기독교영화제 그후", 「한국기독공보」 2010년 11월 3일 인터넷판. http://www.pckworld.com/news/articleView.html?idxno=48412 2017년 7월14

울기독교영화제는 2003년에 시작되었는데 10주년을 맞이하는 2013
년에는 더 넓은 영역을 껴안기 위해 그 명칭을 서울국제사랑영화제
(Seoul International Agape Film Festival)로 바꾸면서 국제영화제로
거듭났으며 이 영화제의 처음 이름은 이 영화제가 기독교의 테두리 안
에서 탄생했음을 알려주는데9 그 이름이 변경된 후에도 새로운 이름에
사랑(Agape)이라는 기독교를 가장 잘 표현하는 단어를 선택함으로써
기독교적 정체성을 잃지 않으려고 했다.10 이란희 감독은 연출의도에
서 한국 여성들에게 이미 거부당한 가부장제가 왜 결혼이주여성들에게
강요되어지고 있는지를 질문하면서11 이 작품을 통해 결혼이주여성들
을 향한 불친절한 한국 사회에 대한 당혹감과 분노를 표현하고 있다.

응엔 티 로안(Nguyen Thi Loan)은 이제 갓 베트남에서 한국으로 시
집 온 젊은 새색시로 미용실에 앉아있다. 고객을 위한 헤어스타일 책은
그녀의 무릎 위에 펼쳐져 있고 벽에 걸려있는 포스터들 속 현대적인
헤어스타일들이 그녀의 시야에 들어온다. 로안은 어떤 종류의 헤어 스
타일을 원하는 걸까? 장면이 바뀌고 미용사는 로안의 머리를 손질하고
있다. 미용사는 가위를 들고 로안의 머리카락을 자르기 시작한다. 그

일 인용.

9 강주화, "제12회 서울국제사랑영화제, '작은자'와 함께하는 기독영화축제… 세상의 아픔
위로", 「국민일보」 2015년 4월 8일 인터넷판.
http://news.kmib.co.kr/article/view.asp?arcid=0923025416&code=23111313&
cp=du. 2017년 7월14일 인용.

10 김혜미, "서울기독교영화제 10년… 명칭 바꾸고 국제영화제로 도약", 「한국기독공보」
2013년 3월 21일 인터넷판 인용. http://www.pckworld.com/news/articleView.
html?idxno=58651. 2017년 7월 14일 인용.

11 http://www.indiestory.com/new2014/film/film_view.asp?film_idx=1100.「인디
스토리」 2017년 7월14일 인용.

[그림 1] 파마(2009)[12]

런데 얼마 되지 않아 로안은 조용히 흐느끼고 미용사는 이를 눈치 챈다. 로안의 한국인 시어머니는 로안에게 가까이 다가와 우는 이유를 묻는다. 로안은 자신의 모국어와 바디랭귀지를 사용하여 그녀의 새로운 헤어스타일에 대한 불만을 시어머니에게 최대한 표현한다. 이에 시어머니는 지금 로안에게 하고 있는 헤어스타일은 로안이 원하는 것이라고 말하고는 오히려 로안에게 이곳에서 소란을 피우지 말라고 타이른다. 미용사는 사실상 시어머니가 주문한 헤어스타일로 또다시 로안의 머리를 손질하는 것을 주저하지만 이에 시어머니는 미용사에게 로안은 신경 쓰지 말고 머리손질을 계속하라고 요구한다.

> 룻이 시어머니에게 이르되 어머니의 말씀대로 내가 다 행하리이다 하니라. 그가 타작마당으로 내려가서 시어머니의 명령대로 다 하니라 (룻기 3:5-6).

---

12 〈파마〉 (이란희 감독. 윤보라, 윤순자 주연. 2009년 7월. MP4).
13 〈파마〉 (이란희 감독. 윤보라, 윤순자 주연. 2009년 7월. MP4).

[그림 2] 파마(2009)[13]

시어머니는 손에 몇 벌의 의류와 신발을 사들고는 미용실에 돌아온다. 시어머니는 헤어 롤을 하고 있는 로안에게 사온 옷들을 대어 보며 참 잘 어울린다고 말한다. 잠깐 놀러와 있던 미용사의 친한 이웃인 세탁소 여인이 이 장면을 목격하고 로안에게 걸쳐진 촌스러운 옷들과 신발을 보고는 나이 들어 보이는 옷들이라고 핀잔을 준다. 이에 시어머니는 세탁소 여인에게 버럭 화를 내며 남의 일에 상관하지 말라고 말한다. 미용사는 이 언짢은 대화에 끼어들어 이들 간의 갈등을 해결하고자 시어머니의 편을 든다. 로안의 머리손질은 끝나고, 로안과 시어머니는 그 곳을 나온다. 로안은 새로운 파마머리를 하고 새 옷을 입고 있다. 로안의 새로운 머리스타일과 옷들은 한국의 중년여성들에게서 흔히 찾아 볼 수 있는 것들이어서 뒤에서 로안이 걷는 것을 바라보자니 그 옆에서 나란히 걷고 있는 시어머니와 그 뒷모습이 별반 다르지 않다.

그런즉 너는 목욕하고 기름을 바르고 의복을 입고 타작마당에 내려가서
그 사람이 먹고 마시기를 다 하기까지는 그에게 보이지 말고(룻기 3:3).

[그림 3] 파마(2009)[14]

　한국의 젊은 여성들은 전문 미용사들과 패션 감각이 뛰어난 고객들
과 여러 대의 다양한 종류의 현대적인 파마기계들로 넘쳐나는 도시 중
심가에 위치한 화려한 미용실을 가는 것을 선호한다. 그곳에서 그들은
자신들이 원하는 어떠한 헤어스타일이든 선택할 수 있고 머리를 손질
하는 동안 커다랗고 깨끗한 창 너머로 번화가를 걷고 있는 사람들을
바라다 볼 수 있다. 이와는 달리 로안과 시어머니가 찾아갔던 미용실은
동네의 한 구석에 위치한 그 동네의 중년여성들을 주요 고객으로 삼는
곳들 중 한 곳이다. 그다지 크지도 않은 공간에서 같은 동네에 거주하
는 여성들은 이곳에 모여 서로에게 특별하지도 않고 모두에게 비슷한
모양의 헤어스타일들을 한다. 이곳은 여성들에게 장소를 제공하고 여
성들은 그들의 삶에서 가져온 이야기보따리를 풀어놓기 시작한다. 이
곳은 소문이 시작되고 때로는 판단되어지고 때로는 변형되어지고 때
로는 사라져가는 곳이다.

---

14 〈파마〉 (이란희 감독. 윤보라, 윤순자 주연. 2009년 7월. MP4).

나오미가 아기를 받아 품에 품고 그의 양육자가 되니 그의 이웃 여인들이 그에게 이름을 지어 주되 나오미에게 아들이 태어났다 하여 그의 이름을 오벳이라 하였는데⋯(룻기 4:16-17).

미용사는 한국 여성들에 비해 시부모님의 병수발까지 마다하지 않는 높은 효심을 지니고 있는 베트남 여성 신부들을 칭찬하고 세탁소 여인은 필리핀 여성들은 한국과 베트남 여성에 비해 어두운 피부색을 가진 반면 한국 여성과 비슷한 피부색과 외모를 지닌 베트남 여성인 로안을 보며 감탄해 한다. 텔레비전에서는 주로 유학생이나 직장인들로 한국에 거주하는 외국인 여성들이 패널로 구성된 '미녀들의 수다'라는 프로그램이 방영되고 있고 그곳에서 외국인 여성 출연자들은 '데이트'라는 주제에 관하여 유창한 한국어 실력으로 자신들의 경험이나 의견들을 당당히 개진하고 있다. 미용사와 세탁소여인은 한국어가 유창해서 자신의 생각을 적극적으로 표현하고 있는 전문직 외국 여성들과 이에 비해 한국어가 능숙하지 않은 결혼이주여성들을 비교하고 있다.

룻이 이르되 내게 어머니를 떠나며 어머니를 따르지 말고 돌아가라 강권하지 마옵소서 어머니께서 가시는 곳에 나도 가고 어머니께서 머무시는 곳에서 나도 머물겠나이다 어머니의 백성이 나의 백성이 되고 어머니의 하나님이 나의 하나님이 되시리니. 어머니께서 죽으시는 곳에서 나도 죽어 거기 묻힐 것이라 만일 내가 죽는 일 외에 어머니를 떠나면 여호와께서 내게 벌을 내리시고 더 내리시기를 원하나이다 하는지라(룻기 1:16-17).

[그림 4] 파마(2009)[15]

세탁소 여인과 미용사는 로안에 대한 수다를 시작한다. 이 대화를 통해 우리는 로안의 남편에 대해 알 수 있다. 로안의 남편은 설비공으로 40세의 홀아비이다. 그는 키가 작고 못생긴데다가 여위어 볼품이 없는 남자이다. 그의 어머니는 부자는 아니지만 그녀의 하나뿐인 나이든 아들을 위해 신부를 베트남에서 데려오기 위해 많은 돈을 지불했다. 그녀들의 수다는 또한 로안에 대한 몇 가지 정보들도 제공해 주는데 로안은 베트남에서 온 젊고 예쁜 여성이다. 로안의 시어머니는 로안을 "돈 덩어리"라고 부른다. 그녀의 시어머니는 로안을 위해 많은 돈을 지불한 것에 대해 불평한다.

> 그가 이르되 내 딸아 여호와께서 네게 복 주시기를 원하노라 네가 가난하건 부하건 젊은 자를 따르지 아니하였으니 네가 베푼 인애가 처음보다 나중이 더하도다(룻기 3:10).

---

15 〈파마〉(이란희 감독. 윤보라, 윤순자 주연. 2009년 7월. MP4), 08:50.
16 〈파마〉(이란희 감독. 윤보라, 윤순자 주연. 2009년 7월. MP4).

[그림 5] 파마(2009)[16]

　설비공인 로안의 남편은 아내를 선택하기 위해 베트남에 갔었다. 베트남에 도착하자마자 그는 여러 명의 베트남 여성들을 후보로 소개받고 그들 중 한 명을 그의 신부로 선택하고 결혼식을 올리고 신혼여행을 다녀왔을 것이다. 그리고 그는 이 모든 일들을 결혼중개인이나 결혼중개업소를 통해 단 일주일 안에 진행했을 것이다.[17] "이쁘면 뭐 하냐 팔려 온 건데." 세탁소 여인은 로안을 팔려온 신부라고 불렀다. 세탁소 여인은 설비공인 로안의 한국인 남편이 베트남에서 로안의 가족들에게 땅을 주고, 로안의 가족은 젊은 딸을 40대의 한국인 홀아비에게 팔아 부자가 된 거라고 짐작했다. 로안의 시어머니는 미용사와 세탁소 여인에게 로안이 "아들이라도 낳으면 모르지만 저걸 무를 수도 없고" 라고 말하며 로안을 마치 값을 치르고 구매해서 반품이 가능한 상품인 듯 말하고 있다.[18] 로안의 시어머니는 로안을 위해 옷가지와 신발을 사러가기 전에 로안의 여권을 자신의 가방에 챙기며 로안에게는 로안이 잃어버릴까봐 걱정되어 그런 거라고 말한다. 하지만 시어머니는 자신

17 한국염, 『우리 모두는 이방인이다: 사례로 보는 이주여성인권운동 15년』, 68-70.
18 〈파마〉 (이란희 감독. 윤보라, 윤순자 주연. 2009년 7월. MP4), 13:28.

[그림 6] 파마(2009)[19]

이 잠깐 나가 있는 동안에 로안이 도망칠까봐 염려되어 그러는 것임에
틀림없다.

> 나오미가 그들에게 이르되 나를 나오미라 부르지 말고 나를 마라라 부
> 르라 이는 전능자가 나를 심히 괴롭게 하셨음이니라 내가 풍족하게 나
> 갔더니 여호와께서 내게 비어 돌아오게 하셨느니라 여호와께서 나를
> 징벌하셨고 전능자가 나를 괴롭게 하셨거늘 너희가 어찌 나를 나오미
> 라 부르느냐 하니라(룻기 2:20-21).

로안과 그녀의 시어머니가 집으로 돌아갈 때에 높이 치솟은 현대적
인 아파트 단지가 그들의 뒤에 펼쳐진다. 그들은 이런 현대적인 거주지
역을 뒤로 하고 낙후된 모습을 지닌 동네를 향해 걸어 나간다. 그들의
집은 언덕 위 높은 곳에 위치하고 있는 듯하다. 한국에서 가난한 동네
는 때때로 대도시의 언덕 위에 위치하고 있다. 집으로 돌아가는 길에

---

19 〈파마〉 (이란희 감독. 윤보라, 윤순자 주연. 2009년 7월. MP4).

[그림 7] 파마(2009)[20]

로안과 시어머니는 많은 계단을 올라가야 한다. 로안은 홀로 한국에서 이민가방이라고 불리는 저렴하고 커다란 가방을 옮기고 있다. 로안은 한 계단씩 오를 때마다 이 불편하고 무거운 가방을 들어 올려야 하고 몸이 가벼운 시어머니는 그녀를 앞서서 가고 있다. 시어머니는 느리게 움직이고 있는 로안이 불만이다. 다시 한번 로안은 계단 위에 서서 말없이 눈물을 흘린다. 하지만 시어머니는 외국인 신부와 결혼한 자신의 아들을 비난하며 로안이 가방을 옮기는 것을 도와주지 않는다. 로안은 다시 한번 있는 힘을 다해 가방을 들어 올리며 계단을 올라간다.

그의 말이 나로 베는 자를 따라 단 사이에서 이삭을 줍게 하소서 하였고 아침부터 와서는 잠시 집에서 쉰 외에 지금까지 계속하는 중이니이다(룻기 2:7).
룻이 밭에서 저녁까지 줍고…(룻기 2:17).

---

20 〈파마〉 (이란희 감독. 윤보라, 윤순자 주연. 2009년 7월. MP4), 17:42.

이 영화에서 우리는 로안의 목소리를 거의 들을 수 없다. 시청자는 그녀의 입에서 나오는 그녀의 이름과 그녀의 모국어만을 들을 수 있고 런닝타임 19분 동안 그녀는 거의 말이 없다. 말하는 대신 그녀는 그녀 주변에서 벌어지고 있는 상황들을 이해하기 위해 당황스럽거나 혹은 염려스럽거나 혹은 혼란스러운 눈빛과 몸짓을 보여준다. 게다가 그녀는 말없이 두 번이나 운다. 이는 그녀가 가슴 깊이 상처 받았음을 우리에게 알려준다. 처음에 그녀의 머리카락이 자기 자신이 아닌 타인(시어머니)이 원하는 스타일로 잘려나가고 파마 되어질 때, 그녀는 조용히 울었다. 그녀가 당혹스러웠음에 틀림없다. 그 다음에 그녀가 집으로 가기 위해 긴 계단 길을 오를 때 타국에서 그녀를 기다리고 있는 현실을 알아차렸다는 듯이 다시 한번 그녀는 조용히 흐느꼈다. 그녀는 좌절했음에 틀림없다. 그녀가 할 수 있는 유일한 것은 말없이 눈물을 흘리는 것뿐이었다.

[그림 8] 파마(2009)[21]

---

21 〈파마〉 (이란희 감독. 윤보라, 윤순자 주연. 2009년 7월. MP4), 16:09.

III. 룻의 이야기

외국인 신부, 시어머니, 국제결혼, 이주, 가난, 소문, 노동, 토지, 나이든 남자, 젊은 여자, 꾸미기, 자손(아들 선호) 등. 로안의 이야기는 구약성경의 룻의 이야기와 많이 닮아 있다. 이제 갓 시댁의 나라인 한국에 도착한 한 젊은 외국인 신부가 시어머니의 지시에 순종하며 타국에서의 새로운 삶에 적응하기 시작한다. 3천 년 전 팔레스타인 지역의 유대 땅에서 살았던 모압 신부 룻에 관한 고대 이야기가 마치 21세기의 동북아시아의 한국 땅에서 살아가고 있는 베트남 신부의 현대적 이야기와 크게 다르지 않게 들려진다. 로안의 이야기가 구약성경의 룻의 이야기와 완벽히 일치한다고 할 수는 없지만 두 이야기 간에 적잖은 유사점들이 발견되어진다.

홍콩에서 태어나고 미국에서 활동하고 있는 탈 식민주의적 여성신학자(postcolonial feminist theologian)인 곽퓨란(Kwok Pui-lan)은 룻의 이야기를 미국의 이민 역사와 외국인들과 새로운 이민자들의 정체성 형성과 연결 지으며 그녀의 룻 이야기 읽기에서 미국으로 이주하는 아시아의 우편주문 신부들(mail-order brides)을 떠올린다.[22] 곽퓨란은 또한 모압 여인 룻의 이야기가 수로보니게 여인의 이야기와 가나안 기생 라합의 이야기와 함께 문화접촉과 국경횡단에 있어서 젠더, 계층, 인종, 민족성 그리고 섹슈얼리티 간의 교차점들을 보여준다고 언급한다.[23] 이민과 난민에 관한 토론은 20세기 후반에 등장한 현대

---

22 Kwok, Pui-lan, *Postcolonial imagination and Feminist Theology*, Louisville 2005, 100-101.

23 Ibid.

사회의 새로운 현상인 듯 보이지만 앞에서 언급한 세 이야기를 비롯한 성경의 많은 이야기들은 우리에게 이 주제들이 인류와 함께 오랜 역사를 지니고 있음을 그리고 또한 기독교 역사에 있어서 지속적으로 흥미로운 신학의 주제들이였음을 알려준다. 그런데, 우리시대의 외국인 신부의 이야기를 먼저 읽고 룻의 이야기에서 이와 관련된 성경 구절들을 읽으니 이 성경구절들이 충만한 삶(the fullness of life)을 향해 나아가는 우리 시대의 결혼이주여성들에게 바람직한 방향을 제공해 주지 않는 듯해 보인다.

먼저, 룻기는 시어머니로 부터 자신의 헤어스타일과 의류의 선택과 같은 기본적인 자유를 박탈당하고 있는 로안에게 자신과 같이 시어머니에게 절대 순종하라고 말하고 있지는 않은가? 로안의 이야기에서 베트남에서 온 어린 신부는 가부장제의 덕목으로 한국인 시어머니가 지시하는 것에 순종하도록 강요받고 있다. 로안은 언어장벽에도 불구하고 그녀 자신의 의견을 표현하려고 최선을 다하지만 그녀의 노력은 거절당한다. 로안은 말하고자 했지만 사람들은 그녀에게 귀 기울이지 않는다. 룻의 이야기에서 룻은 시어머니인 나오미와 함께 유대로 가겠다는 강한 결심을 보인 것을 제외하고는 유순하고 순종적인 며느리로 묘사되어 있다. 여성 신학적 성서해석에서 룻과 나오미의 관계는 여성간의 우정(female friendship), 연대, 유대의 귀감으로, 게다가 타작마당에서 룻의 비인습적인 행동은 룻의 갈망(desire)과 섹슈얼리티를 바탕으로 한 룻과 나오미에 의해 의도되어진 계획으로 여겨져 왔다.[24] 하지만 룻을 타작마당으로 보내는 룻과 나오미의 모의 장면에서 룻의 의

---

24 Op. cit., 109.

견을 읽기는 힘들다. 룻이 나오미가 말하는 모든 것을 하겠다고 말하지만 이것이 이 모의에 대한 룻 자신의 의견을 우리에게 알려주는 것이라 볼 수는 없으며 단지 나오미를 향한 그녀의 절대적인 순종을 보여준다고 할 수 있다.

두 번째로, 룻기는 룻이 이방 여인으로 유대 사회의 문화와 종교에 완벽하게 동화되었듯이 로안에게 한국 사회의 문화에 성공적으로 동화하라고 요구하고 있는 건 아닌가? 로안의 이야기에서 로안은 베트남 여성으로서 한국인들과 흡사한 피부색을 지니고 한국의 전통적인 유교문화에 유사한 베트남의 효문화로 인해 다른 국적의 외국인 여성들에 비해 더 높은 호감을 사고 있다. 로안이 한국 사회와 유사한 점들을 많이 지니고 있을수록 그녀는 더욱 환영받는다. 로안은 그녀의 시어머니에 의해 미용실에서 한국의 전형적인 중년아줌마로 변신되어진다. 그녀의 젊고 아름다움은 한국에서의 그녀의 새 삶에 있어서 더 이상 필요하지 않은 듯이 흔적도 없이 사라진다. 로안에게 입혀진 촌스러운 옷들은 동시대를 살아가고 있는 한국의 젊은 여성들에게 거부되어진 가부장제를 암시한다고 볼 수 있다.

룻은 참 말이 없지만 단 한번 나오미에게 그녀의 굳은 결심(룻기 1:16-17)에 대해 말한다. 여기서 룻은 나오미와 유대인들에게 그녀의 사랑을 약속할 뿐 아니라 이스라엘의 하나님에게 그녀의 깊은 유일신 신앙을 맹세한다.[25] 놀랍게도 룻은 아무런 내적인 갈등을 보여주지 않으며 너무나도 기꺼이 그리고 쉽게 그녀의 민족 정체성과 종교적 정체성을

---

25 Bonnie Honig, Ruth, the Model Emigrée: Morning and the Symbolic Politics of Immigration, in: *Political Theory*, vol. 25, no.1, Feb. 1997, 112-136, 120.

바꾸어 버린다. 심지어 그녀는 유대관습인 역연혼(逆緣婚, the practice of levirate marriage)에 재빠른 동화를 보여준다.[26] 룻은 자신의 재혼에 관한 신중한 숙고의 시간을 보내지도 않고 나오미가 지시한 그대로 보아스와의 결혼을 목적으로 타작마당으로 내려간다. 이 지시는 나오미가 자신 남편의 부계 계보를 위해 친족으로 유력한 자들 중 한 명이면서 전혀 젊지 않은 보아스가 중대한 결심을 하도록 궁지에 몰아넣는 음모로 보인다. 보아스 또한 타작마당에서 유대관습에 충성을 보이는 룻을 칭찬한다. 보아스의 말에 귀 기울여보면 보아스가 룻이 젊은 자를 따르지 않은 것(룻기 3:10)에 대하여도 칭찬하고 있으므로 고대 유대사회에서도 젊은 과부가 젊은 남자에게 재혼하는 것이 비정상적인 경우가 아님을 추론할 수 있다. 룻은 자신의 삶은 그다지 신경 쓰지 않고 단지 유대인들과의 별다른 갈등 없이 유대사회를 향한 그녀의 자발적인 동화의 태도만을 보여주는 듯하다.

이주민이 이주 간 나라에서 성공적으로 동화되어 간다면 어떤 삶을 보장받게 되는 걸까? 룻의 이야기에서는 룻이 그녀의 민족과 문화를 져버렸음에도 불구하고 유대사회 내에 이에 상응하는 삶의 자리를 얻지 못했다는 것을 알 수 있다(룻기 4:13-17). 룻은 아들을 낳았지만, 아이는 나오미에게 건네졌고 나오미의 가슴에 안겨진다. 이웃 여인들이 말하길 아들이 (룻이 아닌) 나오미에게서 태어났다라고 말하고 이방인 룻이 아이의 엄마라는 사실보다는 유대인 나오미가 아이의 양육자가

---

26 이스라엘 법적제도인 역연혼에 따라 자녀 없이 남편이 죽은 경우엔 그 형제가 미망인과의 사이에서 아이를 낳을 수 있다. Irmtraud Fischer, The Book of Ruth: A 'Feminist' Commentary to the Torah, in: *Ruth and Esther: A Feminist Companion to the Bible*, Athalya Brenner (ed.), Sheffield 1999, 24-49, 37.

되었다는 것이 기록되기에 충분히 중요한 사실로 여겨졌다. 그 이후로 롯은 유대 성경 이야기에서 사라진다.[27] 로안의 이야기에서 그녀의 이웃들은 로안을 유학생으로 직장인으로서 그들의 사회적 위치를 가지고 있는 다른 외국인 여성들과 비교하면서 그들과 구분하여 열등한 사람으로 여긴다. 로안은 또한 한국 사회에서 결혼에 있어서 경쟁력이 없는 남성의 아내로, 고국에 있는 그녀의 가족을 가난에서 구하기 위해 팔려온 신부로 불려진다. 거기에 더해 그녀는 시어머니에 의해 매우 비인격적인 표현인 "돈 덩어리"로 불린다. 로안과 시어머니가 낡은 동네로 향하는 장면을 보면서 우리는 로안이 국경을 넘는 위험한 모험을 감수했음으로 불구하고 여전히 가난을 그녀의 삶에서 떼어 버리지 못했음을 알게 된다.

세 번째로, 룻기는 효율적인 생산력을 요구받고 있는 로안에게 가장 모범적인 예를 제시하고 있지는 않은가? 로안의 이야기에서는 로안과 시어머니가 긴 계단 길을 오르는 장면은 로안이 일꾼으로 묘사되어 있지는 않지만 시댁에 의해 요구되어지는 로안의 노동력을 암시하고, "아들이라도 낳으면 모르겠지만…"이란 시어머니의 말은 로안에게 자녀를 생산하는 번식 노동력이 기대되어지고 있음을 보여준다.[28] 룻의 이야기에서 룻은 품위(decency)뿐 아니라 생산적인 외국인 노동력의 귀감으로 소개되어져 왔다. 룻은 이주민이었고 그녀 자신과 시어머니

---

27 Gale A. Yee, "She Stood in Tears amid the Alien Corn": Ruth, the Perpetual Foreigner and Model Minority in *Off the Menu: Asian and Asian North American Women's Religion and Theology*, Rita Nakashima Brock et al.(eds), Louisville 2007, 45-65, 56.

28 〈파마〉 (이란희 감독. 윤보라, 윤순자 주연. 2009년 7월. MP4), 13:28.

의 생계를 위해 이른 아침부터 저녁까지 끊임없이 밭에서 열심히 일하는 일용직 일꾼이었다(룻 2:7, 17). 보아스는 거느리는 사환으로부터 그의 밭에서 열심히 일하는 룻에 대한 보고를 받고 룻을 편애했다(룻 2:6-9). 마르크스의 정치적 경제적 사회적 원리와 신학과의 대화를 시도하는 로랜드 부어(Roland Boer)는 룻의 이야기에서 보아스를 그의 유익을 위해 고용인들의 생산적 효율성을 알아채는 고용주의 한 사람으로, 그의 토지에서 일하는 사람들의 잉여 노동력에 의지해서 살아가는 가진 자의 한 사람으로, 이스라엘 공동체의 역연혼을 통해 사회적 자본과 위신을 획득한 수혜자의 한 사람으로 보았다.29 룻은 보아스의 토지에서 성실히 일하는 이삭 줍는 사람들 중 하나였고 유대 관습에 따라 나중에 그의 아내가 된다. 이에 부어(Boer)는 룻을 향한 보아스의 행동을 "선행이라기보다는 명백한 착취에 가까운"으로 해석한다.30 게다가 시어머니 나오미는 자신은 밭에서 일하지 않으면서 보리와 밀 추수를 마치기까지 일정시간 동안 며느리인 룻이 밭에서 일하게 시킨 데다가, 한 밤중에 보아스를 유혹하도록 룻에게 매력적으로 보이도록 단장하라고 지시함으로 보아스와 같이 의심스러운 인물로 해석되어지기도 한다.31 다른 한편, 마르크스주의적 여성학자들은 여성의 노동력을 생산적 노동력(the productive labor)과 번식적 노동력(the re-productive labor or the sexual labor)으로 세분화하는데 이를 룻의 경우에 적용하면, 룻은 보아스의 자산을 증식시키는 생산적 노동력뿐만 아니라 보아스의 부계를 위해서 나오미에게 경제적 안정을 가져다 줄

---

29 Yee, Ruth, 57.
30 Ibid.
31 Ibid.

수 있는 아들을 낳은 번식적 노동력으로서 기능을 수행했다는 것이 밝혀진다.[32]

　마지막으로, 룻기는 자신의 기본적인 권리들을 지키려고 노력하는 로안과 약자의 인권회복을 지원하는 이웃들을 향해 너무 소극적인 차원의 해결책을 제시하고 있지는 않은가? 로안의 이야기에서 세탁소 여인을 통해 외국인에게 가해지는 여러 형태의 폭력에 반대하는 목소리를 들을 수 있다. 세탁소 여인은 비록 결혼 이주여성들을 사회 내에서 안정적인 사회적 지위를 가지고 있는 외국인 여성들과 비교함으로써 양면적인 태도를 지니고 있음에도 불구하고 시어머니가 사준 옷들로 단장한 로안의 촌스러운 옷차림새를 보고는 뭔가 잘못되었다는 것을 쉽게 알아차렸고 이를 대담하게 말해 버렸다. 그녀의 언급은 곧 로안의 시어머니의 화를 돋웠고 조용히 하라고 요구받았다. 타국에 막 들어온 로안은 세탁소 여인이 저항하듯이 그녀에게 엄습해 오는 악을 대적할 힘이 없는데다가 약자의 권리를 옹호하는 이주국의 새로운 이웃들의 목소리조차 들려지는 것이 방해를 받고 있다. 룻의 이야기에서 룻을 대하는 보아스의 태도를 이방인 과부를 향한 친절과 호의로 긍정적으로 해석한다하더라도 이는 여전히 사회적 약자의 침해받고 있는 권리의 회복이라는 근본적이고 적극적인 문제해결에는 미치지 못함으로, 자선(Charity)이라는 소극적인 차원의 도움에 머무르고 있다.

---

32 Op. cit., 56-57.

IV. 맺는말

처음에 두 이야기가 가지고 있는 유사성에 끌려 함께 읽기 시작하였지만 대화를 계속할수록 두 이야기들이 전혀 다른 길을 걷고 있다는 것이 드러난다. 로안의 이야기는 결혼을 통해 이주한 베트남 여성에게서 목소리와 자기 결정권을 빼앗는 방식으로 외국인 여성에게 가해지고 있는 폭력을 폭로하고 변혁(transformation)을 요구하지만, 룻의 이야기는 문자적으로 읽으면 혹은 저자의 의도를 중심으로 읽는다면 룻을 유대사회에 성공적으로 동화한 한 이방인 여인으로 이해함으로 이방인을 향해 유대사회의 문화와 종교에 대한 동화(assimilation)를 요구하는 것으로 볼 수 있다. 하지만 결혼이주여성 중심으로 다시 읽는 룻기는 성서학자들 또는 사회 정치적인 학자들의 학문적인 검토와 우리의 합리적이고 비평적인 사고를 통해 성서의 저자들이나 편집자들의 의도에 의해 그 목소리가 기록되지 않은 새로운 모습의 룻을 상상하게 도와준다. 학문적으로 복원된 3천 년 전 유대 사회로 부터의 동화를 강요받고 있는 이방인 룻과의 만남은 현재 한국 사회에서 살고 있는 기독교인들에게 우리 가운데 함께 살고 있는 결혼이주여성들의 삶과 관련된 사회적 쟁점들을 종교적 편견이나 자기중심적 사고에서 벗어나 바라볼 수 있도록 도와준다.

케냐 출신의 여성신학자 무심비 칸요로(Musimbi Kanyoro)는 아프리카 여성들의 문화적 해석학(cultural hermeneutics)을 성서해석학에 소개하면서,33 아프리카의 문화 안에서 여성에게 해로운 관습과 전통

---

33 Cf. Musimbi R.A. Kanyoro, *Introduction to Feminist Cultural Hermeneutics: A Key to*

들이 성경에 등장하는 전통들과 닮았다는 이유로 아무런 비판적인 평가 없이 계속되어지고 강화되어질 수 있는 위험성을 경고했다.[34] 아프리카 기독교인과 같이 삶에 있어서 성경이 큰 역할을 하고 있는 한국의 기독교인들도 성경이야기 가운데 내포되어 있는 여성과 외국인을 향한 편견과 차별 그리고 억압들이 비판적인 평가 없이 한국교회의 신학함에 있어서 정당화되는 일이 없도록 주의하여야 한다.

기독교인들에게는 새로운 시대환경을 맞이할 때마다 신학적으로 어떻게 이해할 것인지에 대한 합리적인 토론이 요구되어진다. 이 글에서 시도되어진 결혼이주여성을 중심으로 하는 삶의 이야기와 성경이야기 간의 대화는 우리로 하여금 이주민 및 여성과 관련된 기존의 신학을 검토하고 사회의 비판적인 변혁의 소리에 귀 기울임으로 신학을 개혁해 나가야 할 과제가 우리 앞에 놓여 있음을 알려준다.

African Women's Liberation Theology, London 2002.

34 Volker Küster, From Contextualization to Glocalization: Intercutlrual Theology and Postcolonial Critique, in: *Exchange* 45, 2016, 203-226, 211-213.

민중신학,
정치와 변혁

루터를 거슬러 후스로
: 교회개혁과 사회개혁*

장 윤 재 **

I. 들어가는 말

당신들은 지금 거위 한 마리를 불태우지만 한 세기가 지나면 태우지도
끓이지도 못할 백조를 만나게 될 것이오. _얀 후스

올해 2017년은 마르틴 루터의 종교개혁 500주년을 기념하는 뜻
깊은 해이다. 그런데 종교개혁에 대한 우리의 성찰은 루터의 종교개혁
이 여러 종교개혁들 중 하나라는 사실을 기억하는 데서부터 시작해야
한다. 종교개혁은 단수가 아니라 복수다. 여러 종교개혁들이 있었다.

---

* 이 논문은 2017년 4월 3일에 열린 한국민중신학회 정기세미나에서 발표된 글로서,「신학
사상」2017년 여름호(177집)에 "루터를 거슬러 후스로: 종교개혁과 사회개혁"이라는 제
목으로 실렸다.
** 이화여자대학교 교수 / 조직신학

루터의 종교개혁이 일어났던 시기만 살펴보더라도 그는 당시 유일한 개혁자가 아니었다. 로테르담의 에라스무스(Erasmus of Rotterdam)와 그의 동료 인문주의자들이 활발하게 활동하고 있었다.[1] 루터가 살았던 시기는 한마디로 거대한 이의제기의 시기였다.

루터의 신학은 구원이 인간의 행위가 아니라 예수 그리스도에 대한 믿음을 통해 하나님의 은혜로 주어지는 선물이라는 교리, 교종(敎宗, Pope)의 권위가 아니라 성서가 하나님의 진리의 유일한 원천이라는 확신,[2] 그리고 세례 받은 모든 그리스도인들이 거룩한 사제라는 가르침, 이 세 가지로 요약할 수 있다.

이러한 확신을 가지고 루터는 교회의 면벌부(免罰符, indulgence) 판매를 비판하며 마인츠의 알버트 주교에게 편지를 썼는데,[3] 이 안에는 이후 '95개조 반박문'이라 알려진 '면벌부의 권한과 유효성에 대한 마르틴 루터의 논쟁'(Disputation of Martin Luther on the Power and Efficacy of Indulgences)이 첨부되어 있었다.[4] 사람들은 루터가 이 95

---

1 에라스무스에 대해서는 루터의 전기 작가로 유명한 세계적인 교회사가 롤란드 베인턴의 『에라스무스의 생애』(원제: *Erasmus of Christendom*) (크리스챤다이제스트, 1998)을 참조하라. 루터와 에라스무스 사이의 논쟁은 『루터와 에라스무스: 자유의지와 구원』(두란노아카데미 기독교고전총서 16, 2011)을 참조하라. 이 안에는 에라스무스의 "자유의지에 관하여"(이상덕 옮김)와 루터의 "노예 의지에 관하여"(김주한 옮김)가 실려 있다. 제도나 신학의 개혁보다는 모든 그리스도인들의 영적인 삶의 경건을 추구했던 에라스무스의 사상을 가장 잘 보여주는 글로는 그의 "엔키리디온 – 그리스도 군사 안내서", 『개혁의 주창자들: 위클리프부터 에라스무스까지』 (두란노아카데미 기독교고전총서 13, 2011)를 참조하라.
2 필자는 2014년 프란치스코 '교황'의 방한 시 한국천주교주교회의 의장 강우일 주교가 사용한대로 교황(敎皇) 대신 교종이라는 용어를 사용한다.
3 필자는 대사(大赦符)를 의미하는 라틴어 *"Indulgentia"*의 번역으로 면죄부 대신 면벌부를 사용한다.
4 루터의 95개조 제1항과 2항은 마태복음 4:17("회개하라, 천국이 가까워 왔느니라")의 오역과 관련되어 있는데, 이는 에라스무스가 1516년에 출간한 그리스어 신약성서에 빗진

개조 반박문을 1517년 10월 31일에 비텐베르크 성당 정문에 못 박은 것으로 기억한다. 그 날을 지금도 우리는 종교개혁일로 기념하고 있다.

하지만 '오직 믿음으로 구원을 받는다'는 루터의 가르침은 역사적으로 많은 개신교회들 안에서, 특히 오늘 한국의 개신교회들 안에서, 행함이 없는 믿음, 혹은 '성화 없는 의화'라는 심각한 문제를 불러일으켰다.5 사실 루터는 로마서 3:28의 본문에 있지도 않는 '오직'이라는 단어를 '믿음' 앞에 추가해 비판을 받기도 했으며,6 하나님의 호의를 이끌어내기 위한 인간의 모든 선행도 죄라고 주장하기도 했다.7 또 행함을 강조하는 야고보서를 성서에서 아예 제거하려하기도 했다. 그 결과 오늘날 루터의 신학 안에는 무언가 신앙적 실천을 쇠약하게 만드는 어떤 결함이 있지 않은가에 대한 의혹이 커가고 있는 것이 사실이다. 예수는 잘 믿는다고 주장하는데, 예수를 따라서는 살지는 않는 한국의 많은 그리스도인들에게 이는 심각한 문제다.

루터의 신학이 보여준 역사적 불철저성도 여전히 논쟁거리다. 잘

것이다. 에라스무스의 인문주의가 루터의 종교개혁에 미친 영향에 대해서는 앨리스터 맥그래스/박규태 옮김, 『기독교, 그 위험한 사상의역사』(국제제자훈련원, 2009)를 참조하라.

5 이른바 '칭의 논쟁'의 역사에 대해서는 마이클 S. 호튼 외, 『칭의 논쟁』(새물결플러스, 2015), 특히 제1부를 참조하라. 2부는 전통적 개혁파, 진보적 개혁파, 바울 신학의 새 관점, 동방 정교회, 가톨릭의 대표적 학자들의 글이 실려 이 논쟁의 전체적 지형도를 이해하는 데 도움을 준다.

6 로마서 3:28의 본문은 다음과 같다. "그러므로 사람이 의롭다 하심을 얻는 것은 율법의 행위에 있지 않고 믿음으로 되는 줄 우리가 인정하노라."

7 예를 들어 루터는 그의 글 "라토무스에게 대답"(1521) 제2부 1조항에서 "모든 선행은 죄다"라고 단언한다. 그는 시편 143:2절("주의 종에게 심판을 행치 마소서. 주의 목전에는 의로운 인생이 하나도 없나이다")에 근거하여 선행은 결코 하나님의 심판을 견딜 수 없다고 주장한다. 죄는 세례 이후에도 그대로 있으며, 선을 행하고 죄를 짓지 않는 의인은 세상에 하나도 없다. (기독교고전총서 15, 『루터: 초기 신학 저술들』(두란노아카데미, 2011), 제4부를 참조하라.)

알다시피 루터는 독일의 농민들이 교회의 개혁뿐만 아니라 사회의 개혁도 요구하자 영주들에게 이들 반란군을 '미친개'처럼 때려잡으라고 주장하기도 했다. "따라서 할 수 있으면 반란군보다 더 독살스럽고 위해하며 악마적인 것인 없음을 기억하면서 비밀리에 혹은 공개리에 때리고, 죽이고, 찌르라."[8] 루터는 가난한 농민들을 악마로 보았고 그래서 주저함 없이 그들을 잔인하게 죽이라고 요구할 수 있었다.

한 가지 더 우리가 종교개혁에 대한 성찰을 루터의 개혁에만 제한할 수 없는 이유는 그의 신학 안에 깊이 스며들어 있는 '반유대주의'(anti-Semitism) 때문이다. 루터는 매우 공개적으로 유대인들에 대한 적대감을 표명했다. 그리고 그들의 가옥과 회당을 불사르고, 재산과 돈을 몰수하며, 나아가 인신의 자유를 구속하라고 가르쳤다. 유대인들을 '그리스도 살해범'으로 정죄하는 기독교 전통을 따라 루터도 그들을 예수의 신성을 부인하는 신성모독자로 간주했으며, '선민'이 아니라 '악마의 자식들' 혹은 '독충들'이라 부르면서 그들을 독일에서 영구히 추방하라고 소리 높였다.[9] 불행히도 루터의 이러한 반유대주의가 1930년대와 40년대 독일에서 나치의 유대인 공격과 학살을 위한 매우 이상적인 명분과 빌미를 제공했다는 비판을 면할 수 없게 한다.[10] 실제로 히틀러의

---

8 Martin Luther, "Against the Robbing and Murdering Hordes of Peasants," in *Luther's Works*, Vol. 46: Christian in Society III, ed. Helmut T. Lehmann and Robert C. Schultz (Fortress: Philadelphia, 1967), 50.

9 Martin Luther, "On the Jews and Their Lies," in *Luther's Works*, Vol. 47: Christian in Society IV, ed. Franklin Sherman (Fortress, Philadelphia, 1971), 268-293.

10 예를 들어 1941년 12월 17일에 일곱 명의 독일교회 목사들이 선언서를 발표하였는데, 그들은 이 선언서에서 루터가 이미 유대인들을 독일 전 영토에서 추방하라고 말했음을 상기시키면서 유대인들을 구분하기 위해 그들의 몸에 다윗의 별 표시를 달아야 한다고 주장했다. Ernst L. Ehrlich, "Luther und die Juden," in *Die Juden und Martin Luther*

제3공화국에서 발행된 거의 모든 반유대인 책자들 안에는 루터의 이름이 언급되어 있었고 루터의 글이 인용되어 있었다.[11] 나치가 집권할 때—나치는 군사 쿠데타를 통해서가 아니라 합법적인 선거를 통해 집권했다— 가톨릭교도들이 많이 거주하는 지역보다 개신교도들(루터교도들)이 많이 거주하는 지역에서 나치에 대한 찬성표가 더 많이 나왔다는 점도 우리에게는 잘 알려지지 않았지만 우리가 기억해야 할 사실이다. 루터는 심지어 사망하기 3일 전에 행한 마지막 설교에서까지도 매우 격한 어조로 유대인을 "우리의 공공의 적"이라 부르며 독일의 전 영토에서 그들을 추방하라고 말했다.[12]

루터의 종교개혁 신학을 논할 때 우리가 직면하는 마지막 어려움은 그의 이른바 '두 왕국 이론'일 것이다.[13] 그가 말한 '하나님의 두 왕국 교리'는 하나님이 온 세상의 통치자이시지만 그분은 법과 복음이라는 두 가지 다른 방법으로 세상을 다스린다는 것이다. 즉 세속정부를 통해

ed. Heinz Kremers (Neukirchen-Vluyn: Neukirchener Verlag, 1987), 86, quoted in Robert Michael, *Holy Hatred: Christianity, Antisemitism, and the Holocaust* (New York, Basingstoke: Palgrave Macmillan, 2006), 120-121.

11 Christopher J. Probst, *Demonizing the Jews: Luther and the Protestant Church in Nazi Germany* (Indiana University Press, 2012)를 참조하라.

12 Martin Luther, "An Admonition against the Jews (1546)," in *Martin Luther, the Bible, and the Jewish People*, ed. Brooks Schramm and Kirsi I. Stjerna (Minneapolis: Fortress Press, 2012), 200-201.

13 루터는 에라스무스의 자유의지론에 반대하기 위해 그의 "노예의지에 관하여"에서 두 왕국론을 펼친다. 세상에는 두 왕국이 존재하는데 그중 하나는 사탄이 지배하는 왕국이며 다른 하나는 그리스도가 통치하는 왕국이다. 그런데 두 왕국은 끊임없이 전쟁을 벌이면서 서로 적대한다. 루터는 "이처럼 그 자체의 힘과 주권을 가지고 서로를 향해 영구적으로 싸우는 이런 두 왕국에 대한 지식과 고백은 (에라스무스의) 자유 선택론을 논박하기에 충분할 것이다"라고 말한다. 기독교고전총서 16, 『루터와 에라스무스: 자유의지와 구원』 (두란노아카데미, 2011), 444-447을 참조하라.

법과 칼을 가지고 '땅의 왕국'을 다스리시고, 이와 동시에 복음을 통해 '영적 왕국'을 다스리신다는 것이다. 하지만 이렇게 땅의 왕국과 영적 왕국이 분리되고 나면 그리스도인들은 정치나 경제의 영역에 굳이 관심을 기울일 필요가 없다고 생각할 수 있게 된다. 루터의 신학 안에서 복음은 역사의 변혁이나 사회적 윤리와의 어떤 본질적인(intrinsic) 상관관계를 잃어버리는 것이다.

우리는 지금 마르틴 루터의 종교개혁 500주년이라는 기념비적인 해를 맞이하고 있지만—그래서 국내외적으로 다양한 기념행사와 학술제 등을 열고 있지만— 종교개혁에 대한 우리의 관심과 성찰은, 이상과 같은 이유에서, 루터의 종교개혁에만 국한할 수 없다. 루터의 종교개혁은 여러 종교개혁들 중 하나다. 종교개혁은 단수가 아니라 복수다. 이 기본적인 사실을 기억하는 것에서부터 우리는 종교개혁에 대한 성찰을 시작해야 한다. 필자는 우리가 루터를 '거슬러' 종교개혁의 좀 더 깊은 근원으로 올라가야 한다고 주장한다.

II. 얀 후스와 체코의 종교개혁

역사를 돌아보면 교회는 어느 시대나 부패하고 타락했다. 러시아의 대문호 도스토예프스키도 자기시대 러시아교회의 타락상을 『카라마조프의 형제들』에서 이렇게 고발했다. 예수께서 재림하셨는데 러시아교회의 최고지도자는 그를 체포해 감금한다. 그리고 깊은 밤에 홀로 감방을 찾아가 '당신이 정말 예수냐'고 묻는다. 예수는 침묵하시고 이

지도자는 '왜 벌써 와서 자신을 방해 하느냐'고 따진다. 겨우 교권을 잡아 온갖 영화를 누려보려는 참에 '왜 벌써 와서 방해하느냐'는 것이다. 그러고 보면 1917년 러시아혁명은—그리고 그 앞의 1789년 프랑스혁명도— 타락한 교회와 기독교국가에 대한 반발이기도 했다. 프랑스혁명 당시 "최후의 사제의 창자와 최후의 왕의 목을 매달라"라고 외치던 군중들의 함성 속에는 자신의 본질을 잃고 타락한 당대 교회에 대한 깊은 분노가 담겨 있었다.

어느 시대나 교회는 타락한다. 어느 시대나 교회는 부패한다. 하지만 하나님께서는 언제나 당신의 정의로운 사람들을 불러 교회를 새롭게 하신다고 생각한다.

지난 2015년의 7월 6일은 체코의 종교개혁자 얀 후스(Jan Hus)가 화형당해 순교한 지 정확히 6백 주년이 되던 날이었다. 그는 독일의 종교개혁자 마르틴 루터보다 100년을 앞서 교종의 면벌부 판매, 성직 매매,14 그리고 교회의 부패에 맞서 저항한 인물로서 '종교개혁의 선구자'로 칭송받고 있지만 우리들에게는 루터나 칼뱅보다 잘 알려져 있지 않다. 하지만 이제 우리는 기독교 2천 년 역사 가운데 '가장 장엄하고 아름다운 순교자'로 손꼽히는 얀 후스와 그의 종교개혁에 대해 알아야한다. 후스가 있었기에 때문에 루터가 있을 수 있었다. 후스의 종교개

---

14 지금으로부터 약 6백 년 전에 쓰인 후스의 "성직 매매론"(1413)을 읽다보면 마치 오늘의 한국교회를 향해 쓴 글인 것 같은 착각이 들 정도다. 후스는 이 세상에 세 가지의 이단이 있는데('배교', '신성 모독' 그리고 '성직 매매'), 이 중 성직 매매가 가장 심각한 이단이며 (그는 이를 '영적 나병'이라 불렀다), 그것은 단지 성직을 사고파는 게 아니라 "영적인 것을 비영적인 것을 위해 교환하는 것에 동의하는" 모든 것이라고 주장한다. 『개혁의 주창자들: 위클리프부터 에라스무스까지』(두란노아카데미 기독교고전총서 13, 2011) 안에 있는 후스의 "성직 매매론"을 참조하라.

혁은 단순히 루터의 종교개혁의 전야(前夜)가 아니다. 그것은 그 자체로 하나의 온전한 종교개혁이다. 우리는 '제1차 종교개혁' 혹은 '종교개혁 이전의 종교개혁'이라 불리는 체코의 종교개혁에 대해 이제는 관심을 기울여야 한다. 거기서 오늘 우리의 신학과 교회 그리고 세계를 갱신할 깊은 영감과 새로운 통찰을 얻어야 한다.

후스는 1371년 체코의 남부 보헤미아 후시네츠(Husinec)라는 마을에서 태어났다.[15] '후스'라는 이름은 '거위'(Goose)라는 뜻이고 후시네츠는 '거위를 키우는 마을'이라는 뜻이다. 그의 집안은 가난했지만 부모는 신앙심이 깊었다. 후스는 어머니에 의해 사무엘처럼 소년시절부터 하나님께 바쳐졌다. 그의 어릴 적 꿈은 사제가 되는 것이었다. 그는 빨리 사제가 되고 싶었다. 왜냐하면 그것이 굶주림에서 벗어날 수 있는 최고의 길이었기 때문이다. 당시 체코인들은 흘레바(Chleba)라는 검은 호밀식빵으로 숟가락을 만들어 콩 수프를 떠먹었는데, 수프를 다 먹고 난 다음 그 숟가락까지 먹어치울 정도로 굶주렸었다. 그래서 어린 후스는 빨리 사제가 되어 호의호식하면서 사람들에게 존경을 받으며 살고 싶었다.

하지만 그는 카렐(Karel)대학, 즉 오늘의 프라하대학에 들어가 인문학과 신학을 공부하면서 생각이 바뀌게 된다. 카렐대학은 신성로마

---

15 이하 후스의 생애에 대해서는 토마시 부타/이종실 옮김, 『체코 종교개혁자 얀 후스를 만나다』 (동연, 2015)와 2014년 필자가 직접 체코를 방문했을 때 이 책의 역자인 이종실 선교사를 통해 현장에서 보고 배운 바를 참조하였다. 만약 후스와 체코 종교개혁의 현장을 방문할 기회가 생긴다면 다음의 책들을 참조하라. 이지 오메르/김진아 옮김, 『(걸어서 가보는) 프라하 종교개혁 이야기』 (대한예수교장로회총회교육자원부 편, 한국장로교출판사, 2012); 박경수 엮어펴냄, 『종교개혁, 그 현장을 가다』 (대한기독교서회, 2013); 장수한, 『종교개혁, 길 위에서 길을 묻다: 열흘간의 다크 투어리즘』 (한울, 2016).

제국의 황제 카렐 4세가 설립한 대학으로 중부유럽 최초의 대학이다. 거기서 성서와 신학을 깊이 공부하면서 그는 부유한 사제가 되고자 했던 자신의 꿈이 헛된 욕망임을 깨달았다. 이후 이 대학의 교수가 되어 철학과 신학을 가르치던 후스는 나중에 이 대학의 총장까지 된다. 체코의 종교개혁은 바로 이 카렐대학에서 시작됐다. 이 말은 체코의 종교개혁이 '비판적 기독교 지성'에 의해 주도되었다는 뜻이다. 실로 카렐대학은 후스를 전폭적으로 지지했다. 많은 책들을 체코어로 출간하면서 보헤미아의 자존감을 높였다. 이러한 사실은 교회로부터 비판적 자유의 거리를 잃고 교권에 종속된 오늘의 한국 신학교들에 많은 시사점을 준다.

체코의 종교개혁은 카렐대학에서 시작되었다. 특히 이 대학의 베들레헴 채플(Bethlehem Chapel)이 그 개혁의 진앙지다. 얀 후스는 이 대학교회의 목사로 12년간 목회했다. 거기서 그는 작아 보이지만 두 가지 매우 의미심장한 혁명을 이뤄냈다. 하나는 '공간혁명'이고 다른 하나는 '언어혁명'이다.

후스의 적대자들에게 '창고'라고 비아냥거림을 받은, 이 볼품없는 베들레헴 채플은 교회 건축사에서 일종의 이단아에 속한다. 이 건물은 전통적인 성당처럼 긴 직사각형의 모습이 아니라 거의 정사각형에 가깝다. 직사각형의 전통적 성당에서는 제단 앞쪽에서부터 뒤쪽으로 위계적인 질서가 만들어진다. 맨 뒤에 앉는 낮은 계급의 사람들은 라틴어로 진행되는 미사를 멀찍이서 '구경'하다 돌아갔다. 그런데 후스는 베들레헴 채플 안의 성화나 조각상을 다 치우고 대신 건물의 한 면의 정 가운데에 설교단 하나 덩그러니 갖다 놓았다. 그러자 예배에 참석하는 사람들은, 그가 누구든 혹은 어느 자리에 앉든, 모두 이 설교단으로부터 동일한 거리에 앉게 됐다. 설교자와 동일한 거리에 앉게 됐다. 하나님의 말씀 앞에서 인간의 위계질서가 사라진 것이다. 체코의 종교개혁은 바로 이러한 혁명적 공간 안에서 자라나갔다. 실로 공간이 사유를 지배한다.

후스는 이러한 혁명적 공간 안에서 언어의 혁명도 꾀했다. 체코인들에게 체코어로 설교한 것이다. 당시 모든 미사는 라틴어로 진행되고 있었다. 하지만 그는 로마의 언어가 아닌 자기 땅의 언어로 설교했으며 그의 열정적인 설교는 평민들로부터 귀족에 이르기까지 다양한 청중들을 열광시켰다. 12년이나 이 교회에서 설교하면서 그는 주옥같은 설교문 약 3천 편을 남겼다. 그의 설교의 특징은 배우지 못한 사람도 쉽게 이해할 수 있는 간단한 내용과 짧은 문장으로 이루어졌다는 점이다. 하지만 그의 설교의 성공은 말재주에 있지 않았다. 그는 해박한 성경지식을 바탕으로 본문의 본뜻을 재해석하여 이를 명쾌한 개혁의 메시지로 선포했던 것이다. 뿐만 아니라 후스는 체코어로 성서를 번역하고 출간했다. 이 과정에서 지속적인 체코어 철자법의 개발이 이루어졌다. 오늘날 세계적으로 유명한 프란츠 카프카(Franz Kafka)나 밀란 쿤데라(Milan Kundera)와 같은 체코의 천재적 작가들은 모두 이 때 후스가 성서를 번역·출간하면서 만든 체코어 철자법에 빚지고 있다. 이렇듯 체코어로 선포되는 설교와 체코어로 번역된 성경, 바로 이러한 '언어혁명' 속에서 체코의 종교개혁은 불타올랐다.

흥미롭게도, 후스는 뛰어난 찬송가 작사자이기도 했다. 베들레헴 채플은 체코어로 설교를 들을 수 있는 공간이었을 뿐만 아니라 회중이 체코어로 직접 찬송을 부를 수 있는 공간이기도 했다. 후스는 체코인들의 정서에 맞는 찬송가 가사를 지어 이를 적극적으로 보급했다. 교회의 역사에서 주후 365년 라오디게아 공의회 이후 예배시간에 일반회중이 직접 찬송을 부르는 것, 즉 '회중찬송'은 전면적으로 금지됐다. 오직 훈련된 성가대만이 '전례 성가'(chanting)를 부를 수 있었다. 상상해보라. 준비되지 않은 회중이—그것도 음치로— 찬송을 부르는 장면을. 사제들은 그것을 참을 수 없었고, 그래서 교회는 회중찬송을 금지시켰다. 그 결과 교회음악은 오직 사제들과 찬양대원의 전유물이 됐다. 회중은 수동적으로 듣기만 해야 했다. 하지만 듣는 것도 쉬운 일이 아니었다. 왜냐하면 당시 모든 음악은 라틴어로 불렸던 데다가, 가사마저 대위법으로 복잡하게 교차되는 바람에 라틴어를 아는 사람들조차 가사를 이해하고 음미하기가 쉽지 않았던 것이다. 중세시대 예배에서 회중은 그렇게 배제되었다. 하지만 이렇게 1천 년 이상 금지되었던 회중찬송을 다시 복구시킨 이가 바로 후스다. 루터가 아니라 후스다.16 후스는 특히 시편찬송을 교회 안에 다시 소개하는데 앞장섰다. 오늘 그리스도인들이 예배시간에 자기 입으로— 잘 부르든 못 부르든— 직접 찬양을 부르며 예배에 참여할 수 있는 것은 후스 덕분이다.

일반적으로 교회 역사가들은 후스를 영국의 종교개혁자 존 위클리

---

16 사람들은 보통 회중찬송의 원형을 루터의 '코랄'에서 찾지만 루터보다 후스가 먼저 회중찬송을 시작했다. 후스와 같이 루터도 교회의 의식에서 훈련된 찬양대만이 라틴어로 노래를 부르는 것을 문제로 생각했고, 그래서 일반신자들도 예배음악에 참여할 수 있도록 새로운 양식의 교회음악을 창안했는데 그것이 바로 코랄(Chorale)이다. 독일어로 불린 코랄은 음악적으로 쉽고 단순한 것이었다. 화음도, 반주도 없이 오직 일반교인들의 제창만으로 이루어졌다. 하지만 코랄은 화성과 대위법을 통해 얼마든지 다른 형식으로 발전할 수 있는 것이었고 이후 요한 세바스찬 바흐가 바로 이를 바탕으로 개신교 종교음악의 꽃을 피운다.

프(John Wycliffe, 1320-1384)의 뒤를 잇는 사람으로 평가하곤 한다.17 실제로 위클리프는 후스보다 한 세대 앞서 1382년에 최초로 성서를 자국어(영어)로 번역한 사람이다. 라틴어로만 성서를 읽던 1천 년의 전통을 깨고 위클리프는 신구약성서를 영어로 번역하여 자기 백성들이 그것을 읽게 했던 것이다. 교회 역사가들은 이러한 위클리프를 '종교개혁의 새벽별'이라 부른다. 후스도 이 위클리프를 따라 성서는 '백성들의 언어'로 씌어져야 한다고 강조했다. 지금도 위클리프의「목회직론」이나「성만찬론」을 읽어보면 6백 년도 넘은 이 논문들이 마치 오늘 우리 한국교회를 질타하는 것과 같아 놀라게 된다.18 위클리프는 지병으로 사망했다. 하지만 그가 죽은 지 44년 후 교종은 칙령을 내려 위클리프의 사체를 끄집어내 화형에 처하고 그 재를 남김없이 긁어 템스 강에 버리게 한다. 한국말로 하면 부관참시(剖棺斬屍)를 한 것이다.

후스가 위클리프의 영향을 받은 것은 사실이다. 특히 그의『교회론』(1378-79)에 많은 영향을 받았다. 후스의 대표적인 저술 중 하나가『교회에 대하여』(De ecclesia, 1413)인데, 라틴어로 완성된 이 책은 체코 종교개혁의 기념비적 저서 가운데 하나로 손꼽힌다.19 훗날 후스의 적대자들이 그를 이단으로 정죄할 때에 후스의 여러 저작 가운데 약 30쪽 분량의 시빗거리를 뽑아냈는데 그중 20쪽이 교회에 관한 것일 정도로 이 책은 후스의 사상과 신학에서 중요하다. 여기서 후스는 위클리프를 따

---

17 이동희,『역사를 바꾼 종교개혁가들』(서울: 지식의 숲, 2013) 등을 보라.

18 『개혁의 주창자들: 위클리프부터 에라스무스까지』(두란노아카데미 기독교고전총서 13, 2011) 중에서 1378년에 위클리프가 쓴「목회직론」과「성만찬론」(백충현 옮김)을 참조하라.

19 John Huss and David Schley Schaff, *De Ecclesia: The Church* (Memphis, USA: General Books LLC, 2012)를 참조하라.

라 교회를 '지상의 교회'와 '하나님의 교회'로 구분했다. 지상의 교회는 '눈에 보이는 교회'(*ecclesia visibilis*)이고, 하나님의 교회는 '눈에 보이지 않는 교회'(*ecclesia invisibilis*)이다. 후스는 눈에 보이는 이 지상의 교회도 마태복음 25장에 기록된 그리스도의 최후심판 앞에 선다고 말했다. 이는 충격적인 주장이었다. 왜냐하면 중세교회는 자기 자신을 심판자로 이해하고 있었기 때문이다. 그런데 후스는 교회도 그리스도의 심판대 앞에 선다고 말한 것이다. 후스는 계급화된 제도교회가 곧 하나님의 교회는 아니라고 강조했다. 그리고 교회의 머리는 교종이 아니라 그리스도라 주장했다. 나아가 교종이든 주교든 그 누구도 성서에 위배되는 교리를 세울 수 없으며, 만약 그들의 가르침이 거짓임이 분명할 경우 신자들은 그들의 명령에 불복종해도 된다고 가르쳤다. 근대 시민불복종운동의 원형이라고 해야 할까. 그렇게 후스는 신 앞에서 모든 신자들의 '평등'을 강조했다.

후스가 위클리프의 영향을 받은 것은 사실이다. 하지만 우리는 후스를 단순히 위클리프의 사상을 이어받아 루터에게 전달해준 중개인 정도로 보아서는 안 된다. 이는 주로 영국의 교회 역사가들이 펼쳐온 주장이다.[20] 이를 따라 일반적으로 교회 역사가들은 위클리프를 '종교개혁의 불씨를 당긴 사람'으로, 후스를 '혁명 전야에 시끄럽게 운 거위'로 그리고 루터를 종교개혁의 완성자로 본다. 하지만 이는 후스와 체코 종교개혁의 독창성을 잘못 평가한 것이다.

---

20 이에 관해서는 Thomas A. Fudge, *Jan Hus between Time and Eternity: Reconsidering a Medieval Heretic* (Lanham, Boulder, New York, London: Lexington Books, 2016)을 참조하라. 호주 출신 역사학자인 토머스 퍼지는 이 책의 Introduction에서 후스의 연구사에 대해 정리한다.

III. 체코의 토착적 종교개혁

후스는 독자적인 사상가였다. 그는 단순히 위클리프를 복제한 사람이 아니었다. 중세 후기 체코의 역사를 자세히 살펴보면 우리는 오히려 그 반대의 결론을 얻게 된다. 후스가 위클리프의 신학적 개념을 가지고 교회론을 펼친 것은 맞지만, 후스의 뿌리는 위클리프가 아니라 체코의 토착적 종교개혁 사상가들이었다. 왜 위클리프의 가르침은 자신의 고향인 영국이나 다른 유럽국가에서가 아니라 특별히 체코의 보헤미아에서 그렇게 적극적으로 수용되었던가? 보헤미아가 위클리프라는 '외래' 전통을 다른 어느 지역보다 더욱 적극적으로 수용했던 이유는 — 영국과 체코 왕실 사이의 혼인으로 인해 교류가 활발해진 이유도 있었지만— 체코의 강력한 토착적 개혁전통이 선행했기 때문이다. 후스는 체코에서 개혁운동을 처음 시작한 사람이 아니었다. 그는 오랜 체코의 토착적 개혁운동의 꽃을 피운 사람이었다.

체코 종교개혁의 '아버지'는 얀 밀리치(Jan Milíč z Kroměříže)다.[21] 그는 개혁의 초점을 성만찬의 개혁에 두었다. 잘 알다시피 가톨릭교회의 핵심은 그리스도의 희생을 강조하는 성만찬(성체성사)이다. 그는 교회와 수도원 담장 '밖'에서의 영적 개혁을 주장했고 그것을 과감히 실천했다. 그는 프라하 중심에 있는 홍등가로 나아가 체코어로 창녀들에게 설교하고 성만찬을 베풀면서 체코 종교개혁의 불씨를 당겼다. 그때가 후스가 태어나 갓 한 살이던 1372년의 일이다. 세상에 태어나 한

---

21 이하 얀 밀리치에 대해서는 Thomas A. Fudge, *The Magnificent Ride: The First Reformation in Hussite Bohemia* (Aldershot, England: Ashgate Publishing Limited, 1998)을 참조하였다.

번도 자기말로 복음을 듣지 못했던 창녀들이 복음을 들었다. 그리고 예수 그리스도의 살과 피를 받아먹고 마셨다. 서서히 프라하에서 악명 높던 홍등가 '베나트키'(Benatki, 작은 베니스)는 '새 예루살렘'으로 불리기 시작했다. 2백 여 명의 창녀들이 옛 직업을 버리고 밀리치의 열정적인 지지자로 변신했다. 그것이 체코 종교개혁의 도화선이 되었다.

밀리치는 거기서 '수시로' 성만찬을 베풀었다. 왜 그랬을까? 체코어로 설교하고 성만찬을 베풀었다. 잠시 후 가난하고 배고픈 창녀들이 밀리치에게 와서 말한다. '신부님, 배고파요.' 밀리치는 다시 말씀을 선포하고 성만찬을 베푼다. 잠시 후 가난하고 굶주린 이들은 다시 밀리치에게 와서 말한다. '신부님, 또 배고파요.' 그는 다시 말씀을 선포하고 성만찬을 베푼다. 그랬다! 가난하고 배고픈 창녀들에게 성만찬의 떡과 포도주는 단순한 종교적 예식이 아니었다. 그들에게 예수 그리스도의 살과 피는 영혼의 양식이었을 뿐만 아니라 육신도 굶주림도 벗어나게 해주는 "하늘에서 내려온 살아있는 떡"(요 6:51)이었다. 이러한 밀리치의 성만찬을 우리는 '사회적 성만찬'(Social Holy Communion)이라 부를 수 있을 것이다.

그런데 이러한 성만찬이 사실 예수 그리스도의 하나님 나라는 아니었던가. 예수의 하나님 나라는 단지 상징적으로가 아니라 실제로 굶주린 사람들과 먹을 것을 나누는 열린 식탁운동(밥상공동체)이었다. 존 크로산(John D. Crossan)이 말하는 것처럼 예수의 하나님 나라는 "가장 밑바닥 민중들 사이에서 영적인 치유와 물질적 음식을 나누는 나눔의 평등주의(egalitarianism)"이었다.[22] 나사렛 예수는 자신에게 쏟아

---

22 John D. Crossan, *The Historical Jesus: The Life of a Mediterranean Jewish Peasant*

지는 지도층의 온갖 비난과 협박에도 불구하고 소위 '죄인들'과 함께 먹고 마셨다. 보란 듯이 그들과 열린 식탁 혹은 밥상 공동체 친교를 가졌다. 그것은 사회적으로나 종교적으로 금기시되던 일이었다. 지금도 마찬가지다. 문화인류학적으로 '식탁의 법칙'(commensality)이라는 게 있다. 사람들은 굶주림의 고통을 제거하기 위해서만 먹지 않는다. 학자들에 의하면 한 사회 질서의 축소판으로 식탁의 법칙이라는 게 존재한다. 예를 들어 흑인들의 민권운동이 시작되던 1960년대의 미국에서 흑인 청년 몇 몇이 의도적으로 한 백인 전용 식당에 들어가 샌드위치와 콜라를 주문했다가 봉변을 당했다. 소위 현대화되고, 계몽되었으며, 민주적이라는 20세기 미국 사회에서도 식탁의 법칙이라는 게 존재했던 것이다. 그런데 당시 그렇게 '인종적으로 분리된 식탁'은 다름 아닌 당시 미국사회 전체의 축소판이 아니었던가. 하지만 이와 정반대의 '모두에게 열린 포용의 식탁'이 바로 예수의 하나님 나라였다. 그 나라는 사회의 변방으로 밀리고 쫓겨나 멸시와 천대 속에 살아가던 사람들에게 인간으로서의 권리와 존엄을 회복시켜주는 은혜와 자비의 나라였다.

나사렛 예수는 상징적으로가 아니라 굶주린 사람들과 실제로 먹을 것을 나눴다. 누군가와 함께 식사를 한다는 것은 곧 그를 인정하며 그와 함께 삶을 나눈다는 것을 의미한다. 때문에 이것은 당대 지도자들에게 질서와 법에 대한 모독이자 반란으로 여겨졌다. 그래서 예수의 적대자들은 그를 일컬어 "먹기를 탐하고 포도주를 즐기는 사람이요 세리와 죄인의 친구"라고 맹비난했다(마태 11:19). 하지만 이에 대한 예수의

(HarperSanFrancisco, 1991), 55f.

대답은 간단하고 명쾌했다. "나는 [소위] 의인을 부르러 온 것이 아니라 [소위] 죄인을 부르러 왔다"(마가 2:17). 예수는 이른바 전통과 질서와 관습과 법에 의해 '죄인'으로 몰린 사람들에게도 인간으로서의 평등한 생명의 권리와 존엄성이 있음을 선언한 것이다. 그것이 하나님의 나라, 곧 하나님의 통치였다.

초대교회는 예수의 이 식탁 공동체를 삶 속에 실천했으며 그것을 새로운 세상에 대한 소망으로 연결시켰다. 하지만 점차 시간이 지남에 따라 '주님의 식탁'은 '교회의 식탁'으로 흡수된다. '주님의 만찬'이 '교회의 제의'로 변모된다. 그런데 바로 이것을 되돌려놓은 이가 밀리치다. 중세교회에서도 주님의 식탁은 왜곡됐었다. 사제들은 심지어 돈을 받고 성만찬을 베풀었다. 그러므로 밀리치에게 주님의 식탁을 바로 세우는 일은 곧 교회를 바로 세우는 일이었다. 그래서 그는 떡과 포도주를 들고 민중이 살고 있는 도시의 한복판으로 나아갔던 것이다. 하지만 그는 아비뇽으로 소환돼 이단으로 선고 받고 1374년에 죽었다. 프라하의 '예루살렘'은 곧이어 폐쇄되었다. 하지만 그에게 깊은 감명을 받은 추종자들이 그가 시작한 개혁의 불씨를 이어나가기 시작했다.

밀리치의 뒤를 이은 개혁자는 야노보의 마테이(Matej z Janova)다.23 그는 파리대학 유학파여서 '파리선생'이라 불릴 정도의 지식인이었는데, 교회개혁을 넘어 봉건제도 자체의 타파를 주장했다. 그 역시 성만찬의 문제에 집중했다. 그가 보기에 가난한 사람들이 가난한 이유는 성직자들의 호화로운 생활 때문이었다. 그리고 성직자들의 도덕적

---

23 마테이에 관해서는 Thomas A. Fudge, *Jan Hus: Religious Reform and Social Revolution in Bohemia* (London: I.B Tauris & Co Ltd, 2010)를 많이 참조하였다.

타락은 오직 진정한 성만찬을 통해 고쳐질 수 있는 것이었다. 그는 특히 '이종성찬'(utraquism)의 문제에 집중했다. 빵만이 아니라 포도주까지 두 가지를 모두 받는 성찬 말이다. 성찬에서 빵과 잔을 받음으로써 교인들은 그리스도와 온전히 하나가 되고, 남녀노소와 계층을 초월하여 하나님의 은총에 참여하게 된다. 그러므로 성찬에는 차별이 있어서는 안 된다. 하지만 중세교회는 성직자들에게만 떡과 포도주를 나누어주고 평신도들에게는 빵만 줬다. 이는 차별이었다. 그래서 마테이는 평신도들에게도 포도주를 같이 주는 이종성찬을 주장했다.

물론 가톨릭교회는 평신도들에게 성찬잔을 베푸는 것을 '이단'이라 공격했다. 당시 성만찬에서 성혈, 즉 포도주는 실수로도 절대 흘리면 안 되는 것이다. 그래서 교회는 "우둔한 평신도들이" 그리스도의 피를 소홀히 하여 흘러넘치게 할지도 모른다며 포도주는 사제들에게만 주었다. 하지만 마테이는 일반 신자들 역시 떡과 포도주를 모두 받아야 하고 그래야 온전한 성만찬(full communion)이 이루어진다고 주장했다. 그것이 왜 중요한가? 마테이에게 있어서 일반 신자들도 주님의 피를 마신다는 것은 곧 사제와 평신도 사이의 차별이 철폐되는 것을 의미했다. 그러므로 그가 주장한 이종성찬은 곧 교회의 계급과 위계질서에 대한 전면적인 거부였다. 즉 그것은 그들에게 하나님 앞에서 새로운 질서의 세상이 열리는 것을 의미했다. 먼 훗날 묵시적으로 이루어지는 것이 아니라 바로 지금 여기에서, 즉 포도주를 받아 마시는 내 몸에서부터 하나님의 새로운 질서가 시작되는 것을 의미했다. '잔의 개혁'은 그렇게 종말론적 중요성을 가진 것이었다. 그래서 그것은 체코 종교개혁의 상징이 됐다. 성찬잔은 교회 안에서 특권의 철폐와 '민주화'에 있어서 핵심적 역할을 했다. 그런데 만약 성찬잔이 교회 안에서의 평등주의를 의미한다면 그것은 사회 안에서도 같은 것을 의미해야 했다.

물론 마테이는 '화체설'(化體說, transubstantiation)이라는 가톨릭 교리를 받아들였다. 사제가 기도할 때 떡과 포도주가 실제 예수의 살과 피로 바뀐다는 교리 말이다. 영국의 위클리프와 달리 체코의 개혁자들은 이 교리를 가지고 논쟁을 벌이지 않았다.[24] 마테이는 기적을 믿었다. 사제가 기도하면 떡과 포도주가 실제 예수의 살과 피로 바뀌는 기적이 일어난다고 믿었다. 하지만 그는 왜 이 기적이 교회의 제단 위에서만 일어나야 하느냐고 물었다. 같은 기적은 세상 안에서도 일어나야 했다. 그래야 참 기적이 아닌가. 그렇다면 교회의 개혁은 곧 사회의 개혁이어야 했다. 차별 없는 교회는 곧 차별 없는 세상이어야 했다. '대안적인 교회'는 다름 아닌 '대안적인 사회'여야 했다. 그 둘은 둘이 아니어야 했다. 교회개혁과 사회개혁은 불이(不二)여야 하는 것이다. 이 메시지가 바로 체코 종교개혁 신학의 핵심 중 핵심이다. 루터보다 100년 앞선 유럽의 원(原) 종교개혁의 핵심의 핵심이다. 이 점이 믿음에 대한 교리적 문제에 집중한 루터의 종교개혁과 가장 다른 체코 종교개혁의

---

24 위클리프는 "성만찬론"에서 사제에 의해 봉헌된 성체가 하나님이라고 믿는 것은 "가장 천한 불신앙이며 일종의 우상 숭배"라고 강하게 비판했다. "왜냐하면 위로 들어올리기보다는 아래로 내려놓아야 하는 피조물을 하나님으로 예배하기 때문이다." 그에게 있어서 "미사를 드릴 때 날마다 그리스도의 몸을 만들거나 봉헌할 수 있다는 사실보다 더 끔찍한 것은 없다." 왜냐하면, "우리의 하나님은 새롭게 만들어지는 분이 아니기 때문이다." 위클리프는 봉헌된 성체가 "주님의 몸이 아니라 주님의 몸을 가리키는 유효한 표지"라고 말한다. 그러므로 "사제는 그리스도의 몸을 완성하는 것이 아니라 성체 그 자체를 온전하게 한다고" 말해야 하는 것이다. 위클리프는 이 "성만찬론"에서 고대 교회는 빵과 포도주를 통해 '예표적'으로 그리스도의 몸과 피를 이해했다고 강조했다. 『개혁의 주창자들: 위클리프부터 에라스무스까지』, 77-106을 보라.

독창성이며 정체성이다.

실제로 체코에서 대안적인 교회는 대안적인 사회를 의미했다. 후스가 처형된 이후 일어난 후스주의 운동 중에 실질적 혜택이 가난한 체코 농민들에게 돌아간 것이다.[25] 후스주의 개혁운동 중에 교회가 소유했던 토지의 무려 75% 이상과 수도원 건물 170개가 사회로 환원됐다. 15세기에 전 유럽을 걸쳐 이렇게 봉건적 권력과 질서가 파괴된 곳은 체코 말고는 찾아볼 수 없다. 사실 체코의 가난한 농민들이 후스주의 운동을 광범위하게 지지한 이유도 여기 있었다. 체코의 종교개혁 운동은 민중의 폭넓은 지지를 받으며 오랫동안 유지될 수 있었는데, 이 과정에서 우리의 또 다른 주목을 끄는 것은 여성들이 높은 지도력을 발휘했다는 사실이다. 후스주의 운동의 역사에서 여성의 역할은 대단한 것이었다. 전장에서 그들은 남성들과 함께 전사로서 싸웠다. 프라하에서는 많은 여성 설교자들이 활약했다. 후스주의 운동은 여성들의 참여를 적극적으로 허용했다. 이러한 점들을 모두 종합해 볼 때 우리는 모든 차별의 철폐를 근원적 의미하는 성만찬의 개혁으로부터 시작한 체코 종교개혁의 핵심적 성격을 '급진적(철저한) 기독교 평등주의'(radical Christian egalitarianism)라고 정의할 수 있을 것이다.

오늘 우리가 루터의 종교개혁만큼, 루터의 종교개혁보다 더 후스의 종교개혁에 관심을 기울여야 하는 이유가 여기 있다. 한국의 민중신학은 단순히 교회개혁만을 위한 신학이 아니다. '제2의 교회개혁'만을 위

---

25 후스주의 운동과 후스전쟁에 관해서는 Thomas A. Fudge, *Jan Hus: Religious Reform and Social Revolution in Bohemia* (London: I.B Tauris & Co Ltd, 2010)과 Victor Verney, *Warrior of God: Jan Zizka the Hussite Revolution* (London: Frontline Books, 2009)을 참조하였다.

한 신학도 아니다. 그것은 한국의 교회와 사회를 온전히 개혁하고 하나님의 통치가 이루어지는 새로운 세상과 역사를 열어가는 신학이다. 루터의 종교개혁 500주년을 맞이하면서 우리가 종교개혁의 원형(元型, archtype)을 체코의 종교개혁에서 찾아야 하는 이유가 여기 있다. 우리는 교회개혁과 사회개혁이 불이(不二)인 체코의 종교개혁에서 종교개혁의 미래를 보아야 한다. 과거가 아니라 미래를 보아야 한다. 루터는 독일농민들이 교회뿐만 아니라 사회의 변혁을 원하자 제후 및 지주들과 결탁하여 그들을 유혈진압 했다. 결국 루터의 종교개혁은 여러 공적에도 불구하고 봉건질서와의 근본적인 단절을 의미하지 못했다. 우리가 루터를 기념하는 이 해에 루터 안에만 안주할 수 없는 이유다. 우리는 루터의 신학 안에서 교회개혁의 모든 것이 나올 것이라 상상할 수는 없다.

후스의 뿌리는 밀리치와 마테이다. 후스는 단지 위클리프의 영향을 받아 영국인 위클리프의 사상을 독일인 루터에서 전해준 중개자가 아니었다. 그는 밀리치와 마테이로부터 면면히 이어져 내려온 체코의 토착적 종교개혁 운동의 독특한 성만찬 신학에 기초하여 체코 종교개혁의 꽃봉오리를 활짝 피워낸 사람이다. 체코의 종교개혁은 위클리프의 모사품이 아니다. 그것은 단순히 루터의 종교개혁의 전야제도 아니다. 체코 종교개혁은 그 자체로 하나의 온전한 종교개혁이다. 지금까지는 한국의 그리스도인들은 이 힘없는 소수민족의 실패한 종교개혁에 대해 큰 관심을 기울이지 않았다. 올해 사람들은 루터의 종교개혁 500주년을 기념하는 데에만 여념이 없다. 하지만 오늘 우리는 루터를 넘어서, 아니 루터를 '거슬러' 그보다 1백년 앞서 종교개혁의 원형과 미래를 제시한 후스와 체코의 종교개혁자들에게서 새로운 지혜와 통찰을 얻어야 한다.

IV. 후스의 순교와 후스주의 운동

후스는 콘스탄츠 공의회(Council of Constance, 1414-1418)에서 이단으로 선고받고 1415년 7월 6일에 전격적으로 화형 당했다. 원래 콘스탄츠 공의회의 목적은 3명의 교종으로 분열되어 있던 가톨릭교회를 통일하기 위한 것이었다. 결국 이 공의회는 마르티노 5세(Martino V)를 교종으로 선출해 교회의 분열을 종식시켰다. 하지만 내적 통일을 위해서는 언제나 '정치적 희생양'이 필요한 법이다. 그래서 공의회는 교회 개혁의 의제를 던진 후스에게 소환장을 발부했다. 후스는 신성로마제국 황제의 신변안전 보장을 믿고 콘스탄츠로 갔다. 거기서 그는 자신의 입장을 해명할 수 있을 것으로 기대했다. 자신의 이야기를 들으면 교회 지도자들이 순수한 자신의 마음을 이해해주리라 믿었다. 그는 그렇게 '순수한' 사람이었다. 하지만 콘스탄츠에 도착한 후 그는 전격적으로 체포된다.

후스는 위클리프의 사상을 "신조화하고, 변호하고, 설교하였다"라는 이유로 사형 언도를 받았다.[26] 화형식 당일 교회의 감독들은 먼저 후스에 대한 '정죄의식'을 진행했다. 먼저 그의 사제복을 벗기고 머리

---

26 후스에 대한 재판과 화형에 대해서는 Thomas A. Fudge, *The Trial of Jan Hus: Medieval Heresy ad Criminal Procedure* (Oxford, New York: Oxford University Press, 2013)을 참조하였다.

에는 악마의 그림이 그려진 종이 모자를 씌웠다. 거기에는 '이단들의 주동자'라는 모욕적인 글귀가 씌어 있었다. 화형 기둥에 묶인 후스는 마지막으로 자신의 주장을 철회할 것을 요구받았다. 하지만 "순간의 형벌을 피하기 위해 영원한 수치를 당하는 것보다 불 속에 던져지는 것이 더 유익하다"라고 말하며 이를 단호히 거절했다. 급기야 장작이 그의 목까지 쌓였을 때 그는 사형 집행인에게 이런 유명한 말을 남겼다. 서두에 인용한 바로 그 말이다. "당신은 지금 거위 한 마리를 불사르려 하고 있지만 백년 후에는 불태울 수도 끓일 수도 없는 백조가 나타날 것이오." 후스가 죽으며 예언한 백조는 독일의 종교개혁자 마르틴 루터로 알려져 있다. 실제 루터는 그의 글 곳곳에서 후스를 언급한다.[27] 장작더미에 불이 붙자 후스는 큰 소리로 찬송을 부르기 시작했다. 그가 죽는 순간까지 부른 찬송은 시편 31편이었다.[28] 그러나 그 소리는 이내 심한 불길에 가려 들리지 않게 되었다. 후스의 유골은 라인 강에 뿌려졌다.

후스는 불타 없어졌지만 그의 가르침은 사라지지 않았다. 그의 가르침은 후에 기독교 역사에 큰 발자취를 남긴 '모라비아 형제단'으로

---

27 그 중 대표적인 곳은 루터의 3대 논문의 하나로 손꼽히는 "독일 크리스천 귀족에게 보내는 글"일 것이다. 루터는 "보헤미아 사람들 문제"를 언급하면서 자신은 "그[후스]의 작품들 가운데서는 아직 아무 잘못도 발견하지 못했다"면서, "후스는 그렇게 사악한 이단자가 결코 아니었음에도 불구하고 부당하게 하나님의 계명에 반하여 화형을 당했다"고 아쉬워했다. 루터는 이 글에서 "이단자들은 화형으로가 아니고 책으로 일소시켜야 한다"라고 주장한다. 마르틴 루터/지원용 옮김, 『종교개혁 3大 논문』 (컨콜디아사, 1993), 121-128을 보라.

28 주요 부분을 요약하면 다음과 같다. "여호와여 내가 주께 피하오니 나를 영원히 부끄럽게 하지 마시고 주의 공의로 나를 건지소서. 내게 귀를 기울여 속히 건지시고 내게 견고한 바위와 구원하는 산성이 되소서… 그들이 나를 위하여 비밀히 친 그물에서 빼내소서, 주는 나의 산성이시니이다. 내가 나의 영을 주의 손에 부탁하나이다…"

살아남았다. 이들이 누구인지는 감리교를 창시한 요한 웨슬리의 일화를 통해 많이 알려져 있다. 웨슬리가 1735년에 영국에서 미국 선교사로 가기 위해 대서양을 횡단할 때의 일이다. 배가 뒤집힐 정도의 폭풍 속에서 그는 두려움에 떨고 있었다. 하지만 배 한편에 너무도 고요하고 평안한 목소리로 찬송을 부르는 이들이 있었다. 대체 누구기에 죽음의 위험 앞에서도 저렇게 요동함 없을까 궁금하여 가까이 다가가 보았다. 모라비안 교도들이었다. 후스의 후예들인 그들의 믿음을 보고 웨슬리는 마음을 새롭게 하여 담대하게 미국으로 향할 수 있었다고 한다.

요한 웨슬리의 동생 찰스 웨슬리의 일화도 유명하다. 찰스 웨슬리는 한국의 그리스도인들이 애창하는 많은 감동적인 찬송가의 작사자이다. "하나님의 크신 사랑 하늘로써 내리사", "천부여 의지 없어서" 그리고 "만 입이 내게 있으면" 등 현재 한국교회에서 많이 부르는 찬송가 가사들을 모두 그가 작사했다. 그런데 이중에서 "만 입이 내게 있으면"은 웨슬리 형제들과 많은 교류를 하던 모라비안 신도들에게서 온 것이다. 어느 날 찰스 웨슬리는 모라비안 평신도와 저녁식사를 하던 중 그가 만약 자기에게 천 개의 입이 있다면 그 입을 모두 가지고 하나님만 찬양할 것이라는 이야기를 듣고 감동을 받아 그 자리에서 즉석으로 작사한 것이 바로 "만 입이 내게 있으면"이라는 찬송가라고 한다. 그런데 왜 그 모라비안 평신도는 만일 자신에게 천 개의 입이 있으면 그 천 개의 입을 가지고 하나님만 찬양할 것이라는 소원을 말하게 된 것일까. 필자는 그 뿌리가 후스에 있다고 생각한다. 참혹한 일이었지만 후스부터 시작하여 체코의 종교개혁가들이 화형을 당할 때 모두 후스를 따라 찬송을 부르며 죽자 사형집행관들은 먼저 철사로 그들의 입을 꿰매고 나서 사형을 집행하기 시작했다. 아마 거기서부터 후스의 후예들에게는 만약 자신들에게 입이 천 개가 있다면 그 입을 다 가지고 오직 하나님만 찬양하겠다는 간증이 만들어 진 것이 아닐까 추정한다. 오늘날 많은 그리스도인들은 마르틴 루터가 작곡하고 작사한 찬송가 "내 주는 강한 성이요"(Ein feste Burg ist unser Gott)를 익히 안다. 하지만 이제부터 우리는 루터의 찬송가뿐만이 아니라 "만 입이 내게 있으면"을 '후스의 찬송가'로 기억하고 부를 수 있으면 좋겠다.

후스는 그렇게 화형 당했다. 하지만 후스에 대한 전격적인 화형은 체코 전역에서 전 민족적인 분노와 저항을 불러일으켰다. 먼저 많은 귀족들이 콘스탄츠 공의회의 결정을 거부하는 결의문을 발표했다. 이는 로마교회에 대한 공개적인 도전과 봉기의 신호였다. 프라하대학 교수들과 체코 민중은 이 결의문을 대대적으로 환영했다. 로마교회도 가만히 있지 않았다. 교종은 후스의 사상을 채택하거나 그의 죽음에 애도를 표시하는 모든 사람들을 파문시키라고 명했다. 박해가 극도로 심해지자 보헤미아 개혁가들이 스스로 무장하기 시작했다. 이들은 의사당을 공격해 12명의 의원들을 창밖으로 내던져 버렸다. 밑에는 뾰족한 창을 든 사람들이 빽빽이 기다리고 있었다. 이른바 '1차 창문 투척 사건'이다.[29] 이 사건 이후 후스주의자들이 보헤미아를 장악했다. 격분한 교종은 십자군을 모집해 1420년부터 1431년까지 5차례나 보헤미아를 공격했다. 하지만 후스주의자들은 얀 지쉬카(Jan Žižka) 장군의 지휘 아래 똘똘 뭉쳤다. 맹인, 혹은 애꾸눈으로 알려진 이 장군의 지휘

---

29 후스전쟁 발발의 원인이 된 이 제1차 창문투척사건 이후 약 2백 년 지난 1618년에 제2차 창문투척사건이 일어나게 된다. 이 사건이 바로 '30년 전쟁'으로 발전한다. 이렇듯 15세기에서 17세기까지 중세가 해체되던 시기에 체코는 유럽 역사의 중심에 있었다.

아래 후스주의자들은 교종이 보낸 다섯 번의 십자군을 모두 물리쳤다. 이를 기화로 후스주의는 오히려 유럽 전역으로 확대됐다. 다급해진 로마교회는 1433년에 바젤공의회에서 후스주의자와 협정을 체결한다. 하지만 이 협정을 놓고 후스주의자들은 급진파와 온건파로 분열된다. 결국 1434년 형제간의 전투로 후스주의 운동은 급속히 약화되고 만다. 형제간의 전투에서 승리한 온건파는 로마교회와 평신도의 성찬잔을 허락하는 문제만을 다루는 최종협상을 체결했다. 하지만 이에 불만을 품은 급진적 후스주의자들은 '체코형제단'을 구성한다.

결국 보헤미아는 1620년의 유명한 백산전투(Battle of White Mountain) 이후 가톨릭교도들의 지배 아래 들어간다. 이후 체코는 300년 동안 재(再)가톨릭화의 길을 걸어야 했다. 그 속에서 체코의 종교개혁은 거의 완전한 탄압을 받았다. 하지만 극심한 박해 속에서도 약 8만 명의 비밀 개혁교도들이 보헤미아와 모라비아 지역에 1백 년 이상 존재했다. 결국 제1차 대전 이후 체코슬로바키아공화국이 설립되면서 모든 사람들에게 완전한 종교적 자유가 선포되자 비로소 모든 박해가 끝나게 된다. 그 때 서로 각기 따로 존재하던 루터교회와 장로교회 그리고 체코개혁교회가 1918년 하나로 연합하여 오늘의 '체코형제복음교회'를 설립했다. 이 교회가 중부유럽의 첫 에큐메니컬 연합교회다. 물론 이 새 연합교회의 상징은 성서 위에 놓인 성찬잔이다. 성서는 형제단의 상징이고, 성찬잔은 후스의 상징이다.

후스가 화형당해 순교한지 500주년이 되던 1915년에 체코인들은, 제1차 대전의 와중에도 불구하고, 프라하 도심의 광장 한가운데 얀 후스의 청동상을 세운다. 타오르는 불길 속에서 걸어 나와 우뚝 서 있는 후스의 모습이 인상적이다. 결코 불태워 없앨 수 없었던 그의 정신을 상징한다. 그런데 그의 뒤에는 갓난아기를 안고 있는 어머니 상이 하나 있다. 이 아기는 희망을 상징한다. 이는 죽음의 불길 속에서도 새 생명이 태어나 후스의 정신과 신앙을 이어갈 것을 상징한다. 동상의 제작자의 작품 설명이다. "강인했던 후스는 이전보다 더욱 강하게 화염 속에서 깨어났다. 그의 육체는 타버렸지만 그의 정신은 살아남았다. 후스의 순교로 인류는 진리로 향하는 길로 인식의 자유를 얻게 되었다."

이 청동상 주위에는 진리가 아닌 것은 따르지도 말고 말하지도 말라는 글귀가 새겨져 있다. 이 글귀는 요한복음 8:32에 기록된 예수의 말씀, 즉 "진리를 알지니 진리가 너희를 자유케 하리라"라는 말씀을 생각나게 한다. 실로 후스는 목숨을 위해 진리가 아닌 것과 타협하지 않았다. 어쩌면 그렇게 타협하지 않는 성격이 후스의 문제였는지도 모른다. 그래서 만일 그런 성격의 후스에게 어울리는 성경구절이 있다면 그것은 아마도 다음의 구절일 것이다. "내가 다시는 여호와를 선포하지 아니하며 그 이름으로 말하지 아니하리라 하면 나의 중심이 불붙는 것 같아서 골수에 사무치니 답답하여 견딜 수 없나이다"(예레미야 20:7-9). 정말이지 후스는 중심에 진리를 향한 뜨거운 불이 붙어 있던 예레미야와 같은 사람이었고, 그 내면의 불이 너무나 뜨거워 육신을 불태우는 장작더미의 불길도 두렵지 않았던 사람이었을 것이다.

얀 후스는 타락한 교회에 맞서 근본적인 도전장을 던진 사람이었고, 그의 삶과 투쟁은 교회를 넘어 낡은 사회질서 전체와 맞선 것이었다. 오늘 한국교회와 신학은 이와 같은 후스의 종교개혁 정신을 계승해야 한다. 로마교회는 제2차 바티칸공의회까지 후스에 대해 부정적 입장을 취했다. 하지만 그가 화형당한 지 584년이 지난 1999년에 교종 요한 바오로 2세는 후스의 죽음에 유감을 표명하고 그를 교회의 개혁 자로 명명했다.

오늘날 후스는 단순히 교회개혁가로서 뿐만 아니라 주체적인 민족 정신을 고양시킨 애국자로 체코인들의 한결 같은 사랑과 존경을 받고 있다. 그래서 후스의 순교일인 7월 6일은 체코에서 '후스의 날'로 모두 가 기념하는 공휴일이다. 후스가 얼마나 체코인들에게 사랑을 받는지 는 체코의 천재적 작곡가 스메타나의 곡 〈나의 조국〉의 제5악장의 제 목이 '타보르'인 것만 보아도 알 수 있다.[30] 타보르란 도시는 보헤미아 남부에 있는데 후스파에 의해 세워졌고 후스전쟁 중 그들의 근거지다. 이 이름은 성서의 다볼산에서 따온 것이다. 이 타보르에서 후스의 후예 들은 초대교회 교인들이 살았던 것과 똑같은 삶을 살았다. 이렇게 후스 가 체코에서 민족정신과 저항정신을 상징하기에 스메타나는 민족주의 적인 자기 곡 〈나의 조국〉에 후스의 종교개혁운동을 삽입했던 것이다.

V. 나가는 말

마르틴 루터의 종교개혁 500주년을 기념하는 2017년의 7월 6일은

---

30 체코의 민족주의 작곡가 베드리흐 스메타나(Bedřich Smetana)의 〈나의 조국 Má Vlast〉은 모두 6개의 교향시로 이루어져 있는데 그중 가장 잘 알려진 2악장 '블타 바'(Vltava)외에도 제5악장이 '타보르'(Tábor)다. 또한 보헤미아 민족음악의 아버지라 불리는 안토닌 드보르작(Antonín Dvořák) 역시 후스운동을 기억하며 〈후스교도〉와 〈백산의 후예들〉 등의 유명한 작품들을 남겼다.

체코의 종교개혁자 얀 후스가 화형당해 순교한지 602주년이 되는 날이 될 것이다. 대부분의 개신교회들은 매년 10월 마지막 주일을 루터의 종교개혁주일로 지키고 있다. 하지만 이제 우리는 매년 7월 첫 주일을 얀 후스의 종교개혁주일로 지정하고 이를 함께 지켜나가자고 필자는 제안하고 싶다. 오늘의 한국교회는 후스와 루터라는 양 날개를 가지고 초대교회가 보여준 그 기독교적 이상과 삶의 자리로 힘껏 날아올라야 한다. 후스는 오늘날 우리들에게 새로운 개혁의 꿈을 꾸게 한다. 그것은 교회와 사회의 개혁이다. 교회의 개혁이 곧 사회의 개혁이 되고 사회의 개혁이 곧 교회의 개혁이 되는 그런 개혁이다. 온 세상이 하나님 앞에서 평등하게 함께 먹고 마시는 온전한 사회적 성만찬의 개혁이다. 두 왕국이 아니라 온전한 하나님의 한 왕국이요, 온 세계에 대한 하나님의 통치, 곧 그리스도의 주권의 실현이다.

어느 시대나 교회는 부패한다. 어느 시대나 교회는 타락한다. 하지만 성령께서는 언제나 당신의 아름다운 사람을 들어 교회를 새롭게 개혁한다. 남미의 주교 돔 헬더 까마라(Dom Helder Camara) 주교가 이러한 믿음을 그의 시 "종교개혁 주일 – 그리스도의 교회"에서 다음과 같이 노래했다.[31]

그리스도의 교회는
연약한 인간의 손에 위탁되어 있습니다.
그래서 걸음마를 배우는 갓난아기처럼
교회는 늘 비틀거립니다.

---

31 이 시는 정연복 엮음, 『세계의 기독교 명시』 (한울, 1999)에 실려 있다.

죄의 유혹에 빠져듭니다.

때로는 그리스도를 배반하기도 합니다.

세상 사람들의 손가락질을 받기도 합니다.

그러나 그러면서도 언제나

그리스도의 교회로 머물려 애쓰면서

신앙을 쌓아갈 수 있다는 것은 얼마나 귀한 일입니까!

교회에 속한 우리들은 그리스도의 교회를

우리가 몰아넣었던 모든 잘못에서 건져낼 수 있는

충분한 용기와 힘을 갖고 있지 못합니다.

그러나 그때마다 하나님의 영이 친히

교회를 해방시켰습니다.

그러면 교회는 적나라한 모습을 드러내게 되며

비록 온갖 죄와 허물로 얼룩져 있지만

전보다 더 아름답게 됩니다.

그리스도교와 자본주의
: 인간의 삶을 위한 교회의 선택*

최 형 묵**

I. 서론

인간 사회는 오랫동안 필요(needs)의 충족을 위한 경제생활을 영위해왔다. 그와 같은 경제생활이 영위되는 동안 필요의 충족을 넘어 무한한 욕구(wants)의 충족을 위해 부를 축적하거나 돈을 모으는 것은 악덕으로 간주되어 왔다. 그 경향은 모든 문명권에서 공통된 것이었다. 특히 성서와 그리스도교의 전통은 필요를 넘어선 부의 축적에 대해 끊임없이 경고해왔다. 예컨대 구약성서의 '일용할 만나'와 신약성서 주의 기도에서의 '일용할 양식'은 필요의 충족을 위한 경제생활의 관념을 단적으로 나타내준다. 초기 교회 여러 교부들 또한 부의 축적은 정당하지

이 글은 「신학과철학」 29(2016년 가을)에 게재되었습니다.
** 한신대학교 외래교수 / 기독교윤리학

않은 것으로 여겼으며, 중세기 그리스도교 사상을 집대성한 토마스 아퀴나스(Thomas Aquinas) 역시 필요의 충족을 넘어선 탐욕을 죄악으로 간주하였다.

그러나 오늘날 인간사회의 경제생활에서 욕구와 필요의 경계는 모호해졌으며,[1] 끊임없는 욕구의 충족을 위한 경제성장이 오히려 권장되고 있다. 오늘날 욕구의 충족을 위한 부의 축적은 더 이상 악덕으로 여겨지지 않고 오히려 권장해야 할 덕목으로 간주되고 있다. 이와 같은 가치의 전도는 자본주의의 형성과 더불어 이뤄졌다. 막스 베버(Max Weber)가 주목한 바와 같이 자본주의 정신의 형성은 종교개혁 이후 프로테스탄티즘의 윤리와의 결합 속에서 이뤄졌다. 프로테스탄티즘의 금욕주의 윤리가 자본의 축적을 위한 투자 행위를 당연한 것으로 만들었다는 것이 베버의 통찰의 요체이다. 금욕주의 윤리가 무한한 욕구의 충족을 정당화하는 자본주의 정신을 형성하고 마침내 필요의 한계를 무너뜨린 경제생활로 귀결되었다는 것은 분명 아이러니한 현상이며, 오늘 우리는 그 현상 가운데 나타나는 많은 문제점들에 대해 주목하지 않을 수 없다. 하지만 금욕주의 윤리를 따른 끊임없는 생산적 활동이 '신의 영광'을 위한 것이라는 믿음 가운데서 이뤄졌다는 점에서 초기 자본주의 형성의 정신적 기초를 형성한 프로테스탄티즘의 윤리는 경제생활에 관한 그리스도교의 윤리의 한 전환을 뜻하는 것임에 틀림없다. 바로 이 점에서 종교개혁은 교회 자체의 변화만이 아니라 경제생활의 변화와 그리스도교의 경제관의 변화를 동반하였다.

이 글은 종교개혁이 초래한 여러 효과들 가운데 경제관의 변화를

---

1 로버트 스키델스키 · 에드워드 스키델스키, 『얼마나 있어야 충분한가?』, 94.

주목하면서 오늘날 긍정적이기보다는 부정적으로 평가할 수밖에 없는 자본주의 경제체제의 문제점을 진단하고 새로운 윤리적 대안을 모색하는 것을 목적으로 한다. 이를 위하여 먼저 종교개혁과 자본주의 이전 그리스도교 신앙 전통에서의 경제관을 살펴본 후 종교개혁 이후 프로테스탄티즘의 등장과 함께 변화된 경제관을 주목하고, 이어 오늘의 자본주의와 그리스도교의 관계를 진단하고, 마지막으로 그리스도교의 대안적 경제윤리의 방향을 모색하고자 한다.

II. 자본주의 이전의 필요 충족의 경제와 그리스도교

성서는 인간의 경제생활에 관한 매우 중요한 교훈을 일관되게 일깨워주고 있다.[2] 성서는 기본적으로 하느님의 '정의'(zedakah)의 관점에서 인간사회 안에서 이뤄져야 할 온전한 관계와 그에 따르는 경제생활에 대하여 일깨워주고 있다. 여기서 물론 하느님의 '정의'는 신실한 인간의 실존을 형성하는 모든 것, 곧 평화, 해방, 속죄, 은총, 구원 등을 포괄하는 의미를 지니고 있지만,[3] 인간의 구체적인 일상의 삶의 차원에서 그것은 경제생활과 직결되는 가르침으로 구체화될 수 있다.[4]

---

2 이하 성서의 가르침은 최형묵,『한국 근대화에 대한 기독교윤리적 평가: 산업화와 민주화의 모순관계에 주목하다』(서울: 한울, 2015), 106-110 참조.

3 오트프리트 회페/박종대 옮김,『정의 - 인류의 가장 소중한 유산』(서울: 이제이북스, 2004), 20.

4 M. 더글라스 믹스는 경제(economy)라는 말의 고대적 의미를 주목하며, 근대 경제학에서의 제한된 의미를 뛰어넘어 하느님을 아예 economist로 은유한다. M. 더글라스 믹스/홍근수·이승무 옮김,『하느님의 경제학 - 신론과 정치경제학』(서울: 한울, 1998), 18-19

성서에서 신실한 하느님의 구원행위로서 정의는 억압받는 백성을 선택하여 그들과 약속을 맺는 것을 중요한 거점으로 한다. 이집트에서 노예로서 정당하지 못한 대우를 받던 이스라엘 백성은 하느님의 선택으로 구원의 해방에 이르게 되고, 이로부터 하느님을 따르는 백성은 하느님의 신실함을 자신들의 인간관계 안에서 구체화해야 할 의무를 짊어지게 된다. 성서는 일관되게 억압받는 백성을 해방한 하느님의 신실한 행위를 환기하며 사람들 사이에서 이뤄져야 할 정의를 강조한다. 출애굽 사건의 맥락에서 제시되는 계약법전(출 20:22-23:33)은 사회적 약자들을 보호함으로써 정의를 이룰 수 있다고 강조한다. 그 정신은 이후 신명기 법전(신 12-26장)과 성결법전(레 17-26장) 등에서도 재삼 확인되고 있고 예언자들의 선포에서 또한 반복되고 있다. 그 정신은 "가난한 사람은 복이 있다. 하느님 나라가 너희의 것이다"(눅 6:20)라는 예수의 선언에 이르기까지 일관된다.[5]

이러한 성서의 정의관은 오늘날 여러 윤리적 가치관을 형성시킨 근본 모티프로서 성격을 지니고 있지만, 성서는 그와 같은 정의관을 밑바탕으로 하여 경제생활의 중요한 규범들을 제시하고 있다. 성서는 기본적으로 부와 가난을 상관관계로 보고 있고 가난한 사람들의 정당한 몫을 보장하는 것을 정의의 실현으로 보고 있다.[6] 가난한 사람들의 정당

참조.

5 강원돈, "기본소득 구상의 기독교윤리적 평가", 「신학사상」 150(2010, 가을), 204-205 참조.

6 고재식, "한국 경제개발계획에 대한 기독교윤리적 평가", 「신학사상」 72(1991, 봄), 94; 호세 미란다/김쾌상 옮김, 『마르크스와 성서: 억압의 철학 비판』(서울: 일월서각, 1987), 35 이하; 최형묵, "쌍용자동차 사태를 통해 본 노동권과 경영권의 문제", 「신학사상」 166(2014, 가을), 167-168 등 참조.

한 몫은 기본적인 생존에 필요한 몫으로, 성서는 어떤 경우이든 그것이 필수적으로 보장되어야 한다는 것을 가르친다. 만나 이야기(출 16:1-36), 주의 기도(마 6:9-13, 눅 11:2-4), 포도원 주인의 비유(마 20:1-16), 최후심판의 비유(마 25:31-46) 등은 그 모티프를 전해 주는 중요한 전거들에 해당한다.[7]

이집트에서 탈출한 출애굽 공동체에 만나는 '일용할 양식'으로서 누구에게나 공평하게 내려졌으며 그것은 축적의 대상이 될 수 없었다. 이것은 한편으로 부존자원이 제한된 상황을 반영하는 것이기도 하지만, 보다 근본적으로 부의 축적 자체를 거부함으로써 누구나 필요에 따라 '일용할 양식'을 누려야 한다는 것을 뜻한다.

만나의 모티프는 주의 기도에서 '일용할 양식'으로 다시 등장한다. 주의 기도의 첫 번째 기원 곧 하늘을 향한 기원은 일용할 양식을 구하는 대목에서 땅에서의 기원으로 전환한다.[8] "뜻을 하늘에서 이루신 것 같이 땅에서도 이루어 주시옵소서"라는 청원에 이어지는 일용할 양식을 구하는 청원은 하늘의 정의에 상응하는 땅의 정의의 출발점을 함축한다. 인간이 삶을 영위하고 바른 관계를 형성해나가는 데서 누구나 공평하게 누리는 일용할 양식은 모든 문제에 앞서는 가장 선결적인 조건이라는 것을 주의 기도는 확인시켜 주고 있다. 하늘의 정의에 상응하는 것으로서 일용할 양식에 대한 기원은 인간이 삶을 누리는 데 필요한 조건들로부터 그 누구든 결핍된다면 하늘의 뜻이 아니라는 것을 뜻한다.

---

7 이 전거들에 대해서는 강원돈, "기본소득", 205 이하 참조.
8 레오나르도 보프/이정희 옮김, 『주의 기도』(서울: 한국신학연구소, 1986), 129.

포도원 주인의 비유는, 각기 다른 시간 동안 일을 한 노동자들에게 하루 생계비에 해당하는 동일한 임금을 부여한 포도원 주인의 원칙이 하느님 나라, 곧 하느님의 정의를 말하는 것으로 선포된다. 여기서 하느님의 정의는 노동의 업적과 무관하게 삶의 필요를 따라 재화를 나눠 주는 것으로 나타난다. 따라서 이 비유는 업적에 따른 분배정의를 정면으로 거부하고, 노동의 기회 또는 노동의 시간과 상관없이 누구나 기본적인 생활상의 필요를 충족시키는 것이 정의라는 것을 말하고 있다.

최후심판의 비유는 "지극히 보잘 것 없는 사람 하나에게 한 것이 곧 내게 한 것"이라고 선포함으로써 절실한 필요의 요구에 직면한 사람들에게 필요한 것을 제공하는 것이 곧 정의라는 것을 말한다. 여기에서 절실한 필요의 요구에 직면한 사람들은 주리고, 목마르고, 나그네 되고, 헐벗고, 병들고, 감옥에 갇힌 사람들 곧 사회적 약자들 또는 배제된 이들로 구체적으로 명시되어 있다. 이것은 성서가 일관되게 강조하는 사회적 약자들의 기본적인 생존권을 보장하는 것이 곧 정의를 이루는 출발점이라는 것을 다시 한번 확인해 주고 있다.

이와 같은 성서의 관점은 업적의 논리를 일체 배격하는 바울의 인의론(認義論)을 통해 더욱 확고하게 되었다. 성서가 말하는 하느님의 정의, 동시에 땅에서 구현해야 할 인간의 정의는 그 어떤 업적을 전제 조건으로 하지 않고 누구나가 인간답게 살 수 있도록 기본 생활상의 필요를 충족시켜 주는 것을 일차적인 요건으로 한다. 성서의 전망을 따른 정의의 필수적인 요건은 업적에 무관하게 누구나 인간으로서 존엄한 삶을 보장받을 만큼 사회적 재화를 분배받는 것을 일차적으로 포함한다.

초기 교회와 교부들 또한 축적된 재물의 불의함을 경고하고 모든 사람들의 필요를 충족시키는 나눔을 강조하였고, 그 정신을 실천하는 데 힘을 쏟았다. 특히 4세기의 교부 요안네스 크리소스토무스(Ioannes Chrysostomus)는 부와 가난의 인과관계를 분명히 인식하는 가운데 부의 근원은 어떤 불의에 기초한 것이며 따라서 누군가 자신의 재산을 가난한 자들과 공유하지 않는다면 그것은 곧 죄악이라고 하였다. 크리소스토무스는 재물은 하느님의 선물로서 배타적 축적의 대상이 되어서는 안 되고 다른 사람들의 필요를 위하여 나누어져야 한다는 것을 강조하였다. 또한 토지와 자연 만물에 대한 공유를 역설하였을 뿐 아니라 부자들의 재산상속마저도 금지해야 한다고 하였다. 축적된 재물에 집착하는 것은 가난한 자들의 탄식과 사회적 정의의 요구를 외면한 것일 뿐 아니라 하느님보다 재물에 의지하려는 불신앙에 빠지는 것을 뜻한다고 보았기 때문이었다.[9]

중세기 신학을 집대성한 토마스 아퀴나스는 필요를 넘어선 욕구로서 탐욕의 죄악성을 주목하였다. 그리스도교의 전통을 바탕으로 하면서 아리스토텔레스(Aristoteles)의 통찰을 받아들인 아퀴나스는 욕구(wants)를 필요(needs)에 묶어두기를 주장한 아리스토텔레스의 입장에 공감하였다.[10] 아퀴나스는 인간의 욕구 자체를 부정하지는 않았지만 필요의 한계를 넘어선 탐욕을 죄악으로 간주한 것이다.[11] 또한 아퀴나스는 소유권의 문제를 본격적으로 다루기도 하였다. 이 때문에 종종 아퀴나스의 견해가 오늘날 자본주의적인 사적 소유권을 정당화하는

---

9 김유준, "크리소스토무스의 경제 사상 연구", 「신학사상」 173(2016, 여름), 171-198 참조.
10 로버트 스키델스키 · 에드워드 스키델스키, 『얼마나 있어야 충분한가?』, 133.
11 Ibid., 137 참조.

그리스도교와 자본주의_ 최형묵 | 303

근거로 오용되기도 하지만, 아퀴나스의 소유권 개념은 사용권을 기본 전제로 하고 있어 재산에 대한 소유자의 배타적 권리를 옹호하는 오늘 날 자본주의적 소유권과는 명확히 구별된다. 아퀴나스는 재물에 대한 소유가 인간의 권한 밖에 있고 인간은 단지 스스로의 유익을 위해 그것을 사용할 수 있다고 보았다. 여기서 소유란 일정한 인간사회의 질서 안에서 필요의 충족을 위한 사용을 효과적으로 이루는 하나의 방편일 뿐이다. 소유는 그 자체로 정당성을 인정받는 것이 아니라 사용권에서 파생하는 것이며, 그런 의미에서 소유는 사용권의 매개이다.[12] 토마스 아퀴나스는 또한 대부에 따른 이자를 취하는 것 또한 위법한 것으로 간주하였다. 그것은 사람을 죄에 빠트리게 할 수 있기 때문이었다.[13]

물론 이상과 같은 성서 및 그리스도교 전통에서의 가르침은 자본주의 이전의 필요 충족의 경제를 반영하고 있으며, 그러기에 중세말기의 상업의 발달 등 경제의 변화와 더불어 무력해진 것이 사실이다. 그럼에도 불구하고 인간의 목적에 종속되는 경제적 질서, 다시 말해 인간이 부를 위해 존재하는 것이 아니라 부가 인간을 위해 존재한다는 경제관은 지금까지도 가톨릭의 경제관의 목표로서 남아 있다.[14]

---

12 프란츠 힌켈라메르트/김항섭 옮김,『물신 – 죽음의 이데올로기적 무기』(서울: 다산글방, 1999), 300-307; G. 달 사쏘 · R. 꼬지 편찬/이재룡 · 이동익 · 조규만 옮김,『성 토마스 아퀴나스의 신학대전 요약』(서울: 가톨릭대학교출판부, 1993), 278-279. 토마스 아퀴나스의 이러한 입장은 소유권이 하느님이 주신 재화를 모든 사람이 나눠 갖는 사용권을 보장하는 '재화의 보편 목적(universal destination of the good)' 개념에 종속된다는 원칙으로 확립되어 있다. 요한 바오로 2세 회칙,『노동하는 인간』, 14. "노동과 소유", 19. "임금과 기타 사회적 혜택" 항목, 한국천주교주교회의 · 한국천주교중앙협의회 홈페이지 http://www.cbck.or.kr/book/book_list5.asp?p_code=K5150&seq=400096 &page= 7&KPope=&KBunryu=&key=&kword=(접속일: 2016. 11.8.); 이기우,『세상의 빛 – 알기 쉽게 다시 쓴 '간추린 사회교리'』(서울: 함께가는길, 2016), 98 이하 참조.
13 G. 달 사쏘 · R. 꼬지 편찬,『신학대전 요약』, 287.

III. 프로테스탄티즘의 윤리와 자본주의 정신

프로테스탄티즘의 윤리가 자본주의 정신을 형성했다는 막스 베버의 명제는 널리 알려져 있다. 이 명제를 접할 때 우리는 종교개혁으로 등장한 프로테스탄티즘이 곧바로 오늘날 경험하고 있는 자본주의 체제 자체를 정당화할 만한 경제관의 변경을 동반한 것으로 이해하기 쉽다. 그러나 그것이 종교개혁에 의해 경제가 인간의 목적에 종속되어야 한다는 윤리적 이상 자체가 폐기된 결과는 아니었다. 종교개혁의 시대에도 인간의 탐욕을 경계하고 이웃과의 관계를 해치는 경제적 행위를 금하는 목소리는 높았다.[15] 그럼에도 불구하고 종교개혁이 사회의 새로운 변화와 경제생활의 변화 가운데서 이루어진 만큼 새로운 현상을 적극적으로 이해하려는 경향이 대두하였고, 그것은 결과적으로 경제관의 변화를 초래하였다. 물론 베버는 종교개혁의 결과 필연적으로 자본주의 정신이 형성되었다든가 경제체제로서 자본주의가 종교개혁의 결과라는 것을 주장한 것은 아니다. 그는 다만 특정한 형태의 종교적 신앙과 직업윤리 사이에 어떤 '선택적 친화력'이 있다는 것을 입증하였을 뿐이지만,[16] 그의 유명한 명제는 종교적 운동과 물질문화의 상호관계를 규명하고, 나아가 종교개혁의 물결 속에서 이뤄진 그리스도교의 경제관의 변화를 파악하는 데 중요한 하나의 실마리를 제공한다.

---

14 로버트 스키델스키 · 에드워드 스키델스키, 『얼마나 있어야 충분한가?』, 138-139; R. H. 토니/고세훈 옮김, 『기독교와 자본주의의 발흥』(서울: 한길사, 2015), 134-135 참조.

15 R. H. 토니, 『기독교와 자본주의』, 137 이하 참조.

16 막스 베버/김덕영 옮김, 『프로테스탄티즘의 윤리와 자본주의 정신 / 〈보론〉 프로테스탄티즘의 분파들과 자본주의 정신』(서울: 도서출판 길, 2010), 138.

막스 베버가 주목한 것은 여러 가지 신앙고백이 혼재하는 지방의 직업통계에서 자본주의의적 직업군이 두드러지게 나타나는 현상이었고, 그것이 현저하게 프로테스탄트적 성격을 띤다는 것이었다.[17] 이러한 관찰로부터 베버는 프로테스탄티즘의 에토스와 자본주의 정신의 관계를 규명하게 되었다. 여기서 베버가 말하는 자본주의 정신은 무제한적으로 영리를 추구하는 것과는 구별되며, 그것은 오히려 비합리적인 충동을 억제하거나 합리적으로 조절하는 것과 관련되어 있다. 베버가 정의하는 자본주의는 지속적이고 합리적인 자본주의적 경영을 통한 이윤 추구, 즉 끊임없이 재생되는 이윤인 수익성의 추구와 동일시된다.[18] 프로테스탄티즘의 금욕주의 윤리가 그 정신적 기초가 됨으로써 양자 사이에 선택적 친화력이 있다는 것이 베버의 통찰이었다.

베버는 먼저 마르틴 루터(Martin Luther)의 성서 번역에서 처음 등장한 Beruf(직업·소명)라는 독일어 단어 그리고 그 의미가 더욱 두드러지게 나타난 영어 단어의 Calling(직업·소명)에 종교적 표상이 함축되어 있다는 것을 주목한다. 그 의미는 원전의 정신이 아니라 번역자의 정신에서 유래한 것으로, 세속적인 직업에서의 의무 이행을 도덕적 자기 행위 일반이 취할 수 있는 최고의 내용으로서 존중하는 의미를 함축한다. 그 의미는 세속적 일상 노동이 종교적 의미를 가진다는 표상을 초래하였다. 다시 말해 수도원적 금욕을 통해 세속적 도덕을 능가함으로써가 아니라 각 개인의 사회적 지위 안에서 자신의 '직업'이 되는 세속적 의무를 이행하는 것을 통해 신이 기뻐하는 삶을 산다는 인식을

---

17 막스 베버, 『프로테스탄티즘의 윤리』, 45-46.
18 Ibid., 16.

가능하게 한 것이다. 루터는 가톨릭교회와 대결하는 가운데 수도원 생활을 세속적 의무를 회피하는 이기적인 냉혹함의 산물이라고 하는 한편 그와 대조적으로 세속적인 직업노동은 이웃사랑의 외적 표현으로 간주하였다. 루터는 세속적 의무 이행은 모든 상황에서 신을 기쁘게 하는 유일한 방법이며 또한 허용된 모든 직업은 신 앞에서 절대적으로 동일한 가치를 가진다고 강조하였다.[19]

이와 같이 세속적인 직업생활에 도덕적 특성을 부여한 것은 종교개혁, 그 가운데서도 루터의 가장 영향력 있는 업적 가운데 하나라는 것은 분명하다. 그러나 루터의 직업 개념이 베버가 말한 의미에서 자본주의 정신과 친화성을 가졌는지는 의문시된다. 루터의 직업 개념이 세속적 노동에 대한 도덕적 강조와 종교적 보상을 강조했음에도 불구하고, 그 직업 개념은 이후 종교개혁이 진전되면서 구체적 신앙 형태와 결합되는 가운데 자본주의적 맥락에서 의미를 지니게 되었을 뿐, 정작 루터에게서는 전통주의 가운데 머물러 있었다. 루터는 자신의 필요를 넘어서는 물질적 이익의 추구를 은총을 받지 못한 상태의 징표로 간주하고, 또한 그것이 다른 사람들의 희생에 의해서만 가능하기 때문에 비난의 대상이 된다고 보았다. 이러한 입장은 사실상 토마스 아퀴나스의 입장에서 벗어나지 않은 것이었다. 루터는 한편으로는 직업노동의 의미를 강조하였지만, 그것이 신의 섭리 가운데 있다는 점을 강조함으로써 '운명' 사상에 상응하는 전통주의에 기울어지게 되었다. 즉 각 개인은 근본적으로 신이 정해 준 직업과 신분에 머물러야 하며, 그의 지상에서의 노력은 자신에게 주어진 이 사회적 지위의 한계를 넘어서서는 안 된다

---

19 Ibid., 121-124.

고 본 것이다. 결국 루터는 새로운 원칙에 입각해 직업노동과 종교적 원리를 결합시킬 수 없었다.[20] 루터와 그 동시대인들의 입장은 화폐경제가 발달하기 이전 자연경제로서 농촌사회의 전통적인 계층구조에 의해 제약되어 있었다.[21] 더욱이 이후 프로테스탄티즘에서 뚜렷하게 된 금욕적 자기규율화 성향이 루터가 배격하였던 행위로 인한 구원의 원리에 부합한다는 혐의를 받게 되었을 때, 루터파 교회에서 금욕적 자기규율화 성향은 점점 약화될 수밖에 없었다.[22]

루터가 강조했던 세속적 직업노동이 경제활동에서 중추적 역할을 담당할 뿐 아니라 그 경제활동에 어울리는 종교적 가르침 가운데서 새로운 의미를 획득하게 된 것은 종교개혁의 진전과 함께 칼뱅주의가 확산되는 과정에서였다. 루터가 종교개혁의 출구를 열기는 하였지만 루터주의는 사회적으로 보수적이어 기존의 권위를 존중하고 또한 개인적 경건을 중시하는 경향을 띠었다면, 칼뱅주의는 적극적이고 급진적인 운동으로서 개인의 정화(淨化)뿐만 아니라 교회와 국가의 재건 그리고 공사(公私) 모든 삶의 영역에서 종교의 영향을 강화하여 사회를 쇄신하려는 경향을 띠었다. 루터주의가 배경으로 하였던 농촌사회와 달리 상업과 산업이 발전을 주도한 도시사회를 배경으로 한 칼뱅주의는 새롭게 등장한 자본주의적 경제현상을 회피하지 않고 정면으로 받아들였으며 무역과 산업 종사자들을 향하여 교회의 가르침을 설파하였다. 칼뱅주의의 가르침은 자본, 신용과 은행업, 대규모 상업과 금융 그리고 기업세계의 여러 현실적 사실들의 필요성을 솔직하게 인정함

---

20 Ibid., 124-129.
21 R. H. 토니, 『기독교와 자본주의』, 182.
22 막스 베버, 『프로테스탄티즘의 윤리』, 130.

으로써 출발하였다. 장 칼뱅(Jean Calvin)과 그 추종자들은 그렇게 함으로써 생존에 필요한 것을 넘어서는 경제적 이익에 집착하는 것을 비난하는 전통과 결별하였다. 그들은 중세의 사상가나 루터라면 비난의 대상으로 삼았을 법한 교역과 금융에서의 이윤을 노동자의 소득과 지주의 지대와 동일하게 취급하였다.23

칼뱅주의의 그와 같은 입장은 경제생활에 대한 윤리적 규율을 포기한 것을 뜻하지 않는다. 칼뱅주의는 상업 및 산업이 발전하고 있는 조건 안에서 바로 그 조건들에 적용할 수 있는 가르침을 의도하였다. 칼뱅주의는 경제적 동기가 작동하는 삶의 모든 영역을 영적인 삶과 어긋나는 것으로 보지 않았고, 자본가를 이웃의 불행을 이용해 부자가 된 사람으로 불신하지 않았으며, 새롭게 부상하고 있는 경제적 삶의 전반에 그리스도교의 가르침이 적용되어야 한다고 보았다. 칼뱅주의 안에서 문제가 된 것은 부의 축적이 아니라 방종과 과시를 위한 부의 남용이었다. 칼뱅주의의 가르침이 추구한 이상은 근면한 노동으로 자신의 성품을 단련하고, 신이 용납하는 직무에 전념할 줄 아는 사람들이 균형 잡힌 진지함으로 부를 추구하는 사회였다. 그 가르침은, 과거의 교회가 이윤추구를 종교적 삶에 어긋나는 것으로 책망하면서도 그렇게 경제적으로 성공한 사람들에게서 뇌물을 받은 이율배반을 범했던 것과는 달리 그리스도인은 경제적 생활 자체를 하나의 종교적 행위로서 두렵고 떨리는 마음으로 수행해야 한다는 것을 일깨우려는 목적을 지녔다. 그것은 교회에 복종하며 개별적 선행이나 종교적 의례를 통해 세속적 삶을 속죄할 수 있었다고 믿었던 과거 세계에서 벗어나 그리스도인

---

23 R. H. 토니, 『기독교와 자본주의』, 181-183.

이 자신의 삶 전체를 신을 위해 봉사하도록 각자의 성품을 단련하고 더불어 사회를 재조직화하려는 것이었다. 말하자면 그것은 교회와 국가 모두를 아우르는 현세적 삶 가운데서 윤리적 이상을 구현하려는 시도였다.[24]

막스 베버는 칼뱅주의의 그와 같은 윤리적 이상을 가능하게 한 밑바탕에 '예정론' 교리가 자리하고 있다는 것을 주목하였다. 신이 자신의 영광을 위해 한편의 사람들은 영원한 삶으로 예정하였고, 또 다른 한편의 사람들은 영원한 죽음으로 예정하였다는 예정론은 그 논리적 정당성의 문제로 간단하게 평가할 것이 아니었다. 문제는 그것이 사람들 가운데 미친 파급효과였고 역사에서 차지하는 의의였다. 예정론은 신의 전적인 주권과 불가항력적인 은총에 의한 구원을 강조하는 것이었고, 결국 인간의 공로에 의해 그 결정이 좌우되지 않는다는 것이었다. 이것은 교회적·성례전적 구원을 폐지하는 것을 뜻했고, 그것은 곧 일체의 주술적 구원 수단을 배격한 것이었다. 이로써 그 교리를 신봉하는 신자들은 교회든 사제든 그 어떤 수단에도 자신의 구원을 의지할 수 없게 되었다. 여기에서 '전대미문의 내적 고독감'에 빠진 신자들은 그야말로 고독하게 자신의 길을 가는 것 외에 달리 방법이 없었다. 그러나 그 신자들은 끊임없는 물음에 직면할 수밖에 없었다. 나는 과연 선택되었는지, 내가 선택되었다는 사실을 어떻게 확신할 수 있는지 하는 물음이다. 이로부터 은총을 입은 상태의 인식가능성이라는 의미에서 '구원의 확실성'(certitudo salutis)이 중대한 의미로 부상하게 되었고, 그 결과 예정론이 신봉되는 곳에서는 어디서든 '선택된 자들'(electi)

---

24 Ibid., 184-197.

의 일원임을 인식할 수 있는 확실한 표지의 존재 여부에 대한 물음을 피할 수 없게 되었다.25

그 구원의 확실성을 추구하는 데서 칼뱅주의자들은 루터주의자들에게서 나타나는 바와 같은 신비주의적 감정에 의존하지 않았다. 칼뱅주의자들은 칼뱅의 견해에 따라 감정이 숭고해보일지라도 미혹적인 것이기 때문에 신앙이 구원의 확실성에 견고한 토대를 제공하기 위해서는 그것이 행위에 객관적으로 끼치는 영향에 의해 증명되어야 한다고 보았다. 따라서 칼뱅주의의 가르침을 따르는 신자들은 선택받은 자로서 금욕주의 윤리를 실천하고, 그 금욕주의 윤리의 구체화된 형태로서 부단한 직업노동을 수행하는 것을 확신에 도달하기 위한 가장 탁월한 선택으로 간주하였다. 이로써 각 개인은 실천적인 삶의 방식 속에서 자신의 은총의 상태를 조직적으로 검증하고 그것을 통해 금욕주의적으로 관철된 실천적인 삶의 방식을 추구할 동인을 얻게 되었다. 이 금욕주의적 생활양식은 신의 의지를 지향하고 그에 입각해 개인의 현존재를 합리적으로 형성하는 것을 의미했다. 그 생활양식은 더 이상 세속 밖의 수도원이 아니라 세속과 그 질서 안에서 구현되었고, 세속의 삶을 합리적인 삶으로 변형시켰다.26

프로테스탄티즘의 이러한 세속적 금욕주의는 재산의 무절제한 향락에 맞서 싸우고 소비를 억압하는 한편 전통주의적인 경제윤리의 장애로부터 재화 획득을 해방시키는 결과를 낳았고 이윤추구를 합법화했다. 뿐만 아니라 그것을 신이 직접 원하는 것으로 간주함으로써 전통

---

25 막스 베버, 『프로테스탄티즘의 윤리』, 173-193.
26 Ibid., 196-248.

주의적 경제윤리의 질곡을 분쇄해버렸다. 그로부터 나타난 외적 결과는 금욕적 절약 강박에 의한 자본형성이었다. 획득한 부의 소비적 사용이 제어되면서 그 부의 생산적 사용, 즉 투자 자본으로서의 사용이 촉진되었기 때문이다.[27]

이상에서 살펴본 바와 같이, 막스 베버가『프로테스탄티즘의 윤리와 자본주의 정신』에서 주목하고 분석한 것은 프로테스탄티즘의 금욕주의 윤리가 자본주의의 정신을 형성한 바탕이 되었다는 것이다. 이것은 매우 제한된 초기 자본주의 형성 국면에서 관찰될 수 있는 종교적 운동과 물질문화 상호관계의 한 측면에 지나지 않지만, 그 통찰의 타당성을 인정한다면 우리는 종교개혁으로 형성된 프로테스탄티즘이 전통적인 경제관의 변화를 초래했다고 할 수 있다. 그것은 확실히 경제에 대한 윤리적 가치 기준을 변화시킨 하나의 혁명이었다.[28] 부의 남용 대신에 부의 선용을 권하는 윤리적 가치 기준은 확고했지만 부의 축적 자체를 금기시하지 않음으로써 '일용할 양식'을 충족시키는 필요 충족의 경제 개념은 이제 진부한 것이 되었다. 금욕주의 윤리가 필요 충족의 경제를 넘어 결과적으로 필요를 넘어선 욕구 충족의 경제를 탄생시켰다는 것은 아이러니한 현상이지만, 자본주의 형성 초기 국면에서 그 모순관계는 인지되지 않은 가운데 전통적인 경제관과는 다른 새로운 경제관을 형성시켰다.

---

27 Ibid., 351, 353.
28 R. H. 토니, 『기독교와 자본주의』, 191.

IV. 종교적 뿌리를 상실한 자본주의 그리고 종교화한 오늘의 자본주의

막스 베버가 프로테스탄티즘의 윤리와 자본주의의 정신의 선택적 친화력에 주목했을 때, 그 의도는 오늘 우리가 경험하고 있는 자본주의 현상이 종교적으로 정당하다는 것을 말하고자 한 데 있지 않다. 앞서 말한 대로, 그 통찰은 매우 제한된 초기 자본주의 형성 국면에서 관찰될 수 있는 종교적 운동과 물질문화 상호관계의 한 측면에 대한 관찰의 결과일 뿐이다. 베버의 말대로 그의 연구는 단지 '역사적 서술'에 지나지 않는 것이었다.[29]

베버는 자신이 관찰한 역사적 현상에 대한 가치판단을 억제하고 있음에도 불구하고『프로테스탄티즘의 윤리와 자본주의 정신』의 말미에서 종교적 · 윤리적 뿌리를 상실한 자본주의 현상을 언급함으로써 오늘의 자본주의 경제체제에 대해 다시 생각할 수 있는 여지를 남겨주고 있다. 베버는 "금욕주의가 수도원의 골방에서 나와 직업 생활 영역으로 이행함으로써 세속적 도덕을 지배하기 시작했고, 또 공장제 · 기계제 생산의 기술적 · 경제적 전제 조건과 결부된 저 근대적 경제질서의 강력한 우주를 건설하는 데 일조했다"고 지적한다.[30] '강력한 우주'라고 표현해야 할 만큼 강고한 자본주의 경제질서가 형성되면서 인간의 운명 또한 그것에 의해 지배당하게 되었다. "금욕주의가 세계를 변형하고 세계 안에서 영향력을 행사하게 되면서, 이 세계의 외적 재화는

---

29 막스 베버,『프로테스탄티즘의 윤리』, 368.
30 Ibid., 365.

점증하는 힘으로 인간을 지배하게 되었고 그리하여 마침내는 도저히 벗어날 수 없는 힘으로 인간을 지배하게 되었다."31 이렇게 "승리를 거둔 자본주의는 기계적 토대 위에 존립하게 된 이래로 금욕주의 정신이라는 버팀목을 더 이상 필요로 하지 않는다."32 그 정신이 그저 하나의 망령처럼 인간의 삶을 겉돌게 되었을 때, 마침내 종교적·윤리적 의미를 박탈당한 영리추구 행위는 마치 스포츠의 특성처럼 순수한 경쟁적 열정과 결합한다고 베버는 지적하였다.

베버는 그 무시무시한 발전 과정의 끝자락에 새로운 예언자들이 등장하게 될지 옛 사상과 이상이 다시 부활하게 될지 알 수 없지만, 그것이 아니라면 일종의 발작적인 자기 중시로 치장된 기계화된 화석화가 등장하게 될지도 모른다는 음울한 판단을 내리고 있다. 만약 그렇게 된다면 '정신 없는 전문인, 가슴 없는 향락인'에 지나지 않는 마지막 단계의 무가치한 인간들이 인류가 지금까지 도달하지 못한 단계에 올랐다고 상상할 것이라며 탄식조로 말한다.33 베버는 자신의 당대 자본주의 현상과 그리고 미래상에 대한 윤리적 가치판단을 끝내 유보하고 있지만, 그의 탄식은 애초 금욕주의 윤리와는 상관없는 것으로 귀결된 자신의 당대 자본주의 현실에 대한 비판을 함축하고 있다.

사실 막스 베버가 탄식한 자본주의 현실에 대한 분석은 그보다 앞서 칼 마르크스(Karl Marx)에 의해 훨씬 근본적으로 이뤄졌다. 마르크스는 이전에 신성한 임무로 간주되었던 노동이 자본주의 체제하의 노동자의 입장에서 볼 때 결코 그렇게 미화될 수 없는 현실에서 출발하여

---

31 Ibid.
32 Ibid.
33 Ibid., 366-367.

자본주의의 '신비'를 벗겨낸다. 그저 자기 상실에 지나지 않는 '소외된 노동'의 비참한 실상에 대한 주목[34]은 결국 자본주의적 상품관계에 대한 분석으로 이어지고 이로부터 본격적인 자본주의의 모순에 대한 분석이 이뤄진다.[35] 자본주의 사회에서 부는 기본적으로 교환을 위한 방대한 상품의 축적으로 나타나는데, 그 상품의 교환을 원활히 하는 수단으로서 화폐가 통용된다. 사실은 화폐 역시 하나의 상품에 지나지 않는 것이지만, 그것이 모든 상품을 구매할 수 있는 까닭에 특별한 욕구의 대상이 되며 심지어는 숭배의 대상이 된다. 그 화폐는 단순한 교환수단으로 유통되는 것에 그치지 않고 더 많은 이윤을 얻기 위한 수단으로 유통되면서 자본으로 전화되어 끊임없이 순환하는 가운데 스스로의 몸집을 불린다. 상품의 생산과 교환 그리고 자본의 축적이 이뤄지는 일련의 과정에서 가치를 생산하는 것은 노동자들의 노동의 몫이다. 그런데 사적 소유에 기반한 자본주의 사회에서 자본과 생산수단을 소유한 자본가의 끊임없는 이윤추구로 노동의 착취가 강화되고, 노동자들이 비인간화 상황에 처하게 된다. 마르크스가 『자본』1권에서 분석한 요체이다.

마르크스의 자본주의 분석에서 특별히 주목해야 할 것은 상품관계에서 나타나는 물신성(物神性)에 대한 통찰이다.[36] 그것은 상품과 화폐 그리고 자본이 독자적인 힘을 가진 실체로 오인되고 심지어 절대적 숭배의 대상으로 간주되는 현상을 말한다. 그것은 사적 소유권에 바탕한 노동분업의 맥락에서 교환을 목적으로 하는 상품이 생산되고 유통

---

34 칼 마르크스/김태경 옮김, 『경제학-철학 수고』(서울: 이론과실천, 1987), 54 이하.
35 칼 마르크스/신준 옮김, 『자본』 I-1 (서울: 이론과실천, 1987).
36 Ibid, 89 이하; 프란츠 힌켈라메르트, 『물신』, 33 이하.

되면서 나타나는 현상이다. 어떤 사회에서든 인간의 생존을 위한 노동 분업의 형태는 존재해왔다. 그런데 전 자본주의 사회에서 노동분업은 직접적인 인간관계를 투명하게 보여 준다. 어떤 필요한 물품을 생산하는 데 누가 요구하고 누가 생산하는지가 분명하게 드러난다. 생산과 소비 사이에 교환이 매개되어 있지 않기 때문이다.37 반면에 자본주의 사회에서는 그 관계가 은폐된다. 수없이 많은 상품들이 교환되고 유통될 때 그 상품의 생산을 가능하게 한 사회적 관계가 은폐되며 그 상품을 생산하는 데 투여된 노동의 가치 또한 은폐되어 마치 상품 자체가 고유한 가치를 지니는 것으로 보이게 된다. 사적 소유권이 전제된 조건에서 교환을 전제로 하는 상품의 생산은 사전 합의에 의해 이루어지는 것이 아니라 저마다의 이윤 동기에 의해 이루어지고, 그렇게 해서 쏟아져 나온 상품들은 이제 저마다 서로 가치를 견주는 가운데 교환되고 유통된다. 여기에서 상품은 마치 그 자체로 고유한 가치를 지니고 있는 것처럼 오인되고 급기야는 숭배되기에 이른다. 그 상품을 획득하기 위한 수단으로서 화폐, 더 많은 이윤을 얻기 위해 유통되는 자본의 물신화는 그 메커니즘 안에서 완성된다.

그것들이 숭배의 대상이 되었다는 것은 부 그 자체가 목적이 되었다는 것을 뜻한다. 그러니까 오랫동안 허용되지 않았던 부는 종교개혁을 통해 제한된 조건 안에서 허용되었던 것인데, 종교적 뿌리를 거두어 치우면서 이내 부는 그 자체로 목적이 되고 마침내 종교 자체로 승격되는 일이 벌어진 것이다. 오늘 우리는 그런 자본주의 시대를 살고 있다.

---

37 강신준, 『그들의 경제 우리들의 경제학: 마르크스 『자본』의 재구성』 (서울: 도서출판 길, 2010), 16 참조.

그야말로 '자본-교' 아래서 하나가 된 현실[38]을 살고 있다. 여기서 그리스도교를 포함한 기존 종교는 사실상 새로운 종교에 영합하거나 기생하고 있다고 해야 할 것이다. 말하자면 신앙에 입각해 윤리적으로 경제를 규율하고자 했던 전통은 사라지고 오히려 경제 현상에 편승해 종교가 존속하고 있는 실정이다.

V. 결론

자본주의 경제 현상에 대해 그리스도교가 오히려 편승하여 존속하고 있는 현실에서 과연 어떤 그리스도교적 윤리의 대안 모색이 가능할까?

앞에서 살펴본 내용을 통해 우리는 그리스도교가 경제를 규율하는 두 가지 접근 방법을 떠올릴 수 있다. 하나는 오늘날까지 가톨릭교회의 경제에 관한 가르침의 밑바탕을 형성하고 있는 경제관, 즉 인간이 부를 위해 존재하는 것이 아니라 부가 인간을 위해 존재한다는 경제관에 바탕한 접근 방법이며, 또 하나는 초기 프로테스탄티즘의 윤리에서 나타나는 바와 같이 변화하는 경제 현상을 적극적으로 받아들이며 그것을 윤리적으로 규율하고자 한 접근 방법이다. 양자의 접근 방법은 모두 경제활동이 인간의 삶의 전반적 차원에서 물질적 수단을 제공해 주는 수단으로서 의의를 지니는 것이지 그 자체가 목적이 될 수 없고, 따라서 윤리적 규율 대상이 된다고 보는 점에서 공통된다. 그런데 전자가 인간의 물질적 삶에 대한 그리스도교의 오랜 지혜의 전통이 일깨워준

---

38 폴 라파르그/형준 옮김, 『자본이라는 종교』 (서울: 새물결, 2014), 47.

윤리적 이상을 함축한다면 후자는 그 윤리적 이상이 구현되어야 할 변화무쌍한 현실의 조건에 대한 통찰을 반영하고 있다. 오늘 자본주의 경제 현실에 대한 그리스도교 윤리적 진단과 대안의 모색에서 그 두 가지 접근방법은 여전히 유효하다. 현실에 대한 가치판단의 근거가 분명해야 할 뿐 아니라 그 가치판단에 따른 윤리적 규범을 적용할 수 있는 현실의 조건에 대한 이해 또한 충분해야 하기 때문이다.

사실 오늘날 자본주의가 부의 축적 자체를 목적으로 하고, 나아가 그럼으로써 그 자체로 종교와 같이 승격된 현상은 그리스도교 윤리의 그 접근 방법이 적절치 못했기 때문에 발생한 것만은 아니다. 전통적인 가톨릭의 윤리가 현실의 경제를 규율할 수 없을 만큼 낡고 무력했기[39] 때문만은 아니며, 프로테스탄티즘의 윤리가 현실의 경제를 방임해버렸기 때문만은 아니다. 그것은 물질문명 자체가 고도로 발전하는 가운데 동반한 세속화 현상에 근본 동인이 있다. 세속적 물질문명 자체가 종교적 규율을 벗어버리고 그야말로 자율적인 행보를 걷게 된 데 보다 근본적인 요인이 있는 것이다. 문제는 그 가운데서 형성된 경제 질서가 사람들의 삶을 속박하고 사람들 사이의 불균등한 격차를 강화시킬 뿐 아니라 그 자체로서 목적이 되고 마침내 종교적 지위로까지 승격했다는 데 있다.

바로 그러한 현실에서 그리스도교 윤리는 어떤 영향력을 지닐 수 있을까? 우선 그러한 현실이 그리스도교의 윤리적 과제를 방기해버려도 된다는 것을 의미하지는 않는다는 것을 재삼 확인할 필요가 있다.

---

39 가톨릭 신학자로서 민주 자본주의 정신을 신학적으로 정립하고자 시도한 마이클 노박은 가톨릭 사상이 어떤 정태적인 세계를 다루는 것이 관습화되어 있다고 말한다. 마이클 노바크/김학준·이계희 옮김, 『민주자본주의의 정신』(서울: 을유문화사, 1983), 22 참조.

자본주의 이전 시대에도 세속의 현실에서는 교회의 가르침과는 다른 일들이 벌어지고 있었다. 그 가운데서 교회의 가르침은 인간의 바람직한 삶을 일깨우는 기준으로 몫을 해 왔고, 그것은 인류의 보편적 가치 기준을 형성하는 데 중요한 몫을 담당해 왔다. 세속화된 오늘의 세계 가운데서도 여전히 그리스도교 신앙에서 삶의 의미를 찾는 그리스도인과 교회가 존속하고 있고, 또 다른 한편으로 오늘의 경제체제가 심각한 문제를 안고 있다는 사실 자체가 거꾸로 그에 대한 윤리적 대안의 요구를 함축하고 있다. 이 점에서 오늘의 자본주의 현실에 대한 그리스도교의 윤리는 여전히 중요한 의의를 지니고 있다.

오늘의 자본주의 현실에 대한 그리스도교 윤리의 과제는 크게 두 가지 차원에서 그 문제를 진단하고 대안을 모색하는 과제들을 포함해야 할 것이다.

첫 번째로 오늘의 그리스도교 윤리는, 필요 이상의 무한한 욕구를 충족시키려는 방향으로 치닫고 있는 오늘의 자본주의 경제가 인간의 삶에 과연 바람직한 것인지 근본적으로 검토하고 경제생활을 인간의 전반적인 삶의 요구를 충족시키는 하나의 방편으로 그 위치를 재조정하는 과제를 수행해야 한다. 이 과제는 한편으로는 인간의 필요와 욕구를 구분하였던 과거의 지혜를 다시 생각하는 과제를 포함하며, 또 다른 한편으로는 경제생활에서의 정의로운 관계를 형성하는 과제를 포함한다. 인간의 필요와 욕구의 구분이 모호해지고 사실상 무한한 욕구 충족을 위한 경제가 실현된 것은 자본주의의 상품교환 경제가 자리 잡으면서 나타난 현상이다. 그렇다고 해서 오늘 전 지구적으로 발전한 자본주의 경제를 일순간 그 이전의 자급자족적 경제로 환원한다는 것은 현실적인 대안이 아닐 것이다. 현실적인 대안은 현재 주어진 조건 안에서 그 문제를 극복할 수 있는 지혜를 찾아나서는 것이어야 할 것이다. 이 과제는 인간의 물질적 삶의 필요에 합당한 것이 무엇인지 분별하는 지혜를 동반해야 하고, 평범한 사람들의 수준에서 그 필요의 충족으로 바람직한 삶이 가능하도록 하는 제도를 모색하는 것을 포함해야 할 것이다.[40] 더불어 오늘 자본주의 경제 질서 안에서 물질적 차원에 집중된 인간의 욕구 충족을 넘어 다양한 차원으로 인간의 욕구가 충족되고 승화되도록 하는 문화의 발전을 동반해야 할 것이다. 또한 경제생활에서 정의로운 관계 형성의 과제는 부 자체가 목적이 된 오늘의 자본주의 경제 질서 안에서 거꾸로 그 부로부터 배제된 다수의 사람들이 불평등과 그에 따른 고통의 상황에 처해 있다는 현실로부터 요구된다. 이것은 사실 새삼스러운 과제가 아니고 오래된 과제이지만 역사적으로 유례없는 불평등을 경험하고 있는 오늘 자본주의 사회에서 더더욱 절실히 요구되는 과제이다.

두 번째로 오늘의 자본주의 현실에 대처하는 그리스도교 윤리는 이미 종교화된 자본의 형이상학을 근본적으로 비판하고 그 허구성을 드러내는 과제를 수행해야 한다. 앞에서 우리는 오늘의 자본주의가 인간의 삶을 위한 방편으로서 경제체제에 그치지 않고 그 자체로 이미 목적이 됨으로써 종교화한 점을 주목하였다. 자본주의가 종교화되었다는

---

40 널리 알려진 바와 같이 마르크스는 사회주의, 궁극적으로 공산주의를 실현함으로써 그런 사회가 가능하리라 예상하였다. 오늘의 자본주의의 생활력을 주목하면서도 그런 사회의 실현가능성을 찾으려는 스키델스키 부자(父子)는 그 조건으로 "기본재를 실현하기 위한 사회정책", "일하라는 압력 줄이기", "조건 없이 지급되는 '기본소득' 구상", "소비하라는 압력 줄이기", "광고 줄이기", "국제적 합의" 등을 예시한다. 자세한 내용은 로버트 스키델스키 · 에드워드 스키델스키, 『얼마나 있어야 충분한가?』, 295 이하 참조.

것은 그 나름의 형이상학 체계를 갖추고 있다는 것을 뜻한다. 그로 인해 사람들은 오늘의 자본주의적 경제 질서를 자연적 질서일 뿐 아니라 곧 신의 섭리로까지 받아들이고 있다. 앞서 지적한 경제 차원에서의 문제점들에 대한 극복은 바로 그 문제들을 문제로 느끼지 못하게 만들고 자연적 질서이자 신의 섭리로 받아들이게 만드는 형이상학의 철폐를 동반할 때 가능할 것이다. 이 과제는 마르크스의 물신숭배에 관한 분석 이래로 신학에서도 중요한 과제로 인식되고 있다.[41]

사실 지금 말한 두 가지 차원의 과제 모색은 이미 자본주의의 폐해가 본격적으로 노정된 시점에서부터 그리스도교 전통 안에서 꾸준히 시도되어 왔다. 가톨릭교회의 일련의 사회적 회칙들은 물론이거니와 최근에는 교황의 발언을 통해서도 오늘의 자본주의 경제 현실에 대한 문제점들과 그 대안의 방향이 제시되고 있다. 개신교의 여러 갈래의 전통 가운데서도 마찬가지이다. 더욱이 최근 에큐메니칼 논의의 지평에서는 오늘의 자본주의 경제 현실에 대한 진단과 대안 모색이 늘 중심적 주제가 되고 있다.[42]

이 글은 그러한 시도들의 중요성을 새삼 환기하고, 그 시도들이 함축하는 의미가 오늘의 교회 안에서 반향을 불러일으키기를 바라는 의도

---

41 마이클 노박이 그가 '민주 자본주의'라고 부르는 오늘의 자본주의의 형이상학을 수립하려고 시도하고 있다면, 그와 대척점에 있는 입장으로는 해방신학자 프란츠 힌켈라메르트, 『물신』; 성정모/ 인식 옮김, 『욕구와 시장 그리고 신학』 (서울: 일월서각, 2000) 등을 들 수 있을 것이다.

42 가톨릭의 사회적 회칙과 개신교의 에큐메니컬 차원에서의 논의에 대해서는 최형묵, 『한국 근대화』, 45-51 참조. 또한 가톨릭의 사회적 회칙과 최근 교황의 가르침이 갖는 의의, 그러나 그 가르침들과 괴리된 오늘의 가톨릭교회의 실상에 대해서는 김혜경, 「천주교 신자들의 중산층화와 엘리트화에서 나타나는 돈의 논리」, 「신학연구」 68(2016, 6), 315-339 참조.

를 갖고 있다. 특별히 오늘날 사회적 영향력은 급속히 확대되었음에도 불구하고 이른바 자본주의적 합리성이 극대화되고 그 폐해가 극단화된 한국 사회[43]에서 경제적 윤리에 대한 각성의 기미를 찾기 어려운 한국교회에 이러한 시도들의 의의가 한 가닥 빛을 비추어 주기를 기대하는 마음으로 글을 맺는다.

---

[43] 기업의 윤리가 부재하고 노동자들의 삶이 극도로 피폐해진 한국 사회 현실을 두고 종종 '천민자본주의'라 일컫지만, 사실 철저하게 자본의 이윤추구의 동기만을 옹호하고 있다는 점에서 자본주의적 합리성이 극대화된 사회라고 일컫는 것이 오히려 타당한 것으로 보인다.

촛불집회와 민중정치*

강원돈**

I. 머리말

촛불집회는 2000년대에 들어 우리 사회에서 정형화된 시위의 한 형태이다. 2002년 미선·효순 촛불집회, 2004년 노무현 대통령 탄핵 반대 촛불집회, 2008년 광우병 촛불집회, 2014년 이래의 세월호 촛불집회 등 우리 사회에서는 중대한 이슈가 발생할 때마다 촛불이 타올랐다. 특별히 2008년 촛불집회와 2016년 10월 말 이래의 박근혜 퇴진 촛불집회는 대중 운동의 신기원을 이루었다고 평가받고 있다. 정보통신 기술에 힘입어 다양하고 중층적인 네트워크를 형성하고 있는 군중

---

* 이 글은 "촛불집회와 민중정치,"『기독교사회윤리』38(2017)에 실린 논문이다. 이 논문은 2017년 3월 6일 한국민중신학회 월례 심포지엄에서 발표된 것인데, 꼭 필요한 몇 군데만을 수정, 보완하였다. 3월 6일 현재의 서술을 과거 시제로 바꾼 것 이외에 박근혜 탄핵 심판의 사실관계에 관련된 두서너 줄을 수정하였고, 문재인 정권의 출범에 관한 간략한 보론을 보완하였다. 글의 기본 내용을 그대로 유지한 것은 이 글이 역사의 한 시점에서 쓰인 기록으로 남기를 바라기 때문이다.

** 한신대 교수, 사회윤리

은 촛불집회라는 거대한 퍼포먼스를 수행하면서 직접행동에 나서고, 우리 사회를 심각하게 위협하는 문제들을 드러내어 해법을 찾고, 고립과 분산과 불안의 일상과 참여와 소통과 희망의 축제 사이의 극명한 대조를 경험했다.

이러한 촛불집회는 민중정치의 가능성을 얼마큼 열고 있을까? 촛불은 지배적인 대의제도에 의해 대표되지 않고 지배적인 법률장치에 의해 그 이익을 보호받지 못하는 사람들에 의해 불붙여지지만, 그 사람들이 요구하는 바가 대의기구와 법률장치에 접수되는 순간에 그 요구의 실현은 끝없이 지체되고 결국 그 사람들은 배반당하고 마는 것일까? 촛불집회를 통해 분출되는 군중의 힘이 우리 사회의 근본적인 변화를 가져오려면 무엇이 더 필요한가?

이러한 물음에 답하기 위해 필자는 역사와 정치에서 민중의 주체성에 초점을 맞추는 민중신학의 관점[1]에서 2008년 촛불집회와 2016-

---

1 이 글에서 전제하고 있는 민중신학의 관점에 대해서는 拙稿 "'87년 체제'의 청산과 민중정치 - 민중신학적 관점에서 제20대 국회의원 총선거에서 얻는 한 귀결," 『신학과 사회』 30/4(2016), 145-149를 보라. 그 대체적 내용은 다음과 같다. "민중신학은 민중을 신학의 초점으로 삼고 있다. 민중의 관점에서 세상을 보고 역사를 살피고 생각의 얼개를 음미하고 성서를 읽는다고 자처한다. (⋯) 민중신학의 전제인 민중은 제대로 포착되지 않고, 개념적 안정성도 갖고 있지 않다. 민중신학자들은 민중을 개념적으로 규정하거나 민중 현실에 대한 설명을 도식화하는 것을 단호하게 거부하고 민중이 그러한 개념 규정의 틀과 설명 도식으로부터 벗어나서 자신을 표현하고 전개하는 움직임에 주목한다. 민중은 그러한 움직임에서 가장 잘 파악된다고 믿기 때문이다. 민중은 피억압이라는 개념에 의해 설명되는 것이 아니라, 억압하는 틀의 안에서 그 틀을 깨고 밖을 향하는 운동의 주체로서 파악된다. 민중이 운동의 주체라면, 민중의 주체성은 운동을 가로막는 틀과 도식, 법과 제도, 고정시키고 정상화하고 안정시키는 권력의 장치들을 깨뜨리는 과정에서 드러날 것이다. 민중의 운동은 민중에 대한 개념적 이해를 언제든 불안정하게 만든다. (⋯) 민중신학자들이 민중을 역사의 주체로 생각하였을 때, 그들이 날카롭게 포착한 것은 민중이 그들을 주인의 자리에서 밀어낸 권력의 배치를 의문시하고, 그것을 해체함으로써 주인의 자리로 되돌아오는

2017년의 박근혜 퇴진 촛불집회의 진행과 동학의 특성을 분석하고, 촛불집회가 민중정치로 발전하기 위해 어떤 조건들을 충족시켜야 하는가를 살피고자 한다.

II. 2008년 촛불집회

1. 2008년 촛불집회의 배경과 확산

2008년 촛불집회는 한국 현대사에서 군부정권을 굴복시키고 절차적 민주주의의 길을 연 1987년의 민주항쟁, 미군 장갑차에 의해 두 명의 여중생이 희생된 사건을 계기로 해서 벌어진 2002년 촛불집회, 노무현 대통령 탄핵반대를 위한 2004년 촛불집회 등을 잇는 거대한 군중의 저항운동이었다. 이 저항운동은 4월 말의 촛불 전야를 거쳐 5월 2일 촛불이 본격적으로 점화된 이래로 8월 15일 공권력에 의해 진압되기까지 3개월 이상 지속되었고, 6월 10일에는 서울광장과 전국 각지에서 '100만' 군중이 촛불을 밝혔다.[2]

운동의 주체라는 것이었다. (…) 민중은 억압과 착취, 차별과 배제, 주변화가 작동하는 현실을 구성하는 일부분이기에 그 현실을 안으로부터 파괴하고 그 현실을 넘어서서 새로운 현실을 형성하는 주체인 것이다." (…) 필자는 이와 같은 민중과 연대하는 지식인의 역할을 중시한다. 개념적 조작 능력을 갖춘 지식인은 민중이 무엇을 말하는가에 귀를 기울이는 데서 출발하여, 민중 현실을 분석하고 민중의 욕망을 정치적으로 관철시키는 일관성 있는 구도를 제시하는 데까지 나아가야 할 것이다. 이와 같은 민중과 지식인의 결합이 민중정치의 가능성 조건이다. 필자는 민중신학자로서 이러한 지식인의 역할을 설명할 때 안토니오 그람시가 말하는 '유기적 지식인'을 염두에 두고 있다.

2 박석삼은 2008년 촛불집회를 촛불항쟁으로 성격화하면서 촛불항쟁의 전개과정을 4월 말

2008년 촛불집회의 발단은 4월 18일 한미 FTA 협상의 전제조건들 가운데 하나였던 한미 쇠고기 2차 협상이 타결된 데서 찾을 수 있다. 4월 29일 문화방송 「PD수첩」이 "긴급취재, 미국산 쇠고기, 과연 광우병에서 안전한가?"를 방영하자 미국산 쇠고기 전면 수입에 대한 저항이 나타나기 시작했다. 5월 2일 최초의 촛불집회를 촉진시킨 사람들은 이명박 정권 초기부터 거세게 몰아붙인 신자유주의적 교육정책에 항의하던 청소년들, 특히 여고생들이었다. 그들은 "미친 소, 너나 먹어!"라는 구호를 내걸고 국민의 생명을 보호하지 못하는 정부에 항의하기 시작했고, 그 뒤를 이어 유모차를 끌고 온 젊은 엄마들과 "88만 원 세대"로 일컬어지는 20대 청년들이 나섰다. 쇠고기 협상 과정에서 국민의 건강과 생명을 보호하려는 정부의 의지가 오간 데 없고 검역주권마저 포기하였다는 사실이 알려지자 촛불집회에는 연령, 성별, 계층을 넘어서서 광범위한 군중이 참여하기 시작했다. 한 마디로, 2008년 촛불집회가 광범위하게 확산된 결정적인 요인은 한편으로는 '광우병' 전파로 상징되는 위험사회에 대한 공포이고, 다른 한편으로는 신자유주의적 지구화 과정에서 시장과 자본에 굴복한 채 위험으로부터 국민을 지키지 못하는 정부의 무능력에 대한 분노였다.

촛불집회에 모인 군중은 쇠고기 수입 재협상을 의제로 내거는 데 그치지 않고, 쇠고기 수입 협상에서 국민의 생명과 건강을 아랑곳하지 않고 국가주권마저 내팽개친 정권의 퇴진과 대통령 탄핵 및 하야 구호

의 촛불 전야, 5월 2일부터 6월 10일까지의 확산과 상승기, 6월 11일부터 29일까지의 소강과 대치기, 6월 20일부터 8월 15일까지의 휴지기와 쇠퇴기로 구분하고 있다. 이에 대해서는 박석삼, 『2008년 촛불항쟁: 배반당한 개미떼들의 꿈』(서울: 문화과학사, 2010), 17-44를 보라.

를 외쳤다. 그리고 여기서 더 나아가 그들은 엘리트 교육의 부활, 영어 몰입 교육 등을 의미하는 교육자율화, 의료 및 공기업 민영화, 물을 위시한 공공재의 사유화, 한반도 대운하, 정권의 방송 장악 등 우리 사회의 각종 현안 문제들을 의제로 설정하고 반대구호들을 내세웠다. 이 이슈들은 7월 초에 이르러 '광우병 위험 미국산 쇠고기 전면수입을 반대하는 국민대책회의'(이하 '대책회의')3에 의해 5+1 이슈로 정리되었는데, 이 이슈들에는 경제의 지구화 과정에 깊숙이 편입된 한국 사회에 신자유주의 체제가 구축되면서 나타난 문제들이 상당부분 반영되어 있다.

2008년 촛불집회에 참여한 사람들은 한편으로는 공권력 투입이 자제되는 시기에 시위 공간을 확보하고 거기서 이명박 정권 초기에 폭발적으로 분출된 다양한 이슈들에 대한 날카로운 비판과 성토, 패러디와 해학, 토론과 축제를 벌이고, 소통과 연대를 경험하는 광장의 체험을 하기도 하였지만, 또 다른 한편으로는 '명박산성'을 둘러싼 치열한 가두투쟁을 거쳐 민낯의 공권력 투입이 대규모로 이루어지는 시점에 이르자 뿔뿔이 흩어지는 군중의 모습을 목격하기도 하였다.

---

3 '대책회의'는 2008년 5월 6일에 1,700여 개의 시민단체, 사회단체, 동아리, 카페 등이 모여 결성하였고, 그 당시 활동하였던 민주당, 민주노동당, 창조한국당, 진보신당 등의 정당들도 참여하였다. 참여단체들과 정당들은 많았지만 정작 '대책회의'는 주로 참여연대와 환경연합을 중심으로 꾸려졌고, 여성단체들과 한국진보연대도 이에 활발하게 참여하였다. 그러나 노동자들을 위시한 민중의 이익을 표방하는 단체들의 참여는 저조했다.

2. 2008년 촛불집회의 동학

그 이전의 촛불집회들도 그렇지만, 특히 2008년 촛불집회는 그 이전의 시위나 저항운동과는 다른 양상을 띠었다. 집회에서 제기되는 이슈의 성격, 운동 방식, 운동의 주체 등을 살펴보면 이를 뚜렷하게 알수 있다.

1) 2008년 촛불집회에서 관찰되는 저항의 군중성은 무엇보다도 먼저 광우병에 대한 공포의 편만성과 생명과 건강에 대한 관심의 보편성에 의해 설명될 수 있을 것이다. 그 이슈는 연령, 성별, 계층의 차이를 넘어서서 국민적 관심사 혹은 전시민적 관심사가 되었다. 광우병에 대한 공포는 루머를 타고 급속히 확산되었고, 광우병 같은 위험으로부터 국민의 생명과 건강을 지키는 국가를 다시 세워야 한다는 생각이 절박하게 대두하였다.[4] 따라서 2008년의 촛불집회는, 현상적으로 보면, 광우병 공포에 대한 군중의 반응이고, 공포로부터의 자유를 보장하는 국가에 대한 군중의 요구였다. 그 때문에 2008년 촛불집회에서는 광우병의 정치경제학과 그것이 작동하는 신자유주의적 지구화의 맥락보다는 광우병의 병리학적 진단과 예방의학적 처방이 부각되고, 국민의 건강과 생명을 지키는 정상적인 국민국가('민주공화국')에 대한 요구가 고조되고, '미국산' 쇠고기에 대한 애국주의적 배척이 주로 관찰되었던 것이다.

---

4 촛불집회를 촉발시킨 루머의 동학에 대한 연구로는 박령주, "집합행동의 발생과 확산에 대한 시스템다이내믹스 연구: 복잡계 시스템에 내포한 임계점을 중심으로", 『사이버커뮤니케이션학보』 33/3(2016), 19ff.를 보라.

2) 2008년 촛불집회에서 엄청난 규모의 군중이 참여한 것은 민중의 요구를 수렴하지 못하는 제도권 정치의 실패 때문이었다. 제도권 정치의 실패는 제도권 정치와 민중 운동의 분리를 전제로 해서 구축된 '87년 체제'에 프로그램화되어 있었다고 해도 지나친 판단은 아니다.[5] 문민정부에서 나타난 노동자 배제 정치는 더 말할 것도 없고, 국민의 정부와 참여정부 시절에 우리 사회에 깊이 뿌리를 내린 신자유주의 체제는 사회양극화와 가계 파탄을 가져 왔고, 이것은 정부와 시민사회의 협치를 통해 극복될 수 있는 성격의 문제가 아니었다. 제도권 정치에 대한 냉소와 불신은 신자유주의적 지구화로 인해 가계의 파탄을 경험한 무수한 사람들에게 만연했다. 이명박이 '경제대통령'을 자처하며 경제성장을 통해 가계를 파탄에서 건져내겠다고 약속하자 다수의 시민들이 그를 대통령으로 선출하였지만, '강부자' 내각과 '고소영' 인사로 상징되는 이명박 정권이 출범하고 난 뒤에 얼마 지나지 않아 미국산 쇠고기 전면 수입 협상이 타결되자 이명박 정권에 대한 급격한 민심이반이 일어났다. 많은 사람들은 이명박이 파탄난 가계를 회복하기는커녕 미국산 쇠고기 수입으로 가정의 건강마저 파탄나게 만들었다고 생각했고, 이에 분노했다. 2008년 6월 초에 이명박의 지지율은 10% 중반으로 곤두박질쳤다. 이명박 정권은 물론이고 제도 정치권 역시 신자유주의적 지구화 과정에서 기회의 박탈과 생활수준의 하락으로 인하여 고통당하는 사람들의 문제제기에 대응할 의지도, 능력도 없는 것으로 여겨졌다. 이것이 촛불집회에 연령, 성별, 계층을 막론하고 엄청난

---

5 '87년 체제'의 성격 규정에 대해서는 拙稿 "'87년 체제'의 청산과 민중정치 - 민중신학적 관점에서 제20대 국회의원 총선거에서 얻는 한 귀결", 159-165를 보라.

군중이 모여든 이유였다.

3) 국민의 생명과 건강을 보장할 것을 전면에 내세운 2008년 촛불
집회는 자본주의 사회의 근본적인 모순을 이루는 노동과 자본의 대립
구도에서 출발하는 사회운동을 초과하는 운동으로 여겨졌지만, 그렇
다고 해서 시민들의 보편적인 이익과 권리를 다룬다고 자처해 왔던 다
양한 시민단체들에 의해 이끌어진 것도 아니었다. 잘 알려져 있는 바와
같이, 1980년대의 민중운동에서는 민주화, 민중해방, 민족통일을 주
도하는 운동단체들의 지도력이 저항의 전선을 형성하고 저항의 전략
과 전술을 수립하는 데 중요한 역할을 담당하였다. 1990년을 전후로
활성화된 시민사회 운동은 시장과 국가 영역 너머의 제3부문을 형성하
면서 국가와 시장을 감시하고 협치를 추구하는 일종의 전문가 중심의
결사체 운동이었다. 사회주의권이 급속하게 몰락하고 신자유주의 체
제가 확립되어 가는 과정에서 민중운동권의 지도력은 급격히 쇠퇴했
고, '시민 없는 시민운동'이라는 비난을 받았던 시민단체들은 군중을
이해하지 못했고, 군중을 지휘할 역량을 갖추지 못했다. 이 때문에 엄
청난 수효의 시민단체들과 사회단체들이 '대책회의'에 구성하였어도,
'대책회의'는 촛불 군중을 이끄는 지도부의 역할을 하지 못했다. 2008
년 촛불군중은 뚜렷한 주도단체나 전문가 그룹 없이 이슈와 사안에 따
라 매우 다양한 연령, 성별, 계층이 자발적으로 참여하고 느슨하게 결
속되는 특징을 보였다.

4) 2008년 촛불집회에서 군중의 자발적 참여를 이끈 것은 세계 최

고 수준을 자랑하는 온라인 공론장이고, 느슨한 연대와 결속을 뒷받침한 것은 다양한 이슈와 관심을 중심으로 꾸려지는 자발적인 회원조직들이었다. 인터넷 공간에 광범위하게 형성되어 있는 토론방, 카페, 미니홈피, 블로그 등은 2008년 촛불집회를 활성화한 네트워크를 절합(節合)했다. 쌍방향 소통을 가능하게 하는 인터넷과 특히 실시간 동영상 중계는 촛불집회에 모인 군중의 소통능력과 연대 능력을 획기적으로 향상시켰다. 쌍방향 소통은 문제가 되는 상황의 인식을 신속하고도 광범위하게 공유하게 만들었고, 바로 이와 같은 인식의 공유가 현안 문제들의 해결을 요구하는 직접적인 군중 행동을 촉발하는 원동력이 되었다. 촛불집회는 온라인과 오프라인을 넘나드는 네트워크 군중의 현존과 그 힘을 입증하였고, 그 군중을 이끈 것은 '집단지성'이었다고 여겨지기도 했다.[6] 인터넷 공간을 매개로 해서 이루어지는 정보의 선택과 전달, 전달된 정보의 해석, 해석된 정보의 수용과 확산은 가히 분자 운동을 연상시킬 정도로 정보들과 의견들을 복합적으로 연결, 절합, 수렴, 확산시키면서 공론의 물줄기를 형성했기에, 이를 가리켜 네트워크 공론장의 탄생이라고 말할 만도 했다.

5) 그렇다면 2008년 촛불집회에서 본격적으로 등장한 네트워크 군중은 새로운 운동 주체인가? 이 질문에 대해서는 그 누구도 쉽게 대

---

6 송경재는 촛불집회를 "네트워크 시민운동 모델 또는 네트워크 군중 모델"로 분석하고, 피에르 레비의 견해에 따라서 "촛불집회 과정에서 확인된 정보네트워크는 참여·개방·공유의 아키텍처를 특징으로 하는 웹 2.0에서는 더욱 중요하게 작동한다. 그것을 일반적으로 인터넷에서의 집단지성으로 해석하기도 한다."고 말한다. 송경재, "네트워크 시대의 시민운동 연구: 2008 촛불집회를 중심으로", 『현대정치연구』 2/1(2009), 65.

답할 수 없었다. 네트워크 군중은 '민중'이나 '대중'이나 '계급'의 범주로 포착되기 어려운 특성을 가졌기 때문이다. 오늘의 한국 인문사회과학계에서는 민중을 1980년대의 '민중'운동에 의해 각인된 계급동맹적 운동 주체로서의 '민중' 개념으로 협소하게 보는 경향이 지배적이기에 네트워크 군중을 '민중' 개념으로 설명하려는 시도는 거의 나타나지 않았다. 네트워크 군중을 모래알 같은 개인들의 집합을 뜻하는 '대중'으로 해석하는 견해가 있었지만, 촛불군중이 네트워크 공론장을 형성하며 의견을 수렴하는 특성을 보인 데 대해서는 설득력 있는 설명이 제시되지 못했다.7 2008년 촛불집회에 모인 군중은 다양한 계층에 속한 사람들의 집합임이 분명하였기에 '계급' 범주를 갖고 분석하기는 어렵다고 판단되었다. 이러한 이론적 아포리아를 해결하기 위해 갑자기 힘을 얻은 것이 안토니오 네그리와 마이클 하트가 개념화한 '다중'으로 네트워크 군중을 설명할 수 있다는 견해였다.8 '다중' 개념에서는 국민이나 시민이나 계급으로 환원될 수 없는 개개인의 특이성이 핵심을 이루고, 특이성을 갖는 개개인들의 차이가 존중되고, 그 개개인들의 상호 접속과 소통을 통해 공통감각(common sense, 공통적인 것에 대한 공동의 견

---

7 박영균과 백승욱은 네트워크 군중을 '대중'으로 파악하는 것이 적절하다고 본다. 이에 대해서는 박영균, "촛불의 정치경제학적 배경과 정치학적 미래,"『진보평론』37(2008), 51-52; 백승욱, "경계를 넘어선 연대로 나아가지 못하다: 촛불의 낙관주의에 대한 어떤 우려", 당대비평기획위원회 편,『그대는 왜 촛불을 끄셨나요: 폭력과 추방의 시대, 촛불의 민주주의를 다시 묻는다』(서울: 산책자, 2009), 49-50을 보라.

8 촛불집회의 주체를 '다중'으로 정의하려는 시도에 대한 논쟁의 계보를 잘 정리한 자료로는 이대명, "'촛불'은 다중(Multitude, 多衆)인가?: 2008년 촛불정국의 주체 논쟁에 대한 한 관전평(觀戰評),"『한국 사회학회 사회학대회 논문집』(2009), 1031-1042를 보라. 여기서는 촛불 군중을 '다중'으로 해석하고자 한 조정환과 그를 비판하는 이극재, 박영균, 이택광, 백욱인, 백승욱의 견해가 다루어지고 있다.

해)이 형성되는 과정이 중시된다.9 한 마디로, 다중은 자발적인 네트워크 소통을 통해 공통적인 것을 창조하는 유니크한 행위 주체들의 집합이다. 잘 알려져 있는 바와 같이, 네그리와 하트는 무정부주의(자율주의)의 포스트모던적 버전을 제시하기 위해 스피노자의 형이상학에 근거하여 '다중' 개념을 제시했다. 그들은 국민국가들의 각축 시대를 지나 지구적 네트워크 주권이 형성되어 가는 '경향'이 나타나고 있는 현재의 국면에서 국지적인 투쟁을 할 것이 아니라 자본의 실질적 포섭으로부터 탈주하여 제국을 내파(inplosion)하는 해방 전략이 필요하다고 보고, '탈주'하는 유목민적 현존과 실천을 수행하는 주체들을 '다중'이라고 지칭했다.10

문제는 2008년 촛불집회에서 네그리와 하트가 말하는 '다중'의 현존과 실천이 확인되는가이다. 2008년 촛불집회에서 네트워크 군중이 출현한 것은 확실하다. 그들 가운데는 시민단체들이나 사회단체들, 특히 노동조합들로 조직된 개인들도 있었지만, 조직과 전혀 무관한 개인들이 압도적으로 많았다. 개인적 결단에 따라 집회에 참석한 사람들이

---

9 안토니오 네그리 · 이클 하트/조정환 외 옮김, 『다중』(서울: 세종서적, 2008), 135: "다중은 특이성들의 집합으로 구성되어 있다. 그리고 여기에서 특이성은 그 차이가 동일성으로 환원될 수 없는 사회적 주체, 차이로 남아있는 차이를 뜻한다." 조정환은 네그리와 하트의 말을 거의 그대로 반복하면서 다음과 같이 말한다. "촛불봉기는 글자 그대로 잡색부대이며 생각, 욕망, 성향, 기질, 경험의 엄청난 다양성을 갖고 있다. 촛불운동이 단일한 목적과 방향을 갖기 어려울 뿐만 아니라 심지어 불가능한 것은 이 때문이다. 그러므로 촛불들의 이 다양함과 특이함에도 불구하고, 아니 그 다양성과 특이함을 넘어서 서로를 이어주는 공통지반을 찾아내고 이 잡색부대가 매일매일의 촛불의 삶을 통해 서로 소통하고 연결할 수 있는 공통되기의 물질적 과정을 창출하는 것이 절실한 문제로 제기된다." 조정환, 『미네르바의 촛불』(서울: 갈무리, 2009), 112f.
10 이에 관한 자세한 분석으로는 졸고 "'제국'과 민중", 『지구화 시대의 사회윤리』(서울: 한울아카데미, 2005)를 보라.

획기적으로 증가하게 만든 것은 집회에 참여하는 데 따르는 비용이 줄어들고, 경찰 폭력으로부터 해방된 집회 공간이 확보되고, 정보 네트워크와 참여 네트워크가 서로 결합되면서 위력을 발휘하였기 때문이다. 정보 네트워크가 참여 네트워크를 가동시켰고, 참여 네트워크는 정보 네트워크를 다시 활성화시켰던 것이다.11 이것은 한국 사회에서 나타난 새로운 현상이었다. 따라서 서로 분산되어 있었던 개인들이 정보 네트워크를 통해 '다중'을 형성한다는 견해가 힘을 얻을 수 있었다. 그러나 그러한 네트워크 군중의 외양을 보고 그들을 '다중'으로 규정하는 것은 성급한 일이었다.

2008년 촛불집회에 모인 네트워크 군중은 미국산 쇠고기 수입 재협상을 요구하고 이명박 정권의 퇴진을 요구했다. 그들은 자유로운 국제교역을 위해 국가 주권을 내어놓은 세력이 쌓아놓은 '명박산성'을 무너뜨리고자 했다. 그들은 '명박산성'의 이쪽과 저쪽을 갈라놓는 불통과 불의의 정권을 거부하고, 국민이 주인 되는 국가, 곧 민주공화국을 수립하자고 외쳤다. 네트워크 군중은 '명박산성' 앞에서 '대한민국 헌법 제1조'를 불렀다. 국민주권과 국가주권의 회복이 네트워크 군중이 내건 핵심적인 슬로건이었다. 이것은 도처에서 대항제국을 세우기 위해 제국에서 탈주하는 '다중'의 모습일 수 없고 '다중'의 슬로건일 수 없다.12

---

11 2008년 촛불집회에서 나타난 정보 네트워크와 참여 네트워크의 선순환 구조에 대한 실증적 분석으로는 송경재, 앞의 논문, 61ff.를 보라.

12 이득재, "촛불집회의 주체는 누구인가", 『문화과학』 55(2008), 101-2: "촛불에 불을 붙인 미국산 쇠고기라는 의제 자체가 (대한민국의) 국민이라는 초월적 주체를 필연적으로 요청하는 것이었고 촛불문화제에서부터 등장한 태극기, 명박산성에 대응하는 국민토성 또한 촛불들이 국민화의 기획으로부터 전혀 자유로울 수 없었다는 것을 입증한다."

물론, 2008년 촛불집회에서 분출된 다양한 의견들을 들여다보면, 우리 사회가 복합적으로 분화된 사회이고, 그 사회에 속한 사람들이 세대, 연령, 계층, 정체성에 따라 각기 다른 요구들을 갖고 있다는 것이 분명했다. 이러한 요구들의 우선순위를 정하는 것은 일견 무모하게 여겨졌고, 어떤 한 요구를 달성하면 다른 요구들이 저절로 충족된다고 주장하는 것은 이치에 맞지 않는다고 생각되었다. 그 때문에 차이를 인정하고 다른 사람들의 의견을 경청하는 분위기가 촛불집회 현장에서 나타났고, 촛불집회를 확산시킨 네트워크 군중 사이에서는 개방적이고 생산적인 담론과 토론의 장이 형성되었다. 그러나 네트워크 군중은 여전히 다양한 이해관계들과 관심사들과 가치관들과 정체성들로 분열되어 있는 사람들의 집합이었지, 소통 속에서 차이를 간직하고 다수성을 생산하며 '공통적인 것'과 '공동체'를 추구하는 사람들의 집합, 곧 '다중'은 아니었다. 연령과 성별과 계층과 정체성 집단의 한계를 넘어서서 군중을 네트워크로 묶을 수 있었던 것은 광우병으로 상징되는 위험사회에서 벗어나고자 하는 군중의 격렬한 욕망이었다. 촛불집회가 회를 거듭하면서 의제의 확장이 일어나 매우 다양한 의제들이 쏟아져 나왔지만, 그것들은 부수적인 의제들이었고, 나중에 다시 언급하겠지만, 전혀 조율되지 않았고 조율될 수도 없었다. 무엇보다도 지구적 경제의 조건들 아래서 날로 악화되는 사회적 양극화 문제와 비정규직 문제는 2008년 촛불집회와 정보 네트워크에서는 전혀 의제로 설정되지 않았다. 네트워크 군중이 국민의 생명과 건강을 지키는 민주공화국을 네트워크 운동의 공통분모로 내세웠지만, 지구경제에서 중추적인 고리를 형성하고 있는 한국 사회에서 양극화 문제와 비정규직 문제를 우회하고서도 '공통적인 것'과 '공동체'를 말할 수 있을까? 네그리와 하트의 '다중' 개념이 안고 있는 이론적 문제는 일단 차치하더라도, 2008년 촛불집회에서는 그들이 말하는 '다중' 같은 것은 없었다.

6) 2008년 촛불집회에 모인 네트워크 군중에 대한 해석에서 한 가지 주목되는 것은, 네트워크 군중을 지휘하거나 네트워크 군중에게 지령을 내리는 중심이 없었지만, 네트워크 군중 그 자체가 그람시적 의미의 '유기적 지식인'의 역할을 수행했다는 견해이다. 이와 같은 견해를 지지하는 학자들은 앞에서 언급한 바 있는 '집단지성'을 적극적으로 해석하여 네트워크 군중을 이끈 것은 '유기적 지식인'이었고, 네트워크 군중이 곧 '유기적 지식인'이었다고 규정한다. 본래 그람시는 대중이 '명료한 이론적 의식'을 갖추지 못하기 때문에 헤게모니적 지배에 포섭된다고 보았고, 대중이 현상을 근본적으로 변경하여 프롤레타리아 원칙에 입각하여 통합적인 사회를 만들기 위해서는 '비판적 자기의식'이 필요하다고 보았다. 이러한 '비판적 자기의식'을 대중에게 전수하는 것이 '유기적 지식인'이고, 그것이 곧 프롤레타리아트 당이다. 그런데 2008년 촛불집회에서 이와 같은 '비판적 자기의식'을 형성하는 데 주도적인 역할을 한 것은 지식인들이나 전문가 집단이 아니라, "지식과 정보의 공유를 통해 전문성과 신뢰도를 높여나간" 네트워크 군중이었다는 것이다.[13]
    이러한 견해는 2008년 촛불집회에서 나타난 네트워크 군중의 중요

---

13 박선미, "그람시의 '유기적 지식인'과 '정당' 기능의 재해석: 2008 촛불집회 관련 온라인 미디어 담론 분석", 『사이버커뮤니케이션학보』 26/4(2009), 83.

한 측면을 포착하고 있기는 하지만, 그것은 매우 과장된 견해이다. '유기적 지식인'은 장기간에 걸친 헤게모니 투쟁에서 비판적 자기의식을 갖고서 다양한 정치적, 사회적 의제들을 일관성 있는 구도 아래서 다룰 수 있어야 한다. 2008년에 활성화된 네트워크 군중은 광우병 확산 위험이 있는 미국산 쇠고기 수입 문제와 같은 단일 의제를 놓고서는 정부에 맞선 대항 담론을 형성하고 헤게모니를 행사할 수 있었지만, 촛불집회의 의제가 확장되는 시기에 제출된 이명박 정권 퇴진, 의료 및 공기업 민영화, 물을 위시한 공공재의 사유화, 교육 자율화, 공영방송 사수, 한반도 대운하 반대 등 다양한 의제들에 관한 네트워크 군중의 의견들을 수렴하여 일관성 있는 구도 아래 배치하는 데 성공하지 못했다. 각 의제에 대한 네트워크 군중의 의견 수렴은 제대로 이루어지지 못했고, 서로 조율되지 못한 의제들이 쏟아져 나오는 상황에서 집회와 시위에 참여하는 군중의 수효는 줄어들기 시작했고, 촛불집회의 동력은 급속하게 꺼지기 시작했다.

7) 민중신학적 관점에서 볼 때, 2008년 촛불집회에 참여한 군중은 네트워크 군중이라는 특성을 갖지만, 그들이 내세운 슬로건들을 조금 더 깊이 들여다보면 그들은 지구화 과정에 편입되어 있는 한국 사회의 신자유주의 체제에 의해 삶의 기회들과 권리들을 송두리째 빼앗기고 있는 사람들, 곧 민중이다. 그런 점에서 네트워크 군중은 정보화 시대에 민중의 한 현상 형태로 보는 것이 더 설득력이 있다. '87년 체제'는 신자유주의 체제가 한국 사회에 자리를 잡게 하는 효과적인 권력 배치를 조성했다. 민중은 선거에 참여하여 행정권력과 의회권력을 선출하

지만, 선거가 끝나자마자 그들은 행정권력과 의회권력의 외부로 배제된다. 민중이 뽑은 대표들이 그들을 대리하는 자리에 민중은 없다. 형식적 민주주의가 민중을 정치로부터 체계적으로 배제하고 있는 현실, 그렇기에 자본과 시장을 민주적으로 통제하여 민중의 이익을 제도적으로 지킬 수 없는 현실, 바로 이것이 무엇보다도 먼저 지적되어야 할 민중현실이다. 국민의 정부와 참여정부는 이명박 정부와 다르지 않느냐고 말할 수도 있다. 물론 그런 점이 없지는 않다. 신자유주의 체제의 압력 아래서도 전자가 부르주아 민주주의의 외양을 애써 갖춘 데 반해, 후자는 민낯의 부르주아 독재라는 점에서 그렇다. 그러나 국민의 정부와 참여정부 10년 동안에 지구화의 거대한 압력 아래서 신자유주의 체제가 우리 사회에 체계적으로 도입되고 확고한 뿌리를 내렸다는 것을 잊어서는 안 된다.

국민의 정부와 참여정부 시기에는 신자유주의적인 노동연계복지(workfare) 개념에 근거하여 사회적 안전망이 넓혀졌고 탈권위주의적인 정치 환경이 조성되었다. 그러한 조치들은 오랫동안 성장지상주의와 권위주의로 점철되어 왔던 한국 사회에서 상대적 진보성을 띤 것이 사실이다. 그러나 그러한 두 정권의 개혁적 이미지에 가려진 채 재벌체제는 더욱더 강고해지고, 노동절약적이고 임금절약적인 합리화가 노동시장 개혁이라는 이름으로 거의 민주적 통제를 받지 않고서 관철되었다. 지구적 금융자본의 지배 아래 있는 대기업 카르텔이 부품 구입이나 조립 하청 등 다양한 외주를 통하여 중소기업들을 수탈하고, 중소기업들에서는 자본가들이 노동자들을 가혹하게 수탈하는 체제가 자리를 잡았다. 이러한 틀에서 비정규직 노동은 급속하게 증가하고, 노동소득

분배율은 극적으로 축소되었다. 한편에서는 기업 저축이 천문학적으로 늘어나고, 다른 한편에서는 사회적 가난이 만연했다. 관대한 통화 정책 아래서 실물자산의 가치가 급속도로 상승하면서 한편에서는 부동산 졸부의 탄성이 터져 나오고, 다른 한편에서는 눈덩이처럼 불어나는 부채에 허덕이는 무주택자들의 한숨이 깊어졌다. 승자독식 체제가 자리를 잡으면서 루저들은 고립·분산되었고, 프레카리아트(precariat = precarious proletariat)는 가난과 고립에서 벗어날 수 있는 전망이 보이지 않기에 절망했다. 청소년들은 성적 경쟁의 외길로 몰린 채 "행복은 성적순이 아니잖아요!"를 읊조렸지만, 성적 경쟁에서 밀린 수많은 청소년들은 철저한 무시의 대상이 되거나 학교 체제 바깥으로 일탈할 수밖에 없었다. 이와 같은 묘사들은 끝없이 이어질 수 있지만, 이 몇 가지 안 되는 묘사들조차 이명박 정권 시기의 한국 사회가 아니라, 스스로 민주적이고 진보적이라고 자처한 국민의 정부와 참여정부 시기의 한국 사회의 모습을 그린 것이다.

신자유주의 체제에서 거덜이 나다시피 한 민중은 참여정부에 등을 돌리고 747 구호를 앞세우며 기업친화적인 정부를 세우겠다는 '경제 대통령' 이명박을 선출하였지만, 이명박 정권이 자본과 시장의 독재를 위해 큰 길을 터주는 기업독재 국가를 형성하려고 한다는 것은 아직 충분히 인식되지 못했다. 그 국가가 민중을 아예 안중에 두지 않는 부르주아 독재 국가라는 점에서 부르주아 민주주의의 외양을 유지하고자 했던 국민의 정부와 참여정부와 다르다는 것도 아직 충분히 인식되지 못했다.[14] 이명박 정권의 기업독재적 성격과 민중배제적 성격은 광

---

14 이명박 정권의 성격과 지향에 대해서는 졸고 "'경제 대통령' 신화의 해부: 국가주도적 개

우병 위험에 노출된 미국산 쇠고기 전면 수입 조치가 취해지면서 서서히 인식되기 시작했다. 물론 민중은 미국산 쇠고기 전면 수입이 지구 경제의 틀에서 축산공업과 사료공업을 지배하는 자본의 이익을 위해 민중의 생명과 건강을 희생시키는 신자유주의적 지구화의 정치경제학적 논리에 따른 것임을 아직 또렷하게 인식하지 못했다. 그러나 그들을 엄습한 광우병 공포는 민중의 삶을 원초적으로 규정하면서도 자본이 부추기고 있는 성공주의와 소비주의의 물신적 상징질서에 가려 좀처럼 드러나지 않는 그 어떤 것의 징후였다. 그 징후를 앓으며 민중이 군중의 모습으로 등장하고 정보통신 기술에 힘입어 네트워크 군중의 모습을 취하게 된 것이다.

그 군중에 속한 청소년들은 교육자율화에 노출되어 학대받는 사람들이다. 그들은 스스로를 민중으로 자각하지 못했지만, '좀비'를 자처한 그들이 민중이 아니라면 누구를 민중이라고 부를 수 있겠는가? 의료 민영화로 인해 의료혜택으로부터 소외되거나 의료혜택을 받기 위해 더 많이 수탈당하게 될 사람들, 물, 전기, 가스, 철도, 도로 등 공공재를 사유화하는 자본이 활개 치는 세상에서 민중의 삶은 얼마나 더 피폐해지겠는가? "배를 산으로 끌고 가는" 기괴하기 짝이 없는 논리로 추진되는 한반도 대운하 사업을 통해 토건자본이 거대한 지대 수익을 챙기는 사이에 민중은 복지의 빈곤으로 인해 고통당하지 않겠는가?

'87년 체제'의 민중배제적 정치질서에 힘입어 한국 사회에 깊이 뿌리박은 신자유주의 체제에서 배제와 억압과 약탈의 대상이 된 민중의

발 독재로부터 국가주도적 기업 독재로," 『시대와민중신학』 10(2008), 특히 197-202를 보라.

관점에서 세상을 보고 다른 세상을 전망하는 '유기적 지식인들'이 시민사회에서 헤게모니를 구축하고 촛불집회에 모인 군중을 지도할 수 있었다면, 군중이 제출한 의제들을 일관성 있는 구도 아래서 적절하게 배치하고 군중이 항의와 저항의 여러 국면들에서 미처 제기하지 못한 의제들, 이를테면 사회적 양극화 해소와 비정규직 문제 해결 같은 의제들을 확장적으로 제출할 수 있었을 것이고, 신자유주의 체제를 해체하고 철거하는 본격적인 투쟁을 조직할 수 있었을 것이다. 그러나 유감스럽게도 2008년 촛불집회 이전에도 그리고 촛불집회 과정에서도 그러한 지도력은 충분히 형성되어 있지 않았다. '대책회의'가 있기는 하였지만, 대책회의의 헤게모니는 민중적 이해관계보다는 시민적 이해관계라고 일컬어지는 것에 방점을 찍고 있는 세력들에게 있었다. 그들은 수십 만 명의 군중이 법을 준수하면서 비폭력 평화 시위를 할 수 있도록 관리하는 데 최대한의 관심을 기울였고, 촛불문화제와 광장의 축제가 새로운 시위 문화의 전형으로 자리를 잡게 하는 데 큰 관심을 가졌다.15 그러나 수십 만 명의 군중이 모였는데도 정권을 타도하지 못하고 현상을 근본적으로 변경하지 못했다고 한다면, 이러한 실패를 어떻게 설명하여야 하는가?

네트워크 군중에 중심이 없었고, 지도부가 없었다는 것은 일시적인 현상이어야 하지, 언제나 그래야 한다는 것은 아니다. 촛불집회에 모인 사람들의 자발성은 중시되어야 하지만, 자본의 포섭과 시장의 독재

---

15 박석삼은 이를 두고 '촛불과 대책회의의 불행한 만남'이었다고 말하고, '대책회의'가 정권 퇴진을 요구하는 대중의 운동을 정책반대투쟁에 묶어놓고 존법주의(尊法主義)와 비폭력 평화시위의 질곡에 가두어 두었다고 맹렬하게 비난한다. 이에 대해서는 박석삼, 앞의 책, 71ff., 76ff.를 보라.

그리고 부르주아 독재를 무너뜨려야 비로소 민중의 해방이 이루어진다는 것을 인식하는 사람들은 군중을 일관성 있게 교육하고 민중 투쟁을 조직하지 않으면 안 된다.

3. 2008년 촛불집회의 종언

아직 촛불이 꺼지기도 전인 7월 30일에 공정택이 서울시 교육감으로 선출된 것은 충격적인 사태였다. 서울특별시 주민들의 투표참여율은 15.4%에 불과했고, 강남 3구 주민들의 극성스러운 계급투표가 진보진영 후보를 누르고 보수적인 후보가 당선되는 데 기여했다. 촛불집회에 모인 군중이 신자유주의적 교육에 항의하는 목소리를 높였지만, 신자유주의 교육 체제는 견고하게 유지되었고, 그것은 촛불집회가 신자유주의 체제를 허물어뜨리기는커녕 그 체제에 균열을 낼 수 있을 정도의 역량도 갖추지 못했다는 것을 시사했다.

마침내 2008년 8월 15일에 열린 일백 번째 촛불집회는 경찰에 의해 가혹하게 진압되었다. 시위는 문자 그대로 원천 봉쇄되었고, 경찰 저지선을 뚫고 거리에 나섰다가 물대포에 맞아 푸른 물감이 묻은 사람들은 연행되었으며, 시위 주동자로 몰린 여러 사람들은 구속되거나 수배되었다. 촛불집회가 사그라지면서 촛불 군중이 한사코 반대했던 미국산 쇠고기 수입, 한반도 대운하, 물, 수도, 전기 등 망산업(網産業)을 위시한 공기업 민영화, 공영방송 지배 등등이 국민을 현혹하는 수사를 동원하며 다시금 거침없이 추진되었다. 무엇보다도 이명박 정권은 무제약적인 쌍방향 소통을 통해 네트워크 공론장을 형성하는 과정을 분쇄하기 위해서 정보와 의견의 흐름에 사전 검열 제도를 설치하고 '불법' 정보 전달과 확산을 처벌하는 장치를 마련하여 정보 생산자와 소비자가 내적 검열을 정상적인 질서로 받아들이도록 시도했다. 거기서 더 나아가 이명박 정권은 정보의 흐름을 왜곡하고 파편화하면서 보수 기득권 세력의 견해를 보수 언론과 방송, 인터넷 포털 등을 통하여 확산시켜 보수적 헤게모니를 강화하고자 했다. 방송통신위원회를 설치하고 이를 통해 종합편성채널을 보수 언론사들에게 넘겨준 것은 그러한 헤게모니 전략의 일환이었다.

촛불집회가 종언을 고하며 오프라인의 군중이 뿔뿔이 흩어지자 온라인상의 군중도 활력을 잃었다. 지배 세력의 정보 통제와 헤게모니 강화에 대항하여 활동하는 저항세력은 더 이상 뚜렷하게 나타나지 않았다. 미국 쇠고기 전면 수입을 둘러싼 논란처럼 많은 사람들의 공감을 불러일으키는 이슈들에 대해 즉각적이고 자발적인 의견과 정보를 생산하고 유통시켜 공론을 형성하고 시위를 벌이는 것만 갖고서는 지배 세력의 헤게모니를 분쇄하기 어렵다는 것이 차츰 분명해지기 시작했다. 그 이슈들의 배후를 이루는 체제와 그 체제를 운영하는 세력의 헤게모니 전략에 대한 분석은 까다로웠고, 특유의 감성과 경쾌함을 자랑하는 디지털 민주주의 세력은 헤게모니 투쟁의 지루함을 견디기 어려웠다. 지배 세력은 신자유주의적 신념을 정교하고 세련된 언어로 확산시키고, 성공주의와 소비주의에 대중의 욕망을 속절없이 묶어 넣는 마법을 발휘하여, 지구화된 경제의 조건들 아래서 신자유주의 체제에 대한 저항을 효과적으로 저지할 수 있는 역량을 발휘했다. 이에 맞서는 투쟁이 이슈 중심의 단기적인 투쟁일 수 없다는 것은 너무나도 분명했다.

3개월 동안 지속되었던 2008년 촛불집회에서 민중의 여망은 좌절되었다. 촛불집회가 '시민들'의 직접 민주주의와 토의 민주주의 역량을 보여주었다는 평가가 있고, 그러한 평가가 의미 있는 것은 사실이지만, 민중신학의 관점에서 볼 때 현상의 근본적인 변화를 이끌어내는 민중정치의 가능성 조건들을 창출하는 것은 여전히 절박한 과제로 남았다. '87년 체제'의 틀에서 사회운동을 압도할 정도로 시민운동의 헤게모니가 강화되었지만, 시민의 보편적인 이익과 권리를 앞세워 민중적 이해관계의 추구를 부차화하거나 계급적 이기주의로 낙인찍고, 시민사회 중심의 협치를 강화하는 방식으로는 민중의 이해관계를 실현할 수 없다는 것이 2008년 촛불집회가 남긴 귀중한 교훈이다.[16] 민중의 이해관계들과 권리들을 실현시키기 위해서는 민중배제적인 '87년 체제'가 반드시 해체되어야 하고, 민중의 참여와 대표권이 보장되는 새로운 헌정질서가 마련되어야 한다. 그것은 지구화의 맥락에서 우리 사회에 구축된 신자유주의 체제를 일관성 있는 구도 아래서 해체시키는 민중의 운동에 의해 달성될 것이다. 그렇기에 2008년 촛불집회가 종언을 고한 시점에서 민중운동을 이끌어가는 '유기적 지식인들'의 지도력을 구축하는 것이 그 어느 때보다도 절실하게 인식되었다.

---

16 이에 대해 권정기는 "그동안 10여 년간의 부르주아 민주주의하에서 노동운동 진영을 혼란스럽게 하던 개량에 대한 환상, 의회주의에 대한 환상, 국가기구에 대한 환상은 파시즘의 공세에 의해 점차 힘을 잃을 것"이라고 진단하고, 이명박 정권이 주도하는 "반동의 어둠이 깊어지자마자 벌써 노동운동의 정치부위에 대한 침탈이 진행되었다"라고 지적한다. 권정기, "꺼져가는 '촛불,' 그리고 파시즘", 『정세와노동』 38(2008), 18.

III. 2016-2017년 촛불집회

1. 2016-2017년 촛불집회의 촉발과 전개

2016-2017년 촛불집회는 박근혜 정권의 적폐에 대한 민중의 불만과 저항이 '박근혜-최순실 국정농단'에 촉발되어 폭발적으로 분출한 사건이다. 멀리서 이 거대한 군중운동을 관찰하는 사람들은 촛불집회가 '박근혜-최순실 국정농단'으로 인해 헌정질서가 문란해진 데 대해 "이게 나라냐!"를 외치며 공화국 시민들이 나서서 헌정질서를 회복하려는 비폭력 평화 시위라고 여기겠지만, 2016-2017년 촛불집회는 그렇게 단순한 사태가 아니다. 2016-2017년 촛불집회는 2015년 11월부터 최근에 이르기까지 민중적 의제들을 내세우며 지난 2월 7일까지 일곱 차례나 열린 민중총궐기 대회들을 도외시하고서는 제대로 이해될 수 없다.

2016-2017년 촛불집회의 도화선이 된 '박근혜-최순실 게이트'는 멀리는 2016년 봄에 일어난 이화여대 사태에서 그 단서가 나타나기 시작했고, 7월 초에 조선일보가 나서서 미르재단과 K스포츠재단의 설립과 운영을 둘러싼 의혹을 폭로하면서 정경유착의 추악한 면모가 드러나기 시작했고, 10월 24일에 JTBC가 최순실 '태블릿 PC' 자료들을 공개하면서 마침내 그 실체가 '국정농단'임이 만천하에 드러났다. 헌정문란에 충격을 받은 사람들은 그 다음날 박근혜가 변명과 거짓말로 점철된 제1차 담화를 발표하자 더욱더 분노하였다. 이러한 상황에서 박근혜 정권의 국정문란에 대항하는 제1차 촛불집회를 연 것은 민중총궐

기 투쟁본부였다. 투쟁본부는 10월 29일 제1차 촛불집회로 알려진 '모이자! 분노하자! 내려와라 박근혜 1차 범국민행동'을 개최하고 광화문광장에 시위 공간을 확보한 뒤에 11월 12일 민중총궐기 대회가 개최될 때까지 매일 촛불을 켜겠다고 선언했다. 11월 2일 민중총궐기 투쟁본부를 위시하여 전국의 1천개 시민사회단체(연명), 나라를 걱정하고 박근혜 정권에 분노하는 시민들의 모임, 박근혜-최순실 국정농단 사태에 즈음한 전국 비상시국회의 참가자 일동의 이름으로 발표한 시국선언은 11월 5일 백남기 농민의 영결식과 더불어 '모이자! 분노하자! 내려와라 박근혜 2차 범국민행동'을 소집하였고 11월 12일 민중총궐기 대회에 참여할 것을 호소하였다. 11월 9일에는 민중총궐기투쟁본부와 시민사회단체연대회의 등 1,500여개의 시민단체들과 사회단체들이 참여하는 '박근혜정권 퇴진 비상국민행동'(이하 '퇴진행동')이 결성되었고, 그 이후 '퇴진행동'은 박근혜 탄핵 심판이 내려지기 직전 주말까지 열아홉 차례나 촛불집회를 이끌었다.

2016-2017년 촛불집회는 크게 세 국면을 거쳐 왔다. 첫째는 10월 29일 제1차 촛불집회로부터 11월 5일 제2차 촛불집회에 이르기까지 박근혜 대통령이 스스로 사임할 것을 촉구한 하야론의 국면이고, 둘째는 11월 12일 제3차 촛불집회로부터 11월 19일 제4차 촛불집회에 이르기까지 하야를 거부하는 박 대통령을 권좌에서 끌어내릴 것을 주장한 퇴진론의 국면이고, 셋째는 11월 26일 제5차 촛불집회에서 헌법적 절차에 따른 대통령 탄핵을 요구한 이래로 탄핵심판이 이루어지기까지 이어진 탄핵 국면이다.

촛불집회의 거대한 압력 아래서 11월 17일 국회는 '박근혜정부의 최순실 등 민간인에 의한 국정농단 의혹사건 규명을 위한 특별검사의 임명 등에 관한 법안'을 본회의에서 처리하였고, 12월 9일에는 박근혜 대통령 대한 탄핵소추안을 압도적 다수인 234표(총 투표의 78%)로 가결하였다. 같은 날 대통령의 직무는 정지되었고, 여러 차례에 걸쳐 헌법재판소에서 탄핵 심리가 진행되다가 지난 3월 10일 헌법재판소 재판관 전원 일치로 탄핵소추안이 인용되어 박근혜는 대통령 직책에서 파면되었다.

2. 2016-2017년 촛불집회의 동학

2016-2017년 촛불집회는 그 규모와 지속기간을 놓고 보면 우리나라뿐만 아니라 세계사에서도 유례를 찾을 수 없다. 이미 11월 12일 제3차 촛불집회에서 100만 명 이상이 모이더니, 탄핵안 발의를 앞두고 있었던 12월 3일 제6차 촛불집회에서는 190만 명 이상이 운집했다. 12월 31일 촛불집회까지 촛불집회에 참여한 연인원은 1천만 명을 넘어섰고, 탄핵 심판이 내려지기 직전까지 집회가 열릴 때마다 수십만 명의 군중이 모였다. 이러한 대규모 집회에 모인 사람들은 누구이고, 그 집회를 움직이는 동학은 무엇인가?

1) 2016-2017년 '촛불집회'에 모인 군중 가운데에는 민중총궐기 투쟁본부나 다양한 시민단체들과 사회단체들의 의해 조직된 사람들도 있었지만, 그들은 군중의 작은 일부분을 차지했을 뿐, 군중의 대다수는 자발적으로 참여한 개인들이었다. 이 점에서 2016-2017년의 촛불

군중은 2008년의 촛불 군중과 큰 차이가 없었다. 2008년의 촛불 군중이 미국산 쇠고기 전면 수입이 불러일으킨 광우병 루머와 공포 그리고 검역 주권을 포기한 정권에 대한 분노로 삽시간에 엄청난 규모로 모여들었듯이, 2016-2017년 촛불 군중은 '박근혜-최순실 국정농단'과 이를 둘러싼 루머에 경악하고 분노한 사람들이었다. 그들은 민중총궐기 투쟁본부가 광화문 광장을 확보하고 촛불을 켜자 그 주변에 모여들기 시작하여 거대한 촛불집회를 연출하기 시작했다. 촛불집회를 퍼포먼스로 기획하고 전개한 구심체가 있었지만, 그 구심체가 거대한 군중집회를 동원한 것은 아니었다. 오히려 자연발생적으로 모였다고 말하는 것이 더 적절하다고 할 만큼 남녀노소의 구별 없이 다양한 직업에 종사하고 여러 계층에 속하고 각기 다른 정체성을 드러내는 갖가지 처지의 사람들[17]이 군중을 이루어 이미 익숙해진 촛불집회를 수행하고, 박근혜 하야를 저절로 외치기 시작했던 것이다. 현상적으로 보면, 촛불집회에서는 군중의 자발성이 두드러지는 것처럼 보인다.

---

17 비록 그 사람들이 계층, 성별, 연령, 심지어 지역의 차이를 넘어선 혼성적 구성이라는 특징을 보여주고 있기는 하지만, 연령 지표에 관해서는 조금 더 신중한 판단을 할 필요가 있다. 2016년 12월 말부터 촛불집회에 맞서서 대규모로 벌어지고 있는 '태극기 집회'에 참여하는 사람들 가운데 주로 고령으로 인한 소외와 가난, 전쟁 트라우마와 안보 강박을 겪고 있는 60대 이상의 연령층이 많이 관찰되기 때문이다. 언뜻 보면, 촛불집회와 '태극기 집회' 사이에는 연령 장벽이 있는 것처럼 보이기까지 한다. 그러나 촛불집회에도 60대 이상의 연령층이 많이 참여하기에 연령이 촛불집회와 '태극기 집회'를 가르는 기준일 수는 없다. '태극기 시위'를 관찰할 때에는 연령 변수뿐만 아니라 동원 체계에도 유념할 필요가 있다. '태극기 시위'에는 관변 극우 단체들, 제대군인들과 향우회원들을 필두로 한 우리 사회 저변의 잘 조직된 극우세력들, 박사모 조직들, 극우 개신교 교회들과 기구들, 그 밖의 극우 종교 단체들이 조직적으로 동원한 사람들이 많이 참여하고 있다는 것을 유념해야 한다.

2) 그러나 2016-2017년의 촛불 군중이 '박근혜-최순실 국정농단'
에 분노하여 자발적으로 모여 들었다고 말하기만 해서는 그 촛불집회
를 제대로 설명할 수 없다. 국정농단이 직접적인 도화선이 된 것은 분
명한 사실이지만, 박근혜 정권에서 쌓인 적폐들과 신자유주의 체제에
서 전면적인 삶의 파탄을 겪은 수많은 사람들이 군중을 이루어 적폐청
산을 외쳤다는 것을 주목해야 한다. 박근혜 정권의 가장 두드러진 특징
은 대통령이 정당정치와 입법 권력을 초월하고 그것을 무력화하는 위
치에 스스로를 배치한 데서 비롯되는 파시스트적 통치였다.[18] 진보정
당 해체, 대테러방지법 제정, 역사교과서 국정화, 전격적인 사드 배치
결정 등등이 그 증거이다. 이 파시스트 정권에서 가장 악질적인 형태로
나타난 적폐들은 청와대-새누리당-국정원-정치검찰-재벌-보수언
론-사법부-군대-정부부처 등이 카르텔을 형성하였기 때문에 가능한
것이었다. 미르재단과 K스포츠 재단의 기금 모금 사례에서 나타난 정
치권력과 경제권력의 유착과 부패 카르텔은 이미 앞에서 언급한 바 있
거니와, 교육부, 문화체육관광부 등의 국가기구는 공공성을 잃고 특정
세력들의 특수한 이익을 위한 도구로 전락하였다. 세월호 사건에서 드
러났듯이, 국민의 생명과 안전을 보장해야 할 국가는 없었고, 무고한
희생자들의 죽음과 그 처참한 죽음으로 인해 트라우마를 겪는 사람들

---

18 신진욱은 박근혜 정권의 병폐가 '결손 민주주의'의 전형적인 발현이라고 다소 온건하게
   진단한다. 박근혜 정권의 병폐는 "첫째 민주적 통제를 결여한 고도집중적 권력구조라는
   제도적 특성, 둘째 국가기구와 제도정치 내에 권위주의 세력의 잔존이라는 역사적 현실이
   결합되어 만들어진 산물이다. 거기에 셋째 요인을 추가한다면 그와 같은 민주적 결손을
   예방하거나 교정할 수 있는 조직된 시민사회가 두텁게 존재하지 않는다는 점을 들 수 있
   다." 신진욱, "한국에서 결손민주주의의 심화와 '촛불'의 시민정치", 『시민과세계』
   29(2016), 17.

에게 책임을 지는 국가도 없었다. 약탈적인 금융지배체제와 재벌체제, 정치권력과 경제권력의 시녀로 전락한 검찰, 기득권 세력의 '유기적 지식인' 역할에 충실한 보수언론, 노동자들에 대한 체계적인 착취와 탄압 등등은 기나 긴 적폐 목록의 일부일 뿐이다.

신자유주의 체제에서 가뜩이나 황폐화된 민중의 삶은 박근혜 정권 시기에 이르러 더 비참해졌다. 그것은, 2009년 지구경제를 뒤흔들었던 금융공황 이래로 한국 경제가 저성장 국면에 접어들었는데도, 자본의 저축을 늘리고 노동의 소비를 줄이는 신자유주의적 경제운영의 틀이 강고하게 유지되었기 때문에 나타난 결과였다. 가계 부채는 10년 만에 두 배로 늘어나 1,300조 원을 넘어섰다. '좋은 일자리'가 빠르게 줄어들고, 정규직 노동자들의 해고가 손쉬워지고, 프레카리아트와 미취업자들과 실업자들이 늘어났다. '3포 세대', '5포 세대', '7포 세대'라는 말이 회자되고, '헬 조선', '금수저-흙수저', '개돼지 같은 민중' 등등의 용어들과 어구들이 널리 퍼졌다. '혼밥'과 '혼술'이 새로운 생활 패턴으로 자리를 잡았고, 그것은 신자유주의 체제에서 고립되고 분산된 개개인들이 극심한 불안과 불안정 상태에 처해 있음을 가리킨다.

이러한 박근혜 정권의 적폐들과 신자유주의 체제가 가져 온 파국적인 현실을 파악하고 적폐청산과 현상의 변경을 명료한 언어로 표현하기 시작한 사람들은 노동자들이었다. 민주노총이 주축이 된 민중총궐기 투쟁본부는 2015년 11월에 벌인 제1차 총궐기에서 노동개혁, 재벌의 책임, 농민 문제 해결, 빈곤대책, 사회공공성 등에 관한 12개 요구안[19]을 제시하였고, 2016년 11월 12일 제6차 총궐기에서 이들 12개

---

19 민중총궐기 투쟁본부가 내건 12개 요구안의 구체적 내용은 다음과 같다. 1. 일자리노동:

요구안에 박근혜 퇴진 요구를 열셋째 항목으로 덧붙였다.

따라서 2016-2017년 촛불집회에 모여든 군중은 겉으로 보기에는 국정농단에 분노하는 군중이지만, 그 이면을 들여다보면 신자유주의 체제와 파시스트 정권의 결합에서 비롯된 적폐들과 민생파탄에 저항하는 민중이다. 민중은 2016-2017년 촛불집회에서 박근혜 축출을 통해 파시스트 정권을 해체하고, 착취와 억압, 배제와 차별을 정상화한 신자유주의 체제를 넘어서서 더 민주적이고 더 평등하고 더 공정한 사회를 세울 것을 요구하고 있다. 2008년 촛불집회와 달리 2016-2017년 촛불집회에서 '깃발들'이 펄럭인 것은 그 때문이다.

3) 2008년 촛불 군중이 네트워크 군중이었다면, 2016-2017년 촛불 군중은 도리어 공중과 대중 매체들과 인터넷 신문 매체들이 전달해 주는 국정농단 정보들과 실시간 집회 중계에 힘입어 활성화된 측면이

쉬운 해고, 평생 비정규직, 노동개악 중단, 모든 노동자의 노동기본권 보장, 모든 서민의 사회안전망 강화; 2. 재벌책임강화: 재벌 사내유보금 환수, 상시지속업무 정규직 전환 등 재벌 사용자 책임, 3. 농업: 밥쌀 수입 저지, TPP 반대, 쌀 및 농산물 적정 가격 보장; 4. 민생빈곤: 노점 단속 중단, 순환식 개발 시행, 장애등급제, 부양의무제 폐지; 5. 민주주의: 공안탄압 중지, 국가보안법 폐지, 국가정보원 해체, 양심수 석방, 역사왜곡 중단, 역사교과서 국정화 계획 폐기; 6. 인권: 차별금지법 제정, 여성, 남성, 이주민, 장애인, 성소수자 차별 및 혐오 중단, 국가인권위 독립성 확보, 정부 및 지자체 반인권행보 중단; 7. 자주평화: 대북 적대정책 폐기, 남북관계 개선, 5.24조치 해제, 민간교류보장, 한반도 사드(THAAD, 고고도 미사일 방어 체계) 배치 반대, 한미일 삼각군사동맹 중단, 일본의 군국주의 무장화 반대; 8. 청년학생: 청년 좋은 일자리 창출 요구, 대학구조조정 반대; 9. 세월호: 세월호 온전한 인양, 세월호 참사 진상규명, 안전사회건설; 10. 생태환경: 국립공원 케이블카 건설 계획 폐기, 신규원전 건설 저지, 노후원전 폐기; 11. 사회공공성: 의료, 철도, 가스, 물 민영화 중단, 제주 영리병원 추진 중단, 공공의료 확충; 12. 한일 위안부 합의 무효화 재협상 추진: 소녀상 철거 저지, 일본 정부의 군 위안부 강제연행 책임인정과 공식 사과, 법적 배상 등.

더 컸다. 조선, 동아, 중앙, 매일경제 등이 운영하는 종편들이 앞장서서 국정농단의 세세 콜콜한 정보들과 첩보들, 심지어 루머마저도 여과 없이 선정적으로 전했고, 대중의 분노를 자극했다. 사이버 공간을 가로 지르는 제도권 언론 보도가 2008년 촛불 군중에게서 나타났던 쌍방향 정보 네트워크를 통한 군중 토론을 대체하는 효과를 나타낸 것이다. 지배블록의 한 축이라고 여겨져 왔던 보수언론은 왜 지배블록의 중핵을 공격한 것일까? 그리고 그것이 2016-2017년 촛불집회의 전개과정에 미치는 효과는 무엇일까?

조선일보를 위시한 보수 매체들이 박근혜를 정조준하여 공격하였다는 것은 지배블록 내부에 균열이 발생하였고, 권력을 새롭게 배분하기 위한 투쟁이 시작되었다는 것을 의미한다. 문제의 근원은 박근혜가 지배블록 안에서 초월적 지위를 주장하고 절대성 요구를 앞세운 데 있었다. 박근혜의 절대군주적 지배 방식 아래서 언론이나 재벌처럼 대통령과 동일한 반열에 있거나 대통령 직책을 도구적으로 활용할 권한을 마땅히 가져야 한다고 여겨왔던 지배 블록 분파들의 이익과 권력은 손상받기 시작했던 것으로 보인다. 상식적으로 납득되지 않는 괴물들의 중용과 집권당 내부의 '진박' 소동, 개성공단 폐쇄, 위안부 문제 합의, 사드 배치, 조선산업과 해운산업 구조조정 등과 같은 뜬금없는 정책 결정 등등은 오랫동안 지배 블록에서 통용되었던 조정과 타협이라는 게임 규칙이 깨졌다는 것을 뜻한다. 노무현 대통령이 읊조렸듯이, 한국 사회에서 권력의 중심이 재벌로 넘어갔는데도, 대통령은 재벌을 자의적 지배 대상쯤으로 여겼다. 보수언론을 헤게모니 유지와 강화를 위한 최고의 파트너로 삼는 것이 관례였는데, 대통령은 청와대 실세라인의 심기를 거스르는 사소한 일로 눈 밖에 난 보수언론을 압박하고 공격할 정도로 무모했다. 이와 비슷한 일들이 반복되자 박근혜의 거세가 지배 블록을 구성하는 분파들의 이익과 권력을 최대한 안정적으로 보장할 수 있는 전제조건으로 여겨지기 시작했다.[20] 이 점에서 '최순실 게이트'가 TV조선에 의해 폭로되기 시작하고, 박근혜를 벼랑 끝으로 몰아넣은 최순실의 '태블릿 PC' 자료들이 JTBC에 의해 공개된 것은 의미심장하다.

이렇게 해서 '박근혜-최순실 국정농단'이 만천하에 폭로되자 이에 분노한 군중이 촛불을 밝히고 광장에 모여들었다. 박근혜에 대한 군중의 항의와 저항은 기득권 세력에게는 양날의 칼이었다. 군중의 힘을 빌려 박근혜를 거세할 수 있다면, 그것은 기득권 세력에게 비교적 유리한 조건 아래서 권력을 새롭게 배분하는 기회가 되겠지만,[21] 군중의 힘은 기득권 세력의 존립을 위협할 수도 있다. 제2차 촛불집회를 거치면서 군중의 수효가 공권력의 통제 범위를 훨씬 넘어서자 지배블록은 그 군중을 관리하는 데 사활을 걸었다. 11월 12일 제3차 촛불집회에서 군중이 1백만 명 규모로 늘어나고 박근혜 자진하야 구호가 박근혜 강제퇴진 구호로 바뀌자 지배블록은 정교한 헤게모니 전략을 구사하기 시작했다. 그들의 헤게모니 전략은 두 방향으로 전개되었다. 하나는 군중의 저항을 헌정질서의 틀 안에 가두어 두는 것이었다. 11월 12일

---

20 이에 대해서는 김해인, "2016-17 촛불의 교훈: 중간 평가와 향후 과제", 『정세와노동』 129(2017), 39f.를 보라.

21 거대한 군중이 모여 촛불집회가 막 시작될 때, 집권여당이 박근혜에게 이선으로 후퇴한 뒤에 적절한 시기에 모양을 갖추어 하야를 하겠다고 선언하라고 제안한 것은 바로 이 때문이다.

1백만 명 시위가 끝난 바로 다음날 집권여당의 전 대표 김무성은 '국정 농단'의 몸통으로 지목받는 박근혜 대통령의 거취에 관련해 "대통령은 국민의 이름으로 탄핵의 길로 가야 한다"라고 주장하고, 야당들에게 헌법의 틀에서 해결책을 내놓으라고 압박을 가했다.[22] 그는 군중의 저항을 탄핵의 헌정질서 안에 배치할 경우에만 '87년 체제'의 기득권 정치 분파들이 권력을 유지하고 그 권력을 새롭게 배분할 수 있다는 것을 분명하게 인식했다.

또 다른 하나는 군중의 저항을 비폭력 평화 시위의 틀에 묶어두는 것이었다. 제도언론은 해외 언론 보도까지 인용하면서 1백만 명 이상 운집한 군중이 폭력사태 없이 질서정연하게 촛불집회를 마친 것은 세계사적으로 유례없는 일이라고 극찬했다. 분단된 반공국가에서 지배 질서를 폭력으로 붕괴시키는 것을 금기시하도록 이데올로기적 국가기구들에 의해 훈련받고 세뇌당한 대한민국 국민들에게 비폭력 평화 시위는 일종의 강박적 행위이기도 했다. 엄청난 규모의 군중이 폭력을 행사할 때 어떤 일이 벌어질 것인가에 대해서는 군중 자신도 공포를 느끼고 있었다고 말하는 것이 적절할 것이다. 촛불집회를 주관하는 '퇴진행동'도 법과 질서의 틀 안에 군중의 저항을 가두어 두기 위해 필사의 노력을 기울였다. 공권력이 군중을 공격하지 않고 구획 안에 가두어 두자 그곳에서는 일종의 해방구 같은 분위기가 형성되고 촛불집회의 장엄한 퍼포먼스가 연출되기까지 했다. 고립과 분산과 불안이 강제되는 현실로부터 일시적으로 벗어나 협동과 연대와 소통의 축제를 즐기

---

22 김무성, "박 대통령, 탄핵의 길로 가야", 인터넷 한겨레:
  http://www.hani.co.kr/arti/politics/politics_general/770069.html#csidxfe165d
  a118bd807bcc55336d920bd84.

고, 한 목소리로 구호를 외치며 해방감을 느끼는 군중23이 폭력을 강박적으로 기피한다는 것을 지배블록은 잘 알고 있었다. 그렇기 때문에 법원이 나서서 청와대 인접 지역까지 개방하여 촛불 군중이 시위를 벌이도록 허용할 수 있었던 것이다. 이런 점에서 2016-2017년 촛불집회는 잘 관리된 퍼포먼스라고 볼 수도 있다.

박근혜가 자진 하야를 완강하게 거부하고 촛불 군중이 그를 권좌에서 강제로 끌어내리지도 못하는 교착 상황은 11월 말에 탄핵론이 대두되면서 끝났다. 광장에 모인 촛불 군중은 박근혜 탄핵을 외쳤고, 국회는 군중의 요구를 얼른 받아들여 12월 9일 박근혜 탄핵을 가결했다. 이것은, 보기에 따라서는, 촛불 군중이 지배블록이 쳐놓은 거대한 그물 안에 포획된 형국이다. 이제 촛불 군중은 국정농단과 적폐로 가득 찬 기존 체제를 철거하는 정치적 역량을 발휘할 수 있는 기회를 잃고, 국회의 탄핵소추가 관철되도록 헌법재판소에 압력을 가하는 위치에 배치 되었다.24

국회는 촛불 군중의 두 가지 요구, 곧 박근혜 탄핵의 요구와 적폐청산의 요구 가운데 오직 탄핵 요구만을 받아들였을 뿐, 박근혜 정권 기

---

23 이 군중에 대해서는 배성인의 날카롭지만, 따뜻한 배려로 가득 찬 진단을 참조할 만하다. "광장에는 모든 이들의 우애와 연대, 배려와 협동이 있다. 누구를 막론하고 수평적 관계를 유지하고, 존중받고, 소통하는 열린 공간이다. 광장은 정치적 주체의 장이고 치유의 공간이며, 따뜻한 공동체였다. 하지만 광장을 떠나면 우리는 다시 고립된 개인으로 돌아간다. 광장 안의 우의, 연대, 배려, 협동은 광장 밖의 경쟁과 이기심 그리고 차별과 배제로 대체된다. 우리가 원하는 사회는 광장 안과 밖이 동일하게 자유롭고 민주적이고 평등한 사회다." 배성인, "촛불항쟁과 박근혜퇴진의 정치사회학," 『진보평론』 70(2016), 33.

24 민중의 운동을 법의 틀 안으로 밀어 넣는 탄핵 국면이 헌법재판소에 압력을 가해서 탄핵을 기각시키려는 극우 세력이 준동하여 기괴한 '태극기 집회'가 활성화될 수 있는 기회를 제공했다는 것을 잊어서는 안 될 것이다.

간에 집중적으로 노출된 적폐들의 청산까지 떠맡지는 않았다. 특검법에 따라 특검이 국정농단의 실체를 규명하고 정경유착의 추악한 모습을 파헤치고 삼성그룹의 이재용 부회장을 구속시키는 큰 성과를 거두었지만, 이러한 사법적 처리는 한국 사회를 병들게 한 국정농단과 정경유착 그리고 그 둘의 매개고리인 재벌체제의 제도적 청산을 대신하는 것은 아니다. 민중의 삶을 파탄 내는 적폐들의 청산은 그 누구에 의해서도 해결되지 않은 채 여전히 민중의 몫으로 남겨졌다.

[보론] 지난 3월 10일 헌법재판소가 탄핵소추안을 인용하여 헌법이 정한 바에 따라 지난 5월 9일 대통령 보궐선거가 치러졌고, 문재인 후보가 대통령으로 당선되었다. 대통령 보궐선거는 근본적으로 '87년 체제'의 틀에서 제도권 정치의 기득권 분파들 사이에서 권력을 새로 나누는 게임의 성격을 띠었다. 문재인 정권의 출범은 파시스트 독재를 부르주아 민주주의 질서로 되돌리는 길고 긴 과정의 시작이 될 수 있고, 그것은 일단 큰 성과이기는 하다. 그러나 국민의 정부와 참여정부를 경험한 민중은 '87년 체제'의 제도권 정치의 틀에서 민중을 수탈하고 억압하고 배제하고 차별하는 신자유주의 체제의 문제를 해결하기 어렵다고 전망할 것이다.[25] '87년 체제'의 청산과 새로운 정치질서의 구축은 민중이 참여하는 개헌 과정을 통하여 해결하여야 할 과제로 남아 있다.

---

25 서영표는 이에 관해 다음과 같이 단언한다. "결국 지금의 사태가 대통령을 퇴진시키고 권력을 공유하는 방법을 수정하는 개헌으로 수렴된다면 촛불은 아무것도 얻지 못하고 처음으로 되돌아가고 말 것이다." 서영표, "상품화된 일상과 붕괴된 연대, 하지만 희망을 '상상'해야 한다", 『내일을 여는 역사』 65(2016), 98f.

4) 2016-2017년의 촛불집회를 복기할 때 반드시 짚어야 할 것은 '퇴진행동'의 지도력일 것이다. 2008년의 촛불집회가 뚜렷한 구심점 없이 네트워크 군중의 회집과 분산의 모습을 보였다면, 2016-2017년의 촛불집회는 '퇴진행동'에 의해 기획되고 연출되었다. '퇴진행동'은 지도부가 없는 2008년의 촛불 군중이 아무런 전리품도 얻지 못한 채 뿔뿔이 흩어진 경험에서 많은 교훈을 얻은 시민·사회단체들의 협의체였다. 민중총궐기 투쟁본부의 역할을 계승하여 2016년 10월 29일부터 최근에 이르기까지 4개월 동안 촛불집회를 이끌어 온 '퇴진행동'은 박근혜를 정점으로 한 파시스트 체제의 국정농단을 심판하고 파시스트 독재와 신자유주의 체제의 결합에서 비롯된 적폐를 청산하는 것을 전략적 과제로 설정하고,[26] 그때그때의 국면을 전술적으로 운영하는 역량을 발휘했다. 촛불집회는 자발적으로 참여한 사람들이 대다수를

---

26 이것은 11월 9일 '퇴진행동'을 구성하면서 발표한 성명의 구호들에서 명료하게 드러난다. 박근혜 정권을 몰아내는 일과 적폐를 청산하는 일은 전략적으로 맞물려 있다. 그 구호들은 다음과 같다.
- 박근혜를 몰아내고, 세월호의 진실을 인양하자!
- 박근혜를 몰아내고, 백남기 농민에 가해진 국가폭력의 책임자를 처벌하자!
- 박근혜를 몰아내고, 친재벌 반민중 노동개악, 공공부문 성과퇴출제를 막아내자!
- 박근혜를 몰아내고, 사드 배치와 위안부야합, 한일군사정보협정 분쇄하자!
- 박근혜를 몰아내고, 전쟁위기 막아내고, 대화와 협력으로 한반도 평화를 실현하자!
- 박근혜를 몰아내고, 친일독재미화 역사교과서 국정화를 막아내자!
- 박근혜를 몰아내고, 지진지역 원전 가동을 멈추고, 가습기살균제 사태를 해결하자!
- 박근혜를 몰아내고, 개방농정, 살농정책을 농업 살리기 정책으로 전환하자!
- 박근혜를 몰아내고, 노점탄압, 정책, 여성과 소수자에 대한 차별을 중지시키자!
- 박근혜를 몰아내고, 장애등급제 부양의무제 폐지하라!
- 박근혜 정권 몰아내고, 중소상인 살려내라!
- 박근혜 정권 몰아내고, 물 전기 가스 교육 의료 민영화, 기업규제완화 저지하자!
- 박근혜 정권을 몰아내고, 민주, 민생 평화가 숨쉬는 새로운 나라를 건설하자!

이루는 군중 운동이었지만, 그 군중이 그때그때 조성된 국면에서 호흡을 맞추며 '퇴진행동'이 가다듬은 구호들을 함께 외친 것은 '퇴진행동'의 지도력이 촛불 군중 사이에서 인정되고 존중되었다는 것을 의미한다. 바로 그렇기 때문에 2016-2017년의 촛불집회는 2008년의 촛불집회처럼 네트워크 군중의 오프라인 집회가 아니고, 자발적으로 모여든 미조직 군중이 시민·사회단체들의 협의체인 '퇴진행동'의 조율된 지휘를 받아들이며 엄청난 규모의 퍼포먼스를 벌인 사례로 기록될 것이다.

그러나 '퇴진행동'은 일관성 있는 지도력을 행사하지는 못했다. '퇴진행동'을 구성하는 사회단체들과 시민단체들은 전략적 목표 설정과 전술적 국면 운영을 놓고 지도부 내부에서 치열한 헤게모니 경쟁을 벌였다. '퇴진행동'의 한 축을 이루는 민중총궐기 투쟁본부와 사회단체들의 헤게모니는 촛불집회를 성사시키고 확산시키는 초기 국면에서 강력하게 관철되었지만, 박근혜 퇴진과 적폐청산을 압박하기 위한 2016년 11월 30일의 총파업 투쟁에 불과 23만 명의 노동자들이 참가하고, 광화문 집회에 주최측 추산 6만여 명의 노동자들이 참여하는 데 그쳐 판을 흔들지 못하자 뚜렷하게 약화되기 시작했다.[27] 12월 3일 제6차 촛불집회에 190만 명의 군중이 모여 박근혜 탄핵을 외친 것은 '퇴진운동'의 헤게모니가 시민단체들에게 넘어갔다는 것을 의미한다. 박근혜 퇴진이 사법적 판단의 대상이 되는 탄핵 국면이 조성되자 '퇴진행동'의 민중 분파들은 12월 17일 제8차 촛불집회부터 적폐청산을 전면에 다

---

27 대통령 퇴진을 요구하는 이날의 총파업에는 22만 명이 참가했고, 집회에는 주최측 추산 6만 명이 참가했다.

시 부각시키고자 했다. 이러한 민중 분파들의 요구를 받아들여 '퇴진행동'의 지도부는 12월 22일 시급한 적폐청산 과제들의 목록을 작성하기 위해 토론회를 조직했다. 토론 끝에 작성된 목록에는 세월호 참사 진상 규명과 세월호 인양, 백남기 농민 국가폭력살인 특검 도입, 역사교과서 국정화 저지, 언론 장악과 방송법 개정, 성과퇴출제 저지, 사드배치 중단 등 여섯 가지 항목이 들어갔다. 민중총궐기 투쟁본부가 2016년 11월 12일까지 내걸었던 적폐청산 과제들의 목록과 비교해 보면, 이 목록은 지극히 빈곤했다. 박근혜의 파시스트 독재와 결합된 신자유주의 체제에서 더욱 더 악화된 사회적 양극화와 비정규직 노동자들의 문제는 전혀 반영되지 않았다. 목록에 들어간 성과퇴출제 저지는 그 사안이 중대하기는 하지만 그나마 '좋은' 일자리를 갖고 있는 사람들에게만 해당되는 사항이었다. 민중의 삶을 파탄에 내모는 파시스트 독재체제의 문제가 제대로 다루어지고 있지 않은 점에서 이 목록은 '퇴진행동'에서 시민단체들의 헤게모니가 강력하게 관철되었을 보여주는 증거이다. 그나마 여섯 가지로 축소된 적폐청산 요구조차 촛불 군중이 탄핵 심판의 그물 안에 포획된 뒤에는 힘을 발휘하지 못했고, 촛불집회와 '태극기 집회'가 서로 맞서는 지루한 탄핵 재판 국면에서는 더 이상 큰 관심을 끌어내지 못했다.[28]

---

28 배성인은 12월 10일의 제7차 촛불집회를 보고 민중 분파들이 그들의 요구를 일관성 있게 관철시키는 모습을 다음과 같이 감동적으로 묘사했지만, 필자는 민중 분파들의 헤게모니에 대한 평가가 지나칠 정도로 긍정적이었다고 본다. "지난 12월 10일 7차 범국민대회에서 부르는 '임을 위한 행진곡'은 간만에 감동이었다. 그것은 1980년 서울의 봄, 1987년 6월 항쟁 그리고 2008년 촛불투쟁의 시행착오를 다시는 되풀이 하지 않겠다는 의지의 비장감과 엄숙함 때문이었다. (…) 그런 의미에서 12월 10일의 이전과 이후의 촛불은 그 성격이 다르다. 이전의 촛불은 이른바 촛불로 호명되는 시민들에 의해서 주도되고 노동조합을 비롯한 운동진영은 뒤에서 쫓아가거나 등에 업혀가는 형국이었다면, 이후부터

촛불집회를 이끌어간 '퇴진행동'이 비폭력 평화 시위 노선을 버리고 엄청난 규모로 운집한 군중의 힘을 앞세워 공권력이 설정한 집회 공간을 넘어서서 박근혜를 권좌에서 끌어내리는 직접적인 행동으로 나아갈 수 있었을까? 이미 그러한 국면이 지나갔기 때문에 이러한 질문은 기차가 지나간 뒤에 손들기 같은 부질없는 짓일 수 있다. 그러나 이 질문에 대한 책임 있는 답변은 일관성 있는 구도를 갖고서 파시스트 독재와 신자유주의 체제가 결합된 한국 사회를 변혁하고자 하는 운동 지도부가 군중을 지휘할 수 있을 경우에만 제시될 수 있을 것이다. 그러한 운동 지도부는 기나긴 헤게모니 투쟁 시기에는 시민사회 안에 참호를 파 놓고 시민사회의 변혁 역량을 형성하여야 하고, 정세가 급격하게 변화되는 시기에는 군중을 조직하고 책임 있게 이끌어가는 역량을 발휘해야 한다. 2016-2017년의 촛불집회는 한국 사회에 그러한 운동 지도부가 아직 확실한 꼴을 갖추지 못했음을 보여준다. 민중총궐기 투쟁본부의 제1차 총궐기 선언문에 설정된 과제들의 목록은 과제들을 평면적으로 나열하고 있을 뿐, 과제들의 다이어그램도 없고 과제들의 우선순위와 상호관계에 관한 일관성 있는 구도도 명확하게 드러내지 못했다. 그렇게 해서는 민중 분파들의 헤게모니를 시민 분파들에게 관철하기 어려울 것이고, 민중적 관점에서 일관성 있게 거대한 군중의 집회를 이끌어가기 힘들 것이다.

3. 민중신학의 관점에서 볼 때, 2016-2017년은 2008년으로부터

___

의 촛불은 운동진영이 선도에서 진보적 의제를 확장하고 주도하는 집회의 출발점이기 때문이다. 또한 제도권 정당의 일부 지지자들이 빠지면서 사회시스템을 근본적으로 변화시키고자 하는 '진성촛불'이 주체가 된 집회였다."(배성인, 앞의 글, 27-28)

연대기적 거리를 가지고 있는 것만은 아니다. 2008년의 경험을 반추하였던 2016-2017년은 한국 민중운동의 역사에서 카이로스적 전환을 보여준 역사적 시공간이다. 현상의 변경을 추구하는 민중의 역량이 강화되고, 민중의 눈으로 역사와 세계를 보고 민중적 당파성에 충실한 '유기적 지식인'의 현존이 뚜렷해지고, 민중의 해방을 통해 바른 관계들 속에서 생명의 충만함을 향유할 때가 임박했다는 조짐이 뚜렷하게 나타났다. 그러나 2016-2017년의 촛불집회는 아직 민중정치의 가능성 조건들을 충족시키지 못했다.

1) 민중정치는 민중의 정치적 구심체를 필요로 한다. '유기적 지식인'은 그 구심체의 한 은유이다. 민중정치의 본령이 민중을 질곡으로부터 해방시키는 일관성 있는 운동에 있다면, 민중정치의 구심체는 일관성 있는 구도 아래서 민중운동을 이끌어가는 지도부이다. '유기적 지식인'은 '우리'를 구성함으로써 자연스럽게 '우리'와 구별되는 '그들'을 생성하는 사람들의 운동을 이끌어가는 지도부의 역할을 맡는다. 그들은 현실 속에서 물질적 대립과 투쟁 속에서 고통당하는 사람들을 민중으로 명명하고 그들의 욕망을 이데올로기적 기만으로부터 또렷하게 구분하고 그것을 정치적으로 관철시키는 일에 헌신한다. 무한히 반복되는 차이를 존중할 것을 요구하는 사람들은 민중의 호명조차도 차이를 생성하지 못하는 화석 덩어리를 그리는 일로 폄하할 수 있겠지만 그래서는 안 된다. 민중은 작동하는 체제 바깥으로 배설된 찌꺼기가 아니다. 민중이 그들을 배제하고 차별하는 권력 장치들의 그늘처럼 보일 때가 있지만, 그들은 그 권력 장치들이 작동하는 체제 안에서 그 체제

를 해체하는 역량이다. 그 어느 것도 '안'의 바깥에 있는 것이 아니니, 그 '안'의 모순과 대립을 통해 새로운 현실이 생성된다는 것을 잊어서는 안 된다. 그 모순과 대립의 배치를 명료하게 파악하고 새로운 현실의 생성을 논리적으로 설명하고 실천적으로 구현할 수 있는 역량을 가리켜 필자는 민중의 진보적인 이익을 구현하는 것을 그 임무로 삼는 '유기적 지식인'이라고 부른다.

2) 민중정치는 운동과 정치를 격리하고 있는 '87년 체제'의 해체를 요구한다. '87년 체제'의 해체는 민중정치의 가능성 조건을 제도적으로 충족시키는 헌정질서로 바꿔어야 한다. 민중의 참여를 통해 민중의 권익을 보장하는 실질적 민주주의를 골간으로 하는 새로운 헌정질서는 민중의 정치적 의지를 관철하고자 하는 일관성 있는 민중 운동의 성취일 수밖에 없다.

새로운 헌정질서에 대한 논의에서 가장 중요한 것은 '87년 체제'를 구성하는 제도권 정치 분파들의 야합을 효과적으로 분쇄하는 것이다. 1987년 민주화 운동의 성과를 독차지하고 민중을 전적으로 배제한 채 기득권 정치 세력이 합의하여 제정한 제6공화국 헌법이 민중배제적인 불안정한 헌정질서와 정치를 가져왔다는 것을 기억해야 한다.

'87년 체제'의 극복을 위한 개헌 논의는 민중의 광범위한 참여를 전제해야 한다. 그러한 새로운 헌정질서의 수립에 필요한 것이 민중의 권익을 최대한 구현하기 위하여 일관성 있는 구도 아래서 민중의 역량을 최대한 끌어 모아 펼쳐나가는 민중정치이다. 그러한 민중정치는 '유기적 지식인'을 필요로 하고 또 창출할 것이다. '유기적 지식인'은 민중적 관점에서 개헌논의를 이끌어나가는 과정에서 시민사회와 민중운동에 확고한 발판을 구축할 수 있는 기회를 얻게 될 것이다.

IV. 맺음말

이 글에서 필자는 민중신학의 관점에서 2008년의 촛불집회와 2016-2017년 촛불집회에 참여하는 주체와 촛불집회의 동학을 분석하고 서로 비교했다. 필자는 2008년의 촛불 군중을 '다중'으로 해석하려는 시도를 거부하고 지구 경제에 편입된 한국 사회에서 신자유주의 체제에서 수탈당하고 억눌리고 배제되고 차별당하는 사람들을 '민중'이라는 전통적인 용어로 명명하고자 했다. 2016-2017년의 민중은 생활의 처지가 더 엄혹해지기는 했지만 2008년의 민중과 다를 리 없다.

필자는 2008년의 촛불 군중이 네트워크 군중의 성격을 띠고 있고 '집단지성' 같은 것이 출현한 것은 맞지만, 그 군중이 '유기적 지식인'의 역할을 맡았다고 볼 수 없다는 점을 지적했다. 2008년의 촛불 군중은 일관성 있는 구도를 갖고서 현상의 변경을 기획하고 추진하는 지도부를 갖지 못했고, 어느 시점이 되자 동력을 잃고 뿔뿔이 흩어졌다. 싸움다운 싸움이 실제로 있지도 않았기에 전리품도 없었다.

2016-2017년의 촛불집회는 2008년의 촛불집회에서 한 걸음 더 나아갔다. 2008년의 경험에서 배운 시민·사회단체들의 협의체는 국정농단의 책임을 묻고 적폐 청산을 요구하는 촛불 군중을 지도하는 역량을 어느 정도 보였다. 이것이 2016-2017년의 촛불집회에서 시민사

회운동이 이룩한 성취요, 진보이다. 촛불집회의 지도부 역할을 수행하고 있는 '퇴진운동'은 다양한 분파들로 구성되어 있고 촛불집회의 전략적 운영과 전술적 국면 운영을 놓고서 민중 분파들과 시민 분파들 사이에 헤게모니 투쟁이 벌어졌고, 촛불집회의 후기 국면에서는 시민분파들의 헤게모니가 관철되었다. 촛불 군중의 힘을 의회정치와 사법처리의 틀에 가두고자 하는 지배블록의 헤게모니 전략을 무력화시키고 군중의 힘으로 파시스트 권력과 결합된 신자유주의 체제를 해체시키기 위해서는 민중적 당파성을 갖고 일관성 있는 구도 아래서 군중 운동을 이끌어갈 수 있는 역량을 갖추고 있는 지도부가 있어야 했지만, 그러한 지도부는 아직 충분히 확립되지 못했다.

민중은 우리 사회를 근본적으로 변화시켜 더 많은 정의, 더 많은 민주주의, 더 많은 인권을 구현하려는 욕망을 갖고 있고, 그 욕망을 실현하기 위해 움직이고 있다. 우리 시대의 민중신학은 민중의 욕망을 명료한 언어로 가다듬고 그 욕망을 실현하고자 하는 민중의 정치를 일관성 있는 구도 아래서 제시해야 할 과제를 갖고 있다.

'뉴-뉴미디어'적 전환기의 개신교, 위기와 기회

김 진 호 *

I. 머리말

이 글의 가설적 전제는, 개신교 교회체제의 초석적 제도(founding institution) 형성은 동시대의 공론장 구조와 긴밀히 연관되어 있으며[1] 일단 초석적 제도가 구축되면 공론장 구조가 바뀌어도 그 변동을 하위적인 요소로 혹은 갈등적인 요소로 반영하는 경향이 있다는 것이다.[2] 이 글은 개신교와 미디어의 상호성에 주목하고 있으므로, 여기서 표현된 공론장 구조는 커뮤니케이션을 수행하게 하는 기술적 매개체계와의 관계 속에서 논의될 것이다.

---

* 제3시대그리스도교연구소 연구실장

[1] 이것은 인간 사회는 그 사회의 지배적인 커뮤니케이션 양식 및 유형에 의해 구성된다고 보는 닐 포스트먼(Niel Postman)의 입론을 개신교 제도와 연관시켜 재정리한 것이다. 이에 대하여는 닐 포스트만/홍윤선 옮김, 『죽도록 즐기기』 (굿인포메이션, 2009) 참조.

[2] 그런 점에서 초석적 제도는 하나의 정전적(canonic) 지위를 갖는다.

개신교 교회의 초석적 제도는 구텐베르크 활판인쇄기술의 발명과 깊은 연관 속에서 시작된다. 마샬 맥루한(Marshall McLuhan)은 구텐베르크 활판인쇄기술을 매개로 하여 형성된 문화적 체계를 '구텐베르크 은하계'(Gutenberg Galaxy)라고 명명하였는데,3 이 거시적인 문화적 구조에 관한 개념틀 속에는 활판인쇄기술을 매개로 하는 커뮤니케이션 공론장의 구조가 포함되어 있다.

이 글의 첫 번째 장에서는 일종의 '정전'(canon)으로서4 개신교의 초석적 제도화의 과정을 살피고, 그 속에서 형성된 커뮤니케이션 양식에 관하여 이야기할 것이다. 특히 개신교적 커뮤니케이션 공론장의 이용자인 성직자와 평신도의 관계 양식을 살피고, 특히 해석의 주체로 부상한 대중의 주체화 과정과 하위주체화 과정, 그 두 요소의 길항적 관계성에 대하여 논할 것이다. 이것은 개신교 종교제도 속에 지속적으로 관철되고 있는 주체의 형식이며, 또한 이후의 변화된 공론장의 구조 속에서 시대와 불협화음을 일으키는 시대착오적 주체의 형식이라고 할 수 있다.

두 번째 장은 그러한 개신교의 초석적 제도가 한국에 번역되어 수용되는 과정에 대하여 논할 것이다. 이는 초석적 제도의 한국화 과정이라고 할 수 있는데, 번역의 속성이 그렇듯이 그 과정은 비대칭(asymmetry)적이다. 원천언어(source language)가 목표언어(target language)로 옮겨지는 과정과 결과에서 번역은 원천언어의 모국이 우월한 위치에

---

3 마샬 맥루한, 『구텐베르크 은하계』 (커뮤니케이션북스, 2001) 참조.

4 '정전'은 그 생성 역사가 생략된 채 원래부터 그랬다는 기원의 신화를 가지며 후대의 제도 수용 과정에서 그 원본성을 고수하고자 하는 특성을 지닌다. 그런 점에서 초석적 제도는 정전과 같은 기능을 한다.

있으면 원천언어의 속성이 목표언어 속에 과잉개입되며 반대로 목표
언어의 모국이 우월한 위치에 있으면 과소개입하는 경향이 있다. 그
전형적인 사례가 19세기 말에서 20세기 초에 수행되었던 한글판 성서
의 번역인데, 이때 사실상 원본 역할을 했던 영어본 성서는 한글 어법
으로 부자연스러움에도 불구하고 영어의 어법을 과잉 관철시켰다.5 이
러한 사례에서 보듯, 식민적 커뮤니케이션 공론장의 형성과 한국화된
개신교의 제도화는 서로 얽혀 있다. 특히 이 장에서는 한국적 개신교
제도의 초석적 사건이라고 할 수 있는 평양대부흥운동을 중심으로 한
국 개신교의 초석적 제도의 식민성에 관하여 이야기하고자 한다.

그런데 구텐베르크 은하계의 형성과 맞물리며 발전한 유럽적 기독
교의 한 체험이 보편적 가치를 획득하며 개신교의 초석적 제도로 구축
되었고, 그것이 식민주의적으로 변용되어 한국의 초석적 제도로 구현
되는 '번역으로서의 한국 개신교'는 최근 심각한 위기에 놓여 있다. 기
독교와 미디어의 관계를 주목하고 있는 이 글은 그러한 위기를 미디어
상황의 변화를 통해 살핀다. 이른바 구텐베르크 은하계 해체의 징후가
뚜렷해진 오늘의 상황에서 한국 개신교의 초석적 제도는 새로운 변화
의 기로에 놓인 것이다. 세 번째 장에서 다루고자 하는 것은 바로 이와
같은 '포스트 구텐베르크 은하계'(Post-Gutenberg Galaxy)가 열어 놓
은 변화의 지평을 뉴-뉴미디어의 폭발적 등장과 연결하여 성찰함으로
써 한국 개신교가 직면한 위기에 대하여 논하고자 한다.

그러나 뉴-뉴미디어적인 미디어 상황의 변화는 위기만이 아니라

---

5 원영희, "번역의 식민주의적 기능과 탈식민주의적 기능 — 영한번역에 나타나는 대명사
'그' 사용", 「번역학 연구」 3/1 (2002. 3) 참조.

'제도적 성찰'의 가능성을 열어주고 있다는 점을 주목할 필요가 있다. 실은 탈권위적이고 탈중심적인 신학과 신앙, 교회를 향한 모색이 뉴-뉴미디어가 압도적인 시대가 도래하기 이전에도 다양하게 시도되어 왔다. 그러나 그것은 한갓 주변적인 실험들에 지나지 않았다. 그렇지만 뉴-뉴미디어적인 커뮤니케이션 공론장이 열어놓은 제도적 성찰의 지평은 저 주변적 시도들을 대안적 모색으로 부상하게 할 가능성이 있다. 나는 그것을 꿈꾸며 이 글을 쓴다.

II. 구텐베르크 은하계와 개신교의 출현

개신교의 초석적 종교제도는 활판인쇄기술의 발전과 더불어 형성된 사회적 미디어 상황, 곧 마샬 맥루한이 입론화한 '구텐베르크 은하계'의 대두와 깊은 연관이 있다. 구텐베르크 은하계 이전 시대의 제도화의 산물인 가톨릭은 '제의 종교'로서 발전하였다. 당시 종교언어는 대다수 대중이 읽지도 듣지도 말하지도 못하는 라틴어였다. 하여 제도는 예전용 말을 통해 대중과 소통하는 것이 여의치 않았고, 대신 의례를 수행하는 사제의 제스츄어, 제의 매개물을 통한 향기와 소리, 예배당의 공간적 배치 등의 장치들을 통해서 대중을 종교제도에 흡수하고자 했다. 이런 장치들은 당시의 소통 가능한 종교언어였던 것이다. 하지만 이것이 전달하는 메시지는 매우 추상적이며 모호했다. 하여 가톨릭은 다른 장치를 고안해냈는데, 성화와 민담 등이 그것이다. 성화가 가톨릭 당국에 의한 의도적인 고안물이라면,[6] 구술 이야기들 가운데 많은 것은 가톨릭 문화권이 집단적이고 무의도적으로 창안해낸 규범

적 담론이다.7

반면 개신교는 '말의 종교'로서 제도화되었다. 영국의 역사학자 패트릭 콜린스(Patrick Collins)는 『종교개혁』(*The Reformation*)8에서 당시 구텐베르크에 의해 시작된 활판인쇄문화가 팸플릿 산업으로 정착하는 과정에서 종교개혁이 강력한 상업적 동기가 되었음을 주장하였다. 종교개혁과 관련된 주제는 당시 가장 많은 독자들을 끌어들이는 시대의 트랜드였던 것이다. 이때 '말'은 구술문화가 아직은 지배적이지만 문자문화의 영향이 현저히 강화되고 있는 사회의 '말'이다. 특히 종교개혁을 주도했던 이들과 그것에 열렬히 반응하며 팸플릿을 생산, 유통, 소비했던 이들은 구텐베르크 은하계의 등장을 주도했고, 시대의 언어감각에 따라 가장 빠르게 재주체화되고 있던 이들이었다. 15세기 후반경에 생산된 인쇄물의 77.5%는 여전히 라틴어로 쓰였지만, 22%의 문서는 독일어와 같은 지방어들로 되었다.9 그것은 1450년경 활판인쇄본 라틴어 성서를 출판했던 구텐베르크가 파산한 지 불과 반세기도 못되어 지방어가 민족어로서 빠르게 자리를 잡아가고 있었다는 것을 시사한다. 그리고 그 중심에는 종교개혁을 둘러싼 문자계층의 열렬한 사회적, 종교적 활동이 있었다. 바로 그런 사회문화적 맥락에서 개신교의 종교제도가 정착하였다.

---

6 조나단 에드워드의 성화론에 따르면, 그것은 가톨릭 당국이 그리스도인의 덕성에 관한 메시지를 담고 있다. 이진락, "조나단 에드워즈의 성화론", 「한국개혁신학」 29(2011), 86-94.

7 송영규, "프랑스 중세서민문학 연구—구전으로 본 Fabliau", 「프랑스어문교육」 18 (2004. 11), 517.

8 로이 매클라우드 외, 『에코의 서재. 알렉산드리아 도서관』, 69-70.

9 김면, "독일 인쇄술과 민중본", 「인문연구」 59(2010), 268.

'말'은 매우 구체적인 소통의 미디어다. 동시에 문자문화 시대의 말은 언술의 외연이 다른 어떤 미디어보다 추상적이고 보편적인 의미로까지 연계된다. 곧 문자문화의 말은 일상적으로 실천되는 '구체성의 미디어'지만, 그 함의는 신의 영역에까지 연계되는 '영원성과 보편성의 미디어'이기도 하다. 그런 점에서 개신교적 말의 종교제도는 예배당 안에서 뿐 아니라 일상생활 구석구석에서 신의 영역과 인간 실존을 결합시킨다. 하여 예배당은 물리적 공간으로서의 교회를 넘어서 몸 자체로까지 의미망을 뻗힌다. 곧 몸 또한 예배당이 되는 것이다. 그것은 종교적 규율의 영역이 몸으로까지 확장되었음을 뜻한다.

그러므로 말의 종교는 일정 시간과 공간 안에서 벌어지는 예배에서뿐 아니라, 일상생활 곳곳에서 '신의 말'을 경청하는 태도를 강조한다. 한데 이것을 가능하게 한 요소의 하나는 활판인쇄로 출간된 성서다.

성서는 이미 구술시대에 문자화가 이루어진 신의 말이다. 한데 문자는 저장성(storage capacity)이 매우 높은 커뮤니케이션 미디어다. 즉 구술시대의 문자는 '이질적 시간 간의 소통'을 가능하게 한다. 그러나 그때의 문서는 너무 고가이며, 절대다수의 사람들에게 해독 불가의 텍스트다. 하여 성서를 확정짓고 그것의 신성성을 극대화한 텍스트, 즉 정전은 해석 능력보다는 '점유 능력'에 더 큰 의미가 부여된다. 요컨대 구술문화가 지배적인 사회에서는 정전으로서의 성서를 누가 점유하고 있는가의 문제가 중요하다.

반면 구텐베르크 은하계는 성서의 미디어적 성격을 변화시켰다. 대량복제가 가능해지고 비용이 저렴해짐으로써 성서의 저장성보다 '유통성'이 더욱 중요해졌다. 더욱이 대학을 통해 해독능력을 보유한 이들이 대거 등장함으로써 성서는, 소수의 점유자만이 읽을 수 있고 그의 허락 아래서만 접근 가능한 문서10가 아니라, 다수의 사람들(종교엘리트가 아닌 사람들)이 보유하고 읽을 수 있는 문서가 된 것이다. 게다가 지방어로의 번역이 활발해짐으로써, 성서를 해독할 수 있는 이들의 잠재적 수효는 무한히 확장되었다. 하여 성서의 '공간적 소통'(communication of spatial meaning)이 가능해졌다. 그것은 종교권력이 성서의 점유를 둘러싼 쟁투에 몰두하기보다는 해석을 둘러싼 갈등 속에서 존재하게 되었다는 것을 의미한다.

그러므로 종교개혁은 성서 텍스트가 더 이상 독서 불가능성(illegibility)의 문서가 아님을 확증한 셈이다. 하지만 종교개혁의 역사는 반동적 개혁을 통해서 완성된다. 성서를 보유하고 읽는 것은 모든 이에게 허용되었지만, 성서를 해석하는 것은 여전히 종교권력에 의해 독점되었다. 이것은 미디어 상황과 엇물리는 형식의 종교제도가 형성되었음을 의미한다. 여기서 종교적 진리를 독점하려는 교회와, 다른 해석의 개연성을 끊임없이 발견하려는 학문이 갈등을 일으키고, 사람들이 신심을 표현하는 일상적인 언어감각과 어긋난 교리가 재생산되며, 대중적 신심과 학문적 해석이 서로 빗나가는 양상이 이 종교제도를 둘러싸고 벌어진다. 곧 교리와 신학이, 신학과 신앙이 그리고 신앙과 교리가 서로 엇나가는 상황이 이 제도를 둘러싼 각종의 실천으로 나타나게 된 것이다.

---

10 유럽 중세 시대에 성서 필사본은 교회나 수도원 내에서 쇠사슬에 묶어둠으로써 이동할 수 없는 텍스트였다. J.O. 워드, "『장미의 이름』의 도서관 vs 알렉산드리아 도서관", 로이 매클라우드 외/이종인 옮김, 『에코의 서재. 알렉산드리아 도서관』 (시공사, 2004), 256-261.

이것이 구텐베르크 은하계의 그리스도교적 종교제도의 한 모습이다. 특히 여기서 강조하고자 했던 것은 성서 읽기를 둘러싼 교회 엘리트와 신학자 그리고 교회 대중이라는 세 범주의 미디어적 존재론[11] 간의 길항성이다. 하나의 종교제도 속에 포섭되어 있지만, 하여 서로 간에는, 미셸 마페졸리(Michel Maffesoli)가 말한 현대적 부족의 '동족의식'으로 결속되어 있지만,[12] 동시에 서로 간에 지배적 미디어 상황에 대한 다른 감각으로 인해 통합의 위기가 끊임없이 출몰한다는 것이다. 그리고 이 세 범주간의 권력 자원의 배분 양상에 따라 그리스도교적 종교제도가 운위된다는 것이다.

여기서 우리가 주지해야 하는 것은 활판인쇄의 등장과 궤를 같이하여 '검열'(censorship)의 제도화가 본격화되기 시작했다는 점이다. 그 이유는, 말할 것도 없이, 인쇄술로 인해 소통의 공간적 성격이 확대됨으로써 열려진 다양한 해석 가능성에 대해 생각의 통제가 필요해졌기 때문이다. 이때 부상한 것이 신조(confession)다. 마르틴 루터가 '만인사제론'을 주장하여 군주로 하여금 일종의 비상주교의 역할을 수행하는 길을 열어 놓음으로써, 이미 정치권력인 가톨릭뿐 아니라 새로운 교회권력인 개신교 중심세력도 정치권력과 긴밀히 연동되게 된다. 신조는 바로 이러한 지역적 정교 연합 상황에서 교회의 교리를 특정화하고 그것의 수호를 위한 정·교 연합적 사회체제 구축의 의미를 갖는다. 볼프

---

11 '미디어적 존재론'은 미디어에 의해 추동된 사회적 구조와 상호 연결된 주체의 특성이 일종의 '존재론적' 성격을 띠고 있다는 점을 착안한 주장이다. 이것은 미디어적 구조에 의해 특정한 주체의 양식이 파생된다는 의미가 아니라, 미디어 상황과 친화적인 주체의 양식이 있다는 것을 의미한다.

12 박재환, "미셸 마페졸리의 부족주의란?" (한국 사회학회 기획국제세미나 2006. 3) 참조.

강 라인하르트(Wolfgang Reinhard)가 말한 '교파화'(confessionalization)란 바로 신조를 매개로 하는 지역적 정·교연합 체제의 구축을 의미하는데, 이 체제는 법원, 대학, 교회를 연동시키는 검열체제의 구축을 포함한다.[13] 그리고 이 검열은 사람들에게 예비적 검열을 자발적으로 수행하게 함으로써 일종의 사회적 규율화(social disciplinary)를 야기했다.

이때 그 신조들의 내용은 구텐베르크 이후 미디어 상황에 의한 소통의 공간화에도 불구하고 여전히 소통의 선형적 시간계열화(linear time-series)의 형식을 띠고 있다는 점을 주목해야 한다. 가령 그것은 영원의 시간에서 역사의 시간으로 투사된 신의 의지, 곧 계시를 권력화함으로써, 소통의 위계질서를 통해 해석의 공간화를 규율하려 했던 것이다.

이렇게 교회 권력은 문자 미디어의 공간적 소통의 장에서 성서 해석의 검열관의 역할을 하고자 한다. 그것은 거꾸로 대중을 하위주체(노예적 주체, subaltern)로 전락시키는 과정을 수반한다. 물론 이것만으로 대중의 (탈)주체화(de-subjectification)에 관해 충분히 설명된 것은 아니다. 구텐베르크 은하계는 점차 지식을 대중화하고 대중의 시민적 주체의 신장을 가져왔다. 그런 점에서 교회를 매개로 하는 대중은 주체화와 하위주체화의 상호 모순적 형식으로 존재의 자의식이 구성된다.

---

13 황대현, "16~17세기 유럽의 '교파화 과정'에 대한 연구사적 고찰―사회적 규율화의 첫 단계로서의 교파화 과정 패러다임에 대한 독일 사학계의 논의를 중심으로", 「역사교육」 제100집 (2006 겨울) 참조.

III. 한국교회의 종교제도 식민적 형성과 미디어 상황

개신교의 초석적 제도는 정전적 지위를 지니며 개신교의 특성 형성에 압도적인 지위를 갖는다. 기독교 근본주의는 이러한 초석적 제도의 한 특성을 본래적인 것인 양 확신함으로써,[14] 그 정전성을 유일무이의 초월적 가치를 지니는 것으로 확정한다. 그러한 기독교 근본주의자들의 압도적 영향에 의해 한국 개신교의 신앙제도가 구축되었다. 1907년 평양대부흥운동은 이러한 한국적 개신교 형성의 초석적 사건이다. 이 사건을 계기로 근본주의적인 선교사들의 영향력이 확고해졌고, 그들이 주도하는 개신교의 한국적 번역 작업이 구체화된다. 여기서는 이러한 번역에 의해 개신교의 초석적 제도에 식민성이 추가되었음을 이야기하고자 한다.

'1907년 평양대부흥운동'을 이해하는 데 있어 가장 먼저 주목할 것은 러·일전쟁이다. 청·일전쟁의 뼈저린 폭력의 기억을 각인하고 있던 평안도 대중에게 다가온 이 새로운 전쟁의 상황은 극도의 공포와 절망감 바로 그것이었다.

불과 1년 반이 조금 넘는 기간 동안 러·일 양국군의 사망자 수가 20만 명에 달할 만큼 이 전쟁의 치열함은 상상의 극한치를 보여준다. 하지만 양국 군대의 사망자만으로 전쟁의 혹독함을 상상하는 것은 충분하지 않다. 남의 나라에서 벌인 전쟁이었기에 민간인에 대한 군대 폭력은 상상의 정도를 넘쳤다. 전쟁터였던 중국인 민간인의 피해는 사망자

---

14 역사학자 김기봉은 이것을 '기원의 망상'이라고 말한다. 김기봉, 『'역사란 무엇인가'를 넘어서』 (푸른역사, 2000), 173-174.

만도 수십만 명에 달할 정도였다. 물론 전쟁의 직접적인 배후지였던 조선 양민의 피해도 못지않았다. 그럼에도 이제까지 러·일전쟁 연구는 청국과 조선국 백성의 고통의 문제를 간과해왔다. 종군 기자들의 기사나 사진 등에서나 간접적인 추정이 가능했을 뿐이다.15 하지만 최근 연구에서 민간인 피해의 양상을 해독해 낼 수 있는 사료들이 발굴 분석됨으로써 전쟁의 고통에 관한 향후 연구의 길이 열렸다.16

아무튼 외국 군대가 자행했던 무자비한 폭력에 직면한 조선 백성이 기대할 수 있는 공시적 보호망은 자국 정부와 군대다. 그러나 당시 조선 정부나 군대는 외국 군대에 유린당하는 백성을 위해 아무런 보호조치도 수행할 수 없었다. 오히려 정부는 '한일의정서'(1904. 2. 23)를 체결함으로써, 비록 비자발적인 조약이긴 하지만, 일본의 군대폭력을 법적으로 정당화해준 셈이 되었다. 이것은 대중(민)의 입장에서 '군(君)-신(臣)-민(民)'의 관계에 관한 조선의 공간적(공시적)인 해석체계가 심각하게 훼손되었음을 의미한다.

한편 위기에 직면한 대중에게 또 다른 일상의 보호망은 통시적인 것인데, 망자가 된 조상과 조상의 수호신이 시간 속으로 개입해 들어옴으로써 제공되는 구원이다. 하지만 러·일 양국군의 가공할 폭력 앞에서 이것 역시 철저히 무력했다. 하여 '조상-후손'의 관계에 관한 조선의 시간적(통시적)인 해석체계 역시 훼손되지 않을 수 없었다. 요컨대

---

15 나의 글 "한국 개신교, 자리찾기와 자리잡기", 『한국종교를 컨설팅하다』(도서출판 모시는 사람들, 2010)은 이러한 제한적 자료들을 찾아냄으로써 전쟁 당시 대중의 고통에 관한 상상을 펴야 했다.

16 차경애, "러일전쟁 당시의 전쟁견문록을 통해서 본 전쟁지역 민중의 삶", 「중국근현대사연구」 제48집 (2010 겨울).

러·일전쟁을 거치면서 조선 대중이 위기를 해석할 수 있는 안보의 시·공간적인 커뮤니케이션 공론장의 구조가 붕괴된 것이다.

이런 상황에서 서북지방, 특히 평양지역에서 많은 이들이 교회로 몰려들었다. 이 지역은 미국 정부와 가장 밀접한 연계망을 갖고 있던 미국 북장로회의 선교영토였기에 이곳의 교회는 사실상 미국의 영토인 셈이다. 당시 미국에게 있어 조선은 경제적으로나 외교적으로 그다지 중요한 나라가 아니었다. 하여 미국의 관료나 사업가들 중 조선으로 들어온 이들은 극히 일부였다. 반면 미국의 나이아가라 전도대회를 매개로 시카고의 근본주의적 개신교지도자들은 열렬히 아시아 선교를 외쳤고, 특히 조선 선교의 비전을 불러일으켰다. 그 결과 1889~1923년까지 나이아가라 무디 선교집회 출신 해외선교사 818명 중 31명이 조선으로 들어왔다.[17] 이들은 조선에 들어온 미국인 가운데 가장 많은 비중을 차지한다. 하여 조선 주재 미국 공사관의 주요 업무는 선교사들의 활동을 지원하는 데 있다고 해도 과언이 아니었다.[18] 아울러 서북지역에 집중되어 있는 미국 선교사들이 당시 미국에서 가장 강력한 종

---

17 이재근, "매코믹 선교사와 한국 장로교회 — 기원과 영향", 「한국기독교역사연구소소식」 95(2011. 7), 9.

18 류대영, "한말 미국의 대한 정책과 선교사업", 「한국기독교와 역사」 9(1998. 9), 198. 한편 *The Journal of American History* 77(Jun 1990)의 특집주제인 Explaining the History of American Foreign Relations 아래 미국 외교사 연구에 관한 일종의 문화사적 시도가 새롭게 모색되었는데, 이후 기독교와 미국의 국제정치에 관한 논의가 본격화되었고, 그 중에는 미국 대외정책에서 해외선교의 역할에 관한 주제도 다루어졌다. 이런 논의들에 따르면, 당시 미국의 국제정치적 정책 형성에서 선교사의 역할이 매우 중요했다. 선교사 가운데는 미국의 특사 역할을 하는 이들이 있었다. 또한 여러 선교사들로부터 보내진 피선교지의 정보는 그 지역에 대한 미국 시민사회의 이미지를 형성하고, 이는 여론으로 번안되어 정치인들에 의해 정책화되었다. 그런 점에서 피선교지인 조선의 교회는 조선의 미국 외교공관이나 다름없었다.

파인 북장로회 소속이었다는 점을 감안하면, 미국에 대해 비대칭적 관계에 있던 일본이 조선의 개신교, 특히 서북계 개신교 선교사와 그들의 교회에 대해 얼마나 조심스럽게 행동했을지에 대한 추정을 가능하게 한다. 조선이 일본의 식민지가 된 이후 미국의 주일 선교사인 조지 풀턴(George Fulton)이 평양을 둘러보고 난 뒤 이곳을 '제국 속의 제국'이라고 표현한 것[19]은 일본에게 있어 미국 기독교의 장소가 일종의 치외법권적 성격을 지니고 있었음을 시사한다. 실제로 그 교회들은 십자가와 함께 성조기를 달아 놓음으로써 일본군이 침입할 수 없는 곳임을 분명히 했다. 하여 교회로 피신해 들어온 대중은 자신과 가족의 안전을 보장받는 데 있어 결정적으로 유리했다.

한데 전쟁이 끝나고, 사람들은 전쟁의 상흔을 몸과 영혼 속에 가득 안고 일상으로 돌아간다. 조선 시대의 공간적이고 시간적인 일상의 보호와 관련된 해석체계가 심각하게 훼손된 채 살아가야 하는 일상이다. 그런 상황에서 도둑질, 간음, 분쟁과 폭력, 살인 등, 상호간 폭력이 난무했다.[20] 붕괴된 커뮤니케이션 공론장은 이렇게 사람들 간의 친밀성을 갈가리 찢어놓았다.

교회 당국은 당황했다. 갑자기 불어난 신자를 감당할 준비도 안 된 이들에게, 그들이 마주한 새 신자들의 심성은 전쟁으로 난도질 된 상황이었다. 선교사들을 포함한 교회 당국자들은 그러한 대중의 행위를 그

---

19 안종철, "종교와 국가의례 사이 — 1920~30년대 일본 신도를 둘러싼 조선 내 갈등과 서구인들의 인식", 「한국학연구」 22 (2010.6).

20 북감리교 선교회 감독 해리스의 총회 보고서(1908)에는 당시 교회의 대중이 상황에 대한 다음과 같은 묘사가 들어 있다. "술주정꾼, 도박꾼, 도적놈, 오입쟁이, 살인, 도박, 광신적 유학자들, 구태의연한 불교 신도들, 수 천 명의 잡신을 섬기던 사람들…", 박용규, 『평양대부흥운동』 (생명의 말씀사, 2008), 462에서 재인용.

들의 상처 난 경험과 연관시켜 해석할 수 있는 이들이 아니었다. 교회 당국자들은 '근본주의자들'로서, 현실의 경험보다는 근본원리를 중요시하는 신앙체계에 몰입돼 있는 자들이다. 이 근본원리란 19세기 말과 20세기 초의 미국사회에서 유래한 신앙적 해석의 한 양상이다. 그런데 특정 시기의 미국적 경험이 보편화되고 절대화되며, 다른 경험은 부차적인 것, 불필요한 것으로 착시하는 현상, 그것이 근본주의 신앙이었다. 이때 그들이 생각했던 근본적인 것은 종교개혁의 초석적 신앙의 요소였다. 그들은 이것을 그리스도교 신앙의 본래적인 것으로 오인했다. 아무튼 근본주의에 충실했던 선교사들은 러·일전쟁의 와중에서 교회로 몰려든 이들 그리고 그 전쟁의 상흔으로 정신적, 육체적 파산상태로 내던져진 이들을, 그이들의 행동을 도무지 이해할 수 없었다.

하여 선교사들은, 마을 곳곳에서 사람들의 경험을 살피고 그 기억의 파괴적 잔상들을 조사하는 것이 아니라, 골방으로 들어가 세상과 단절하고 열렬히 기도했다. 그리고 공교롭게도 기도하는 중에 이들은 신비체험을 하게 되고, 그 체험에 동화된 이들이 차츰 기도회에 동참함으로써, 신비체험의 대열에 들어선 이들은 몸과 영혼을 난도질했던 그 잔혹한 체험의 기억을, 그 위태로운 잔상들을 봉합할 수 있게 된다. 이 신비체험은 전통종교가 아닌, 이식된 종교의 신적 시간이 현재의 시간으로 개입해 들어옴으로써 탈전통적인 시간적 해석의 문이 개방되는 기억의 사건이다. 새로운 시간적 해석, 탈전통적인 해석의 사건이 위기의 사람들을 안정되게 하고 그러한 안정감을 선사한 교회에 귀속되게 하는 것, 여기까지가 이른바 평양대부흥운동의 제1단계다. 요컨대 선교사들 중심의 기억의 정치가 대중의 기억과 체험을 배제하면서 식민주의적으로 관철되는 새로운 커뮤니케이션 공론장이 구축된 것이다.

이제 교회로 통합된 이들의 기억을 통제하는 권력의 제도화가 구현되는 다음 단계가 이어진다. 즉 선교사 중심의 대안적인 커뮤니케이션 공론장이 그 성공적인 부흥회로 인한 일시적인 담론 현상을 넘어서 일상적인 기억의 장치로 강제되는 과정이 시작된 것이다. 이것이 평양대부흥운동의 제2단계다.

선교사들은 서북지역에서 목사후보생의 양성과 목사 임명에 관한 일체의 권리를 장악하였고, 이것은 교회 대중에게 가르치는 내용에 관한 독점력을 더욱 확고히 했다는 것을 의미한다. 이로써 예배와 성서 공부 등 각종 교회 활동을 통해 선교사적 가르침이 대중에게 이식된다. 이것은 전통적인 기억의 잔흔들을 억제하는 교회의 규율장치가 구축되었음을 뜻한다.

여기서 대부흥운동의 진원지인 장대현교회를 중심으로 방사된 선교사들의 영향망이 매코믹 출신 네트워크의 확대과정과 맞물려 있다는 점을 주지할 필요가 있다.21 시카고의 매코믹 신학대학은 1878년 나이아가라 성서대회 이후 미국 근본주의 신학의 중심지의 하나로 부상하였고, 특히 이 학교 출신자들이 서북지역의 선교사로 자원하여 세계에서 가장 근본주의적인 조선의 매코믹 네트워크를 형성한 것이다.

이들은 조선의 신자대중을 그들 자신의 문화적 토양으로부터 단절시키고자 했다. 하여 대중의 삶을 탈문화적 해석의 지평으로 초대하려 했다. 성서는 그러한 탈문화적인 공간성의 새로운 토양이었다. 이때 그 성서는, 말할 것도 없이, 근본주의적으로 해석된 성서다. 선교사들

---

21 이재근, 앞의 글.

은 그러한 성서의 독법을 '축자영감의 원칙'으로 규정하였다. '문자 그대로의 해석'이다.

그 문자는 고대그리스어와 고대히브리어/아람어로 쓰인 문자지만, 선교사들에게 그것은 영어문자로 대체된다. 왜냐면 그 해석의 원리인 근본주의는 영어 사용자들의 경험으로 환원되기 때문이다. 이때 영어 사용자들의 경험은 성서 텍스트 속의 주인공들의 경험과 동일시된다. 이러한 기원의 망상은 영어성서의 원본성을 주장하는 셈이 된다.

조선의 신자대중은 한글로 번역된 성서를 읽는다. 번역이란 타자의 기억을 내재화하는 과정(incarnation), 곧 타자의 것을 자신의 신체 속에 용해시키는 과정이다. 하지만 평양대부흥운동을 거치면서 조선의 신자대중은 자기들의 경험 밖에서 성서를 읽어야 하며, 타인의 경험을 경유해서만 성서를 읽을 수 있다. 선교사들의 헤게모니 하에서 수행되는 근본주의적 신앙화는 영어문자 속에 내재된 타자의 경험을 기계적으로 수용(이식)하는 것을 복음화로 오인하는 과정에 다름 아닌 것이다. 요컨대 신앙화는 신앙적 재주체화가 아니라 근본주의적 타자화이자 식민화인 셈이다.

이러한 평양대부흥운동의 식민주의적 신앙 양식은 이후 점점 더 확고하게 정착하여, 한국 장로교, 나아가 개신교 일반의 신앙 양식이 되었다. 비록 선교사의 직접적인 검열은 사라졌지만, 근본주의는 신자들의 영혼 속으로 내재화되어 검열행위를 계속하고 있다. 하여 한국 개신교는 대중의 식민주의적 탈주체화의 종교적 장치이며, 그 장치 안에 포섭된 대중은 식민화된 여러 커뮤니케이션 공론장을 마치 자발적이며 자존적인 것인 양 만들어내고 그 안에서 담론 행위를 수행하고 있다.

IV. '뉴-뉴미디어'적 청산담론과 한국교회

이상에서 나는 유럽 종교개혁기의 초석적 제도가 1907년 평양대부흥운동을 계기로 하는 식민주의적 변용을 통해 한국 개신교의 신앙제도로 번안되었음을 이야기했다. 구텐베르크 은하계의 형성과 맞물리며 해석의 담지자로 부상한 대중은 개신교의 초석적 제도의 주요 구성적 주체가 되었다. 하지만 개신교 교회에서 실질적인 해석 주체는 목사다. 대중은 목사의 시선에 규율됨으로써만 주체가 될 수 있다. 대중은 성서를 읽고 해석하지만, 그 해석의 올바름은 목사의 시선이 대중에게 내면화됨으로써 관철된다. 그런 점에서 개신교에서 교회 대중은 성직자가 대변하는 규범적 질서에 규율된 하위주체에 다름 아니다.

그런데 한국 개신교의 초석적 제도는 신과 교회 대중 사이를 매개하는 '목사의 시선'이 위치하는 자리를 선교사가 차지한다. 이때 '선교사의 눈'은 미국적 근본주의의 눈이기도 하다. 그런 점에서 한국의 교회 대중의 하위주체화는 미국 근본주의적인 기독교의 식민화를 의미한다.

이와 같이 개신교의 초석적 제도가 통제하는 커뮤니케이션 공론장은 '소통의 수직적 일방향성'을 통해 관철된다. 즉 '신 ⇒ 교회 대중'으로 표현될 수 있는 비가역적 소통(irreversibile communication)이다. 물론 여기에는 중계자가 개입된다. 목사/성직자/선교사로 표상되는 매개자의 시선이다.

한데 이 매개자의 시선은 거의 모든 그리스도인들의 심성 속으로 내면화된다. 물론 그 과정이 기계적이고 획일적이라고 단언할 수는 없지만, 한국 그리스도교가 전반적으로 근본주의적인 신앙형태를 가지고 있다는 점은 시선의 주체인 매개자의 관점이 수동적 수용자인 교회 대중에게 과도하게 이식되었음을 뜻한다. 또한 수많은 교파들로 분화되었음에도 교파간 신앙이 크게 다르지 않은 것은 교파들을 아우르는 거대한 공론장이 '수평적으로 획일화'되었음을 의미한다.

그런데 한국 그리스도교의 수직적 일방향성과 수평적 획일성을 띠는 커뮤니케이션 공론장이 최근 붕괴 조짐을 보이고 있다. 이미 1962년 마샬 맥루한이 자신의 책 『구텐베르크 은하계』에서 획일화되고 선형적인 사고체계를 조직해내는 '구텐베르크 은하계'가 20세기 초 전신(telegraph)의 등장과 더불어 시작되는 전자 미디어에 의한 '새로운 은하계'(new galaxy)로 대체되고 있다는 것을 말한 바 있다.[22] 또한 월터 옹(Walter J. Ong)은 『구술문화와 문자문화』(1982)에서 라디오나 TV 같은 전자미디어의 등장이 구텐베르크 은하계의 문자성을 해체하고 두 번째 구술성의 시대를 도래하게 하는 계기임을 주장하였다.[23] 닐 포스트만(Neil Postman)도 마찬가지로 '설명의 시대'(age of exposition)와 '쇼비지니스의 시대'(age of show business)로 나누어 TV의 등장을 결정적인 전환기로 보았다.[24]

하지만 미디어 상황의 변화와 맞물리는 커뮤니케이션 공론장의 '결정적인' 변화는, 폴 레빈슨(Paul Levinson)이 말한 '뉴-뉴미디어'(New New Media)의 등장, 곧 블로그, 유튜브, 위키피디아, 페이스북, 팟캐스팅 등의 등장과 맞물려 있다.[25] 이는 일반적으로 인터넷을 기반으로

---

22 맥루한 『구텐베르크 은하계』, 474.
23 월터 J. 옹/이기우 · 임명진 옮김 『구술문화와 문자문화』(문예출판사, 1995), 11-12.
24 닐 포스트만, 『죽도록 즐기기』 참조.
25 Paul Levinson, "The Long Story about the Short Medium", 「언론정보연구」

하여 재구성되는 미디어 상황을 지칭하는 '뉴미디어'와 차별화하기 위한 레빈슨의 개념인데, 뉴미디어가 기존의 인쇄미디어나, TV 같은 전자미디어를 대체하여 새로운 커뮤니케이션 공론장을 창출할 때 기존 미디어의 요소와 갈등하면서도 포함하는 이른바 '잔여'(residue)의 특성을 지니는 데 반해, 레빈슨의 '뉴-뉴미디어'는 인터넷 미디어의 특성을 극대화하여 기존의 미디어적 요소의 많은 부분을 새롭게 재구성하는 특성을 지닌다는 것이다.[26] 특히 저자와 독자, 발화자와 수용자, 생산자와 소비자의 경계를 기반으로 하여 구현되었던 기존의 커뮤니케이션 공론장의 특징과는 달리 뉴-뉴미디어적 커뮤니케이션 공론장은 저자가 독자이며 독자가 저자인 담론의 장, 생산자와 소비자가 융합되는 담론의 장을 구현하면서 작동된다는 점에서, 뉴-뉴미디어의 활성화는 기존의 커뮤니케이션 공론장을 기반으로 하는 제도의 존속에 위기를 초래한다.

최근 한국에서 뉴-뉴미디어적 커뮤니케이션 공론장의 급격한 확산은 대단히 눈부시다. 촛불집회, 황우석 현상, 최근의 나꼼수 현상에 이르기까지 뉴-뉴미디어적 공론장들은 한국 주류사회의 의제형성 능력을 농락하며 전통적 권위에 대한 존경의 체계를 뿌리부터 뒤흔들어 놓았다.

한데 전통적 권위 가운데 지속성이 가장 강하고 도전에 대해 가장 폐쇄적인 대표적 범주에 속하며, 성장주의적인 동시에 식민주의적인 근대의 청산담론의 표적이 되는 종교는 다름 아닌 개신교다. 그런 점에

48/1(2011.2), 11 이하.

26 이동후, "제3구술성 — '뉴 뉴미디어' 시대 말의 현존 및 이용 양식", 「언론정보연구」 47/1(2010), 56.

서 뉴-뉴미디어적 커뮤니케이션 공론장이 개신교를 표적 삼고 있는 것은 자연스런 현상이라 할 수 있다.

가장 치명적인 위상의 실추를 경험한 것은 개신교 성직자의 권위다. 특히 설교는 성직자의 권위를 과대표하는 표상인데, 그것에 대한 사회적 신뢰가 붕괴하였다. 설교는 원초적 육성에서 시작하여, 교회 규모가 일정 정도를 넘어서면 음향미디어인 마이크를 사용하게 되고, 대형화되면 TV 모니터 같은 영상미디어를 활용하게 된다. 나아가 인터넷을 통해 동영상으로 유포되기까지 한다. 또 설교원고가 주보 형식으로 인쇄되었다가 책으로 출간되기도 하며, 혹은 인터넷을 통해 문서텍스트로 유포되기도 한다. 즉 설교는 한 미디어에서 다른 미디어로 수없이 옮겨 다닌다.

텍스트가 다른 미디어를 통해 매개되는 현상을 볼터와 그루신(Jay David Bolter and Richard Grusin)은 '재매개'(remediacy)라고 말했는데, 그 텍스트를 통해 커뮤니케이션 하는 이들은 그 텍스트의 본래적 의미를 접하고 있다는 기대를 가지고 있지만(immediacy), 실상은 수없이 다양한 의미로 번안되는 상황에 놓인다는 것이다(hypermediacy).[27] 이것은 미디어를 통해 커뮤니케이션하는 이들은 원본적 진실을 향한 욕망 속에 있지만, 다층적 시선으로 그 텍스트를 재현한다는 것을 뜻한다.

그런데 설교는 일방적인 발화자와 수동적인 수신자를 가정하는 커뮤니케이션 양식이다. 또한 설교는 발화자 자신의 말이 아니라 신의 말이 설교자에 의해 대리된 것이라는 신화적 확신 속에 수행된다. 그렇

---

27 제이 데이비드 볼터 & 리처드 그루신/이재현 옮김, 『재매개. 뉴미디어의 계보학』(커뮤니케이션북스 2006), 제1장 참조.

기에 설교는 확고부동한 위로부터의 배타적 진리를 내포한다. 그것은 마치 성서와도 같다. 특히 근본주의자들의 성서처럼, 일점일획도 가감 첨삭할 수 없는 글과 같다.

하지만 성서의 한 텍스트가 그림이 되고 소설이 되며 영화가 되는, 미디어 이동을 통한 재매개 과정 속에 놓이는 것처럼 설교도 그러한 재매개를 통해 원본적 의미는 신화적 확신으로만 존재하며 실상은 다중적인 의미망 속에 놓인다. 즉 설교자와 청중은 하나의 투명한 진리를 수직적 일방향성과 수평적 획일성을 띠는 커뮤니케이션 공론장 속에서 소통하고 있는 듯이 보이지만, 재매개 과정 속에서 청중은 설교자의 시선으로 텍스트를 읽고 세상을 사는 수동적 주체로만 존재하는 것이 아니다. 청중은 설교자와는 다른 방식의 응시를 통해 적극적인 이해의 주체가 될 수 있는 것이다. 재매개 과정은 그러한 가능성 앞에 청중을 놓이게 한다. 하여 외부는 말할 것도 없고, 교회 대중조차도 설교의 수용 과정에서 설교자에 의해 일방적으로 규정되는 존재가 아닌 자율적 주체가 되곤 한다. 즉 교회의 규모가 커지면서 설교가 미디어 사이를 옮겨 다니며 소비되는 과정은 목사의 시선으로 주체화하는 것이 아닌, 다른 방식으로 주체화된 청중을 양산하며, 이것은 목사가 더 이상 수직적 권위의 상징으로만 존속할 수 없음을 의미한다.

더욱이 폴 레빈슨의 뉴-뉴미디어적 현상에 이르면, 커뮤니케이션 공론장은 폭력적으로 설교 텍스트를 해체한다. 그것은 설교의 원본성을 욕망하는 비매개성(immediacy) 자체가 붕괴되고, 종종 텍스트가 패러디되기도 하고 전도되기도 한다(be inverted). 하여 이른바 안티 담론이 소통되는 공론장들이 대두하기도 한다.

이러한 상황은 교회로 하여금 성찰보다는 과잉 반응을 야기하곤 한다. 한기총이나 기독교 뉴라이트의 위악적 말과 행동은 그러한 무성찰의 대표적인 사례다. 하지만 이런 과잉반응들이 나타날수록 점점 더 한국교회는 그런 무성찰의 표상처럼 간주되며 교회 안팎에 귀속된 시민사회의 커뮤니케이션 공론장에서 청산의 대상으로 낙인찍히게 된다. 하여 한국교회는 위기의 악순환 속으로 휘말려들고 있는 것이다.

V. 맺음말

주류 교회의 위악성으로 인해 시야에서 가려져 있지만 한국교회의 다른 한 켠에는 사회의 뉴미디어적 변동이 내포하고 있는 '제도적 성찰성'(institutional reflexibility)을 통해 자기개혁의 여정에 들어선 이들이 적지 않다. 특히 뉴-뉴미디어의 폭발적 등장은 그러한 성찰의 지평을 극대화시켰다. 곧 많은 이들의 생각의 이반이 행동의 이반으로 나타나는 현상이 크게 강화되었다. 가령 수직적인 차원의 영성적 깊이를 탐구하고 수평적 차원의 탈권위적이고 탈중심적인 대화에 대해 열린 신앙을 제도화하려는 다층적 모색이 도처에서 시도되고 있다. 나는 그것을 '작은 교회 운동'과 '타자적 신앙운동'에서 주목하였는데,28 크기나 배타적 주체성을 욕망하지 않고 탈중심적이고 타자 중심적인 깊이와 폭을 열망하는 커뮤니케이션 공론장을 구현하려는 신앙적 시도를

---

28 나의 글 "작은 자들의 반란 '작은 종교'의 탄생", 「한겨레21」 880 (2011. 10. 10)과 "그리하여 도래한 신들의 사회", 「한겨레21」 884 (2011. 11. 7)는 한국교회의 대안적 행위들을 각각 '작은 교회'와 '신앙의 타자성'으로 해석했다.

가리킨다.

신학적, 신앙적인 다양한 층위에서, 하나의 연대망 아래서 모색되고 있는 것이 아니라, 서로 별개로 서로 다른 방식의 실험을 통해 다양한 '작은 교회'들이 나타났다. 어떤 것은 제도교회 내에서, 또 어떤 것은 기독교적인 실험적 교회로서, 나아가 어떤 것은 탈기독교적인 신앙적 실험으로서(흩어지는 교회로서), 새로운 시도들이 모색되고 있다. 나는 여기서 뉴-뉴미디어적 맥락에서 거칠게 확산되는 안티기독교 현상에 직면한 교회가 여전히 사람들에게 의미 있는 공간임을 이야기할 수 있는 가능성을 발견할 수 있다고 믿는다.

민중신학,
신학적 친교

상호문화 신학은 필수*

Volker Küster**

상호문화 신학(intercultural theology)은 독일을 비롯한 유럽의 여러 신학부에서 선교학, 비교종교학, 에큐메닉스 등의 학문 영역을 연결하기 위하여 영속적인 학문적인 위치를 확보하기 위한 시도로 등장했다. 선교학은 신학의 분야에서 나중에 생겨났다. 독일 신학부에서 선교학, 비교종교학, 에큐메닉스를 가르치는 교수 자리는 십여 개 정도였는데 이 중 대부분은 전후에 생겼다. 이 세 분야를 하나로 묶는다는 것은 이해할 만한 일이었다. 왜냐하면 선교지로 파송된 선교사들은 그 지역의 언어와 종교를 만나며, 그것들을 배워야 했다. 성서 번역이나 전도에서 이러한 문화적인 요소들을 아는 것은 필수적이었기 때문

---

* 이 논문은 폴커 퀴스터 교수의 "Intercultural Theology Is a Must"를 되도록 충실하게 그러나 어느정도는 요약적으로 번역한 것이다. 퀴스터 교수가 이 논문을 보내주었지만 이미 출판된 것이어서 저작권 문제가 있어 번역본만 여기에 싣는다. 이 논문의 출처는 *International Bulletin of Missionary Research*, Vol. 38, No. 4 (October, 2014). (번역: 권진관)
** 요한 구텐베르크 마인츠대학교 선교학 및 비교종교학 교수

이다. 그리고 선교사들은 선교 모국의 교단 분열이 선교에 저해된다는 것을 경험하게 되었고, 그리하여 이들이 에큐메니칼 운동과 에큐메닉스에 앞장서게 된 것이라 할 수 있다. 전후 제3세계가 해방되어 이곳의 새로운 교회들은 적극적으로 상호 종교, 상호문화, 상호 고백적인 요소를 발전시켰다.

기독교 선교와 식민주의와의 관련 문제와 종교적 문화적 다원주의의 팽창으로 말미암아 기존의 기독교 절대주의는 뿌리 채 흔들리기 시작했다. 지난 세기 후반부터 나타난 문화 종교적 타자에 대한 신학적 재발견은 제3세계 교회의 상황 신학이나 종교들 상호간의 대화에 대한 관심이 커졌다. 이런 중에, 유럽에서는 자기의 상황으로의 관심이 집중되고 있었다. 선교학은 실천신학으로 편입되어 교회 성장에 대해 집중하게 된다. 그리고 에큐메닉스는 교의학에 의해 장악되어, 개신교와 가톨릭 사이의 전통적인 신학 논쟁에 집중하게 되었다. 이렇게 되니 자주 비교종교학만 홀로 남게 되었다. 이틈에 신학의 유럽 중심주의는 다시 강화된다.

이러한 상황 속에서 상호문화 신학은 담론의 공통된 영역에 속해 있는 것들을 하나로 통합해 내는 신학으로 발돋움하고 있다. 이것은 기독교 신앙의 상호고백적, 상호문화적, 상호종교적인 차원을 탐구하는 학문이다.

I. 상호문화 신학의 학문적 지도 그리기(Mapping)

상호문화 신학의 영역을 대략적으로 구분하면 3개의 부분으로 나눌 수 있겠다. 즉 다른 종교, 다른 신학, 다른 교회와의 만남으로 세분할 수 있겠다.

1. 다른 종교들과의 만남

기독교는 가장 가까운 이웃종교들인 유대교와 이슬람교와 수천 년간의 유대를 가져왔다. 70년의 제2 성전 파괴 이후 유대인들은 거룩한 도성으로부터 쫓겨나 유럽 전역으로 이주하였다. 7세기 아라비아반도에서 발흥한 이슬람은 공격적으로 세를 확장했고, 유럽을 위협했다. 무슬림들은 남쪽으로는 이베리아 반도를 무어(Moor)제국이 700년간 지배하였고(711-1492), 동쪽으로는 비잔틴제국이 영토를 침입했으며, 시칠리섬을 2세기 반 이상(827-1091) 동안 지배하였다. 비록 무슬림들의 침입을 저지하기는 했어도, 아라곤의 페르디난드와 카스티야의 이사벨라가 1492년 무슬림들을 최종적으로 지중해 너머로 몰아내기까지 무슬림들은 남유럽에서 7백여 년간 체재했었다.

다른 한편으로는 로마 가톨릭 교황의 압력으로 중앙 유럽의 영주들은 십자군전쟁으로 동방으로 진출했지만(1096-1291) 결국 실패할 수밖에 없었고, 터키의 끈덕진 전쟁과 진출은 이슬람 포비아의 전초가 되었다. 그런데 가톨릭과 이슬람과의 갈등의 역사 속에서 우리가 잊지 말아야 할 것은 무슬림 지배자들은 유대인들과 기독교인들을 "경전의 백성들"(people of the book)로 보고 상대적인 관용을 베풀었다는 사실이다. 지금도 시실리나 안달루시아에 가면 문화적 교류의 흔적을 발견할 수 있다. 이처럼 종교는 한편으로는 삶을 조장하는 가르침을 가지고 있지만, 다른 한편으로는 잔인한 폭력을 휘두르는 다른 면을 보이는 양면의 가지고 있다.

그러나 십자군들은 유대인들을 탄압했다. 그들을 불신앙인으로 혹은 메시아를 죽인 자들로 매도했다. 이러한 해묵은 반유대주의는 결국 제3제국의 독가스실로 귀결되었다. 조직적으로 유대인 6백만 명을 죽이고, 독일로부터만 28만 명의 유대인들을 탈출하게 만든 것은 독일이 유럽의 지적, 창조적 자산을 축낸 일로 볼 수도 있겠다.

유럽인들이 해외 선교에 나가면서 그 나라의 문화와 언어를 공부하기 시작하게 되었는데, 이것이 유럽의 지적 자산에 도움이 되었다. 예를 들어, 불교나 힌두교의 경전을 번역하여 유럽에 소개되었는데, 그 영향으로 철학자 아서 쇼펜하우어(1788-1860)는 아시아의 종교로부터 많은 영감을 받았다. 그러나 아직도 아시아 종교들은 유럽 안에서 크게 인정을 받지 못하고 기껏해야 건강 관련 혹은 인테리어 디자인에 동원되는 정도이다. 2차 바티칸공의회 이후 상당한 변화가 일어나서 타종교에 대한 긍정적인 태도를 갖게 되었고, 그 영향 하에서 현대적인 종교 신학이 발전되어 나오기도 했다. 이와 함께 개신교와 동방정교회를 망라하는 세계교회협의회 WCC도 1971년 "종교간의 대화"국을 창설하면서 한편으로는 기독교-유대교 대화를 활발히 하고 있다.

종교신학은 자기의 정체성을 굳건히 지키면서 다른 종교들의 역할을 확인한다면, 대화의 신학은 자기 종교의 신앙의 울타리를 넘어 타종교의 영역으로 넘나들면서 자기의 정체성이 흔들릴 가능성을 감수한다. 종교신학은 포용주의와 배타주의 사이의 고민 속에서 고민하던 중, 최근의 포스트모던 다원주의적 종교신학은 과감하게 포용주의를 택함으로써 유신론과 비유신론 사이의 모순도 극복하는 것처럼 보였다. 하지만, 이러한 종교신학은 결국 메타적 포용주의(meta-inclusivism)로 귀결되고 만다. 이에 비해 종교 간의 대화 신학은 다른 길을 선택하였다. 즉, 포용주의가 아니라, 타자가 타자 자신에 대하여 인식하는 방식으로 타자를 인식하는 방법을 택하였다. 이런 방식으로 대화의 신학은 모든 종교들이 빠질 수 있는 배타주의와 포용주의의 딜레마에 대해서 충분히 인정하고 있다.

대화는 적어도 세 가지의 영역에서 일어난다. 즉 삶, 지성 그리고 가슴의 영역이다. 삶의 대화는 전(pre) 개념적이며 공동의 장소에서 사람들이 평화로이 사는 것을 지향한다. 지성의 대화는 다른 종교들의 대표적인 식자들 간에서 벌어지는 대화이다. 이런 경우 식자들은 자기 종교의 특정 도그마에 대한 충성이 흔들리는 위험에 빠질 수도 있다. 결국 대화는 서로가 합의할 수 없다는 것을 합의하는 것에 이를 수도 있다. 그럼에도 진리를 향한 동행은 필수적이다. 가슴의 대화에서 다른 전통들의 신비가들이 만난다. 묵상과 기도의 영적인 경험들의 나눔도 전 개념적인 일이다.

2. 다른 신학들과의 만남

2차 세계대전 후 식민지에서 새로운 독립국가들이 일어나면서, 교회들은 선교 모국에의 종속관계를 끊고 독립의 길을 걸었다. 기독교 식자들은 자신들의 새로운 상황에서 제기되는 문제들에 직면하면서 기존의 입장과 다른 신학적 입장을 택하였다. 선교 모국과 거리를 두는 신학적 사상과 실천이 나오는 상황에서 로마가톨릭은 제2차 바티칸공 의회를 가졌고, 남미에서는 레오나르도 보프와 같은 사람들이 주목한 바닥 공동체들의 출현을 새로운 교회의 탄생(ecclesiogenesis)으로 보 기도 하였다. 광범위한 가난과 공식적 사제의 부족은 이러한 새로운 형태의 교회들을 만들었고, 이것은 해방신학의 텃밭이 되었다. 1968 년의 콜롬비아의 메델린에서 열린 제2차 남미주교회의는 해방신학의 영향 속에서 열렸다. 남미의 해방신학은 가장 대표적인 제3세계의 신 학이며, 다른 대륙에서도 이것에 상응하는 신학으로서 아프리카와 아 시아의 토착신학, 대화의 신학 등이 등장하였다.

다른 주제들보다도 기독론은 다른 상황신학(contextual theology) 들을 비교 평가하는 데에 더 적합하다. "너는 내가 누구라고 말하는 가?"(막 8:29)라는 예수의 질문은 오늘날에도 피할 수 없는 질문이다. 아프리카 신학자들 중에는 예수에게 추장, 영적 지도자, 치유자, 조상 이라는 칭호를 붙였다. 칭호 붙이기는 성서에도 이미 나오지만, 그러 나 아프리카의 칭호들은 평가의 관문을 지나야 한다. 왜냐하면 역사의 예수가 걸었던 고난의 길은 이러한 권력자의 이미지를 모두 부정하기 때문이다. 그리고 아프리카의 여성신학자들은 이러한 칭호들이 기독 교적 가부장주의와 함께 이미 아프리카에 존재하는 가부장주의를 더 욱 강화할 수 있다고 비판하고 있다.

불교권에서 예수는 보살로서, 즉 불성을 깨달았지만 해탈하지 않고 중생에 남아서 중생들을 돌보는 자로 보였다. 힌두교에서는 예수를 신의 아바타로 보거나 구루(guru)로 표현하기도 하였다. 고난받는 신, 십자가의 신학은 아프리카와 마찬가지로 아시아의 종교들과도 잘 어울리지 않는다. 고난받는 신은 이들 대륙의 종교들과 맞지 않는 것처럼 보인다. 고난받는 예수 그리스도는 한국의 민중신학과 남아공의 흑인신학에서 재발견되었다. 이들 신학은 이들의 상황에서의 새로운 십자가 신학이었다.

한편 제3세계 안의 여성신학자들은(특히, Mercy Amba Oduyoye) 자신들의 새로운 여성신학을 일컬어 "침투 속의 침투"(irruption within the irruption)이라는 언어로 묘사했다. 이들은 제3세계의 신학의 1세대가 주로 남성으로 이어졌고, 이들이 서구 중심의 신학을 밀어제치고 들어간 것을 첫 번째의 침투라고 한다면, 제3세계의 여성들의 시도는 두 번째의 침투라고 본 것이다. 이들 여성들은 양면의 전선에서 대치 중이다. 하나는 동족의 남성들이고 다른 하나는 서구의 여성주의자들이다.

3. 다른 교회들과의 만남

남미의 대부분의 교회에서 토착민들의 문화와 문명을 잘 발견할 수 없고 대부분 포르투갈과 스페인의 전통이 교회 건물에서 발견될 수 있는 것은 이 토착민들이 거의 사라져버렸기 때문이다. 그러나 아직도 토착종교 전통들이 교회의 절기 속에 많이 들어와 있다. 예를 들어 멕시코 교회의 죽은 자를 위한 축제는 마야와 아스텍의 전통이 깃들어 있다. 토착민들의 후예들 안에는 파차 마마(Pacha Mama)라고 하는 땅의 여신 신앙이 남아 있다. 브라질에 사는 일부 흑인 교인들은 아프리카 종교를 아직도 일부 수용하고 있다. 이러한 토착 종교들을 해방신학자들 마저 천시했으니, 공식 가톨릭교회는 말할 필요가 없었다.

아프리카의 교회는 서구 원형과는 다른 "평준화된"(flattened) 형태로 남아 있다. 그럼에도 선교 본국의 유산은 아직도 역력하다. 그럼에도 교회는 서양의 껍질을 가진 아프리카의 핵이 들어 있는 것으로 보인다. 중심 교회들도 그렇고 토착 예언자들에 의해 세워진 AIC(African Instituted Church)에 속해 있는 교회들도 그렇고, 노래, 춤 등을 보면 아프리카의 토착적 영성이 그대로 남아 있음을 알 수 있다. 공식적인 아프리카화가 되지 않는 곳에서는 토착 영성과 기독교 영성 모두에 속하는 사람들이 아직도 많다. 전통종교는 그대로 남아 있고, 크리스천들은 병원이나 신부로부터 효험을 못 얻을 경우 토착적 치유자(healer)들을 방문한다. 아프리카에서는 죽은 자들과 같이 산다고 할 정도로 조상과의 연대가 강하다. 이런 연대를 교회 안에서 무시하면, 교회 밖에서 교회 안으로 통과해 들어올 정도이다.

한국의 경우 더 그러하다. 한국 교회의 건물이나 예배를 보면 오래된 서구의 기독교 전통이 그대로 남아 있는가 하면, 다른 한편으로는 샤머니즘적인 요소, 오순절적인 요소들이 남아 있기도 하다. 새벽 5시에 들이는 기도회나 수천, 수만 명이 모이는 오순절 교회의 모습에서 한국의 전통적인 신앙이 기독교 안으로 들어와 있는 것을 발견할 수 있다. 이러한 모습은 남동구라파의 농촌지역에서도 발견할 수 있다. 거기에서도 기독교가 전해지는 과정에서 전통의 영성과 결합되어 있는 모습을 볼 수 있다.

II. 도구함을 열며

이제 마지막으로, 상호문화 신학을 하기 위한 세 가지의 방법론적인, 개념적인 도구들을 논의하려고 한다. 그것들은 미학, 해석학, 윤리학이다.

1. 미학

사람들이 타자를 처음 만날 때 사용하는 것은 감각적 지각(sense perception)이다. 예술은 여기에서 매우 중요한 위치를 차지하는데 신학과 비교종교학 모두에서 중요한 자료로 참여한다. 우리의 매일의 생활을 들여다보더라도 우리는 옷, 상품, 집 등이 외국의 것들임을 알고 그것들을 보면서 우리는 이미 타자를 대면하는 것이다. 특이한 향기와 음향은 우리를 자극하여 우리의 감각을 깨운다. 음식도 마찬가지이다.

우리가 다른 문화와 접촉할 때 우리는 다른 문화 속에 있는 우리의 것과 상응될 수 있는 점들을 찾게 된다. 이 순간부터 해석의 과정은 시작된다. 이러한 상응점을 찾으면 우리는 다른 문화의 접촉점을 찾은 것이 되며, 그것으로부터 다른 문화를 이해하고자 하는 욕망이 일어나게 된다. 미학은 해석학과 연결된다.

2. 해석학

타자를 이해하기 위해서 나는 타자에 대한 지식을 쌓을 필요가 있다. 그런 지식의 획득은 대화적 과정에서 온다. 타자는 내 관념과 해석 안에 타자 자신이 존재하는지를 확인할 수 있어야 한다. 동시에 타자는 내가 말하고자 하는 것이 타자의 콘텍스트에 맞을 때에야 나를 이해할 수 있다. 이렇게 되면 우리는 이미 해석의 순환과정 한 복판에 들어선 것이다. 선교의 경우, 선교사가 자신을 타자의 문화에 완전히 열어서 타자의 상황에 적합하고 관련된(relevant) 메시지를 발하지 못한다면, 타자들은 그의 말을 들으려 하지 않을 것이다. 상황 신학의 해석학적 구조는 제3세계 지역의 크리스천들이 자기들이 당면한 보편-특수(universality-particularity)의 딜레마에 대응하기 위하여 만들어진 발명품이다(퀴스터, *Einfuhrung in die Interkulturelle Theologie*, 59-63). 텍스트와 콘텍스트 상호간의 통과로 이루어지는 해석학적 순환은 계속 반복되어야 한다. 이 과정은 정체성-관련성(identity-relevance)의 딜레마를 분명하게 부각시켜 준다. 콘텍스트가 변수이면, 텍스트는 관계적 항수(relational constant)가 된다. 텍스트의 잠재적 의미를 한 번의 독서로 확인할 수 없다. 텍스트는 올바른 해석을 위해 경계를 정해 준다. 상황 신학에서 콘텍스트가 관련성을 위한 기준이 된다면, 텍스트는 정체성을 위한 기준이 된다. 새로운 해석은 기독교의 넓은 전통의 흐름에 맞아 들어가야 한다. 일치-다양성(unity-plurality)의 딜레마는 상호 고백적 해석학에 늘 존재하며, 이 해석학은 차이들을 넘어 일치를 추구한다.

기독교 신앙은 문화적으로 매개된 형태로만 접근될 수 있는 것이므로 모든 형태의 콘텍스트화는 상호문화적 행위일 수밖에 없다. 그렇다면 19세기의 선교사들에 특별히 나타났던 유럽 중심주의는 막다른 골목에 이르게 되어 있었다. 상황신학적 해석학은 동시에 상호문화적 해석학의 핵심이 된다. 중요한 관점들이 상호문화적 만남에서부터 나오고 있다. 타자에 대한 존중, 다름을 위한 공간을 확보하기 위한 자기 자신의 리스크 부담 등의 자세가 나오고 있다.

3. 윤리학

타자와 만나고자 하는 사람은 자기 자신의 공동체 공간의 경계를 넘어서서 타자에게로 건너가야 한다. 상대방도 그리해야 하고. 이렇게 경계를 넘는 사람들은 사이, 제3의 공간에서 만난다. 이 제3의 공간에서 타자에 대한 존중은 필수이다. 자신의 편안한 영역으로부터 취약한 영역으로의 이동은 나의 자리와 타자의 자리 모두에게 도전이 되는 것이다. 그래서 이런 이동을 하는 사람들을 자주 의심스럽게 보기도 한다. 이동하는 사람들이 다시 "제자리로 돌아올까"? 그들은 우리 안에 들어와서 활동하고 있는 타자의 첩자가 아닐까? 두 개의 공동체 사이에 존재하는 공간은 권력 배치에서 중립적이거나 자유롭지 못하다. 문화적 종교적 다원주의에 의해서 형성된 원 장소들(locations of origin)도 이 제3의 공간에 영향을 준다. 어떤 공동체가 이곳에서 다수적 위치에 있는가? 어떤 공동체가 소수자인가? 누가 정통한 것과 수용할만한 것을 정하는 위치에 있는가? 그러나, 경계는 사람들이 건너기를 원하는 한 늘 넘어갈 수 있는 곳이다. 그리고 어느 누구도 변하지 않고 돌아오는 법은 없다. 타자에 대해 알게 된 지식은 자기의 공동체에 들어와 흡수되어 영향을 주게 된다.

환대, 잔치, 이웃학(neighborology) 등의 메타포들은 존중과 취약성의 태도를 가리키는 말이지만, 이것들은 시간과 장소의 제한을 안고 있다. 환대는 통상 3일 동안만 유효한 것이다. 손님이 더 오래 머무르게 되면 다른 규칙이 적용된다. 연회는 매일의 삶을 중지시키고 다른 것을 대면하게 함으로써 우리가 삶으로 재진입할 때 변화된 모습으로 진입하게 해 준다. 이러한 "돌아옴" 혹은 "재진입"은 경계성으로부터 조직화된 공동의 삶으로의 이동이다. 이웃학은 사람들이 자기 자신의 공간을 갖지만, 그 공간에는 타자의 공간과의 접경도 존재한다는 것을 전제한다. 담은 출입구를, 출입문은 문지방을 가지고 있어 드나들 수 있지만, 그러나 오직 초청이 있어야 그 경계를 넘을 수 있다. 관계에서는 멂과 가까움, 존경과 동정에 균형이 있어야 한다.

특히 독일, 프랑스, 영국, 네덜란드 등의 사회에서 낙관적으로 일컬어졌던 다문화 유럽의 위기는 지난 수십 년간의 통합(integration)이라는 개념의 부재에 기인한다. 통합이라는 것은 정치인들이 가끔 호소하는 그런 주류 문화로의 흡수를 의미하지 않는다. 이것은 "관용"이라는 언어로 치장되는 무관심도 아니다. 즉 모든 사람들이 각자 자기의 기준과 취향대로 산다는 그런 의미가 아니다. 적극적 의미에서의 통합이란 이민자들은 자기의 문화적 종교적 정체성을 잃지 않고 주류 문화에 참여할 수 있다는 것을 말한다. 두 개의 언어 사용, 공동의 정의 질서 수용, 다원주의 수용 등은 중요한 기준이 된다. 통합에 충실하면 모든 사람들의 "보편적 평등"과 인정과 차이의 정치(모든 사람들은 특정 집단에 속해 있다는 것을 의미) 사이의 긴장을 겪을 수밖에 없다.

　주류 교회들과 이민자들과 함께 유입되는 종교들 사이의 상호관계 속에서 종교적 다양성이 형성된다. "미래는 메스티조"라는 라틴 신학자 Virgilio Elizondo의 구호는 유럽에 해당된다. 왜냐하면 다양한 문화와 종교 공동체들이 이곳으로 모여들기 때문이다. 작금 회자되는 세속화, 즉 기존 종교와 전통과 가치체계가 뒤로 물러날 것이라고 하는 예상은 오늘날 사람들이 다양한 종교들로부터 자유롭게 차입하여 만들고 있는 종교들의 부분 결합, 영적인 조합 등에 의해서 어긋나고 있다고 하겠다. 정체성이란 영구히 새롭게 재구성되어야 하는 것이라는 진리는 모든 다양한 종교 문화 공동체들에게 적용된다. 그러므로 종교적인 전통들이 갖고 있는 가변성과 모호성을 고려하고 성찰하는 신학이라면 그것은 필연적으로 상호문화적인 것이어야 한다.

Marxism and the Study of the History of Christianity in China

Philip L. Wickeri*

Professor Kwon Jinkwan has made enormous contributions to Korea and to the world as a theologian. I also count him among my friends. In 2015, we were together in Beijing for a conference on Marxism and Religion. Chinese participants, most of who were social scientists, were inspired by what he had to say about Korean Minjung Theology. It is an honor for me to dedicate this essay on Marxism and the study of Christianity in China to Jinkwan, on the occasion of the publication of this festschrift.

The study of history can never be approached as a blank slate. Therefor

---

* Professor of the History of Christianity, Ming Hua Theological College. Advisor to the Archbishop on Historical and Theological Studies Hong Kong Sheng Kung Hui

we need to be clear about our assumptions and method. The discipline of historiography, or the study of the sources, methodologies, and approaches for the writing of history, arose during the Enlightenment period in Europe to subject historical writing to a critique so as to develop a clearer, conscious and more accurate approach to history itself.[1] This was a liberation of the study of history. There could no longer be "official" or "universal" or "theological" histories that would narrate history *"wie est eigentlich gewar"* (as it actually was). There was no longer a place for the grand theory. Instead, the study of history became more analytical and critical, and therefore more accurate

In the study of history it became important to carefully consider the use of archives and primary sources; historical actors; authors' assumptions; methodological approaches, etc. This assumed there could be open access to archives and sources. The 19th and 20th century saw a proliferation of approaches to the study of history – political, cultural, social, intellectual, quantitative – as well as theories to guide the writing of history – constitutional, Marxist, biographical, feminist, to name just a few of the more important ones. Different kinds of history suggested differ-

---

[1] The best recent study of the Enlightenment is the trilogy by Jonathan I. Israel, *Radical Enlightenment, Philosophy and the Making of Modernity, 1650-1750* (Oxford: Oxford University Press, 2001); *Enlightenment Contested: Philosophy, Modernity and the Emancipation of Man, 1670-1752* (Oxford: Oxford University Press, 2006); *Democratic Enlightenment: Philosophy, Revolution and Human Rights, 1750-1790* (Oxford: Oxford University Press, 2011).

ent themes and approaches, global history gave way to national histories, and national history gradually gave way to local histories. In evert case, the hermeneutics of suspicion replaced all hermeneutics of trust. In this paper, my interest is in the study of the history of Christianity in China, and the usefulness of Marxist historiography in that endeavor. In my understanding, Marxist historiography emphasizes social and economic factors in the development of history; a dialectical materialist approach to historical movements; an emphasis on "history from below" not history from above; and the importance of class relationships among historical actors and movements.[2] Marxist historiography does not mean the dogmatic and mechanical application of a theory of historical determinism, but the creative use of Marxist ideas to uncover an approach to history which is often overlooked. Unlike many Marxists, I also see the importance of ideas (including religious ideas) as "triggers" for historical movements; here I follow Max Weber. I also see intellectual history (including the history of religious thought) as an essential counterpart to Marxist historiography. In my view, Marxist historiography suggests a point of departure, not a framework. I will explain what all this means in the pages that follow.

---

2 The classic source for this approach to Western Marxist historiography is E. P. Thompson, *The Making of the English Working Class* (New York: Vintage Books, 1963).

Stages in the Study of the History of Christianity in China

There have been three or four stages in the study of Christianity in China.

1. The History of Christian Missions(传教史)

The earliest approach to the study of Christianity in China was the history of Christian missions. Chinese Christianity was studied as an extension of Christianity in Europe and North America, part of the missionary movement started by Western churches and mission societies and extending to the far corners of the earth. The watchword for 19th missions was the so-called "Great Commission" in Matthew 28, particularly "Go therefore and make disciples of all the nations..." (verse 19) From the late 18th century to the early twentieth century, Christianity spread all over the world, moving from the West to the East and from the North to the South.

The history of this period emphasized the spread of Christianity through Christian missions. The West was the center, missionaries were the primary actors, missions went with colonialism (文化侵略). China was the periphery, not the center; Chinese were helpers to missionaries or objects of conversion, China was subject to colonialism. The best example of this kind of history in Kenneth Scott Latourette, *The History of Christian*

Missions in China 賴德烈著, 雷立柏等译： 《基督教在华传教史》, first published in 1929.[3] This book, I should add, is still unsurpassed in its treatment of the subject.

2. Church History(教会史)

Church history was really a continuation of mission history, but the emphasis was on the spread of the Church and of other Christian institutions, such as schools and hospitals. The church history approach to Christianity in China developed in the twentieth century, when there were already Chinese churches. So, it is in an improvement over history of missions in the sense that more recognition is given to the Chinese side. Still, it is the Church that is still at the center, and history is still in the orbit of Western Christendom. The best example of this approach is 王治心, 中国基督教史纲, first published in 1940.[4]

3. History of Christianity(基督宗教教史)

A new approach to the study of Christian history as opposed to church history began in the 1970s and 1980s in the West, and then in China.

---

3 Kenneth Scott Latourette, *A History of Christian Missions in China* (London: Society for Promoting Christian Knowledge, 1929). 賴德烈著, 雷立柏等譯:《基督教在華傳教史》, 香港: 漢語基督教文化研究所, 2009.

4 王治心:《中國基督教史綱》, 香港: 基督教文藝出版社, 1993 香港四版／上海:上海古籍出版社, 2004.

Christianity is concerned not only with the Bible, Christian faith, the church and theology, not only with institutions and missionaries, but with ideas, secular history, Chinese actors and Christianity and culture. In the West we generally teach the history of Christianity rather than church history in most universities and theological seminaries. The best general book on this subject is: Diarmaid MacCulloch, *Christianity: The First Three Thousand Years* (2009).[5]

Most recent books in Chinese and English on the history of Christianity in China take this approach. The emphasis is on Chinese as the actors, and on Christianity in Chinese history. Many who adopt this approach study Christianity in China but not Christianity in the West. Christianity is thus de-centered, no longer "Western." The short book by Daniel Bays, *A New history of Christianity in China* (2012)[6] is an example of this approach.

4. Christianity as part of the history of Intercultural Exchange (基督教与中西文化交流史)

This is an approached popularized by Prof. Nicolas Standaert, s.j. and other Roman Catholics who study the late Ming-early Qing period. It em-

---

5 Diarmaid MacCulloch, *Christianity: The first Three Thousand Years* (New York: Viking, 2009).

6 Daniel H. Bays, *A New History of Christianity in China*. Blackwell Guides to Global Christianity (Chichester, West Sussex; Malden, MA: Wiley-Blackwell, 2012).

phasizes the importance of cultural exchanges on the part of the missionaries and China, showing that something was gained on both sides in the missionary encounter. It grows out of the previous approach. Unlike the previous approach, intercultural exchange looks at China and the West together, and tries to see how through Christian mission, they interacted, learning from one another but also misunderstanding one another. Nicolas Standaert's *The Interweaving of Rituals: Funerals in the Cultural Exchange between China and Europe* (2008)[7] is an excellent example of this approach.

As can be seen from the above, there has been a progression in the historiography of Christianity in China from the West to the East, from a focus on missionaries and churches, to a focus on China, Chinese history and intercultural exchange. Three decades ago, The American Sinologist Paul Cohen argued that the history of China should be written not from the Western perspectives such as "China's Response to the West," and "Tradition and Modernity" models but from "China-Centered History of China."[8] Cohen has written perceptive books and essays on missionaries in China that I am sure you are familiar with. In general, I accept the shift in emphasis to a Chinese view of Christianity in China. Historically, this means an emphasis on a China-centered history; politically, it is an at-

---

7 Nicolas Standaert, *The Interweaving of Rituals* (Seattle and London: The University of Washington Press, 2008).

8 See Paul Cohen, *Discovering History in China* (New York: Columbia University Press, 1984).

tempt to show that Christianity is part of Chinese history, not a "Western" religion; theologically, it goes along with the current emphasis on indigenization and contextualization. All of this is commendable.

And yet, there is a problem with what has happened in the study of Christianity in China as it is now unfolding. I have a slight disagreement 商榷. There has been inadequate attention to the background of ideas and Christian beliefs and social constructions in the history of Chinese Christianity. There is sometimes a tendency to see "Chineseness" when nothing Chinese is really there. In addition, many of those who study Christianity in China are not sufficiently acquainted with its Western background, and so things are misunderstood. We could not study the history of Marxism-Leninsim in China without studying the writings of Marx and the development of Marxism in the October Revolution and in Eastern Europe. The same principle is involved.

Marxism and the Study of Chinese Christianity

None of the four approaches I have just listed involves Marxist historiography to any great extent. The first and second approaches – mission history and church history – are both idealist conceptions of history, with the categories largely predetermined and internal to Christianity. Even in Western countries, these two approaches are now outdated. The third approach is more complex, insofar as it applies standard historical methodologies to the study of Chinese Christianity. So too is the fourth approach, guided as it is by categories of cultural exchange. I want to suggest that the study of Chinese Christianity could be improved and enhanced by the selective introduction of Marxist historiography in research.

For example, it would be informative to introduce categories of social and economic class to the study of both the Protestant missionary movement and the early Chinese Christians. Protestant missionaries from the United States and Europe can largely from the middle classes, whether urban or rural. In the case of Anglican and Episcopal missionaries, they tended to be well educated and from urban backgrounds. The American Church Mission (Episcopal) focused on the training of elite, for both church and society. They were from an American elite themselves and they believed that a professionalized upper middle class and elite would become the leaders of a new China. Their thinking was shaped by their own social class. In contrast, China missionaries from the Church Missionary Society (CWM) of England focused largely on the poor and outcast in society, as is evidenced by their work in northern Fujian.[9] They were not interested in training an elite, but in Christianizing the

---

9 Philip L. Wickeri, "Introduction," pp. 1-22, in Wickeri, ed. *Christian Encounters with Chinese Culture: Essays on Anglican and Episcopal History in China* (Hong Kong: Hong Kong University Press, 2015).

lower classes. CWM missionaries did not come from an English elite, but from the lower middle classes. Class background shaped the missionary approach of both American Episcopalians and British CMS missionaries. Their respective theologies also reflected their socio-economic class. Marxist historiography invites us to consider this in our historical study. Much insight could be gained about the missionary movement — missionary thought, missionary projects, missionary values — by looking into the class backgrounds of the missionaries who came to China.

As to Chinese Christians, who were the early Chinese Protestants and what social classes were they drawn from. I am especially thinking of the urban elites: church leaders; leaders of Christian universities and schools; board members who were generally lay Christians. The class backgrounds of Chinese Christians in the Republican era would influence their relationships with Chinese political parties and the Western powers.

Another area worth study is the political economics of missionary support. There have been a few studies of this subject,[10] but to my knowledge there has been no comprehensive treatment of the way in which the structures of economic support shaped missionary work in China.[11] In order to send missionaries to China, Western churches had

---

10 Valentine H. Rabe, "Evangelical Logistics: Mission Support and Resources to 1920," pp. 56-90, in John K. Fairbank, ed. *The Missionary Enterprise in China and America* (Cambridge: Harvard University Press, 1974).

to raise vast sums of money to send, support and maintain missionaries and the institutions they founded. Missionary salaries and benefits; travel subsidies; the purchase of land and housing; the building of churches, hospitals, schools and universities all relied on funds raised overseas. These funds were raised through the churches and missionaries, and church members contributed as an expression of their Christian faith and support of missionary goals. Some kinds of missionary projects were more popular than others, and the potential of support shaped fund-raising campaigns. Also, wealthy donors, some of whom had economic interests in China, could influence churches to support the kind of projects that were deemed to be in their interests, and for which they would provide financial support. In some churches, missionary support also came from the government, and so Western government representatives in China could also shape the patterns and places of missionary involvement. In any consideration of social history, economic support has become an important area of study, but this has not been broadly applied to the missionary movement in China or in other Asian countries. For many churches, the political economics of Christian mission is deemed too sensitive for serious study even today.

---

11 The popular book by Jonathan Bonk, *Missions and Money*, rev. ed. (Maryknoll: Orbis Books: 2012) focuses on the author's experience in Africa. Bonk makes little use f Marxists analysis, and his constructive section is on the "righteous rich" in their support of mission.

A third area which would benefit from an applied Marxist historiographical approach is that of missionary land and property issues. The purchase of land and property were central to the missionary enterprise in nineteenth and early twentieth century China, and property issues were often at the center of legal disputes in the missionary cases 教案. For the missionaries, these were often considered as "mere" practical issues, but Chinese saw land and property question as central to aggression against China. The missionary cases have been well studied in the history of Christianity in China. Questions about property are related to issues concerning the missionary use of material power and the protection afforded them by the various nineteenth century treaties. A more detailed study of missionary archives in particular denominational and missionary society archives would illuminate the ways in which church leaders and missionary representatives justified their use of property in ideological terms, and raised funds for this purpose.

In each of the areas I have discussed − missionaries' class background, the political economics of missionary support and the control of land and property − Marxist historiography would highlight the contradiction between Christian values and ideals and missionary practice in China. Here, I speak as a scholar who is himself a Christian. My purpose is not to reject the important contributions of the missionary movement, but to understand the movement itself in the context of the real world in which it operated.

There has been a great deal of study of the missionary movement and colonialism, and my interest in Marxist historiography is an extension of this.[12] The issues I have mentioned here are all implicit in the Three-Self idea advocated by many in the missionary movement. Beginning in the mid-nineteenth century, some missionaries advocated that the goal of the missionary movement should be the establishment of independent, self-governing, self-supporting, self-propagating churches. Note that the focus here is on political economics and power. Henry Venn (1796-1873), a British Anglican and Rufus Anderson (1796-1880) an American Congregationalist, developed the Three-Self idea in great detail, and John Nevius' Three-Self method was developed in his work in Shandong. But none of these had an approach as radical as Roland Allen (1868-1947), a British missionary who was in Beijing at the time of the Boxer Rebellion. He wanted the "euthanasia" of missions because of their abuse by the Western powers. Here is what Roland Allen wrote in 1902:

> At present the Chinese commonly look upon the missionary as a po-
> litical agent, sent out to buy the hearts of the people, and so to prepare
> the way for foreign dominion, and this suspicion has been greatly
> strengthened by the fact that Western nations have... used outrages

---

12 For example, Paul Varg, *Missionaries, Chinese and Diplomats* (Princeton: Princeton University Press, 1958). Also, Philip L. Wickeri (Maryknoll: Orbis Books, 1985).

upon missionaries as a pretext for territorial aggression.[13]

In the 1930s and 1940s, Chinese Christians led by Y. T. Wu picked up the idea of "Three-Self" from Roland Allen and other missionaries, and in the 1950s this became the basis of the Chinese Christian Three-Self patriotic movement. Three-self had to be sinicized (中国化) before it could be effective in Chinese Christianity. Similarly, Marxist historiography has to be sinicized before it can effective the study of Christianity in China. Any solitary use of Western Marxism to study Chines history is inadequate.

The Study of Christianity in China and the Contribution of Xiao Zhitian

I have tried to follow developments in the study of history and the study of Marxism in China since the late 1970s, with particular interest in the history of Christianity in China. Of course, my understanding is very superficial, and I have nothing to add to what you already know, except that mine is a foreign understanding not a Chinese one. 班門弄斧.

Not all Chinese scholars who work on the history of Christianity in China area are Marxists or Communists, but all have been influenced by a Marxist approach, both positively and negatively. Historical study is im-

---

13 Philip L. Wickeri, "Roland Allen and the Decolonisation of Christianity." *Missionalia* 33 (2005: 3). pp. 480-509.

portant for religious policy formation, but I will not speak about that, for my interest is in the study of history.

Chinese Marxism adds at least the following five things to the study of religion in China, including the study of the history of Christianity:

1. **A fact or practice oriented approach to religion,**
   实事求是,时间是检验真理唯一的标准. The interest in the Marxist approach is not in religion in the abstract, in its theoretical formulations, but in the practice of religion in society. The interest is in Christians, Chinese Christians, and in the church as an institution, not in theology or Christian ideas. This is a very useful approach in the study of social history, where the interest is also in what actually happened in concrete situations. Such an historical approach preserves the integrity of the historical situation and guards against the imposition of theology or ideology on events and movements in the study of Christianity;

2. **The five characteristics of religion.** (宗教的无性). This idea was developed in the 1950s, by Li Weihan (李维汉), an early Communist leader and the first director of the United Front Work Department. This theory is well-known in China, but it has virtually been ignored by scholars overseas.[14] The

five characteristics of religion are: the mass character (群众性), religion as a phenomena of the masses of the Chinese people; the protracted character (长期性), religion as lasting a long time; the ethnic character (民族性), religion as related to ethnicity; the international character (国际性), religion as interreligious relations with other countries and regions; and religion as complex (复杂性), which requires detailed and in-depth study. As a working hypothesis for understanding the function of religion in society, this may be readily applied to the study of history.

3. **Religion as an expression of culture**, part of the superstructure. In the 1980s, there was a debate over the relationship between superstition and religion, and between religion and culture. By the end of the decade, religion was understood to be a legitimate expression of culture, and so it had something to contribute. In the study of Chinese Christian history, the *cultural aggression* of the missionary movement must be balanced by the *cultural exchanges*

---

14 参考,魏克利,"基督教的中國化:一種對複雜'漫長'創新進程的初步考量,""基督教中國化与中华民族命运共同体的建设,"中国社会科学院,世界宗教研究所,北京,2016.11.24-26.I discuss the theory at length in Philip L. Wickeri, *Seeking the Common Ground: Protestant Christianity, the Three-Self Movement and China's United Front* (Maryknoll: Orbis Books, 1988 pp. 83-89. It is mentioned only in passing in Vincent Goossaert and David A. Palmer, *The Religious Question in Modern China* (Chicago and London: The University of Chicago Press, 2011), pp. 154-155.

which took place through the missionary movement. A one-sided emphasis on either aspect, would not be a fact oriented approach to the study of history.

4. **Patriotism and Religion.** Before the 1980s, foreign scholars did not pay enough attention to the importance of patriotism in their study of Christianity in China. Chinese Communists have emphasized that all Chinese can be united by a sense of patriotism, the desire to make China strong, build up the country, and guard against foreign influences. The history of Chinese Christianity may be studied in terms of the tension between patriotic Christianity and world Christianity, or as that between nationalism and cosmopolitanism as some scholars have argued. Patriotism becomes a lens through which to view Chinese Christianity, not only to emphasize its "Chineseness" but also the political implications of adherence to a global religion with extensive international relationships.

5. **Changes in religion in socialist society.** Because all religions are shaped by society, then religion in China over the last seven decades must have been shaped by Chinese socialism. Therefore, it is important to study the changes in

religion under socialism, positive and negative (because religion can also be a reaction against society). The positive changes focus on the adaptation of religion (协调) to socialism or what is now termed sinicization (中国化). This approach is especially important for the study of Christianity in China after 1949.

In December, 1984, I met Prof. Xiao Zhitian (萧志恬, 1924-1993) at the Institute for Religious Studies in Shanghai. We spoke for an entire afternoon on a wide range of subjects. I was introduced to Prof. Xiao by Bishop K. H. Ting (丁光训) who greatly admired this scholar's work. I believe they were good friends. In 1984, the Shanghai IRS had only recently been reopened, but Xiao, then around 60, was actively at work in promoting the study of religion in contemporary society. All the five topics I have briefly introduced above may be found in Xiao's work, from which, over the years, and through his writings, I have learned a great deal.[15] I have found his ideas very persuasive. Although he was a sociologist, and interested in the study of religion in contemporary society, his approach could also be adapted to the study of history.

Xiao's work relies on detailed and concrete field studies. He told me: "We are not the kind of scholars who sit in our studies who sit in our studies and speculate about Marxist religious theory. Our concerns are more

---

15 萧志恬,《当代中国宗教问题的思考》(上海:上海社会科学院, 1994).

practical and we seek truth from facts (实事求是). Religion under social-
ism is a new thing, something of which neither Marx, nor Engels nor
even Lenin could even conceive. We talk about religion as it actually ex-
ists in China today."[16]

One area of his interest was in the sources and origins of religious belief.
Marx and Engels, and many other theorists, have understood religion as
a reflection of class relations in feudal or capitalist society. It arises from
suffering and is an historical phenomenon. Xiao accepts this, but he sees
that this is not a full explanation of the origin of religion. Religion may
be a response to suffering, and it may be used as a tool of the exploiting
classes, but it may also have other psychological and social sources.
Otherwise, how can we explain the continued existence of religion un-
der socialism? For example, older people may turn to religion as they
near the end of their lives, as a source of comfort. Others may see religion
as a stimulus to social action, or may look to religion as something more
spiritually fulfilling than simple material satisfaction. Religion, according
to Xiao, should not be reduced to a single source or a simple function.
Religion may have a positive role to play under socialism, and it should
not be viewed as a remnant of the old society that must be done away
with. Religion need not be seen only negatively. Quite the contrary, reli-

---

16 Philip L. Wickeri, "Notes from a conversation with two scholars from the
   Institute of Religious Studies, Shanghai Academy of Social Sciences, Shanghai,
   December 8, 1984," 3 pages, unpublished.

gion may promote the advancement of society, by motivating religious believers in positive ways. Religion, Xiao believes arises from historical factors, but the historical factors that gave rise to religion will be around for a long time.

Since 1949, there have been significant changes in Chinese religions. Increasingly, religion has been brought into harmony 协调with socialism and socialist society. For example, now that Christianity is run by Chinese Christians themselves, there is no longer the danger of it being manipulated by imperialist aggressors. Chinese Christianity should benefit and not harm China. Religious ethics can encourage people to do good, and we need not concern ourselves with their motivations for such activity. Diversity of motivation is a good thing, and we should let 100 flowers bloom. We have studied religious beliefs as they exist. Although there are still problems with religious superstition, religion has by and large undergone a fundamental transformation, and so we should support this.

Here I am quoting things that Xiao Zhitian said and wrote in the 1980s. The study of religion and of Christianity has changed a great deal since then, but Xiao was ahead of his time. He was an open-minded scholar. At one point he told me, "I personally don't think there should even be a Marxist science of religion, just as there is no Marxist physics or Marxist mathematics. Marxism and religion are different realms, and the two should be able to coexist very well." This is a very radical statement. Xiao Zhitian continued to use Marxism to analyze religion, but he did this in a flexible and non-dogmatic way. His approach is useful for the study of the history of Christianity in China more generally, as I have tried to indicate here.

Conclusion

In this short paper, I have tried to demonstrate that Marxism is very useful for the study of the history of Christianity in China. Whether one makes use of the historiography of Western Marxism, or of categories drawn from Chinese Marxism, Marxism as a critical tool adds a dimension to the study of the history of Christianity in China that one other approaches lack. Xiao Zhitian has been cited as an example of a scholar whose work in the 1980s and early 1990s represents a creative appropriation of Marxism for the study of contemporary religion, and especially Christianity in China.

This is not to suggest that Marxism is sufficient for understanding religious history. Xiao Zhitian made the same observation in the 1980s. For myself, as a scholar who is also a religious believer, it is possible to use Marxism for historical study in a creative way to open up new approaches to religious history. This has been done by Western and

Chinese scholars in the past, and Marxism will continue to be a resource for historical study in the future, in the ways I have suggested here and in other ways.

한 글 초 록

맑스주의와 중국 기독교사 연구

 이 논문은 중국 기독교사 연구에서 맑스주의 역사기술학이 보여 주는 유용성에 주목한다. 맑스주의 역사기술학이 의미하는 것은 하나의 역사 결정론을 독선적·기계적으로 적용하는 것이 아니라, 쉽게 간과되는 어떤 역사 접근법을 발견하기 위해 맑스주의 개념들을 창의적으로 활용하는 것이다.

 중국 기독교 연구는 지금까지 다음의 4단계를 거쳐 왔다. ① 기독교 선교사: 중국 기독교는 유럽과 북미 기독교의 한 연장으로서 연구됨으로써, 중국과 중국인들은 선교의 변방이었으며, 선교사의 조력자 혹은 개종의 대상으로서 서구 식민주의에 종속되었다. ② 교회사: 이것은 교회와 다른 기독교 기관의 확산에 강조점을 둠으로써, 중국 쪽에 더 관심을 기울인다는 의미에서 선교사로부터 진일보한 것이지만, 여전히 중심에 있는 것은 서구 기독교와 그 영향력이었다. ③ 기독교사: 여기서 관심은 성경, 기독교 신앙, 교회, 신학 그리고 기관들(institutions)과 선교사에만 머물지 않고 사상, 세속사, 중국인 활동 주체, 기독교와 문화의 관계에까지 이른다. ④ 문화 교류사의 일부로서의 기독교: 이 접근법은 선교사들과 중국 사이의 문화적 교류의 중요성을 강조하며, 선교를 통한 만남에서 양자 모두에게 유익한 점이 있었음을 보여준다. 이 접근법은 이전의 접근법을 모태로 형성되었다.

중국 기독교 역사기술학에서는 관심의 초점이 서구의 선교사와 교회로부터 중국, 중국사, 문화 교류로 옮겨 가는 진전이 있었다. 이런 변화는 역사적으로는 중국 중심의 역사가 강조됨을 의미하며, 정치적으로는 기독교가 "서양의" 종교가 아니라 중국사의 일부임을 보이는 시도이며, 신학적으로는 토착화와 맥락화를 강조하는 오늘날의 흐름에 부합한다. 하지만 이러한 중국 기독교 연구 방법론은 중국 기독교사에서 나타난 관념들, 기독교 신념들, 사회적 구성물들의 배경에 충분히 주의를 기울이지 않음으로써, "중국성"(Chineseness)에 대한 지나친 강조와 중국적 기독교의 서구적 배경을 간과하는 문제점을 드러낸다.

위에서 나열한 네 가지 접근법 가운데 어느 것도 맑스주의 역사기술학을 심도 있게 포함하지 않는다. 따라서 맑스주의 역사기술학을 선별적으로 도입함으로써, 중국 기독교 연구가 개선되고 향상되리라는 의견을 개진하고 싶다. 이를 위해 먼저, 초기 중국 기독교인들에 대한 사회 계층적 연구가 선행되어야 한다. 또한, 선교 지원 정책에 대한 정치경제학적 연구가 필수적이다. 마지막으로, 맑스주의 역사기술학을 적용함으로써, 선교 관련 토지 및 재산 문제에 관한 연구가 수행되어야 한다. 이상에서 논의한 각 분야에서 맑스주의 역사기술학은 기독교의 가치 및 이상과 중국 선교사들의 실천 사이에 있었던 모순을 부각시킬 것이다. 하지만 이를 위해 맑스주의 역사기술학 수행에 있어서 중국적 맥락의 수용이 선행되어야 한다.

샤오 즈티엔의 중국식 맑스주의는 중국 기독교사 연구에 있어서 다음의 다섯 가지 연구 과제를 제공한다. ① 종교에 대한 사실 또는 실천

중심적 접근법, ② 종교의 다섯 가지 특성, ③ 상부구조의 일부인 문화의 한 표현으로서의 종교, ④ 애국심과 종교, ⑤ 사회주의사회에서의 종교변화.

여기서, 샤오의 관심 분야 중 하나는 종교 신념의 연원과 기원이었다. 그에게 있어서 종교는 고통에서 발생하며 하나의 역사적 현상이다. 따라서, 종교는 고통에 대한 한 반응일 수 있고 계급 착취의 도구로 이용될 수 있지만 동시에 다른 심리적·사회적 연원이 존재할 수 있다. 그에 따르면 종교는 한 가지 연원이나 한 가지 단순한 기능으로 환원되어서는 안 된다. 종교는 역사적 요인에서 발생하지만 종교를 탄생시킨 역사적 요인들은 앞으로도 오랫동안 존속할 것이기 때문이다. 샤오는 계속해서 맑스주의를 적용하여 종교를 분석했지만, 그의 방법은 유연하고 비독단적이었다. 그의 이러한 접근법은 중국 기독교사 연구 전반에까지 유용하게 쓰일 수 있다.

Mission from the Margins:
Power and Powerlessness

Wati Longchar*

I consider it as a great honour to be invited to contribute an article to my long time friend Prof. Dr. Kown Jin Kwan with whom I struggle in doing theology from margin's perspective. Highlighting and affirming some of the issues raised in *Together towards Life* (TTL), published by CWME-WCC, I would like point out some issues for further theological debate.

* Wati Longchar belongs to Ao-Naga tribe from India and now teaches theology and culture at Yushan Theological College & Seminary, Taiwan. Currently, he is Dean of Program for Theology and Cultures in Asia (PTCA), a theological movement promoting doing theology with Asian resources.

See for detail see my article "Rerouting mission and Ecumenism in Asia" in *They Left by Another Road*, Wati Longchar, et.al, Eds (2007), Chiangmai: CCA, pp. 187-198.

God chose the People outside of Power Structure

The incarnation of Jesus took place among the people at the margins. At the time of the birth of Jesus, people who gathered around him were people outside of the power structure. They were people without any political power, nor religious authority, women, children and the poor people like the shepherds who were landless and who did not have legal protection and from whom the rich refused to buy milk and vegetable. The wise men, strangers in Jerusalem, who brought precious gifts to Jesus refused to be subjected to empire obligation. They were asked by the empire to report about the birth of Jesus. Instead they left by another route to Galilee to protect the life of Jesus. [1] People who welcomed Jesus were those outside of social hierarchy. These people were not allowed to enter the temple. Jesus was not born in a palace, but a manger, a ragged cowshed, an open and unprotected place. People who were missing during the birth of Jesus were rich men, rich women, the king, queen, prince and princes, high priest and priests, nobles and other high officials. The birth of Jesus was astonishing, threatening news for those decision makers. They never expected that God would be revealed among the lowly people. The angel announced the message, "Peace among you", among marginal people. The incarnation of God happened

---

1 See for detail see my article "Rerouting mission and Ecumenism in Asia" in *They Left by Another Road*, Wati Longchar, et.al, Eds (2007), Chiangmai: CCA, pp. 187-198.

outside of unjust power structure. God chose the 'margin' – the people on the underside of history – to inaugurate His Kingdom, bringing justice and peace. God was and is encountered among the powerless and in unexpected locations, but not among the privileged and powerful people. This is the biblical witness.

The true mission can be understood and experienced when we journey with the people who are on the margins, because that is where God is present. God is with them. God chose them and said "Peace be with you". The agenda from the periphery – the longing for justice, peace, identity and right to resources – is thus the agenda of God. The real future of humanity comes from here and not from the decisions and deliberations of the people who dominate the world. It is from the site of God's visitation – the margins – that a new world has to take shape. It is in this context that mission needs to embark.

No one can understand the good news of Jesus Christ without being in the context of the margins. Jesus of Nazareth continued this option for the marginalized not because they are humble, innocent and pitiable but primarily because they are created in God's own image to celebrate fullness of life and yet are denied the promise of the justice and peace through the imposition of unjust structures, cultures and traditions.

The Margins: A Product of Unjust Power Structure

The present social, cultural, religious, economic and political structures and ideologies are created by the people in power, primarily to protect their interest. These social structures/institutions are collective creations of rich elite over centuries. Here the organizing principle of society of power structure is that women are inferior, dalit/adivasi is unclean and inferior, white is superior, indigenous people are uncivilized, primitive, disability is a curse from God and thus they are sinners. This false presuppositions and beliefs are created by the privilege class and it inflicts injustice and misery to many people. It is called a structural sin. In such structures, domineering and dominated classes always exist. Those who are in power exert all the privileges through exploitation of the powerless and the earth's resources to their maximum profit. To legitimize dominating power, unjust social structures are often legalized and supported by the Constitutions of the countries or customary laws and practices, traditions and moreover sanctioned by religion as in the cases of caste system, racism, patriarchy, disabilities. Social arrangement and relationship based on higher-lower, civilized-uncivilized thus deny human rights and dignity to a large number of people. Excluded and dominated people are left to live in unbearable misery and humiliation in many ways. Today those who excluded from dominant power structures are:

— disabled people whose presence is seen as a burden to family and society; whose gifts and potentialities are never acknowledged, while they are seen as objects of charity, sinners and cursed by God;

— LGBT people who are seen as those with a psychological imbalance in their character, being abnormal and indulging in sinful same-sex relations and acts;

— people living with HIV and AIDS who are seen as drug abusers, sexual abusers and cursed by God;

— indigenous people who are denied their culture, spirituality and land; being the poorest communities in their own land and whose culture, customs, rituals, sacred shrines, places of worship, sacred music, ceremonial dress, traditions, and handiwork are commodified for commercial purpose; and who cannot compete within the dominant market system;

— migrant workers who are exploited for maximum profit and forced to perform dirty and dangerous work without social security;

— farmers, labourers who survive by selling their labour in scorching sun and rain;

— Dalits who suffer socially as the lowest group of the caste system bearing the stigma of untouchability, and whose touch, shadow and sight pollutes the people of other castes;

— The black whose colour is seen as cursed by God, inferior beings who are destined to be slaves of others'

— women who are treated as inferior, subordinate beings whose bodies are commodified as mere objects of enjoyment and pleasure for others.

We need to understand that the reality of structural injustices can be understood only from the experience of the oppressed. That means one has to judge the social dynamics from the perspective of people in the periphery. Charles Kammer points out that "All our policies, all our social structures must be first judged by their effects on the poor, the powerless, and minorities."[2] Reflecting on the Black struggle for justice, James Cone also says that the victim of the power alone can suggest how the world ought to be.[3] Being oppressed, they know what is wrong because they are both the victims of evil and recipients of God's liberating activity, the Gospel of Christ.[4] Similarly, J.B. Metz opines that inherited structures have to be analyzed from the perspective of the oppressed. He says that "We have to judge ourselves and our history with the eyes of the victims."[5] It is the marginalized groups suffering that provide us with criteria to judge the inherited social structures and eventually struggle for the humanization of the social reality. Any analysis of social reality has to take the stand of the option for the poor and the integrity of God's creation very decisively. It demands conscious rejection of unjust and oppressive system in society. It is an option against social structures in favour of the victims. If theological affirmation of mission from the margin

---

2 C.L. Kammer, *Ethics and Liberation: An Introduction* (New York: Maryknoll, 1988), p. 156.

3 James Cone, *Black Theology of Liberation* (New York: Orbis Books, 1970), p. 192.

4 Ibid., p. 192.

5 J.B. Metz, *Faith in History and Society: Toward a Practical Fundamental Theology*, Smith, D. tr. (New York, 1990), p. 105.

is to be realistic and command credibility, we have to abandon idealistic and individualistic views of life and locate decisively the Kingdom's value in the context of margins. In other words, mission from the margins will miss the real issue and target group, if we analyze social system from the perspective of the rich. "Margin" is thus the 'site' of God's mission. Mission from the margins needs to be analyzed and tested in this site of the margin.

Therefore, 'margin' is a theological principle that critiques all the dominant value systems that dehumanize, exclude and push some people to marginality. It critiques cultures, traditions and theology that justify and nurture unjust institutions advocating marginality as a part of the divine creation.

God's Voice from the Margins

Mission from the margins requires listening to the testimonies, pain and suffering of the people who are outside of power structure. Their stories become God's voice. There are many testimonies both in the Old and New Testaments, how people in the margins used as God's instrument for transformation and change. For example, 2 Kings 5:1-19 presents a story of how people in the margins became the agents of healing. Naaman had leprousy, though he was also a successful commander of the army of the king of Syria and his skilful and dedicated work had won favour from the king and the people. And the nameless little girl – the prisoner and victim of war, displaced from her family, her people and land - was put to force labour, working for Naaman's wife, but she became an agent of healing. We see the following contrasting position of the two – Naaman and Nameless little girl;

Naaman is powerful - the Nameless girl is powerless and helpless.

Naaman is a ruler - the Nameless girl is ruled.

Naaman is a conqueror - the Nameless girl is conquered, abused & misused.

Naaman is an army commander - the Nameless girl is a victim of the army.

Naaman is a slave owner - the Nameless girl is a slave.

Naaman is a predator - the Nameless girl is a victim.

Naaman needed healing - the Nameless girl offered help.

Naaman has a name - the girl does not have a name.[6]

In her pitiable experience of war and dislocation, the Nameless girl knew something of what Naaman was going through in his life. She knew the pain and sorrow of Naaman. Instead of rejoicing over his misfortune, the Nameless girl offered words of healing.

---

6 Naveen Rao (2015) Centred on the `Margin. *Clark Journal of Theology*, Vol. V, No. 2, pp. 8-10.

It was indeed difficult for the ruler to listen to the words of the ruled. The ruler wanted to get healed by using royal power and wealth. First, he obtained an official letter from the king of Aram thinking that the royal authority and power would be respected and obeyed by the subjects. Second, he took huge quantities of silver, gold and garments to impress and to appease the prophet Elisha. As was common protocol, Naaman expected that the prophet would come out, stand before him and perform rituals like calling on the name of Lord, wave his hand over him and cure his leprosy. The ruler thought that he would thus be healed. But it happened in quite a different way.

Elisha sent a message through a messenger, "Go and wash in the Jordan seven times, and you shall be clean" (v.9). Naaman felt insulted and took this as disrespectful not only to him but also to the king. He became angry and decided to go away without getting healed. But then another Word of healing came from his servant. Only when he listened to the voice of his servant, did he finally get healed.

What is the meaning of the washing in the Jordan river? The river didn't have, of course, substances within it that could cure leprosy. There is a deeper meaning in the act of washing in the dirty river for seven times. It was the river where the poorest people lived, where they drank and where they bathed. To be healed from leprosy, Naaman needed to wash himself in the river where the poor washed their bodies, too. By washing his body seven times in the river Jordan, Naaman expressed solidarity with the people at the margins. To wash himself seven times in the river would compel Naaman, a General and a fighter, to be humble in front of the prophet, and in front of the Nameless girl, and become servant of the people he had conquered. In this dirty river that Naaman despised, he could get his holistic healing. It was in solidarity with the people in margins that he could find the power of healing.

We can discern God's voice in every day conversation, songs, story of pain and joy of the poor. I work in Taiwan where people were punished for speaking in their mother tongue. The colonizers also instill an ideology that speaking in one's mother tongue is inferior and uncivilized. Last month a graduate student preached sermon in his mother tongue. At the end, he urged his fellow students, "Do not feel shy to preach in your mother tongue". One professor commented, "I am very happy that you could preach very fluently in your mother tongue"; another professor said, "you are courageous to preach in mother tongue." These are voices who have been denied of their basic rights due to cultural genocide. Are these voices not like prophets Nehemiah, Isaiah, Jeremiah and Ezekiel who challenged his people, "Let us return to the promised land" "Be couraged, God is on our side", "Let us rebuild the Wall, Temple"? These marginalized voices represent the longing of the people to dream their future and be connected each other in one's mother tongue, sing and dance, and celebrate their cultural values and wisdom.

In promoting development, the dominant power in decision making, says -

Minority should sacrifice for the sake of majority benefits

Development is good for people

Industries are good for people and nation

Governments are doing development for the future generation of the people

People need industries to enhance their economy and living standard

Development alone can alleviate poverty

People are poor because of the lack of industry

Industry will generate more employment, bring more money and comfort

Development is sign of progress and civilization

The dominated people in the margins, say -

The land is our mother; how can we sell our land?

The mother earth provides us with crops and food

If we have land, the land will feed us more than 3000-5000 years

When the mountain disappears, what will be our identity?

If we leave our ancestral village, what will be our culture and spiritual identity?

When all the trees have been cut down, where will be the animals and birds find a home?

When all the waters are polluted, what will we drink? Do we have to buy water?

When all the air is unsafe to breathe, can we buy air?

An indigenous activist narrates his experience of modern development activities as follows:

> Many unfortunate tribes have already taken farewell from the world. Civilization has squeezed them out of this world. The rest are facing a serious threat of extinction or a life of slavery. Our big brothers want us to be their coolies (*bounded labourers*); when we refused, they plan to finish us. Ruthless exploitation, deprivation from human rights, alienation from land, suppression of our ethnic identity and derogation of our culture and traditions has been almost paralyzing us.[7]

In whose voice do we discern God's voice? The dominant voice in the decision making power represents the voice of mammon; it is cruel and cold-hearted. The people in the margin are being forced to sacrifice for the sake of so-called "majority". Their voices reflect absolutely dominant power of the hegemonic intellect in society. They simply regard marginal communities as non-beings and non-existent and God's gift of the land and its resources as mere objects to be exploited. The voice of people in the margins exposes evils of the oppressive structural violence and envision their future life which affirms:

---

7 R.J. Kr. Kootoom, "Tribal Voice is Your Voice" in *Tribal Voice of the Persecuted Tribals*, 15, Nov. Premier Issue, 1995, p. 1.

- the life of self-sufficiency and eco-friendliness has to be the vision of life; there is no human security without water, air, animals, plants and all ecologically suffering beings;
- the people are the true subjects of the nation; without participation of people a nation cannot progress;
- the land should not be reduced to a mere commodity;
- promote people's oriented development and management of resources.

Since the unjust system is collectively created and institutionalized, the solution also is to be found through mobilization of collective action. The Hebrew prophets spoke of structural transformation of social, political and economic system. They pronounced God's judgment upon those who exploited the poor, widow and strangers. The prophets always understood God's liberative action in terms of political freedom. Jesus' announcement of the Kingdom also embraces total well-being of people. He challenged the religious formalism, legalism, misuse of power, and unjust economic structures that oppressed and marginalized people. Mission from the margins thus involves continuous collective struggle against the misuse and abuse of power. It is "struggling against systems and structures that disrupt the purpose of God for wholeness of life which include the whole of creation. Economic, political, social and religio-cultural barriers that are erected by powers have to be critiqued and rejected in the light of the principles of abundant life for all, regardless."[8]

New Wine needs New Wineskin

God's voice from the margins is distinct. They need to be heard and their vision of life should form the basis of mission. We have two value systems: The dominant value system can be traced back to the Enlightenment paradigm of euro-centric modernity which rooted on the conquest of nature and the demonization of others. It visualizes a highly mechanized and industrialized society. The booming of economic progress, high tech life-style is perceived as attainment of higher quality of life. 'Growth' especially material growth is seen as the only principle for liberation. But the dominated people uphold a spirituality that is life-centred. We may compare the two value systems as follows:

Value	Dominant Spirituality	Dominated Spirituality
Natural Resources – land. Water, forest, etc	*Empty space, dead object, valuable for market, a world to be conquered and exploited for maximum profit	*Sacred, life sustaining power, spirits indwells there, home of all life, mastery and God lives there.
Religious values	*God – *male image, transcendental; *Sacred truth* – *written scripture *Myth* – *superstition; *Worship place* – *temple *Dance* – *entertainment	*non-human image, God comes out from the soil *No scripture, but myths and stories *sacred truth *the whole world *cycle of soil

---

8 Evangeline Rajkumar, "Theology of Resistance" in *Light on Our Dusty Path: Essays for a Bible Lovers* ed., By Israel Selvanagayam (Bangalore: BTESSC/SATHRI, 2008), p. 167.

	Costume – *Commercial value	*identity
Individual and community life	Rich – *accumulation, investment and saving Human relationship – *individual, freedom, in- dependent Identity – *individual achievement centred Elders – *Not respected Community – *Individual over community Ownership – *Individual (e.g. land) Value – *Profit and en- joyment	*sharing, no investment and sharing everything *clan, family, village and tribe *group or community cen- tred identity *Highly respected and guardian *community over individual *community ownership *sharing and caring

The history shows that any value system or anything that does not come under the scheme of the dominant value system was considered as inferior and to be discarded. That is why the others were relegated as "pagan", "darkness", "non-believer", "heathen", "savage", "uncivilized", "wild", "devilish or demonic", "next to animal", "primitive", "inferior beings", "animist", and so on.

Upholding the dominant value system, we have inherited different elitist models of doing theology. We may summarize them under the followings: (1) *Translation model* – perceiving that Christian theology developed in the dominant context is *the unchanging truth for all ages and for all contexts*, the task of theologians was seen as mere translation in native language of the received dogmas upholding that dominant value system as superior. The dominated cultures and traditions were never considered valuable resources for doing theology, nor contain any value for doing mission. (b) *Philosophical model* – it was thought that theology has to be systematic, critical, coherent and rational. To do so, the received Christian dogmas must be fitted into a philosophical framework, e.g existential philosophy, process philosophy, etc. Such theological approach became abstract and intellectual exercises unrelated to the real life situation of the people. It also gave a notion among Christian thinkers that the dominated people's spirituality is not philosophically deep enough to articulate theology since they are product of pagan worship and illiterate tradition. People did not think or could not imagine that there is something to learn from the people in the margins. (c) *Dialogical model* – was developed affirming that without taking into account the unacknowledged riches of God's work with the whole of humanity and other segments of God's creation. But they were prepared to dialogue with elitist religious traditions only but not with the margin's spirituality. (d) *Liberational model* - was emerged in Latin America challenging the economic and political exploitation. But the experiences of people in the margins whose spirituality are being labeled and branded as pagan, heathen, barbaric, savage, idolaters, primitive, unnatural, uncivilized, irrational, abnormal, evil, demonic and inferior beings have been not addressed adequately. Therefore, attempt to integrate margin's voices and experiences into the dominant power paradigm will further marginalize them.[9] The new ecumenical mission affirmation needs a new wineskin to safeguards the voices from the margins. We need new a theological framework, language and practices.

A New Wineskin for Ministerial Formation

The theological concepts of emerging from margin's context require new model of ministerial formation program, curriculum and pedagogy. The current paradigm of ministerial formation program will nurture elitist power structure. Influenced by elitist and prosperity gospel, in several major cities in global south with sizable Christian population, a number

---

9 Once I was requested to contribute an article to be published in England and I mentioned about a funeral rite, and said "You parents have left you, but Land has not left you. The land will feed you and protect you", and listed the indigenous wisdom sayings:

> *"The land is the Supreme Being's land"*
> *"One cannot become rich by selling land"*
> *"Do not be greedy for the land, if you want to live long"*
> *"Land is life"*
> *"The one who does not have land always cheats others or cannot become a good citizen"*
> *"The land cries in the hands of greedy people"*
> *"The land never lies; do not lie to the land"*
> *"Anyone who takes another's land by giving false witness will not live long"*
> *"The land is like a bird, it flies away soon in the hands of greedy people"*
> *"You can sell other things, but not land"*
> *"You are a stranger without land"*

I had to withdraw my article because the publisher insisted that I need to acknowledge the sources in the footnote. I told that they are collective wisdom of many centuries and spoken in their everyday language and it will be crime to acknowledge.

of new theological institutions have emerged claiming to prepare leadership to promote a genre of Christianity in the last few decades. These neo-theological institutions are also engaged in marketing of theological education justifying that their specific goal is for preparing leaders to promote the message that the Christian gospel is about promise of salvation and prosperity to the faithful followers through health, wealth and spiritual bounty. With the claim that there is an urgent need to prepare leaders for various segments of ministries, mission and mentoring, trainings are offered with greater flexibility and diversities. Sadly, some of those education programs operate ignoring contextual realities of the people in margins.

The 16th century Reformation followed by missionary movement gave rise to Protestant theological education in global south. In spite of the limitations, the early theological education inculcated in the candidates a vision for engaging in the communities, for socio-economic and cultural transformation demanded at their time. The emergent Christians in global south had to reassess several of their inherited socio-cultural practices in the light of the gospel. Such reassessment necessitated in creating programs of improving the status of women and the hitherto marginalized in the society, starting educational institutions for children, translating and producing literature in mother tongue, creating facilities to provide care to the needy, sick, providing vocational training in farming, small scale enterprises, organizing cooperatives for empowerment and betterment of communities etc.

But today theological education programs seem to have lost such com-
munity transformative temperament. The theological institutions of his-
torical churches are becoming more preoccupied in clericalism, im-
mersed in institutional management/expansion, protection of denomi-
national privileges and leaning towards prosperity theology. The serious
engagement in pursuit of truth to challenge the dominant and enslaving
elements of current socio-economic, cultural and political has been in
decline. Given the multi-cultural, rich-poor, urban-rural and centre-mar-
gin divide in global south, a ministerial formation program needs to be
evolved addressing all the sectors of communities within and beyond the
congregations. Ministerial programs need to prepare and motive candi-
dates to be catalysts of spiritual formation for social transformation with-
in their congregations and the larger society for the sake of fullness of life
for all.

The western university system has made tremendous impact in doing
theological research and praxis in the life of the church in global south.
Its contribution towards scientific and critical thinking is highly
commendable. However, western thinkers are highly critical that this
Enlightenment paradigm of imparting scientific knowledge rooted on
the conquest of nature and exploitation of people in the margin at the ex-
pense of market expansion has caused much damage to the world.

Though much has been done to correct such wrong notion of knowledge by promoting "contextual theologies" stressing on the issue of margin, colleges in global south still struggle to integrate and mainstream marginal issues in ministerial formation program due to uncritical acceptance of western education system.

Furthermore, the present pedagogy in ministerial formation programs tends to focus more on cognitive advancement, with transmitting philosophical and theoretical discourse and thereby giving prime importance to elitist traditions and resources. Upholding that western university system as normative, the other forms of education are relegated as primitive and not important for academic pursuit. Cognitive assessment-examination centred, syllabus controlled, and sheltered/protected campus oriented education is just one aspect of education and this system alone cannot bring much transformation among marginalized people. We need a community oriented and transformative theological education that is *academically, and yet passionately, emotionally, practically, pastorally, and prophetically related to and involved in the concrete problem of the marginalized people* who face religious violence, armed conflict, displacement, violation of human rights, and continued oppression as minorities, demonization of their traditions, cultural practices, poverty, forced conversion and re-conversation and other forms exclusion and discrimination faced by dalit, indigenous people, person with disabilities, PLW-HIV, LGBT, farmers and migrant works. Therefore, ministerial formation program must be intentionally located in the context of margin for transformation. A paradigm shift from elitist institution system to transformative movement oriented theological education is crucial for the people in the margin.

It is also important to recognize the fact that majority of the Christian come from rural community in global south; majority of them live in villages and semi-urban context. They are the poorest, powerless and exploited community. They are the most neglected community all over the world. Theological institutions are to equip young people to serve among those people. But many theological graduates are not interested to serve in the rural places; increasingly young people are not interested in pastoral ministry. Strangely, theological graduates who cannot get an opportunity to work in urban contexts or white collar jobs are even looked down as incapable who cannot compete with others. Rural is seen not only as backward but also a place of punishment. Theological education and Christian ministry is becoming an elitist urban biased profession. What has gone wrong with our ministerial formation program?

The present elitist institution system will not bring social transformation among the marginalized people. The people in the rural and semi-urban settings do not need elitist speculative and philosophical construct of theology. In fact, the attempt to co-opt by adoption of assimilation poli-

cy into elitist paradigm, the minority, rural masses and indigenous peo-
ple have led people to assume the rural and indigenous peoples as in-
capable and inferior who need to integrate in mainstream society, and
that their spirituality and tradition have to be discarded as they are in-
ferior and uncivilized practices. This has been the experience of the peo-
ple in margin, especially indigenous people all over the world. In the
name of maintaining the so-called academic standards, all the theo-
logical associations or universities' criteria are formulated and laid down
to protect the elitist interest. Some indigenous scholars have been de-
nied to undertake research on indigenous issues saying that their tradi-
tion is not philosophical enough for writing academic research. There is
hardly any room for integration of other forms of learning system in the
present education system. We need a ministerial program that promote
spiritual nurturing, multi-economic development skill, community or-
ganization skill, social development, protection of land and ocean re-
sources and productive and sustainable use of land, preservation of their
culture, music and dances from danger objectification and market-
ization, and preservation of identity, customary laws, language and tra-
ditional wisdom. It is not an easy tasks, but not impossible.

주변으로부터의 선교: 권력자와 약자

    이 논문의 저자 와티 롱차는 주변의 상황에 있지 않는 사람은 예수 그리스도의 복음을 이해할 수 없다고 잘라 말한다. 우리의 역사는 희생 당한 자들의 관점에서 판단되어져야 하며, 희생당한 약자들이 행하는 투쟁에서 해방과 구원의 하느님이 역사하신다. 필자는 약자의 영성과 강자의 영성을 비교한다. 그러면서 오늘날의 엘리트적인 신학 모델들을 다음과 같이 열거하면서 이것을 극복해야 한다고 주장한다. 1) 번역 모델, 2) 철학적 모델, 3) 대화적 모델, 4) 해방적 모델 등이다. 필자는 놀랍게도 이러한 모델들이 오히려 약자들의 고난과 경험을 무시한다고 지적한다. 마지막으로 그는 이러한 신학들을 넘어서는 새로운 신학과 신학교육이 창조되고 마련되어야 한다고 주장한다.

An Examination on Ahn Byung-Mu's Hermeneutics Today

Amos Kisuk Kim*

I. Introduction

The 10th Assembly of the World Council of Churches(WCC) held during 30th October ~ 8th November Busan in Korea, under the theme "God of life, lead us to justice and peace." The members of assembly discussed about the contemporary issues which the world churches were challenged from the waves of globalization and neoliberalism. Neoliberalism is char-

* Amos Kisuk Kim is a professor of the Department of Theology, and Dean of the St. Michael Seminary (Graduate School of Theology) at Sungkonghoe University in Seoul. He received M.A. and Ph. D. from University of Birmingham in U.K. He was also ordained as a priest of the Anglican Church of Korea in 1990, and his first ministry was started in the House of Sharing, the mission centre for the poor.

acterized in terms of expansion of free trade, monopoly of financial capi-
talism, deregulation, enhanced privatization, and an overall reduction in
government control of the economy.[1] The consequences of neo-
liberalism are producing massive number of temporary employees un-
der the promoting the polarization of wealth. In this social, economic
and political situation recalls the necessity of re-examination on minjung
theology because the issues of minjung theology becomes again the val-
id agendas today. Therefore, this paper aims to re-examine minjung the-
ology in the context of contemporary situation that neoliberalism
dominates.

Ahn Byung-Mu is considered as a representative minjung theologian
with Suh Nam-Dong and Kim Yong-bok. As the first generation of min-
jung theologians, they announced that Jesus was a minjung of his time
of Palestine.[2] Ahn presented a new perspective in interpretation of Bible
throughout his own hermeneutical framework in terms of the minjung's
social biography,[3] As Suh Nam-Dong developed minjung theology
based on the minjung's historical tradition and '*han*' that had been re-
vealed in the struggles for liberation of minjung.[4] The word of *han* can

---

1 Chang Yoon-jae, "The End of Neoliberalism", *An Era of Neoliberalism, Mission for Peace and Life* (Seoul: Dongyeun, 2008), 12-16.

2 Kwon Jin-Kwan, "A Preliminary Sketch for a New Minjung Theology", *Madang* vol. 1 (June 2004), 56.

3 Kwok Pui Lan, *Discovering the Bible in the Non-biblical World*, ed. R. S. Sugirtharajah, Voices from the Margin (New York: Orbis Book, 1995), 298.

4 Chung Hyun-Kyung, *"Han-pu-ri": Doing Theology from Korean Women's Perspective*, ed. R. S. Sugirtharajah, *Frontiers in Asian Christian Theology* (New York: Orbis

be defined as a complex sentiment or feeling that arises in the minjung who have suffered from injustice and deprivation throughout historical experiences.[5] Ahn's hermeneutics is distinguished from Western theology in studies of the historical Jesus by emphasizing that the 'Jesus-event' was an event of '*ochlos*' of his time,[6] and it also continues in the history of minjung until even today.

As a characteristic nature of the contextual theologies, Ahn's idea of minjung theology also did not emerge from the lecture room, but from socio-political reality of Korea. From the beginning of 1960s, the rapid industrialization was promoted by the powerful dictatorship of South Korea.[7] During that time, the basic rights of the people were completely ignored under the goal of development of state. Theologians, as like oth-

---

Book, 1994), 55.

5 Kwon Jin-Kwan, op. cit., 57., Suh Nam-dong, "Towards a theology of Han", *Minjung Theology: People as the Subject of History*, ed. Kim Yong-bock (Singapore: A CTC-CCA Publication, 1981), 54. Also see Kang Won-don, "The Priest of Han as a Theme in Christian-Shamanist Interfaith Dialogue", *Madang* Vol. 16. December 2011., 69.

6 The Greek word '*ochlos*' was used in Bible to indicate the poor people of Galilee followed Jesus. Ahn employed it in consideration of that it could be identified to minjung in the context of Korea. Ahn did not clearly distinguish the usages of the words of '*ochlos*' and 'minjung' in Korean publications.

7 Between in 1960 and in 1985, the structure of the industrial population of Korea changed dramatically. The agricultural population had formed 62.2% before industrialization in 1960, yet it decreased to under 23.9% in 1985. ed. Kim Kyeng-Jae, *The Minjung Theology of the Transition* (Seoul: Korea Theological Study Institute, 1992), 25.

er intellectuals of those days, did not pay any attention to the dreadful re-ality of the poor labourers, until one young labourer, named Chun Tae-il, burnt himself in protest of their desperate situation in 1971.[8] However, this event seriously shocked some conscientious group of Christians and intellectuals including Ahn, and led them to a deep reflection to consider minjung's reality in their academic works. In this context, Ahn's theo-logical transition to minjung theology began by participating positively into the struggles of minjung against the dictatorship. Eventually, he was dismissed from his university by the state authorities, and he was ar-rested in 1976, tortured and imprisoned with his comrades together for announcing a statement against the dictatorship. He confessed that, through his personal struggles and sufferings under an unjust power, he could strongly confirm the realities of minjung, as well as he could be confident of his 'Jesus-minjung event' theories.

---

8 Chun Tae-il had lived a very self-sacrificing life for the little girl labours. Before
  he demonstrated the suicide, he appealed to every authority and even Churches
  leaders to keep the standard labour laws in order to save the little girls' heath
  in their works. But the officers and even Churches leaders ignored his appeal.
  Ahn Byung-Mu, *The Narratives of Minjung Theology* (Seoul: Korea Theological
  Study Institute, 1991), 329-330.

II. Bible, the Book of Minjung

1. From Kerygma to Event

Ahn grasped the concept of 'event' in his earlier time because he had used the concept of 'event' in his doctorial dissertation in 1965,[9] but it was in 1972 that he applied it into his first essay about minjung theology.[10] Ahn captured the Jesus-event through his studies in the issues of historical Jesus. His theological motivation started by the interest in the issues of historical Jesus, especially the methodology of form criticism and redaction criticism, the results of his research brought out a conversion of the kerygma and the historical event.[11] For instance, in interpreting Mark 2: 23-28, 'the narrative of the lord of sabbath', the verses 27-28 had been emphasized as a kerygma in form-criticism, while the other parts had been neglected. The form-criticism scholars considered that the kerygma is a primary source, and the other parts are the secondary source which came later just to explain the kerygma. They clarified this narra-

---

9 A. H. Richter, *The Concept Of 'Event' of Ahn Byung-Mu*, ed. Hwang Sung-Kuy, *Jesus, Minjung and Nation* (Seoul: The Korea Theological Study Institute, 1993), 754., trans from. A. H. Richter, *Ahn Byung-Mu als Minjung-Theologe*, Doctorial Dissertation (Heidelberg Univ, 1988). In here, he presented an argument that God's will demonstrated through an event of Jesus's activities.

10 The essay, *'Jesus and Minjung'* is regarded as the first minjung theological research of Ahn to link the concept of 'event' and 'minjung'. *The Narratives of Minjung Theology*, 25.

11 ed. Karl Muller, *Dictionary of Mission* (New York: Orbis, 1995), 248.

tive as an apophthegm. Apophthegm is a sort of the literary genre in Greek, an anecdote about the famous philosophers and saints. According to the form-criticism, certain core words existed originally in apophthegm, while the other parts of narratives were inserted into the anecdotes.[12] Bultmann adopted the notion of apophthegm in interpreting the Bible.[13] He regarded that verse 27 was the original words of Jesus as well as the core of Gospel, but other parts were added later.

However, Ahn argued that verses 23-24 should be given more important attention. The event was historically primary, but the words of Jesus came later.[14] The order between the kerygma and the event is reversed in this interpretation. Ahn criticized that the form-criticism allowed the superficial point of view by ignoring reality in interpreting Bible. Ahn argued that this narrative, ' the lord of sabbath', must not be read as a metaphysical story, but reconsidered as 'the first declaration for the right of the poor' by moving our viewpoint from the others to the poor people's side who had to pick the heads of wheat because of their starvation. He insisted that it is a sort of social biography about the conflict between the poor and the power. The poor ought to have broken the laws for their life, but the power judged them to keep their vested rights.

Facing a shocking event of Chun Tae-il's self-sacrifice, Ahn started min-

---

12 *The Narratives of Minjung Theology*, 60-61.

13 Ibid., 30.

14 Ibid., 30-31.

jung theology, and could identify the *ochlos* of Bible and the minjung of present days. Also, he raised a question that which side we should stand in the midst of conflicts between the poor and the power, between the third world and the powerful countries. Whenever the conflicts happen between two group, the powerful group always has propagate that their opponent is illegal, either in dimension of the society or international relationship. In the era of globalization, today the wave of neoliberalism is getting higher, and the polarization of wealth has become more and more serious dividing the world into two groups. Although the little girl labourers do no longer exist now, today the concentration of wealth is rapidly promoting on the one hand, and the hopeless reality of non-regular employees is aggravating more on the other hand. In consideration of this situation, Ahn's minjung theological point of view on interpretation of Bible is again called today necessary and effective hermeneutics.

2. The Context of Gospel according to Mark

The form-criticism scholars agree with together that Mark 1: 14-15s are the integration of Mark gospel, and these form the keynote of Mark's theological basis.[15] They were concerned only with verse 15, as a summary of Jesus' kerygma. W. G. Kummel, E. Klostermann and J. Gnilka,

---

15 ed. Ahn Byung-Mu, *The Materialistic Interpreting* (Seoul: The Korea Theological Study Institute, 1991), 212.

took no notice of verse 14 because they clarified it as a verse inserted later, just for setting the words of Jesus into the proper time and place.[16] The form-criticism regarded verse 14, as a redactional frame to explain the circumstance, and as such a worthless verse to interpret.

However, Ahn argued that we should give serious attention to the redactional verse. He debated that verse 14 is important as a quite intensive expression about the context. Firstly, there was much in common between John the Baptist and Jesus.[17] Both stood on similar background, the prophetic movement tradition, the anti-Jerusalemism, the relationship to Essene. Both were put to death by a political power. Secondly, Galilee was a most struggling place between the poor and the power. Herode's annual income through the tax from Galilee reached one thousand talents which is equivalent to the daily living costs of ten million families.[18] Due to excessive exploitation, the rising in arms against power continued in Galilee. Thirdly, the site of Mark was similar to the site of Jesus, Galilee. The site of Mark placed with the huge mass of Jewish refugees after A.D. 70 when Jerusalem fell under Rome.[19]

---

16 Ibid., 213.

17 Ibid., 213-214., Ahn Byung-Mu, *Jesus of Galilee* (Seoul: The Korea Theological Study Institute, 1993), 66-80.

18 *The Materialistic Interpreting*, 222.

19 Ibid., 205-206., During the Jewish wars from A.D. 66 to A.D. 70, the tragedy of the Jews reached extremes. Rome liquidated Jewish guerrillas from Galilee to Berea, and Jerusalem. Eighteen thousand Jews were slaughtered in only

Based on the above studies, Ahn reached the conclusion that verse 14 is not a merely redactional frame, but a significant implication to explain Jesus's identity. He supposed that people in the site of Mark might grasp easily the meaning of the verse 14. Ahn interpreted that verse 14 calls us into the areas of struggles and oppression in our situation, like Jesus went to Herode's region, as soon as John the Baptist had been arrested.

III. Ochlos and Minjung

1. Jesus and Ochlos

Ahn could formulate minjung theology through the works of analysis of *ochlos* which enabled to grasp the original meaning of the Jesus event.[20] Ahn analyzed the usages of *ochlos* in the Gospel according to Mark where includes two words to indicate 'crowd' in Greek, '*laos*' and '*ochlos*'. The word laos is generally used to indicate the 'people of God' or the 'people of Israel'. It means the ordinary people who belong to a certain group, so it may be properly translated as 'people' today. However, the term '*ochlos*' indicates 'the slavery', 'the hired mercenaries' or 'the draftees.'[21]

Damascus at that time.

20 ed. Karl Muller, 248.

21 *Jesus of Galilee*, 137.

Ochlos can be distinguished from *laos* in that they have no civil right, no duty, and they cannot be protected under the law of the state.

People of Galilee where was the main stage of Jesus crowded around Jesus, and Mark, the first Gospel often mentioned about these kinds of people. [22] Ahn argues that Mark intentionally selected the word '*ochlos*' instead of the word of '*laos*' by presenting that Mark always used the word '*ochlos*', thirty-six times all over the text with the exception of two cases(7: 6, 14: 2). [23] while the Septuagint mostly used the word of '*laos*.'[24] Ahn explained the relations between Jesus and *ochlos*, based on the above analysis. First, *ochlos* accompanied Jesus wherever he existed, and Jesus of Galilee without *ochlos* cannot be imagined. [25] In the same way, we cannot imagine *ochlos* of the Gospel without Jesus. Second, Jesus enjoyed meals together with the *ochlos*. [26] This means that Jesus identified himself socially with the *ochlos*. He was a close friend of the *ochlos*. Third, Jesus demonstrated a solidarity with the *ochlos* against the leaders of Jerusalem,

---

22 The crowd were not described by the word *ochlos* until Mark 2:4, but it was expressed by the words 'people', 'many' or 'altogether'., Ahn Byung-Mu, *The History and Interpretation* (Seoul: Hangilsa, 1993), 209.

23 The word *laos* use twice in quotation from other's expression. *Jesus of Galilee*, 137., On the other hand, Matthew used the word *ochlos* fifty-one times, and used *laos* thirteen times. Luke used *ochlos* forty times, and *laos* thirty-five times. This implicates the emphasized membership of which their new community's member would be belong to the new ecclesiastical kingdom.,Ahn Byung-Mu, *Jesus and the Minjung*, ed by. the Commission on Theological Concerns of CCA, *Minjung Theology* (Maryknoll: Zed Press, 1983), 139.

24 Ibid., 139. "The term *laos* is used around 2,000 times in the Septuagint."

25 Mark 2: 4, 13,/ 3: 9, 20, 32,/ 4: 1,/ 5: 21, 24, 31,/ 8: 1,/ 10: 1, etc.

26 Mark 2: 13-17.

those who were oppressing the *ochlos* of Galilee.[27] Even they cried to kill Jesus in Jerusalem, it could not break the solidarity of Jesus and *ochlos* because it was due to the offering of a bribe by the leaders of Jerusalem. Fourth, the *ochlos* were judged as the sinners by the leaders of Jerusalem, as well as a threat to them. Fearing the binding of the *ochlos* and Jesus, they planned to give a death to Jesus. Fifth, Jesus had compassion on the *ochlos* as for sheep without a shepherd. This suggests that Jesus condemned the leaders, especially in relation with the other biblical contexts.[28] Sixth, Jesus declared that *ochlos* is his mother and brother.[29] Seventh, Jesus had never condemned the *ochlos* for ethical, or religious reason.

2. Jesus and Minjung

Through the researches about *ochlos*, Ahn argued that *ochlos* did not play a supporting role in the drama of the life of Jesus, but they were living subject and active co-star.[30] Futhermore, he argued that Jesus is merely a mirror of minjung. Ahn's arguments were also supported by other minjung theologians. Jesus should be understood not simply as an in-

---

27 Mark 2: 4-6,/ 3: 2-6,/ 22-35,/ 7: 1-2,/ 8:11,/ 11: 18, 27-33, etc.

28 1Kings 22: 17, Ezekiel 34: 5., Ezekiel strongly impeached the leaders of Israel through using the expression of 'sheep and shepherd.'

29 Mark 3:31-34.

30 ed. Karl Muller, *Dictionary of Mission* (New York: Orbis, 1995), 248.

dividual person, but as a corporate personality.[31] The Gospel according to Mark is not a personal report about Jesus, but the minjung's social biography. Ahn criticized that the Westerner's theological point of view which always divides subject and object, heaven and earth, men and women cannot observe the real meaning of the minjung-Jesus event. In Ahn's minjung theology Jesus-minjung cannot be separate as the subject and the object becomes one in the minjung-Jesus event. Jesus led minjung, on the other hand, minjung fated Jesus. For instance, the reality of starvation that four thousand hungry minjung faced(Mark 6: 38) resulted out Jesus' miracle, not by Jesus' power alone. Ahn gave another instance from John 1: 29 to prove the homogeneity of Jesus and minjung.[32] The 'Lamb of God, who takes away the sin of world' can be applied to express the minjung of Korea, those who were taking on their back away all political, economical and moral problems and sufferings. He argued that all these problems fundamentally came out for our sins. Therefore, the minjung who take away the sufferings are the Jesus today.

Ahn's arguments on the relationship between Jesus and minjung can be encapsulated like this: 1) Jesus was a minjung in terms of social class, behavior and identity, 2) Jesus and minjung exist together in his works of Galilee, 3) Jesus always spoke minjung's language, 3) the crucifixion of Jesus was minjung's crucifixion, 5) the resurrection of Jesus was very

---

31 Kim Yong-Bock, *Jesus Christ Among Asian Minjung- A Christological Reflection*, ed. Dhyanchand Carr, *God, Christ and God's People in Asia* (Hong Kong: CCA, 1995), 8.
32 *The Narratives of Minjung Theology*, 32-33.

minjung's resurrection.[33] The statement, "the subject of history is Jesus", can be substituted with that "minjung is the subject of history". We can meet Jesus not only into Galilee, but also in our contexts where minjung is suffering, crucifying and resurrecting.[34] Therefore, the Gospel of Mark is not a merely 'book written in the past', but a 'living Gospel today' to speak our minjung's event.

IV. The Critics

1. The Achievements and Contributions

Ahn observed the Bible as a social biography of the Jesus-minjung event. This observation enabled us to move our concern in interpreting Bible from kerygma to the context of Jesus. The argument of kerygma of the western theologians in form-criticism could not give any relevant interpretation to the third world people who were struggling under contemporary neo-colonialism and unjust dictatorship. Ahn brought out a bridge to link between Gospel and minjung's realities through new eyes see Jesus as an event. If we read the Bible as the stories of Jesus simply

---

33 Ahn Byung-Mu, *Minjung and Theology of Korea* (Seoul: The Korea Theological Study Institute, 1982), 180-185.

34 The Angel told the disciples in the tomb that "He is going ahead of you into Galilee. There you will see him."

conveying Kerygma, then they remarkably loose vitality, and become the abstract stories when we bring them to today context. However, Jesus as an event is no longer an event of the past, but it can be re-interpreted as a simultaneous event of today. Ahn gave an insight to us to observe the minjung's pathos which continually stream up from human history. We can learn from Ahn's arguments about the pulse of history of which God reveals himself as a pathos in the midst of liberation events, from Exodus of Hebrew, Jesus-*ochlos* and to the minjung's struggles of the marginalized people today, refugees, migrant workers and even non-regular employees in neoliberalism system. Through Ahn's perspectives, we can also see Jesus who is standing the centre of the pathos, as a representative of minjung, a most bright and intensive pathos as well.

Ahn's researches guides us to the recognition of simultaneity between the past and the present through the minjung events. Ahn brought out to us the significance of Mark 1: 14 which had been hidden and ignored in the Western hermeneutics. He contributed to open our sight to notice the political and social nature of Jesus' decision to go Galilee.

Minjung theology had awakened many students to participate into the minjung's struggling situation in the midst of the democratization movement in Korea. More than one hundred communities named as 'Minjung Churches' were established in the industrial or the slum area between in 1980 and in 1995 in Korea.[35] These communities were started mainly by theological students or ministers those who had been deeply influenced from minjung theology. Ahn's minjung theology also moved the democratic leaders including non-christians. Many of them had belonged to churches until the middle of the 1980s in order to avoid the persecution from the dictatorship, and they were naturally immersed in minjung theology during that time. Therefore, it can be said that minjung theology remarkably contributed to the democratization movement of Korea which achieved step by step defeating the dictatorship until 1990s.

2. The Issues in Definition of Minjung

The identity of minjung was a core question in Ahn's minjung theology. As we examined earlier, Ahn used the word minjung as an equivalent term to *ochlos*. Then, how the identity of minjung can be defined?

The word, 'minjung' is a compound word of two Chinese characters 'min(民)' which means 'people' and 'jung(衆)' which means 'the mass'. Thus, 'minjung' means 'the mass of people.'[36] However, it is not used in the minjung theologians as a neutral concept like the original radixes, but it indicates the specific people those who are economically dis-

---

35 Kim Young-Ja, *The Analysis Of Minjung Churches*, ed. *Minjung Churches Movement Association, Jesus of Galilee* (Seoul: Hansin Univ., 1996), 158-159.

36 Suh Kwang-Sun David, *A Biographical Sketch of an Asian Theological Consultation*, ed. The Commission on Theological Concerns of C.C.A., *Minjung Theology* (Maryknoll: Zed Press, 1983), 16.

advantaged and socially, politically oppressed.[37] Nevertheless, it is not equivalent to the word proletariat. In the context of Korea, it has been used more and less in terms of a vague notion which indicates a middle and low class people, as a midterm between a nation and people.[38] Ahn was called to define the concept of minjung by two groups, from both the right wing and the left wing. One group raised the question to refute minjung theology based on the conservative standpoint.[39] Another group raised it later, in midst of class struggle, from a progressive group in the beginning of 1980s. They needed more concrete terms of social scientific definition about minjung for their strategy in fighting against anti-minjung power.[40]

In response to the first question, Ahn indicated the low class' struggles with the examples of the real life of minjung in the history of Korea to protect their nation or their right against colonial or tyrant power. He

---

37 Chung Hyun-Kyung, 61.

38 In South Korea where the anti-communism has dominated, it cannot be allowed to use the word of 'people' in Korean language because North Korea already used the word of 'people' as a political meaning. South Korean usually use the word of 'nation' instead of 'people.' Therefore, 'minjung' has been used in term of a social scientific terminology, as a replacing word with 'people' in the contrast to 'nation.'

39 Kim Huyng-Hyo, *About Truth in Confusing Era, Literature Thought*, 1975. April. 45., A conservative scholar, Kim Hung-Hyo, argued in 1975. "What means minjung? Is the word minjung a sort of abstract fabrication, but no substantial existence?" recite from. Kim Sung-Jae, *Past, Present and Future of Minjung Theology, The Theological Thought* Vol. 100, 1998 Spring, 14.

40 Kim Sung-Jae, *Past, Present and Future of Minjung Theology, The Theological Thought* Vol. 100, 1998 Spring, 45.

tried to present the cases of the substantial existence of 'minjung' through the indirect expressions in the contexts, "the people those who struggled against colonial power",[41] "the sorrowful people those who are oppressed, exploited and deprived by the colonial and upper class power."[42] By the way, when he met the same question from the Western context during a invited lecture in Heidelberg, he took an example, the Turk migrant workers in Germany.[43]

Relating to the second question, Ahn intentionally rejected to define minjung in scientific terms. This rejection was due to two reasons. If we define minjung in a scientific term, minjung will become a sort of object, and the substantial figures will disappear into an abstract idea. He said that "Maintaining proletariat's partisanship is right in terms of Jesus support of the poor. However, the social scientific definition for class struggles may causes a danger of generalization which limits minjung as a term of the proletariat. The misusages of generalization will result in a new subordination by the power, just as in the cases of communism countries."[44] He also did not forget to warn that the generalized definition of God, Farther, Son and Holy Spirit, resulted in the dogmatism and systematization in the Roman Christianity instead of the spiritual vitality.[45]

---

41 Ibid., 20.
42 *The Narratives of Minjung Theology*, 38.
43 Ibid., 285-286.
44 Kim Sung-Jae, 48.

3. The Difficulties in Ministry

Jesus as an event was stressed rather than Jesus as a kerygma in Ahn's minjung theology. In the prospect of minjung theology the Jesus-minjung events are continually taking place over the history as the pathos of pulse, while kerygma just devitalizes Christian belief. Ahn's view poses some serious problem in the dimension of the practical application in the pastoral context. If we acknowledge Ahn's argument, the crucifixion of Jesus will become no longer an unique salvation, but there could be somehow multitude events of salvation in the history of minjung.

There is a question in Ahn's minjung theology that if Jesus and minjung could be identified, then minjung also can be an object of faith as Jesus Christ. One could point out that even though we could acknowledge the messianic roles of minjung in history as a subjective force to bring out salvation by liberating people from the oppression, but, after all, minjung is merely a group of people who are relatively marginalized or oppressed in terms of economical, political and social hegemony. A political standpoint is always changing as we can suggest many cases in history that the oppressed group becomes a new tyrant power when they grasp the power. Indeed, it is a theological question whether an unstable existence such as a social group of people could be an object of faith. This problem was clearly exposed in the area of ministry, even at min-

---

45 Ibid, pp. 20-21., *The Narratives of Minjung Theology*, 284-285.

jung churches. Some minjung church's ministers claimed that they could hardly use Ahn's viewpoints in teaching Bible. They confessed the difficulties. "I think that Christian faith bases on belief in Jesus as Christ. However, Ahn's teaching causes some confusion to members of minjung churches in maintaining their faith. Sometimes, speaking frankly, the teachings from minjung theology are not helpful at all in terms of ministry."[46]

A possible response from Ahn's theology may be that we should not search an object of faith from outside but be aware of the messianic power of minjung inside as the subject of salvation in history. Nevertheless, a fundamental question is remained whether it is possible to maintain faith without a certain absolute being. A faith to believe in minjung through self-recognition as subject of history is seemed likely Buddhist method rather traditional Christian theology in terms of soteriology. However, Ahn's minjung theology did not progressed to this dimension of religious quest and speculation.

Also minjung theology suggests that every evil thing comes from the unjust social structure, but it does not mention problems from individual fault. One young pastor who had devoted in the minjung Church movement for more than ten years, claimed that "minjung theology neglected

---

46 Noh Chang-Sik, *The Reports of Grand Forum*: The Way of Minjung Theology in Changing World, from. ed. Kim Keyng-Jae, *The Minjung Theology of the Transition*, 50-51., "Noh was one of the senior and experienced ministers among hundreds of minjung Church ministers in 1980s~90s."

the fundamental sins of human being... The communities can be em-
bodied and strengthened by each individual's efforts and devotion.
However, because of the lazy responsibilities of individuals which are al-
lowed in minjung churches, building community based on the con-
fession of faith was often failed."[47] In relation to failure of minjung
churches, we should give serious attention to the voices from the fields
of minjung Churches: "The radicalism of minjung theology neglecting tri-
nitarian belief brought out a failure of minjung churches to root in the
ground of the Christianity of Korea."[48] Although this confess from the
pastoral experiences expressed the difficulties from the field, yet I do not
think that recalling traditional trinitarian theology could not be the final
answer. However, this criticism remind us that Ahn's minjung theology
was enabled them to find Jesus in the minjung event of today on one
hand, but it could not provide somehow appropriate systematic theo-
logical framework such as ecclesiology which was needed for minjung
church in order to maintain and to build up the community on the other
hand.

---

47 Lee Jae-Ho, "The past and Present of Minjung Churches" (Diss. Univ. of Hansin,
   1997), 29.
48 Lee Won-Don, *The Mission and Pastoral Care for Minjung, The Churches of Minjung
   and Hope of Nation* (Seoul: The Minjung Churches Association, 1996), 258.

V. Conclusion

Ahn provided us a new insight in interpreting Bible to close up the reality of Jesus event based on the studies of historical Jesus. He also brought a new perspective through a methodological term of social biography which was different from the Western theology. It enabled us to recognize Jesus, as the disciples did on the road to Emaos when they shared bread with Jesus, in the midst of minjung events of today, who is participating into the struggles against the unjust power. Through Ahn's hermeneutics, the voice of Bible could be shifted from the sermon for the dominating power of the first world to the outcry for the oppressed of the third world.

However, there were lots of change between the time of Ahn and today. It is the time that the massive waves of globalization are overwhelming every side of the world, and it is characterized by neoliberalism or neocolonialism. The binary frontline of Ahn's time between the oppressor and the oppressed has been distorted, and complicated in today world. According to this context, the reality of minjung has also been changed to more diverse situation which requested re-interpretation of Ahn's minjung theology. Even though the main cause of the people's sufferings are obviously due to the polarization of property, but the aspects of suffering are changing with so diverse and subdivide forms in the world. Since JPIC conference in 1990, justice, peace and integrity of creation became the main agendas of WCC. Among these themes, Ahn's theology mainly focused on justice. Today minjung theology is calling to develop theological reflection on the issues of peace and ecological crisis as well as justice. Peace is an issue to be inevitably related to justice because the most cases breaking peace are caused by injustice, it may say that Ahn's theology could also cover the issue of peace. However, ecological issue may be hardly included in his theological framework because it was an anthropo-centric theology. Therefore, in order to expand the horizon of minjung theology, and to promote a dialogue with ecological theology, minjung theology needs to develop the issue of nature or life, for instance the relationship between minjung and nature.

The result of globalization produces diverse forms of minjung today in the political, social, economical, cultural, gender, and religious context, such as refugees, migrant workers, irregular employees, the poor, the marginalized and various groups of minority. So, the issue that Ahn's theology raised has not disappeared, yet more getting serious. Therefore, minjung theology is still useful, and the task is to bring appropriate theological response on this diverse situation as listening carefully to the voices from the irregular employees in Korea, the Dalit women in India, the disabled boys lost their arm or foot during the civil war in Rwanda and Sudan, and the homeless juveniles in Europe and U.S.A. even.

안병무의 해석학

김기석
(성공회대학교)

오늘날 전 세계를 뒤 덮고 있는 지구화와 신자유주의의 파도는 자유시장의 확장, 금융자본주의의 독점적 지배, 규제완화 및 민영화 추진 그리고 경제 분야에서 정부 통제권의 전반적인 약화 현상등의 개념으로 규정된다. 오늘날 우리는 주변에서 난민, 이주노동자, 정기 및 비정기 실업자, 노숙자 그리고 다양한 맥락에서 중심으로부터 배제된 소외된 소수자들을 발견할 수 있는데, 이들은 바로 신자유주의의 결과로 인해 생겨난 정치적, 사회적, 경제적, 문화적, 젠더 및 종교적 맥락의 다양한 형태의 민중이라고 지칭할 수 있다.

안병무는 초기 민중신학을 대표하는 민중신학자로서, 민중의 사회적 전기라는 해석학적 틀을 통해 새로운 성서해석의 관점을 주창하였다. 그의 민중신학은 2천년 전 팔레스타인의 '예수 사건'을 '오클로스'의 사건으로 재구성하였다는 점에서 그리고 이러한 '예수 사건'의 본질은 민중의 역사를 통해 현재까지 이어진다고 주장함으로써 서구신학의 한계를 뛰어넘는 탁월한 신학적 관점을 제시하였다.

오늘날 신자유주의로 인한 민중현실을 고려할 때, 안병무의 민중신학적 관점은 유효기간이 지난 것이 아니라 그 중요성을 새롭게 음미해야 할 것이다. 이러한 문제의식에서 이 논문은 안병무의 해석학의 신학적 관점의 유효성과 한계에 대해서 논하고, 오늘날의 다양한 맥락에 놓인 민중들의 목소리에 대한 신학적 응답을 제시하고자 한다.

글쓴이 알림

강원돈

한신대학교 신학부 교수로서 사회윤리와 민중신학을 가르치고 있으며, 한국민중신학회 회장으로 활동하고 있다. 저서로는 『사회적 개신교와 디아코니아』, 『지구화 시대의 사회윤리』, 『인간과 노동』, 『살림의 경제』, 『物의 신학 – 실천과 유물론에 굳게 선 신학의 모색』 등이 있고, 독일어 저서로는 *Zur Gestaltung einer human, sozial und oekologisch gerechten Arbeit*(Ammersbek bei Hamburg: Verlag an der Rottbek, 1998) 등이 있다.

김기석

현재 성공회대학교 신학과 교수로 재직 중이다. 성공회대학교에서 수학하고 성공회 사제 서품을 받았다. 빈민선교 및 농촌선교 사역을 하다가 영국 버밍엄 대학교(Univ. Birmingham)에서 석사학위와 같은 학교에서 "한국적 상황에서 과학과 종교의 대화" 주제로 박사학위를 받았다. 주요 저서로는 *Science-Religion Dialogue In Korea* (2009), 『종의 기원 Vs. 신의 기원』 (2009) 등이 있다.

김진호

현재 제3시대그리스도교연구소 연구실장으로 재직 중이며, 한국신학연구소 연구원, 한백교회 담임목사, 계간 당대비평 주간을 역임했다. 주요 저서로는 『반신학의 미소』, 『예수역사학』, 『리부팅바울』, 『시민K, 교회를 나가다』, 『급진적 자유주의자들』 등이 있다.

김희헌

과정신학과 민중신학을 엮은 학위논문(제목: Minjung Messiah and Process Panentheism)을 쓴 후, 21세기에 요청되는 실천적인 종교로서 기독교가 기능할 수 있게 할 신학적 세계관을 정립하고자 연구해왔다. 한신대와 성공회대에서 10년 간 조직신학과 종교철학을 가르쳤으며, 현재는 향린교회의 담임목사이다. 저서로는 *Minjung and Process*, 『서남동의 철학』, 『민중신학과 범재신론』 등이 있다. 『한국신학의 선구자들』과 『남겨진 자들의 신학』 등 십여 권의 공동저술이 있으며, 『진화하는 종교』를 위시한 몇 권의 역서를 내었다.

박일준

현재 감리교신학대학 「신학과 세계」 편집연구원으로, 희망철학 연구소 연구원으로, 인터넷 신문 〈에큐메니안〉 신학위원장으로, 안산 광야교회의 담임목사로, 그리고 무엇보다도 한경숙, 박주원, 박주은, 박주영과 더불어 사는 가족공동체의 늘 부족한 가종(家從)으로 섬기고 있다. 주요 저서로는 『정의의 신학: 둘의 신학』(2017), 『포스트휴먼 시대를 위한 종교철학적 상상력: 인간과 기계의 공생을 위한 존재론』(현암사, 근간)이 있고, 희망 네트워크의 '어린이 철학' 사업에 참여하면서, 『삐뚤빼뚤 생각해도 괜찮아』(2013)를 공저하였고, 종교철학 입문서 『종교와 철학 사이』(2013)를 공저하였으며, *A Philosophy of Sacred Nature: Prospects for Ecstatic Naturalism* (2015)에 공저자로 참여하였다. 주요 논문으로는 「무신론 시대의 종교성: 종교다원주의 이후 믿음의 주체」, 「뇌의 종교적 경험에 대한 신학적 고찰: 둘(the Two)의 탄생」, 「화이트헤드의 사건적 존재론」, 「탈근대 시대 이후의 종교연구 방법론」, 「진화론과 사건적 존재론」, 「진화이론들을 통해 구성하는 '사아-존재'론」, "Rereading of the Whiteheadian Understanding of Organism in a Trans-Human Age", 「화이트헤드의 공생의 철학」 등이 있다.

박재형

한신대학교 신학과와 신학대학원(M.Div.)을 졸업한 후, 독일 뮌헨대학교(Ludwig-Maximilians Unversität München)에서 조직신학으로 박사학위(Dr. theol.)를 받았다(논문: "민중과 하느님 형상": 판넨베르크의 '하느님 형상' 개념과의 대화를 통한 안병무의 '민중' 개념에 대한 신학적 인간학적 재해석). 현재, 한국기독교사회문제연구원 연구실장으로 재직하고 있다. 또한 '한국민중신학회'와 '대구와 카레'를 중심으로 활동하고 있으며, 한신대학교 신학대학원 민중신학회를 지도하며 함께 민중신학을 공부하고 있다. 기독교 신학의 제자리 찾기와 이를 위한 민중신학의 역할에 관심을 갖고 있다.

신익상

현재 성공회대학교 신학연구원 연구교수이며, 민중신학회 학술연구위원, 인문학밴드 대카의 일원이다. 저서로 『변선환 신학 연구』, 『이제 누가 용기를 낼 것인가』 등이 있고, 역서로 『과학으로 신학하기』가 있으며, 그 외 다수의 공저와 논문이 있다.

이숙진

이화여대, 서울대, 성공회대 등에서 종교와 페미니즘, 여성신학, 페미니스트 윤리학 등을 강의하고 있으며. 저서로는 『한국기독교와 여성정체성』, 공저로는 『종교는 돈을 어떻게 가르치는가?』(공저), 『미디어와 여성신학』(공저), 『한국 여성종교인의 현실과 젠더문제』(공저), 『21세기 자본주의와 대안적 세계화』(공저), 『민족과 여성신학』(공저) 등이 있다.

이인미
이화여대(Th.M.)와 성공회대를 졸업하고(Th.D., 2016년), 현재 성공회대학교 〈신학연구원〉 소속 연구원이다. 2006년 3월부터 현재까지 기독교잡지 월간 『새가정』의 편집책임자로 일하고 있다(제15대 편집장). 이인미의 관심사는 한나 아렌트의 정치이론과 한국 자생의 정치신학으로서 민중신학이다. 향후 조직신학 분야에서 한국적 정치신학을 구축하고자 하는 꿈을 꾸고 있다.
저서로는 Kwon Jin-Kwan, P. Mohan Larbeer 엮음, *Mission in the Context of Margins* (Bangalore: BTESSC, 2015, 공저)이 있다.

장윤재
이화여자대학교 인문과학대학 기독교학부 교수로 조직신학을 가르치고 있으며, 교목실장 겸 대학교회 담임목사를 맡고 있다. 주요 저서로는 『세계화 시대의 기독교 신학』, 『포스트휴먼 신학』, 『창조신앙 생태영성』(공저) 등이 있으며, 역서로는 『적을 위한 윤리』, 『풍성한 생명』, 『켈트 그리스도』, 『동물 신학의 탐구』 등이 있고, 논문으로는 "Noah's Ark, Mt. Meru, and the God of the Rainbow"(International Review of Mission), "The Reformation of Jan Hus as Inspiration for Transformative Ecumenism"(Ecumenical Review) 등이 있다.

정경일
평신도 신학자로서 새길기독사회문화원 원장, 한국민중신학회 총무로 활동하고 있으며, 공저로 *Terrorism, Religion, and Global Peace*, 『순례』, 『내게 찾아온 은총』, 『사회적 영성』, 『남겨진 자들의 신학』, 『고통의 시대 자비를 생각한다』 등이 있고, 역서로는 『붓다 없이 나는 그리스도인일 수 없었다』(공역), 주요 논문으로는 "Just-Peace: A Buddhist-Christian Path to Liberation", "Liberating Zen: A Christian Experience", 「사랑, 지혜를 만나다: 어느 그리스도인의 참여불교 탐구」, 「램프는 다르지만 그 빛은 같다: 정의를 위한 그리스도인과 무슬림의 협력」 등이 있다.

최순양
이화여대 기독교학과를 졸업하고, 감신대대학원을 졸업하고, 드류 대학에서 조직신학(부정-여성신학)으로 박사학위를 받았다. 졸업논문에서 "말할 수 없는 하나님을 닮은 말할 수 없는 인간"이라는 제목하에 부정신학과 데리다를 통해 하나님론을, 탈식민주의 사상을 통해 인간론을 연구하였다. 관심 있는 연구 분야는 부정신학과 과정신학의 접합을 통한 여성신학을 소개하고, 탈식민주의 인간론을 더 발전시켜서 현 한국사회에서 재긍정되어야 할 신학적 인간론을 구상하는 것이다. 한국교회와 여성의 정체성 형성에 관한 연구도 진행 중에 있다.

현재 이화여대와 감신대에서 가르치고 있다. 주요 논문으로는「스피박의 서발턴(하위주체)의 관점에서 바라 본 아시아 여성신학과 민중신학적 담론에 대한 문제제기」,「여성과 신비체험」,「한국 개신교의 '가족강화'신앙교육과 여성」등이 있고, 공저로는『한국신학의 선구자들』(「해천 윤성범의 생애와 사상」),『21세기 세계여성신학의 동향』(「캐서린 켈러의 과정신학적 부정신학」),『위험사회와 여성신학』(「가족이 여성의 가난에 기여하는 바는 무엇인가」) 등이 있다.

최형묵

한국신학연구소 연구원 및「신학사상」편집장을 역임하고, 현재 천안살림교회 목사, 한신대 외래교수, 한국기독교교회협의회(NCCK) 정의평화위원회 부위원장, 비정규직대책 한국교회연대 공동대표, 한국민중신학회 부회장, 제3시대그리스도교연구소 운영위원, 계간『진보평론』편집위원 등을 맡고 있으며, 주요 저서로는『보이지 않는 손이 보이지 않는 것은 그 손이 없기 때문이다-민중신학과 정치경제』,『뒤집어보는 성서 인물』,『무례한 자들의 크리스마스』(공저),『반전의 희망, 욥』,『한국 기독교의 두 갈래 길』,『한국 근대화에 대한 기독교윤리적 평가』,『權力を志向する韓国のキリスト教』,『旧約聖書の人物』등이 있으며, 역서로는『무함마드를 따라서 - 21세기에 이슬람 다시 보기』등이 있다.

허주미

충남대학교(BBA)와 대전신학대학교(MDiv)를 졸업하고 유럽으로 건너가 네덜란드 개신교신학대학교(PThU)에서 교차문화신학 석사과정을 마치면서 석사논문으로 2011년 Van den Brink Houtman상을 수상했고, 2012년부터 독일 요한네스 구텐베르크 마인츠대학교(JGU) 개신교신학부에서 비교종교와 선교학을 전공으로 박사과정 중인 동시에 학술교원(Wissenschaftliche Mitarbeiterin)으로 근무하며 상호문화신학, 제3세계 여성신학, 해석학 등을 가르치고 있다. 출판된 논문으로 Theological Reflections on Migrant Married Women in South Korea in: Kwon Jinkwan and P. Mohan Larbeer (eds), Towards Theology of Justice for Life in Peace (Minjung-Dalit Theological Dialogue), Bangalore 2012, 275-283 등이 있다.

Philip L. Wickeri

Ming Hua 신학교 교회사 교수로, 성공회 홍콩 대주교의 역사학, 신학 자문원으로 활동하고 있다. 주요 저서로는 *Reconstructing Christianity in China: K.H. Ting and the Chinese Church* (2008), *Christianity and Modernization: A Chinese Debate* (1995) 등이 있다.

Volker Küster

독일 요한 구텐베르크 마인츠대학교 상호문화신학 교수로 재직하고 있으며, 주요 저서로는 *The Many Faces of Jesus Christ: Intercultural Christology* (2001), *A Protestant Theology of Passion: Korean Minjung Theology Revisited* (2010) 등이 있다.

Wati Longchar

인도 Ao-Naga족 출신으로 현재 타이완의 Yushan 신학교에서 신학과 문화를 가르치고 있고, 아시아 신학과 문화 프로그램(PTCA) 학장을 맡고 있다. 주요 저서로는 *Tribal Theology: An Emerging Asian Theology: Issue, Method and Perspective* (2000), *The tribal Religious Traditions in North East India: An Introduction* (2001), *Asian Handbook of Theological Education and Ecumenism* (2014, 공저) 등이 있다.